Deutsche Erzähler 1920–1960

Deutsche Erzähler 1920–1960

Herausgegeben von
Hans Bender

Philipp Reclam jun. Stuttgart

Universal-Bibliothek Nr. 8044

Gesamtherstellung: Reclam, Ditzingen. Printed in Germany 1994

ISBN 3-15-008044-4 (kart.) ISBN 3-15-028044-3 (geb.)

Inhalt

Vorwort

»Gerd Götz Rackow zog an der Spitze seiner Kompanie 1918 wieder in Berlin ein, schlechthin verblüfft durch das, was nun geschah.« Die erste Erzählung des Sammelbandes *Deutsche Erzähler 1920–1960, Sterny* von Heinrich Mann, lenkt mitten hinein in die Zeit ihrer Entstehung und ihren Schauplatz: Berlin, am Anfang der Zwanziger Jahre, aufgewühlt von der Niederlage des Ersten Weltkrieges, schwankend zwischen Untergang und Aufstieg. Sie erzählt, wie es dabei dem preußischen Offizier Rackow erging. Der Friede erscheint ihm als »eine Pleite«. Seine »nationale Sache« liegt zertrümmert. Ein »Systemwechsel«, in seinem Sinn, ist so bald nicht in Aussicht. Man schiebt und wird geschoben. Rackow will seinen Monokel nicht ablegen; er will aber auch dabei sein beim Tanz um das Goldene Kalb. Andere, das Mannequin Lissi Lerche und ihr Kumpan Sterny, führen ihm vor, wie man lebt und paktiert, um teilzuhaben am Gewinn aus schwarzen Märkten, und wie man, trotz vieler Widrigkeiten, dabei die gute Laune behält.

Zeichnungen von George Grosz könnten der Erzählung *Sterny* als Illustrationen dienen. Der Maler und der Schriftsteller waren skeptische und ironische Beobachter ihrer Umwelt und deren Prototypen. Heinrich Mann zählte zu den Autoren, die im fortschrittlichsten Sinn für eine republikanisch-sozialistische »Erneuerung« sich engagiert hatten. Mit *Sterny* wollte er lediglich eine Erzählung schreiben: satirisch, spannend, frech und frei; doch auch mit dem Vorsatz, anderen die Augen zu öffnen über ihre Mitmenschen und ihre Unmoral. Die »Erneuerung«, die Heinrich Mann begehrte, sollte auch die Sprache der Erzählung ausdrücken. Sie sollte sich abheben gegen die Prosa der Neuromantiker, der Naturalisten und Impressionisten; auch gegen den Schrei und das Pathos der Expressionisten, die vorher ein ganzes Jahrzehnt aufgeregt hatten. Jargon und Wörter, die in der Hauptstadt in Gebrauch kamen, finden sich in der Erzählung *Sterny*: »das bißchen Bankhalten«, »mit Koks schieben«, »sich managen lassen« oder »bei einer dicken Sache mitmachen«. Wirklichkeitsnah wollte die Erzählung sich geben, »sachlich«. Tatsächlich formierte sich eben eine Richtung: »Neue Sachlichkeit«. Die Dinge beim Namen nennen, den Blick auf die Erscheinungen der Welt richten, speziell auf ihre soziale Dynamik, waren drei unter mehreren Programmvorsätzen. Die Aufklärung des 18. Jahrhunderts sah man als Vorbild. Aufklärerisch-pädagogisch sollte eine Erzählung wirken; Partei ergreifen für die kleinen, einfachen Leute; denn gerade sie hatten zu leiden an der Gesellschaft, die nicht nur nach oben, sondern auch wieder zurück zu früheren Machtverhältnissen strebte.

Sterny führt also auch hinein in die Literatur und die »Wirklichkeit«. Sie war verändert; vom Schock des Krieges und der Niederlage; von der Philosophie, der Soziologie, der Psychoanalyse. Viele andere Erzählungen gleichen deshalb *Sterny*, auch wenn die Positionen, die Tendenzen und die Temperamente einzelner Autoren sich unterscheiden. Die Erzählungen von Bertolt Brecht, Ödön von Horváth, Walter Serner, Joseph Breitbach, Marieluise Fleißer, Alfred Döblin, Lion Feuchtwanger, Ernst Weiß und anderer rückt ihre Zeitverwandtschaft zusammen. Sie trennt sie feindlich von anderen Autoren, die zur Zeit der »Weimarer Republik« auf den Plan treten; Autoren, die eine »Erneuerung« aus »Blut« und »Boden«, »Rasse« und »Volk« und – aktueller noch – aus einem »völkisch-nationalsozialistischen« Ideenkonglomerat propagieren. Der »Reichtum«, die »Vielfalt«, die alle Betrachter der Literatur damals zubilligen, war auch ein turbulenter Schau- und Kampfplatz gegensätzlicher Lager.

Nicht alle Autoren verhielten sich so entschieden wie Heinrich Mann und die anderen, die oben genannt wurden.

Nicht alle lassen sich unter dem Stichwort »Neue Sachlichkeit« versammeln oder ins »völkisch-nationalsozialistische« Lager rücken. Es gab liberale und konservative Autoren, die jedem Engagement sich verweigerten und im Idyll sich versteckten. Der Gegenwart auszuweichen, ließ sich die Erinnerung beschwören; zum Beispiel vom Kriegserlebnis erzählen, wie Ludwig Renn oder Georg Britting, ohne in den Verdacht zu geraten, der Krieg sollte wieder als »Ordnung einer neuen Welt«, wie in Romanen und Erzählungen von Ernst Jünger, heroisiert werden; im Gegenteil. Hermann Hesses Ich-Erzähler in *Bei den Massageten* beruft sich auf Herodot. Wahrscheinlich jedoch sind, 1927, ein Volk und Staat der Gegenwart gemeint; »ein Vaterland«, das in Superlativen sich brüstet, und dessen Fama bereits ein »Propagandaministerium« überwacht. Die Fabel kann für alle Diktaturen stehen, und an dieser Stelle schon als Ahnung der Hitler-Diktatur. *Erstes Leid*, die kurze Erzählung von Franz Kafka, hebt sich hervor, auch weil sie einem gegenwartsbezogenen Deutungsversuch sich entzieht. Kein Zweifel jedoch, daß der Konflikt zwischen Künstler und Gesellschaft, wie er auch in *Unser Zirkus* von Hans Henny Jahnn aufgegriffen wird, ihre Nähe zur Gegenwart und damit auch zu allen anderen Erzählungen bezeugt.
Thomas Mann gab in seiner *Deutschen Ansprache*, 1930 in Berlin, eine Art Resümee, einen Rückblick auf die zehn Jahre davor und eine Warnung schon vor dem, was sich abzeichnete: »Der exzentrischen Seelenlage einer der Idee entlaufenen Menschheit entspricht eine Politik im Groteskstil mit Heilsarmee-Allüren, Massenkrampf, Budengeläut, Halleluja und derwischmäßigem Wiederholen monotoner Schlagworte, bis alles Schaum vor dem Munde hat. Fanatismus wird Heilsprinzip, Begeisterung epileptische Ekstase, Politik wird zum Massenopiat des Dritten Reiches oder einer proletarischen Eschatologie, und die Vernunft verhüllt ihr Antlitz.«
Judenboykott und Bücherverbrennung, im April und Mai 1933, signalisieren, wie Hitler und seine Reichsschrifttums-

kammer die Literatur sich untertan zu machen suchten. 250 Schriftsteller – ein Beispiel ohnegleichen – widerstanden, indem sie sich verweigerten, weggingen; aus eigenem Entschluß oder aus berechtigter Furcht um Existenz und Leben. Heinrich Mann hat selbstbewußt die Begründung formuliert: »Literatur kann es nur geben, wo der Geist selbst an der Macht ist, anstatt daß er abdankt und sich beugt unter geistwidrige Gewalten.« Schriftsteller, die im »Reich« blieben, hatten sich anzupassen oder zu verstummen. Die Zahl der Opponenten blieb gering. Wer weiterhin erzählen wollte, rettete sich in die Vergangenheit oder in die Ferne; in die Harmlosigkeit oder den Humor. Die »Kurzgeschichte« galt als suspekt. Verschlüsselt ließ sich im Feuilleton oder in der Historie Widerspruch bekunden. Die Erzählungen von Kurt Kusenberg, Ernst Kreuder, Wolfgang Koeppen, Friedo Lampe, Wolfgang Weyrauch verzeichnen verschiedene Möglichkeiten einer Distanz zur staatlich verordneten Literatur. *Mond und Pferde*, die Prosa von Felix Hartlaub, dem Frühverstorbenen, entstand, wie er selber feststellte, in der »toten windstillen Mitte des Taifuns«.

Die Erzählungen, die im Exil entstanden, bewiesen dagegen die Freiheit der Themenwahl, und nochmals ihre aufklärerisch-pädagogische, auch antifaschistisch-kämpferische Tendenz. Erzählungen von Ulrich Becher und Anna Seghers stehen dafür. Anna Seghers will vom Mut des Einzelnen in einer totalitären Umgebung erzählen. Auch ihre Sprache muß sich nicht anpassen. Die Stillage der »Neuen Sachlichkeit« ist beibehalten: »An einem Morgen im September 1940, als auf der Place de la Concorde in Paris die größte Hakenkreuzfahne der deutsch besetzten Länder wehte und die Schlangen in den Läden so lang wie die Straßen selbst waren, erfuhr eine gewisse Luise Meunier, Frau eines Drehers, Mutter von drei Kindern, daß man in einem Geschäft im XIV. Arrondissement Eier kaufen könnte.«

Unter den Heimkehrern nach dem Zweiten Weltkrieg war ein Gerd Götz Rackow nicht mehr typisch. Prototyp war der Heimkehrer »Beckmann« (aus Borcherts *Draußen vor der Tür*), wie man ihn auf der Bühne auftreten ließ: mit verbogener Gasmaskenbrille, in staubiger, zerfetzter Uniform. Gedemütigt, ausgezehrt, unsicher, wie er im Frieden, der dem während des Kriegs ersehnten Frieden in keiner Weise glich, weiterleben sollte. Junge Männer, die in der HJ, in der Schule, im Arbeitsdienst und in der Wehrmacht erwachsen und gedrillt worden waren, und nun, nach ihrer Ernüchterung, anfingen, Gedichte, Geschichten, Romane zu schreiben. »Kriegs-, Heimkehrer- und Trümmerliteratur«, summierte Heinrich Böll 1952, um sich und seine ersten Geschichten und Kurzromane gegen die zu verteidigen, die wohl eine andere Literatur sich erhofften. Böll fuhr fort: ». . . man schien uns zwar nicht verantwortlich zu machen dafür, daß Krieg gewesen, daß alles in Trümmern lag, nur nahm man uns offenbar übel, daß wir es gesehen hatten und sahen, aber wir hatten keine Binde vor den Augen und sahen es: ein gutes Auge gehört zum Handwerkszeug des Schriftstellers.«

»Handwerkszeug«? Man war bescheiden mit dem künstlerischen Aufwand. Man kreierte keine Richtung. Hans Werner Richter, Begründer der »Gruppe 47«, sprach vor: ». . . die neue Sprache (wird) realistisch sein.« Und: ». . . unsere Sprache wird modern sein.« Wie die amerikanischen Autoren zu erzählen, war eine willkommene Möglichkeit; wie Hemingway, Steinbeck, Caldwell, Faulkner, vor allem wie Hemingway: »short stories« – trocken, knapp, unbefangen, ohne syntaktische Komplikationen, ohne moralisierende Nutzanwendung. So entkam man den romantischen Vorbildern; und denen, die zwölf Jahre lang die Literatur beherrscht hatten: den »Blut-und-Boden-Dichtern« mit ihrem Dunst und Schwulst. »Kahlschlag«, wie Wolfgang Weyrauch ihn propagierte, war ein brauchbarer Hinweis.

Wolfgang Borchert, der selber jenen »Beckmann« verkörperte – den Heimkehrer »Draußen vor der Tür« – machte den Anfang mit seinen Erzählungen *Die Ausgelieferten.*

Heinrich Böll, Ernst Schnabel, Alfred Andersch, Hermann Lenz, Wolfdietrich Schnurre, Arno Schmidt traten nacheinander auf; in Österreich Herbert Zand und Herbert Eisenreich; in der sowjetisch besetzten Zone Franz Fühmann. Elisabeth Langgässer und Ilse Aichinger kamen aus der politischen Verfolgung in Berlin und Wien. Wolfgang Hildesheimer kam aus der Emigration; Hans Erich Nossack aus dem Schweigen und der Verborgenheit. Gedichte, Berichte, Romane, Theaterstücke bewältigten das Erlebte und den Schock; doch keine Form war so aktuell wie die Erzählung, die Geschichte oder Kurzgeschichte. Viele beherrschten sie; auch andere junge Autoren, die bald wieder das Schreiben aufgaben. Die jungen deutschen Autoren erzählten bald nicht nur von zurückliegenden Erlebnissen; auch die Erfahrungen im »Nachkrieg« regten sie auf. Sie erkannten, wohin Frieden und Wiederaufbau strebten: zum oberflächlichen Leben ohne Rückbesinnung, zur Wiederaufrüstung, zur wirtschaftlichen Prosperität. Elisabeth Langgässer schreibt eine Geschichte, die schon in der Zukunft oder am Ende der eben beginnenden Gegenwart spielt: *Der Torso.* Drei Männer und eine Frau haben die Zerstörung der Welt durch die Atombombe überlebt – und beginnen von vorne, indem sie den alten »Vorstellungsschatz« aus den Trümmern graben.

Schon 1949 hat Elisabeth Langgässer als Rezensentin der Anthologie *Tausend Gramm*, die Wolfgang Weyrauch ediert hatte, vor der »Vertauschbarkeit« und »Sprachlosigkeit« der deutschen Geschichte, welche die amerikanische *short story* nachahmte, gewarnt: »Sprache, Person und Geist sind nicht voneinander zu trennen; wo der Geist verkümmert, verdorrt die Sprache und mit ihr die Person.« Die »Kurzgeschichte deutscher Spielart« (Hans Bender) spaltete sich in viele »Möglichkeiten«. Walter Höllerer unterteilte sie in »Augenblickskurzgeschichte«, »Arabeskenkurzgeschichte«, »Überdrehungsgeschichte«. (*Akzente* 9, 1962.) Der realistischen Geschichte stellte sich immer eindrucksvoller die surrealistische oder magische Geschichte entgegen. Kafka war das Vorbild. Wie er glaubte man, »Entfremdung« und »Entfremdetsein« in der gegenwärtigen Welt zu erleben. Ilse Aichinger, Marie Luise Kaschnitz, Hans Erich Nossack und der junge Martin Walser schreiben die eindrucksvollsten Beispiele. Auch Arno Schmidt hält sich nicht an die Muster. Er verwendet zwar den Gattungsbegriff »Kurzgeschichte«, doch entschlüpft ihr widerwillig in seine Impressionen, Skizzen, »Schnurren & Grillen«, und in seine eigenwillige und ungewohnte Sprechweise und Orthographie.

Autoren der nächsten Generation, die Mitte der fünfziger Jahre zu schreiben begannen, widerstrebten sowohl der realistischen als auch der surrealistischen Geschichte. Die Beeinflussung des »nouveau roman« aus Frankreich und eines »Realismus des Hierseins«, den sein Wortführer Alain Robbe-Grillet propagierte, machten nachhaltigen Eindruck; gerade auf die Schreiber von Prosa. Es fand Widerhall, als Roland Barthes vortrug: »Unsere Realität ist komplex, sie ist abstrakt und simultan.« Robbe-Grillet postulierte eine Gegenwart »jenseits jeder Deutungstheorie« und verneinte jedes »System von Beziehungen, sei es nun das sentimentalische, soziologische, freudianische, metaphysische usw.« Er faßte zusammen: »Aber die Welt ist weder sinnvoll noch absurd. Sie *ist* einfach.«

Die Phantasie wird sich ihrer Mitwirkung bewußt. Ein größeres Areal an Vorbildern steht zur Verfügung. Beckett, Joyce, Döblin werden gelesen und als Vorbilder geschätzt. Der pikareske Roman der europäischen Literatur wird entdeckt. Günter Grass und Uwe Johnson debütieren 1959 jeweils mit ihren ersten Romanen *Die Blechtrommel* und *Mutmaßungen über Jakob.* Die »experimentelle« Literatur, in der Lyrik zuerst, forderte zu einem freien spielerischen Umgang mit der Sprache auf. Helmut Heissenbüttel veröffentlicht 1960 sein *Textbuch I*; Peter Weiss seine Prosa *Der Schatten des Körpers des Kutschers.* Der Ruf nach »Veränderung« wird erst einige Jahre später zum Kampfruf. Die Zeitschrift *Akzente* (1964) erhebt ihn und bringt die Beispiele: Prosastücke bzw. »Texte« von Erich Fried, Jürgen Becker, Reinhard Lettau, Helmut Heissenbüttel, Dieter Wellershoff, Franz Mon, Gerhard Rühm, Peter Bichsel. Sie sollen beweisen, wie ihre Prosa auf die »Problematik der gegenwärtigen Realitäts-Erfahrung« (Walter Höllerer) anders reagiert als die Prosa der zwei Jahrzehnte vorher. In *Erzählungen seit 1960* (Reclams Universal-Bibliothek, Nr. 7977 [4]), der Fortsetzungsanthologie, die Heinrich Vormweg zusammengestellt hat, zeigt sich die Verwirklichung von Ansätzen, mit denen diese Sammlung endet.

Mehr die objektiv-dokumentarische als die subjektiv-wertende Absicht kennzeichnet die Anthologie *Deutsche Erzähler 1920–1960.* Sie stellt eine festumrissene Epoche dar, die jedoch keineswegs als »einheitlich« oder »geschlossen« deklariert werden dürfte. Ihren zeitgeschichtlichen Hintergrund sichtbar zu machen, war ein Vorsatz. Ein anderer: den Verlauf der Literaturgeschichte nachzuzeichnen, ihre Traditionen und Brüche. Erzählungen wurden bevorzugt, die selber Zeitgeschichte enthalten oder berichten. Auch deshalb fehlen die neutralen, immer-gleichen Histörchen, Parabeln, Legenden. Die Einteilung in Jahrzehnte ist überdeutlich; sie kann darauf aufmerksam machen, daß die Daten der Geschichte sich nicht decken mit der Entstehung einer neuen Literatur oder Richtung. (Die Diskussion über die »Stunde Null« handelte hauptsächlich davon.) Sie dienen als Gerüst, den Überblick zu erleichtern. Einige berühmte und wichtige Autoren der Epoche fehlen, weil sie im festgesetzten Abschnitt keine Erzählungen kürzeren Umfangs geschrieben haben; z. B. Thomas Mann und Carl Sternheim.

Der Herausgeber hat bei seiner Auswahl an die Leser der Gegenwart gedacht; zumal an junge Leser, die dafür gewonnen werden sollen, die zurückliegende Zeit und Literatur verstehen zu lernen. Gewonnen werden sollen die Leser durch die Erzählungen selber: Sie sind spannend, unterhaltsam, oft auch amüsant zu lesen. Der Herausgeber stimmt überein mit einem anderen, verdienstvollen, berühmten

Herausgeber: Marcel Reich-Ranicki. In fünf Bänden hat er ein viel weiteres Panorama deutschsprachiger Erzählungen des 20. Jahrhunderts gesammelt und seine Auswahl mit dem Satz begründet: »In diesem Sinne erfolgt der Rückgriff auf das Vergangene stets um der Gegenwart willen – und nur von ihr bezieht er seine Rechtfertigung.«

Hans Bender

HEINRICH MANN

Sterny

Gerd Götz Rackow zog an der Spitze seiner Kompanie 1918 wieder in Berlin ein, schlechthin verblüfft durch das, was nun geschah. Persönlich hielt er sich für unbesiegt, aber da alle Welt die Nerven verloren hatte, ging er für den Augenblick mit und verschwand von der Bildfläche. Wiederaufgetaucht, orientierte er sich radikal nach der äußersten Rechten. Sie allein war imstande, die Angelegenheiten Deutschlands und Gerd Götz Rackows wieder richtig aufzuziehen. Die letzteren standen schon bei seiner Rückkehr nicht mehr gut, in den nächsten Jahren wurden sie kritisch. Die väterliche Firma hatte es fertiggebracht, die ganze Kriegskonjunktur zu verpassen; der alte Herr war nicht mehr zeitgemäß. Dann starb er sogar. Gerd Götz hätte von den Schulden noch Mutter und Schwester erhalten müssen, er verkaufte lieber und war glatt ohne Mittel. Kaum glaublich!

Standesgemäß leben, oder gar nicht! Wie schob man? Jeder schob, aber keiner verriet den Witz. Nicht hineinzukommen ins Geschäft! Der Oberleutnant machte unzulängliche Versuche. Eine halbe Kraft, sah gleich jeder, ein wilder Dilettant. Gleichzeitig erlitt auch die »nationale Sache« ihre Niederlagen, ein Systemwechsel ward unwahrscheinlich. Lissi Lerche, die von Gerd Götz immer auf den Systemwechsel vertröstet wurde, verlor das Vertrauen.

Lissi Lerche war, als er sie während eines Urlaubs kennengelernt hatte, noch Mannequin am Hausvogteiplatz. Er konnte sich rühmen, sie gemacht zu haben. Uniform und Rang: ein Wink, sie kam zum Film – indes er schon wieder draußen war und nicht fragte, was ihr sonst noch zustieß. Hiernach fragte er erst, als es geschäftlich nicht mehr klappte. Im Unglück will man wenigstens Treue.

1922 Ende Mai hatten sie die entscheidende Aussprache. Er kam in ihrer Wohnung, Bamberger Straße, gegen Abend darüber zu, wie sie Kleider probierte. Es waren zu viele und zu vornehme: keine Möglichkeit zu glauben, daß irgendeine Filmgesellschaft hierfür aufkomme. Solange die Schneiderin noch da war, wahrte er das Gesicht und äußerte sich gnädig. Lissi drehte sich in schwefelgelben Pailletten, blond, bunt und kostbar, auf ihren hohen Seidenbeinen zwischen den drei Spiegeln umher und warf hin mit geschminktem Mündchen: »Kunststück. Ich bin heute die Frau, von der man spricht.«

Kaum mit ihr allein, ward er anzüglich. Er kenne aus bester Quelle ihre wirklichen Filmdiäten. Nicht bluffen! Er sehe natürlich ein, irgendwoher müsse es kommen . . . »Fängst du schon wieder an?« sagte sie sofort und griff ihrerseits an. Mit einer Klassefrau war man großzügig oder man kuschte. Ihretwegen entgleist wollte er sein? Kinder! Das bißchen Bankhalten oder mit Koks schieben, und sogar das eine Pleite! »So was von doof würden die Leute mir nicht glauben.« Wobei sie kein Mündchen mehr hatte. Da sie ihren Freund aber liebte, rühmte sie ihm gleich wieder seine natürlichen Mittel. »Sieh dich doch nur an, die Gentfigur, die eiskalte Fresse!« Im Laufe der zärtlichsten Versöhnung überzeugte sie ihn endlich, er müsse sich von ihr managen lassen. Keine Eifersucht mehr auf ihre Bekannten, die ihm helfen wollten! »Gegen deine heilige Ehre, Dummchen, geht niemand vor«, versicherte sie und klopfte mit manikürten Händen seine Backen. Dann brachen sie nach der Motzstraße auf.

In der Pfauenbar zeigte es sich, daß jemand auf Lissi wartete, ein stämmiger Herr vom Typ Bulldogge, Sterny hieß er. Gerd Götz, den Namen hören und das Monokel einsetzen. Sterny bekam rote Augen, so saßen sie und glotzten aneinander vorbei. Lissi: »Was habt ihr denn?« Ach so! Sterny war gemeiner Mann unter Rackow gewesen, daran dachten sie noch. »Wenn ich dich schon mit einem Gent bekannt mache, der dir geschäftlich nützen kann, dann hast du ihn sicher mal in die Latrine gesperrt.« – »Latrine!« knurrte Sterny. »Gegen das Lokal, wo Oberleutnant Rackow mich hineinsperrte, war Latrine erstklassig, die reine Bar« – mit Handbewegung durch die Bar, worin sie saßen. Alles falscher bunter Marmor und die opalisierenden Tischplatten von innen beleuchtet.

»Ihnen ist es großartig bekommen«, meinte Lissi. Er war aber doch gegen den polnischen Winter, wenn man, vom Oberleutnant Rackow an einen Pfahl gebunden, den ganzen Tag im Schnee stand. »Davon hat das Herz denn doch was weg.« Hierauf Gerd Götz, durch die Nase: »Ihnen tat Ihr werter Leichnam zu leid. Dafür scheinen Sie das Schieben aber loszuhaben.« Nun bekam grade Sterny den sicheren Ton. »Ich bin ein erfolgreicher Kaufmann. Wer nicht mitverdient und sich ärgert, sagt Schieber.« Lissi ließ den Kapellmeister einen Shimmy spielen, um die Situation zu retten, und sie tanzte mit beiden. Darauf mußten die Kavaliere zusammen trinken. Sie selbst beschwipste sich; so war, was sie vorhatte, leichter in Zug zu bringen. Sterny sollte Gerd Götz bei einer dicken Sache mitnehmen. In der dritten oder vierten Likörstube, mit feuchten Augen und Lippen, schmatzte Sterny: »Rackow, die dicke Sache ist gemacht. Verkaufen Sie mir die Lissi!« Worauf Gerd Götz ihn natürlich glatt forderte. Lissi mußte sie so weit beruhigen, daß sie sich für morgen bei ihr verabredeten, um anständig zu verhandeln.

Als erster kam Gerd Götz. Er hatte Sorgen wegen der unlauteren Motive, die Sterny vielleicht leiteten, wenn er ihn beteiligte. Lissi war geradezu empört. »Ich gebe dir mein Ehrenwort, mit dem Menschen werde ich nie etwas haben.« Gerd Götz stellte fest: »Er wäre mir peinlicher als jeder andere. Geschäftlich schnappe ich, was immer auf dem Spiel steht, in dem Augenblick, wo ich mir sagen muß –« Hier kam auch Sterny. Er legte gleich los. Er hatte etwas für Rackow. »Aus alter Freundschaft«, sagte er bieder und machte die Augen dabei zu. Die Sache, die er hatte, war zweischneidig. Sterny bürgte für gar nichts. Wenn sie klappte, war man reich. Gerd Götz unterbrach ihn. »Was gegen meine Standesehre geht –« – »Werden Sie selbst wissen«, schloß Sterny.

Radium, eine beträchtliche Menge, war verlorengegangen und konnte wiedergefunden werden. Seinerzeit in Rumänien erbeutet von einem Soldaten, der dann starb; gestohlen von dem Krankenwärter, der nicht wußte, was es war; durch soundso viele Hände gegangen und jetzt verschollen. Sterny gab Namen und Adressen, soweit er sie kannte. Er selbst hatte keine Zeit, allen Spuren nachzugehen und sich der Sache zu widmen. »Ich sage Ihnen offen, Rackow, Sie werden laufen müssen, bis Sie pfeifen. Außerdem können Sie in halsbrecherische Lagen kommen.« – »Das ist mein Fall«, sagte Gerd Götz. Er wollte gleich losgehn. »Halt, Sie kriegen Vertrauensspesen«, und Sterny schrieb den Scheck, worauf Gerd Götz losging.

»Sie sind anständiger, als ich gedacht hätte«, sagte Lissi. Sterny ward anzüglich. »Er läuft, und ich sitze hier.« – »Machen Sie sich freundlichst nicht die geringsten Hoffnungen!« verlangte sie sachlich. Aber da der Mensch schon da war, durfte er die neuen Kleider bezahlen. »Ich bin heute die Frau, von der man spricht«, sagte sie als Ausgleich.

Gerd Götz lief. An der ersten der Adressen bekam er durchaus sicheren Bescheid über einen, der das Radium selbst gesehen habe, er sei sofort greifbar. Dort war man weniger bestimmt, gab aber doch Fingerzeige. Der nächste gab wieder welche. Sie führten Gerd Götz bald im Kreise umher und bald in die Ferne. Er kam zu Pfandleihern, Kneipwirten, zu armen Leuten, deren Habe er unter Vorwänden durchsuchte. Damen wollten das Diebesgut ihren Liebhabern entwenden, wenn Gerd Götz das Unternehmen finanzierte. Er ward anonym nach Hamburg in ein Café bestellt und fand in der dunkelsten Ecke einen äußerst mißtrauischen Mann mit falschem Bart, der es hatte, selbst hatte. Das Radium? Ja. Aber er hatte es auch wieder nicht. Gerd Götz mußte dreimal kommen, bis er unter dem Tisch etwas Eingewickeltes zu sehen bekam. Wie er zugriff, traf ihn ein unerwarteter Stoß unter das Kinn, und er fiel um.

Lissi Lerche sah ihn erst nach Wochen wieder. Er war abgemagert, irr im Gesicht und zum allerersten mal nicht mehr tipptopp. Er redete, daß kein Ende war, er hatte so viel mitgemacht wie im ganzen Krieg nicht. Endlich stehe er mitten im Betrieb, weitverzweigte Verbindungen, Unbekannte quatschten ihn an. »Da! Sieh den Plan, ich habe ihn teuer bezahlt. Ein Haus mit Höfen, durch den Hof hier fließt ein Kanal, an dem Ausfluß des Kanals ist ein Stein locker, darunter liegt es.« – »Das Radium?« Er nickte fanatisch. »Ich muß das Haus finden. Niemand weiß, wo es liegt.« Lissi fragte: »Existiert es denn überhaupt – samt deinem Radium?« Das begriff er nicht – und deutlicher wollte sie nicht werden. Gerd Götz jammerte sie. Er fragte nicht einmal mehr nach Sterny – und hätte doch Grund gehabt.

Gegen Sterny war sie deutlich. »Sie sind ein Schwindler, Ihr Radium ist Bruch.« – »Wennschon«, sagte Sterny in aller Ruhe. Sie faßte es nicht. »Das sagen Sie so? Wegen einer Sache, die Sie sich bloß ausgedacht haben, soll Gerd Götz ins Sanatorium kommen?« – »Nein«, sagte Sterny und schloß die Augen, als sei er müde. »Er soll nicht ins Sanatorium. Er soll ins Zuchthaus.« Er öffnete die Augen, da sah Lissi, die nicht wußte, wie ihr geschah, etwas Fürchterliches. Sie sah den Haß, eine trübe, ungefüge Schlammflut von Haß sich wälzen aus diesen Augen, zur Qual des Menschen, der zitterte, alle Muskeln krampfte, bleich und rot ward. Sterny sagte mit schwerer Zunge: »Er hat mich gehetzt und erniedrigt, ich hetze ihn, bis er liegt. Er hat mir ans Leben gewollt, jetzt kostet es sein Leben« – und hielt sich das Herz.

Lissi versuchte zu lachen. »Dickerchen, was hast du davon. Sei nicht komisch!« Und sie drehte sich herausfordernd vor ihm umher. Er sagte unumwunden: »Ihnen, mein Fräulein, habe ich mich ursprünglich auch nur genähert, um an ihn heranzukommen. Aber jetzt sind bald Sie dran«, wobei er nach ihr griff, vielmehr sie auffing. Denn sie fiel ihm beinahe zu, halb aus Schrecken, aber auch, weil seine Fürchterlichkeit sie anzog. So etwas von Mann hatte man denn doch noch nicht erlebt! Sie schwor sich, ihm niemals nachzugeben, nun gerade nicht. Freilich nahm sie schon so große Geschenke von ihm, daß es wie ein Vertrag aussah. Konnte sie noch heraus? Wenn Gerd Götz sie wenigstens zur Rede gestellt hätte! Das würde den Zauber gebrochen haben. Aber der lief Gespenstern nach.
Sterny ließ ihn zu sich kommen. »Rackow«, sagte er schlankweg, »Sie müssen einbrechen.« Gelassen sah er zu, wie das Opfer aufbegehrte und großtat. »Wenn Sie dafür zu vornehm sind, Ihre Sache. Selbstverständlich bringe ich Sie zur Anzeige. Sie haben mich um hohe Vorschüsse beschwindelt.« Er ließ das Opfer, das einen Kopf länger war als er, noch zappeln; es ergab sich schon. Gerd Götz wollte wissen, wo und wie. »Jemand ist uns zuvorgekommen«, erklärte Sterny, »ein Kapitalist, der richtig bezahlt hat. Wir kriegen die Finger nicht mehr in das Geschäft, außer so.« Mit der Bewegung des Klauens. – »Nicht zu machen«, sagte Gerd Götz, heiser vor Gier. Da zeigte Sterny ihm die Photographie der Villa. »In Hundekehle. Hochherrschaftlich. Ganz leicht einzusteigen. Was Sie suchen, liegt im Schlafzimmer. Heute nacht ist niemand zu Hause.« Er gab ihm noch an, wo das Auto, das er brauchte, ihn erwarten werde. Sein letztes Wort war: »Im Schlafzimmer«, wobei er einmal scheußlich auflachte; man konnte stutzen. Da war aber schon die Tür zugefallen.
Das Auto wartete wirklich. Der Chauffeur stand abgewendet; als Gerd Götz hinzutrat, verschwand er. Gerd Götz fuhr allein hinaus und hielt an der Ecke. Das bewußte Haus stand da, es stimmte. Alle Fenster dunkel. Gerd Götz ging

hin und läutete stark am Gartentor; dann schnell zurück ins Auto. Er wartete nach der Uhr zwanzig Minuten, ob nichts geschah. Die Leute konnten Furcht haben und erst allmählich hervorkriechen. Ein Fenster stand offen im ersten Stock; das Mondlicht rückte hinein, bewegte etwas sich drinnen? Die Allee ganz einsam und hinreichend breit, überdies dichtes Laub vor den Häusern. Immerhin drüben eine freiliegende Wohnung, die noch Licht hatte. Die warme Nacht duftete stark nach Akazien. Gerd Götz rechnete damit, daß der Geruch irgend jemand aus dem Bett treiben könne. Er überlegte sachlich und scharf, wie vor einem Nachtangriff. Ernste Bedenken waren nicht gegeben. Die größte Gefahr: das Mondlicht.

Das Gartentor konnte er in Deckung erbrechen. Die Front des Hauses aber war allmählich fast ganz von grellem Licht überzogen. Anstatt erst lange im Schlagschatten der Säulen hinaufzurutschen, schwang er sich außer Deckung auf die Terrasse. Ein richtig abgemessener Sprung, er hatte das offene Fenster. Wer ihn sah, konnte glauben, dies sei seine Art, nach Hause zu kommen, so ausprobiert ging es ... Das Zimmer, in das er sprang, war ausgerechnet das Schlafzimmer. Ein breites Bett wurde von einem Reifen Mondlicht wie herausgetragen aus der Dunkelheit. Nach der anderen Seite – oho! – Waffe entsichern, der Feind. Eine Gestalt an der Wand, im genau umgrenzten Spiegel von Mondlicht. Konnte auch bloß ein Bild sein. Entgeistertes Weib, Hände gespreizt auf der Wand, Kopf ganz nach vorn gesunken. Er trat vor: »Lissi!« Da stieß sein Fuß an, im Dunkel des Fußbodens. Was lag hier? Herumgerissen den Kerl: – Sterny! Gerd Götz ließ ihn denn doch, wie heißes Eisen, zurück auf den Teppich fallen; er und Lissi starrten sich an wie die Blinden. Dann bückte er sich über Sterny. »Erledigt«, sagte er knapp.

Jetzt zu Lissi. Die streckte die Hände vor. »Du sollst alles wissen. Tu mir nur nichts!« Das Haus war ihres, Sterny hatte es ihr verschrieben mit allem drin, Geld auch. Für alles hatte sie ihm ausschließlich Versprechungen gemacht. »Bei meinem Augenlicht!« Sie hatte bestimmt gewußt, es werde zu nichts kommen. Den Finger auf den Toten gerichtet: »Und es ist auch nicht.«

Ihre Angst war unnötig, Gerd Götz hatte andere Sorgen. »In dein Haus läßt er mich einbrechen? Hast denn du das Radium?« Dies ging selbst über ihre Begriffe. Dann erinnerte sie sich: »Das Radium war ein Schwindel; er wollte dich ins Unglück bringen.« Sie schrie auf. »Jetzt weiß ich. Darum konnte er hier nirgends stillhalten. Lief im Zimmer umher, hatte Zustände und wollte nicht, daß ich Licht machte. Dich erwartete er, Gerd Götz, er wollte dich abfassen, wie du einbrachst.« Sie beugte sich, zog einen Gegenstand unter dem Toten hervor; jetzt flüsterte sie nur. »Sein Revolver. Beim Einsteigen hätte er dich abgeschossen.«

Seine Erschütterung benützte sie, ihn mit beiden Armen zu umklammern. »Dafür ist er selbst nun tot. Von allein umgefallen. Er war dein schlimmster Feind, Gerd Götz ... Habe ich es gut gemacht?« fragte sie, ganz Verführung. »Wir sind nun reich und glücklich.« Heimlich zitterte sie vor den Einwänden, die er gegen diese Art von Glück und Reichtum einst gehabt haben würde. Aber es kamen keine. So verlangte sie zärtlich: »Trage ihn fort!« Das ließ er sich nicht zweimal sagen; es war ein Mittel, sich männlich handelnd über die noch drückende Lage zu erheben. »Ich setze ihn einfach in das Auto. Schöne Nacht. Spazierfahrt. Herzschlag.« – Er tat es; und den Zurückkehrenden zogen weiche Arme in die Haustür. Wie sie im Mondschein, umschlungen, die Treppe hinanschwebten, dem Hochzeitslager entgegen!

ARNOLD ZWEIG

Ein bißchen Blut

Kurt Belch, ein schlanker Mensch, gegen Dreißig, brünett, ernst und aufmerksam vor sich hin schauend, erwartete diesen Samstag zwischen Spiegelscheiben, Wohlgerüchen und zartbunten Seifenpackungen seinen Feierabend mit der ganzen Sehnsucht, die sechs Arbeitstage zu neun oder zehn Stunden, eine lange und graue Alltagswoche hinter blankem Ladentisch, in jedem erwachsenen Manne aufstauen. Aufatmen, für sich da sein, ein winziges Bruchstück der knappen Lebenszeit nach nur eigenen Antrieben verbringen dürfen, ohne Rücksicht auf Geschäft und Brotgeber! Welch ein kümmerliches Gefühl, beständig nichts als eine Falle für Käufer sein zu sollen, immerfort die besten Kräfte von Person und Seele an das Übertragen gleichgültig hergestellter Waren in die Taschen unbekannter Leute zu wenden! Dabei hielt Belch sich durchaus nicht für etwas Besonderes; er nahm den Zwiespalt zwischen Alltag und Sehnsucht als das Selbstverständlichste hin - ganz wie den Krieg hindurch jenen fürchterlichen Lehm und Dreck in den Gräben Flanderns oder wie den Lungenschuß, den ihm ein Tommy noch kurz vor Torschluß verpaßt hatte. Nun, die Doktoren hatten ihn dann gründlich auskuriert; und dennoch durfte zwischen ihm und Alma Hanke von Heirat nicht die Rede sein – unabhängig von der Frage, ob sie nicht alle beide, des heillosen möblierten Wohnens müde, herzlich danach verlangten. Aber das Wirtschaftliche stemmte sich ihren Wünschen kühl entgegen. Es lag nicht an Herrn Mielisch, Drogisten und Parfümeur im mittleren Westen Groß-Berlins. Der hielt beträchtliche Stücke auf den innewendigen, sympathischen Angestellten; ja, er ärgerte sich seinetwegen, wenn er in Romanen oder von der Bühne her den Verkäufer, Kommis genannt, als lächerliche Figur geschildert fand. Dann schimpfte er resolut und berlinisch auf die Verfasser und meinte, sie sollten erst einmal innerlich soweit kommen wie sein Herr Belch ...

Zwanzig Minuten nach sechs trat in den Laden der ausländische Herr – in langem Paletot und weichem Hut; auch er braun von Haut und Haar, ein mageres Gesicht mit gut rasierten Backen. Er hatte, durchs Spiegelfenster bemerkbar, ein paar Sekunden prüfend vor den Auslagen gestanden und ein besonders preiswertes Angebot gemustert, und nun stand er da und verlangte: »Zehn Rasierklingen, bitte.« Amerikaner, dachte Kurt Belch und nickte vergnügt; dieser billige Preis stammte von ihm. Gute Ware, vor langen Monaten günstig eingekauft, mußte endlich billiger angesetzt und in Trab gebracht werden; an die Richtpreise der Einzelhändler konnte man sich nicht immer klammern. Mit Befremden empfand er den Blick des anderen, der unabreißend und freimütig über den Ladentisch hinweg dem seinen folgte: eng- und tiefliegende Augen, denen weiser und forschender Affen gleich. Anderer Erdteil, dachte er, während er sich über den geöffneten Schub beugte, um festzustellen, daß er nur noch sechs Klingen der geforderten Art enthielt. Belch errötete; man sah, wie peinlich ihm diese Entdeckung war. Mit betretener Stimme bot er dem Fremden den Rest an, mit gleichem Preisnachlaß für jede einzelne.

Dem Herrn kam dieses Angebot gelegen. Ihm gefiel die Art, wie Belch vor der kleinen unverhofften Schwierigkeit keinen Augenblick in großschnäuzigen Redeschwall auszubrechen suchte, sondern ganz ungezwungen darauf antwortete wie ein Mensch, mit Verlegenheit und Entgegenkommen. Indes die kleinen viereckigen Briefchen eingewickelt wurden, in denen die giftscharfen Stahlblätter gesichert lagen, unterhielten sich der Fremde und der Verkäufer wie Männer und Gleichgestellte über die lästige Komödie des täglichen Rasierens und deren brauchbarste Utensilien. Sie waren beide im Laden allein. Der schattenlose Raum verlor allmählich seinen glatten, harten Geschäftscharakter. Draußen trommelte die Straße.

Im Begriff zu zahlen, fragte der Herr plötzlich, ob Belch auch Apparate zu verkaufen habe, Schleifapparate für Rasierklingen. Ihm schien, dieser Mann werde ihm bestimmt nichts Unbrauchbares vorlegen. In der Atmosphäre kameradschaftlichen Vertrauens von Mann zu Mann brach wieder einmal ein Bedürfnis und Verlangen hervor, das der Fremde seit fast einem Jahre mit sich herumtrug und immer wieder vertagte. Es handelte sich um eine fast lächerliche Sache, um die Vorschrift nämlich, gewisse Klingen sollten nicht wieder geschärft werden. Warum nicht? Des Umsatzes wegen? Der Fremde war kein Amerikaner, wenn Herr Belch das auch meinte; er war Schotte. Er haßte den Geist verantwortungsloser Vergeudung, der den Benutzern einreden wollte, solch köstliche Gebilde aus menschlicher Arbeit und dem zu Stahl geläuterten Eisen seien nach ein paar Tagen Gebrauchs wegzuwerfen, als wären die Eisenlager des Erdballs unerschöpflich. Wer aber sollte das Unscheinbare schonen, wenn nicht der erwachsene Mann? Er wollte seine Messer sparen. Er gedachte immer, den notwendigen Apparat erst zu kaufen, wenn er, wieder daheim in Edinburgh, einem voll vertrauenswürdigen Angestellten gegenüberstände. Er war C. G. Connolly, einst englischer Captain im Heere und vier Jahre lang eingebürgert in den Infanteriestellungen der Westfront, jetzt Beauftragter einer großen Tuchfabrik, und sehnte sich sehr nach britischen Lebensformen und dem ruhigen, sachlich-natürlichen Gesichtsausdruck seiner angelsächsischen Landsleute. Dieser deutsche Verkäufer aber sah trustworthy aus, wirklich vertrauenswürdig. Man konnte sich von ihm solch einen Apparat wohl vorführen lassen. Ihn zu kaufen beabsichtigte der Fremde nicht. Er sagte es gleich; aber Belch hatte keine Bedenken deswegen. Beider Blicke trafen die Ladenuhr; die Geschäftszeit dauerte noch eine halbe Stunde.
Belch legte dem Fremden einen einzigen Apparat vor: vernickelt, blitzend, mit zwei Schrauben und einem Handgriff, nahm er ihn aus seiner viereckigen Schachtel. »Wozu soll ich Ihnen etwas Zweitklassiges zeigen? Dies ist das Beste. Ich

gebrauche ihn selbst, anderthalb Jahre schon, und erst die zehnte Klinge.« Der Fremde las die Marke auf dem Deckel und lachte. »Baldur?« – »Ja«, sagte Belch, »das Wort ist sinnlos; all unsere Produkte leiden darunter; den Herstellern fallen leider selten passende Namen ein. Aber das Fabrikat ist empfehlenswert.« Und er wollte dem Herrn vorführen, wie man die Klinge zwischen die Walzen schob; dabei entdeckte er, daß schon eine drin stecke; er zog den Klingenträger heraus, sie fiel ab, er griff sie, voller Eifer, den guten deutschen Apparat ins rechte Licht zu setzen – und schnitt sich tüchtig in die Daumenspitze der linken Hand. Zwei große Blutstropfen quollen aus der verletzten Haut; indessen sog er sie schnell auf, sehr unwillig über diese Ungeschicklichkeit, die dem Herrn Maschine und Kauf bestimmt verleiden mußte, und führte vor, wie sich die Klinge, zwischen Lederwalzen eingepreßt, schärfte. Der klug geformte Gegenstand lag fest in Herrn Belchs zuverlässiger Hand; zwei Blutstropfen krönten wiederum den Daumen. Hin und her, mit leisem Klick und Summen, wendete der blanke Hebel die bösartigen Schneiden.

Der Engländer sah auf den Apparat, der brauchbar schien, aber eigentlich auf das Blut des Menschen. Er hatte entsetzlich viel Blut gesehen, gutes, rotes Männerblut, von britischen, französischen und deutschen Jungen, Kanadiern, Indern und Senegalesen, sein eigenes dabei. Schluß damit! dachte er. Wozu war es gut? Wo zeigte sich eine Besserung? Lebten die Menschen anders? Und er bezwang ein leises, kühles Schütteln seiner Rückenmuskeln. »Bitte, verbinden Sie sich erst«, sagte er zu Herrn Belch, der schuldbewußt lächelte und sein Blut wiederum auf der Zunge schmeckte. Dann pappte er mit geübten Händen zwei Streifen Gummipflaster auf die kleine, ziemlich schmerzhafte Wunde.

Dies Blut ist aber um meinetwillen geflossen, entdeckte erschrocken der fremde Herr, den Apparat in der Hand, gedankenvoll den Hebel bewegend. Das erforderte Sühne. Und das uralte Gesetz des Wergelds meldete sich in ihm. Seit Menschen aufrecht gingen und Sprache besaßen, konnte man vergossenes Blut mit Geldwert wiedergutmachen, wie ja das meiste Blut um Geldwert verschüttet wurde. Blut und Güter reimten sich nun einmal im Bewußtsein der Welt ...

»Ich werde ihn mitnehmen«, sagte er zu Herrn Belch, der vor Freude errötete. Genau diese Freude hatte der Käufer ihm machen wollen; die Rechnung ging auf.

Das Ding kostete zehn Mark. Zehn Schilling, sagte sich der Herr, halb ablehnend vor der unverhofften Ausgabe, halb im Gefühl, billig gekauft zu haben. Ich wollte doch nur Pfennige vertun. So kommt man zu Einkäufen. Mit fünf wohlfeilen Klingen fing es an. Und er lächelte über den Ablauf solcher Vorfälle.

Gottlob, dachte Herr Belch, daß meine Ungeschicklichkeit die Sache nicht verdorben hat. Wie viele Leute hätten sich davon abschrecken lassen. Diese Amerikaner aber sehen gottlob nur auf die Sache.

Zwei Blutstropfen, sann gleichzeitig, das wohlverschnürte Paketchen empfangend, der Fremde, lüftete den Hut und wünschte, Sympathie in den Augen: »Ein gutes Weekend, Sir.« Herr Belch dankte höflich; dann schnitt eine gläserne Tür die Fäden entzwei, die zwischen jenem und ihm geweht und gehaftet. Ein feiner Mann, dachte Herr Belch, ein Gentleman. Schade, daß er durch den scheußlichen Regen stapfen muß. Dieser November – da muß man sich ja schämen. Der nußbraune Raglanmantel wird ihm naß und schwer von den Schultern hängen, wenn er in sein Hotel zurückkommt – wie im Felde damals, wo unsereiner überhaupt nicht mehr trocken wurde. Es war doch verdammt gut, daß wieder Frieden in der Welt war und so ein Amerikaner und er, der Deutsche, nicht mehr Schüsse über ein Drahtverhau tauschten, sondern Waren über einen Ladentisch. Er fühlte sich froh und dankbar – dankbar, er wußte nicht wofür; für den überraschenden Verkauf in so schlechten Zeiten, meinte er; aber er mißverstand sich, wie so oft. Er kam nicht darauf, daß er glücklich sei, weil wieder Kameradschaft in der Welt war zwischen fremden Männern aus fremden Ländern und trotz mancher Mißverständnisse:

wenn einer einen Schotten für einen Amerikaner ansah oder dergleichen. Aber sein Herz übersah das nicht, es nahm mit warmen, begeisterten Schlägen davon Kenntnis und schickte Wellen roten, kräftigen Blutes durch seinen Leib. In der Daumenspitze der linken Hand zuckte es schmerzhaft. Aber das tat nichts, denn die Uhr stand auf sieben, ehe man's versah; Herr Belch notierte seine beiden Verkäufe, davon er seinen kleinen Anteil hatte, und sog, während er die Ladentür abschloß, die Luft ein, die stehend im Raume noch etwas von der Person des fremden Herrn enthielt: ein zartes Parfüm, Duft englischen Tabaks, Geruch von Haar und die Aura einer Sympathie von Männern, die sich nie mehr begegnen werden.
Dann schaltete Herr Belch das Licht aus und wusch sich im Nebenzimmer die Hände. Sein Daumen behinderte ihn sehr dabei. Aber Herr Belch betrachtete ihn nachdenklich und blies kühlende Luft auf die schmerzende Stelle. Alles in allem hatte er doch manches Gute eingehamstert für ein bißchen Blut.

LUDWIG RENN

Schlachtfeld

1914 kam es in einem französischen Dorfe zum Nahkampf. Der Leutnant Haberland stürmte mit drei Mann seines Zuges hinein und traf unvermutet an einer Hausecke auf einen Trupp Franzosen, die eben zurückgehen wollten. Einer von ihnen hob sein Gewehr und stach mit dem Bajonett dem Leutnant in die Brust. Ein andrer schoß einen Deutschen aufs Geratewohl ins Gesicht. Die andern suchten nur fortzukommen. Der Musketier Wagner bekam da wieder Mut und schoß einen fortlaufenden Franzosen um.

Eine Stunde später kam der Hauptmann mit seinen Ordonnanzen ins Dorf, – als es ruhig geworden war. »Was machen Sie hier?« schnarrte er Wagner an. »Sie haben sich wohl verkrochen?«

»Herr Hauptmann, Herr Leutnant ist tot. Sie haben ihn erstochen, vor meinen Augen. Aber ich hab ihm nicht helfen können«, setzte er ängstlich hinzu, »weil gerade einer auf mich loskam.«

»Wo liegt er?«

Wagner zeigte auf die Leiche. Seltsam schief lag sie in ihrer grauen Uniform, die linke Hand im Handschuh gespreizt. Alle sahen steif darauf hinunter. Der Leutnant war beliebt gewesen.

Eine Ordonnanz stellte sich stramm vor den Hauptmann hin: »Drüben am Bach liegen verwundete Franzosen. Wir –«

»Erschießen! Sie haben Herrn Leutnant hier erstochen!« Er lächelte hochmütig. Die Soldaten sahen das Lächeln, und es mißfiel ihnen. Aber dann dachten sie daran, den Leutnant zu rächen, und da vergaßen sie den Hauptmann. Sie gingen zum Bach. Die Franzosen saßen dort an Weiden gelehnt und versuchten etwas zu sagen, um ihre Freundschaft zu den Deutschen zu betonen.

Aber einer von denen hob sein Gewehr einem der vor ihm Sitzenden ins Gesicht. Der lächelte ängstlich, als könnte das nur ein Scherz sein. Da krachte der Schuß. Er fiel zusammen.

Ein Gefreiter kam angerannt: »Was macht ihr denn hier?! Das dürft ihr nicht!«

»Der Hauptmann hat es befohlen.« Zwei weitere Schüsse krachten. Die Franzosen schrien nicht, so entsetzt waren sie, sondern sahen in die Gewehrmündungen, – und fielen um.

Der Gefreite wandte sich ab. »Das ist doch gegen das Völkerrecht!« dachte er, sagte aber nichts, sondern sah verloren nach einem Hügel mit Bäumen.

»Sammeln!« schrie jemand.

Die Soldaten hängten ihr Gewehr um, ohne die letzten erschossen zu haben. Einer lag auf dem Rücken im Gras. Der andre lehnte an einem grauen Weidenstamm.
Ein deutscher Krankenträger blickte zu ihnen nieder: »Später, Kameraden! Jetzt muß ich erst mal unsre Leute verbinden!«
Sie sahen ihn an und zuckten mit keinem Muskel, um ihn nicht zu reizen. Er hatte ja eine Pistole, und was er sagte, verstanden sie nicht.
Dann wurde es still für Stunden. Dem an der Weide sickerte das Blut durch den Stiefel, langsam und dick.
In der Dämmerung kamen wieder Soldaten. Die trugen Verwundete.
»Kameraden!« rief der an der Weide.
»Wir können nicht! Du siehst doch –!« Sie schleppten in einer Zeltbahn ein stöhnendes Bündel.
Es wurde dunkel. Nebel stieg auf. Die Sterne blinkten.
Hunger!
Der Nachtfrost fraß sich in die Glieder.
Gegen Morgen schlief der an der Weide ein und träumte von einem Deutschen, der ihm am Fuße schraubte und in die Seite bohrte. Er suchte, den Deutschen zu erstechen. Aber dem schien nichts weh zu tun, sondern er bohrte und schraubte weiter, unheimlich und grausam.
Schließlich wachte er mit einem dumpfen Gefühl im Kopfe auf. Er war gleich wach und hatte Hunger. Die Sonne schien dem andern in die Augen. Der atmete nur. In der Ferne rumpelten Wagen. Es bohrte ihm im Fuß, und die linke Hüfte schmerzte ihm.
Stunden vergingen. Der andre atmete immer, aber wie lange noch?
»Hast du keinen Durst?«
Der andre bewegte nur etwas den Kopf, sagte nichts.
Die Feldflasche war leer, auch der Brotbeutel. Ans Wasser kriechen? Eine Leiche lag ihm im Wege. Und links davon lag eine im Wasser. Der dunkelrote Hosenboden ragte durchweicht heraus. Das war Jean – gewesen.

Wieder vergingen Stunden. In der Ferne schrie jemand in regelmäßigen Zwischenräumen. War denn niemand da, der gehen konnte? Die Luft zitterte über den Wiesen. Jetzt schrie noch einer! Aber niemand war zu sehen als die Leichen hier und der, der atmete.

Die Zunge arbeitete am Gaumen, ohne daß er es wollte. Eine Angst befiel ihn. Ans Wasser! Aber der Fuß? Er hob ihn mit angehaltenem Atem und legte ihn weiter links. »F!« machte er vor Schmerz. Er schob sich langsam an dem Atmenden entlang, um die Leiche herum. Stank sie schon. Er wollte nicht riechen, aber er tat es doch. Aber vielleicht hatte er etwas im Brotbeutel? Er befühlte ihn. Eine Ameise lief über den Stoff. Nichts! Aber jetzt konnte er wenigstens zum Wasser reichen, streckte die Hand aus und schöpfte neben dem aufgeweichten Hosenboden.

Dann lag er still, lang ausgestreckt. Morgen müssen die Leichen stinken, bei dem heißen Wetter. Und dann kommen wohl auch die Würmer, und kriechen vielleicht auch zu ihm herüber, – während er noch lebt! Aber das ist ja nicht möglich! Die Deutschen können uns doch nicht liegen lassen!

Aber alles blieb still.

Zwei Tage später kam ein Auto die Straße entlang gesurrt. Zwei Delegierte des Roten Kreuzes mit Johanniterkreuzen an der Brust stiegen aus und gingen am Bach entlang auf den Franzosen zu. Er beobachtete sie: jetzt werden sie kommen!

Sie bogen vom Bach ab und gingen den Wiesenhang hinauf. Der Kommandierende General hatte hier seinen Sohn verloren und hatte die beiden Delegierten geschickt, um die Leiche seines Sohnes zu holen und sie dann standesgemäß im Erbbegräbnis beisetzen zu lassen. Sie suchten lange, schleppten schließlich den Leichnam die Wiese herunter.

»Messieurs!« rief der Franzose in furchtbarer Angst.

Die Delegierten sahen ihn an, – es war ihnen peinlich, – und gingen weiter. Das Auto fuhr davon.

Der andre atmete immer noch, aber nicht mehr gleichmäßig. Am nächsten Morgen war er tot.

Nach einer Woche kam eine Etappensanitätskolonne und suchte das Schlachtfeld ab. Einige lebten noch, auch der Franzose am Bach. Die Krankenträger wandten die Köpfe ab, so stank es. Einer schnitt dem Franzosen den Stiefel auf. »Da sind schon die Würmer drin.« Man legte ihn auf eine Krankentrage. Aber unterwegs starb er.

Am selben Tage schnitt ein französischer Arzt einem gefangenen Deutschen den Arm ab, obwohl er wußte, daß es nicht nötig war. Er glaubte auf diese Weise seinem Vaterlande dienen zu müssen.

BERTOLT BRECHT

Vier Männer und ein Pokerspiel

Sie saßen auf Korbstühlen in Havanna und vergaßen die Welt. Wenn es ihnen zu heiß wurde, tranken sie Eiswasser, abends tanzten sie Boston im Atlantic-Hotel. Sie hatten alle vier Geld.

In den Zeitungen stand über sie, daß sie große Leute wären. Wenn sie es dreimal gelesen hatten, warfen sie die Zeitungen ins Meer. Oder sie hielten die Zeitungen mit zwei Händen fest und durchbohrten sie mit der Schuhspitze. Drei von ihnen hatten vor zehntausend Menschen Rekorde geschwommen, der vierte die Zehntausend auf die Beine gebracht. Als sie ihre Gegner geschlagen und die Zeitungen gelesen hatten, schifften sie sich ein. Mit gutem Geld in den Taschen kehrten sie zurück nach New York.

Diese Geschichte könnte man eigentlich nur unter Jazzbegleitung richtig erzählen. Sie ist von A bis Z poetisch. Sie

fängt an mit Zigarrenrauch und Gelächter und endet mit einem Todesfall.
Es war nämlich einer unter ihnen, bei dem stand es fest, daß er seinen Karpfen auch aus einer Konservenbüchse angeln konnte. Er war ein sogenanntes Glückskind. Er hieß Johnny Baker. Der Glücksjohnny. Er war einer der besten Kurzstreckenschwimmer beider Hemisphären. Aber bei ihm war es sein lächerliches Glück, das einen Schatten über jeden seiner Erfolge warf. Denn wenn ein Mann sozusagen aus jeder Papierserviette einen Dollarschein herauswickelt, so wird man mißtrauisch gegen seine geschäftlichen Talente, auch wenn er ein Rockefeller wäre. Und mißtrauisch, das waren sie.
Er hatte in Havanna ebenso gesiegt wie die beiden andren. Er hatte über 200 Yards um eine Körperlänge gewonnen. Aber es war wieder einmal nicht zu verheimlichen gewesen, daß der beste Mann außer ihm das Klima nicht vertragen hatte und indisponiert gewesen war. Johnny selber sagte natürlich, man würde ihm auf jeden Fall irgend sowas anhängen und von seinem ›Glück‹ faseln, wenn er einfach und gut geschwommen hätte. Und wenn er das sagte, dann lächelten die zwei andern.
So war der Tatbestand, als die Geschichte anfing, und sie fing an mit einem kleinen Pokerspiel. Es war zu langweilig auf dem Schiff.
Der Himmel war blau, und das Meer war auch blau. Die Getränke waren gut, aber sie waren immer gleich gut. Die Zigarren konnte man ebenso gut rauchen wie andere Zigarren. Kurz: der Himmel, das Meer, die Getränke und die Zigarren waren nicht gut.
Mehr versprachen sie sich von einem kleinen Pokerspiel. Kurz vor den Bermudas fingen sie an. Sie setzten sich bequem hin dazu: jeder benutzte zwei Stühle. Sie einigten sich gentlemanlike über das Arrangement ihrer Stühle. Des einen Füße lagen neben des andern Ohr. So begannen sie kurz vor den Bermudas ihren Untergang herbeizuführen.

Da Johnny wegen gewisser Andeutungen beleidigt war, begannen sie zu dritt. Einer gewann, einer verlor, einer hielt sich. Sie spielten vermittels Blechmarken, die je fünf Cent darstellten. Dann wurde einem von ihnen auch diese Sache langweilig, und er nahm seine Füße aus der Partie. Johnny ersetzte ihn. Jetzt war die Sache sofort nicht mehr langweilig. Johnny gewann nämlich immer. Was Johnny nicht konnte, war Pokerspielen, was Johnny aber konnte, war: beim Pokerspiel gewinnen.
Wenn Johnny bluffte, war es so lächerlich zu bluffen, daß kein Pokerspieler der Welt sich getraut hätte, mitzugehen. Und wenn ein Mann, der Johnny kannte, hinter ihm einen Bluff vermutet hätte, dann legte Johnny nichtsahnend einen flush auf den Tisch.
Johnny selber spielte noch nach zwei Stunden völlig leidenschaftslos. Die beiden andren waren aber warm geworden. Als der vierte Mann nach den zwei Stunden aus der Küche zurückkehrte, wo er beim Kartoffelschälen zugesehen hatte, gewahrte er, daß die Blechmarken eben wieder verteilt wurden und jetzt einen Dollar darstellten. Diese kleine Erhöhung war die einzige Möglichkeit für Johnnys Partner, wieder zu einem Teil ihres Geldes zu kommen. Es war ganz einfach so: sie mußten aus ihm das Geld scheffelweise wieder herausholen, das er ihnen centweise abgewonnen hatte. Auch Familienväter hätten in diesem Fall nicht vorsichtiger spielen können. Aber wer scheffelte, war Johnny.
Sie spielten zunächst sechs Stunden. Während dieser ganzen sechs Stunden hätten sie noch in jedem Moment aus dem Spiel herausgehen können, ohne mehr als den Ertrag ihres Havannasieges bei Johnny gelassen zu haben. Nach diesen sechs Stunden Kummer und Anstrengung konnten sie es nicht mehr.
Es war Zeit zum Abendessen. Sie erledigten das Essen in aller Kürze. Statt der Gabeln fühlten sie streets zwischen den Fingern. Sie aßen Steaks und dachten an royal flushs. Der vierte Mann aß bei weitem langsamer. Er sagte, er habe

wirklich Lust, sich an der Sache zu beteiligen, jetzt sei wenigstens etwas Schwung in die öde Plätscherei gekommen.
Nach dem Abendessen fingen sie wieder an, zu viert. Sie spielten acht Stunden. Sie hatten die Bermudas hinter sich gelassen, als Johnny gegen drei Uhr morgens ihr Geld zählte.
Sie schliefen fünf Stunden ziemlich schlecht und fingen wieder an. Es waren Leute, die auf jeden Fall auf Jahre hinaus ruiniert waren. Sie hatten noch einen Tag Fahrt vor sich, nachts um zwölf Uhr sollten sie nach New York kommen. An diesem Tag mußten sie zusehen, daß sie nicht auf Lebenszeit zugrundegerichtet wurden. Denn es saß da einer unter ihnen, der ihnen mit schlechtem Pokerspiel das Mark aussaugte.
Vormittags, als ihnen mehrere Schiffe die Nähe der Küste anzeigten, begannen sie um ihre Wohnungen zu spielen. Johnny gewann noch zu allem dazu ein Piano. Dann gönnten sie sich zwei Stunden Mittagsruhe, und danach standen sie in einer erbitterten Schlacht um die Anzüge, die sie auf dem Leibe trugen. Nachmittags um fünf Uhr sahen sie sich gezwungen, weiterzugehen. Der Mann, der nach den Bermudas erst eingesprungen war und, während die andren schon ihre Gabeln nicht mehr erkannt hatten, noch ganz ruhig gegessen hatte, bot um diese Zeit Johnny aus freien Stücken an, mit ihm um sein Mädchen zu spielen, das heißt, wenn Johnny gewänne, solle er das Recht haben, mit irgendeiner Jenny Smith den Witwenball der Liedertafel in Hoboken zu besuchen, aber wenn er verliere, solle er alles zurückgeben müssen, was er allen abgenommen hatte. Und Johnny hatte angenommen.
Er hatte sich zuerst informiert.
»Und du selber gehst nicht mit?«
»Ich denke nicht daran.«
»Und du nimmst es nicht übel?«
»Ich nehme es nicht übel.«
»Auch ihr nicht?«

»Was heißt das: auch ihr nicht?«
»Nun, dem Mädchen Jenny nimmst du es nicht übel?«
»Nein, zum Teufel, auch ihr nehme ich es nicht übel.«
Und dann gewann Johnny.
Wenn Sie ein Spiel machen, gewinnen, Ihren Gewinn in die Tasche stecken, Ihren Hut lüften und weggehen, dann haben Sie sich in einer Gefahr befunden und sind daraus entkommen. Wenn Sie aber ein Herz im Leibe haben, sitzen bleiben und Ihren Partnern eine Gelegenheit geben, dann werden Sie, ausgenommen den Fall, daß Sie im Armenhaus enden, mit Ihren Partnern vereint auch durchs Leben zu gehen haben: Sie werden sich in Ihr Leben verhacken wie Geier. Sie müssen zum Pokerspielen ein ebenso hartes Herz haben wie zu irgendeiner anderen Form der Expropriierung.
Von dem Moment an, wo Johnny, weil ein anderer Mann heraussprang, in das Spiel gegangen war, hatte Johnny den anderen nachgegeben. Sie hatten ihn gezwungen, einige tausend Karten anzuschauen, sie hatten seinen Schlaf gestrichen, und sie hatten dafür gesorgt, daß er seine Mahlzeiten hinunterschlang wie ein Rekordarbeiter. Es wäre ihm am liebsten gewesen, wenn er beim Immerweiterspielen sein Steak an einem Bindfaden über seinem Platz aufgehängt und alle sechs Stunden danach geschnappt hätte. Es war Johnny ungeheuer zuwider.
Als er nach dem Spiel um das Mädchen, das fast nach seiner Ansicht dem Faß den Boden durchgeschlagen hatte, vom Tisch aufstand, meinte er naiverweise, sie hätten genug. Sie hatten mit ihm angebunden, obwohl sie sein Glück kannten, wohl weil sie dachten, daß er vom Pokern so wenig verstand wie ein Lokomotivführer von Geographie. Aber der Lokomotivführer hat eben Schienen, die etwas von Geographie verstehen: der Mann kommt eben von New York nach Chicago und nirgends anders hin. Genau nach diesem System hatte er gewonnen, und jetzt handelte es sich höchstens darum, wie er ihnen seine Gewinne wieder zurückgeben konnte, ohne sie bis aufs Blut zu beleidigen.

Johnnys Herz war Johnnys Fehler. Er besaß zuviel Taktgefühl.
Er sagte sogleich, sie sollten sich nichts daraus machen, es sei natürlich alles Spaß gewesen. Sie gaben keine Antwort. Sie saßen da, wie sie seit gestern gesessen hatten, und schauten den Möwen zu, die jetzt häufiger geworden waren.
Johnny entnahm daraus, daß sie der Ansicht waren, über 24 Stunden Pokerspiel sei etwas, was mit Spaß nichts mehr zu tun hätte.
Johnny stand an der Reeling und dachte nach. Dann hatte er es. Er schlug ihnen vor, zunächst einmal mit ihm zur Erholung zu Abend zu essen. Natürlich auf seine Kosten. Es schwebte ihm eine größere Veranstaltung vor, eine ausgelassene Sache, ein richtig luxuriöses Essen. Er wollte selber die Getränke mixen, die die Zunge lösten. Es kam unter den obwaltenden Umständen nicht auf die Kosten an. Er dachte sogar an Kaviar. Johnny versprach sich sehr viel von diesem Essen.
Sie sagten nicht nein.
Sie nahmen es ohne direkte Begeisterung auf, aber sie würden jedenfalls mitkommen. Es war sowieso Essenszeit.
Johnny ging weg und bestellte. Er ging in die Küche und behandelte den Koch wie ein rohes Ei. Er wollte sich und seinen Freunden eine Mahlzeit aufgetischt wissen, eine Hauptmahlzeit, die alles, was eine erstklassige Schiffsküche auf diesem Gebiet je zwischen Havanna und New York geleistet hatte, in den Schatten stellte. Johnny erholte sich sehr in dem einfachen Gespräch mit dem Koch.
Während dieser halben Stunde wurde oben auf Deck kein Wort gesprochen.
Johnny richtete selber unten den Tisch her. Neben seinen Platz stellte er ein Extratischchen, auf dem er die Getränke anordnete. Er brauchte, um zu mixen, nicht aufzustehen. Seine Gäste ließ er durch den Koch herunterholen. Sie kamen mit gleichmütigen Gesichtern und setzten sich rasch wie zu einer gewöhnlichen Mahlzeit. Es kam wenig Stimmung auf.

Johnny hatte gedacht, daß sie bei einer Mahlzeit zugänglicher würden. Im allgemeinen wird man beim Essen aufgeknöpft, und das Essen war ausgezeichnet. Sie aßen reichlich, aber es schien ihnen doch nicht zu schmecken. Sie aßen das frische Gemüse wie Erbsensuppe und die gebratenen Hühner wie Kantinenspeck. Sie schienen ihre eigene Ansicht über Johnnys Gastmahl zu haben. Einmal griff einer nach einem hübsch glasierten Porzellantöpfchen und fragte: »Ist das Kaviar?« Und Johnny antwortete wahrheitsgemäß: »Ja, der beste, den man auf diesem verwahrlosten Kasten auf den Tisch bringen kann.« Der Mann nickte und aß das Töpfchen mit einem Löffel aus. Gleich darauf zeigte einer von ihnen den andern eine besonders verpackte Mayonnaiseangelegenheit. Und da lächelten sie. Dies wie einiges andere an ihrem Benehmen entging dem Gastgeber nicht.

Aber erst beim Kaffee ging es Johnny auf, daß es eine Unverschämtheit von ihm gewesen war, sie zu einem Essen einzuladen. Sie schienen kein Verständnis dafür zu haben, daß er von dem gewonnenen Geld einen gemeinnützigen Gebrauch machen wollte. Sie schienen überhaupt vielleicht erst jetzt auf den Ernst ihrer Verluste gekommen zu sein, wo sie sehen mußten, wie ihr Geld für solche sinnlosen Essereien hinausgeworfen wurde. Es ist dies ungefähr wie mit einer Frau, die von Ihnen weg will. Wenn Sie einen hübschen Abschiedsbrief lesen, dann verstehen Sie sie vielleicht, aber wenn Sie sie mit einem andren Mann in eine Taxe steigen sehen, dann merken Sie erst, was los ist.

Johnny war ernstlich betroffen.

Es war acht Uhr abends. Man hörte schon von außen das Tuten der Schleppdampfer. Es waren noch vier Stunden bis New York.

Johnny hatte ein dunkles Gefühl, daß es unerträglich sein würde, mit diesen ruinierten Leuten in dieser nackten Koje vier Stunden lang zusammen zu sitzen. Es hatte aber nicht den Anschein, daß er einfach aufstehen und weggehen konnte.

In dieser Lage erkannte Johnny noch einmal seine einzige Chance. Er schlug ihnen vor, mit ihm noch einmal um das Ganze zu spielen.
Sie setzten die Kaffeetassen nieder, räumten die halbgeleerten Konservenbüchsen auf die eine Ecke des Tisches. Sie verteilten noch einmal die Karten.
Sie spielten wieder wie am Anfang mit den Blechmarken um Geld. Es fiel Johnny auf, daß sich die drei weigerten, über einen bestimmten Einsatz hinauszugehen. Sie nahmen also das Spiel von neuem ernst.
Johnny hatte gleich beim ersten Geben wieder eine street in der Hand. Trotzdem ging er schon bei der zweiten Runde aus dem Spiel und überließ ihnen den Einsatz. Er hatte entschieden etwas gelernt.
Beim zweiten Spiel und beim dritten, wobei die Einsätze jedesmal gesteigert wurden, ließ er sie bluffen und ging so weit mit, wie er konnte. Aber dann sagte einer von ihnen, ihm ruhig und voll ins Gesicht blickend: »Spiel anständig.« Und darauf spielte er einige Male wie früher und gewann wie früher. Und dann kam er in eine eigentümliche Lust hinein, so zu spielen, wie es sich eben gab, und seine Chance wahrzunehmen wie jeder andere, wo er sie hatte. Und dann sah er ihre Gesichter wieder, und daß sie kaum noch in ihre Karten hineinblickten, sondern sie warfen sie ganz einfach weg, und da wurde er ganz mutlos. Er wollte wieder verkehrt spielen, aber jedesmal, wenn es darauf ankam, etwas falsch zu machen, fühlte er sich so beobachtet, daß er es nicht wagte. Und wenn er aus Unverstand schlecht spielte, dann spielten sie noch schlechter, weil sie nur an sein Glück glaubten. Seine ganze Unsicherheit aber hielten sie für pure Bosheit. Immer mehr glaubten sie zu sehen, daß er mit ihnen nur spielte wie die Katze mit der Maus.
Als er alle Spielmarken wieder vor sich liegen hatte, standen alle drei auf, nur er blieb noch etwas sitzen, gedankenlos, zwischen den Karten und den Konservenbüchsen. Es war elf Uhr, eine Stunde vor New York.

Vier Männer und ein Spiel Pokerkarten in einer Koje auf der Fahrt von Havanna nach New York.
Sie hatten noch etwas Zeit. Da die Luft in der Koje sehr stickig war, wollten sie noch etwas hinaufgehen. Sie versprachen sich etwas von der frischen Luft. Der Gedanke an frische Luft schien sie in bessere Stimmung zu versetzen. Sie fragten sogar Johnny, ob er mit ihnen auf Deck kommen wolle.
Johnny wollte nicht auf Deck gehen.
Als die drei sahen, daß Johnny nicht auf Deck gehen wollte, fingen sie an, großen Wert darauf zu legen.
Da verlor Johnny zum ersten Mal völlig die Nerven und machte den Fehler, daß er nicht sogleich aufstand. Wahrscheinlich dadurch gab er ihnen Gelegenheit, auf seiner Stirn längere Zeit Angst zu lesen. Und das wieder brachte sie auf einen Entschluß.
Johnny ging fünf Minuten später, ohne ein Wort zu verlieren, mit auf Deck. Die Treppe war breit für zwei. Es schickte sich so, daß einer Johnny vorausging, einer hinter ihm, und einer ging an seiner Seite die Treppe hinauf.
Als sie oben waren, war die Nacht kühl und neblig. Das Deck war feucht und glitschig. Johnny war froh, daß er sich in der Mitte halten konnte.
Sie gingen am Steuer vorbei, an dem ein Mann stand, der sie nicht beachtete. Als sie schon vier Schritte von ihm weg waren, hatte Johnny das Gefühl, etwas verpaßt zu haben. Aber da gingen sie schon dem Heck zu, an der Bordwand hin.
Als sie aber an der Bordwand standen, wollte Johnny seinen Plan ausführen und laut schreien. Aber dies unterließ er, und zwar merkwürdigerweise wegen des Nebels; denn, wenn die Menschen schlecht sehen, dann meinen sie, man höre sie auch schlecht.
Von der Bordwand aus stießen sie ihn ins Wasser.
Sie saßen dann wieder in der Koje, aßen die halbleeren Dosen aus, schütteten die Getränkereste zusammen und fragten sich, drei Männer und ein Spiel Pokerkarten auf der

Fahrt von Havanna nach New York, ob Johnny Baker, der jetzt wohl hinter dem mit seinem roten Bordlicht entschwindenden Schiff herschwamm, so gut schwimmen könne, wie er beim Pokern gewinnen konnte.

Aber so gut *kann* einer gar nicht schwimmen, daß er sich vor den Menschen rettet, wenn er auf der Welt zuviel Glück hat.

CARL ZUCKMAYER

Die Geschichte von einer Entenjagd

In der Frühe kam Thomas zurück, mit kleinen leisen Ruderschlägen dem Ufer zusteuernd, machte sehr langsam das Boot fest, schöpfte es noch aus, denn es zog bei jeder größeren Fahrt etwas Wasser, und ging zur Hütte hinauf, aus der schon Rauch aufstieg: Söri kochte Kaffee.

Er trat ein, die beiden großen Enten baumelten wie Skalpe an seinem Gürtel, mit schwärzlich verklebten Augen, ein paar Tropfen geronnenen Blutes vorm Schnabel, an den Brustfedern, am Hals. Er tat so, als habe er vergessen, daß die Enten an seinem Gürtel hingen – er machte sich nichts wissen –, es schien ihm selbstverständlich zu sein. Söri stieß einen kleinen hellen Schrei aus. Sie hatte die Kaffeemühle zwischen den Knien und trug, wahrhaftig, einen rotseidenen Morgenrock, das Haar hatte sie schräg über ein Ohr gekämmt, so daß die andere Gesichtshälfte groß, nackt und klar erschien wie der Spiegel des Fischsees draußen. Und unter dem seidenen Morgenrock hatte sie hellgraue Jagdbreeches an, aber rote Pantoffel an den nackten Füßen; so hockte sie auf einem Kistenstuhl in der groben, klotzigen Holzhütte – die Kaffeemühle zwischen den Knien, im Herd krachte und knarzte brennendes Kiefernholz –, lachte Tho-

mas mit blanken Zähnen an und wies auf die Enten, deren zusammengebundene Füße, in der Todesstarre verkrallt, seine Windjacke kratzten.
Wieder kam ihm die Wut über seine Faulheit und seinen Unverstand – zwei Monate schon im Nordland zu leben und nicht Norwegisch zu können. Sein dummes Schulenglisch reichte kaum aus, um von einem Tabak festzustellen, daß er gut sei. Nun band er langsam und mit etwas klammen Fingern die toten Enten los, wog sie spielend in der Hand und legte sie dann in ihren Schoß, oberhalb der Kaffeemühle, wo die grauen Breeches unter dem Schlafrock hervorschauten, wo die Schenkel einander leicht und zart berühren würden, wenn sie nackt wären – das ging ihm dabei durch den Sinn, während er wortlos die Kaffeemühle aus ihren Knien zog und, rückwärts das Kreuz an den Tischrand lehnend, zu mahlen begann. Mit den Fingerspitzen tastete sie über Rücken, Bauch und Schwungfedern der Enten hin: die waren von baum- und moosfarbenem Graugrün, seltsam mit rötlichem Braun unterlegt, schwärzlich gerillt, und das tiefe Blaugrün der Brust von wolkigen schmutzweißen Flaumwellen gesäumt. Söri betrachtete sie mit einer stillen, tierischen Aufmerksamkeit, ihre Wimpern, die viel dunkler waren als das Haar, ließen einen schmalen Schlitz der lichtgrünen Augen frei, sie lagen etwas schräg zur stumpfen Nase, der Mund, breit, mit dünnen, leicht aufwärts gebogenen Winkeln, von der Zungenspitze befeuchtet, stand ein wenig offen, ihre Haut war hell, ihr Gesicht zart und kräftig, mit einer leisen Andeutung der finnländischen Abkunft. Thomas mahlte Kaffee und war abwechselnd in den Anblick Söris und der Enten versunken.
Im Nebenraum, hinter der hängenden Zeltbahn, hustete Henrik, Söris Mann. Der Kaffee war fertig gemahlen. Thomas gab ihr die Mühle und nahm seine Enten zurück, hängte diese an einer Leiste des Fensters auf, während Söri den Kaffee aufgoß, dessen Geruch sich warm und kräftig im Raum verdickte. Jetzt trat Henrik heraus, in Hemd und

Hose; sein breites, rundes Gesicht war von dunklen Bartstoppeln bedeckt und sah noch verschlafen aus. Er hatte am Abend vorher gefischt und war erst nach Mitternacht heimgekommen, gerade als Thomas in die weiße flirrende Nacht hinausging, um Enten zu schießen, deren beste Stunde die der ersten Sonnenstrahlen ist. »Kaffee, Kaffee!« rief Henrik und langte den Buttertopf vom Wandbrett. Dann sah er die Enten. »Hallo«, rief er, »holla, gute Jagd!« und hieb Thomas seine schwere Bratze auf die Schulter. Henrik hatte in Darmstadt Maschinenbau studiert, er sprach Deutsch, sogar die Mundart von Thomas' Heimatgegend. Beide betasteten sachlich und prüfend die toten Enten, nickten ernsthaft dazu und setzten sich dann zu Tische, Söri goß den Kaffee ein, sie schnitten mächtige Ranken von einem breiten Brotlaib, klatschten mit Lappenmessern Butter darauf und stocherten in den kalten Resten eines gebratenen Lachses herum, den Henrik zwei Tage vorher am Wasserfall gefangen hatte.

»Es ist Sonntag«, sagte Henrik plötzlich, »es wird gut sein, wenn wir uns rasieren. Wir kriegen Besuch.« Dann redete er norwegisch mit Söri, beide sahen Thomas an und lachten; der verstand kein Wort, sagte »all right« und lachte mit.

So etwa unterhielten sie sich bereits seit zwei Wochen, seit sie zu dritt auf Hallers einsamer Jagdhütte am Skjürvanten hausten, um Lachse zu fischen, Enten zu schießen, Schneehühner auszumachen. Es ging friedlich und geruhsam zu in ihrem Wigwam. Henrik flickte den ganzen Tag Netze, die ewig schadhaft waren, oder er hackte Holz, oder er entwirrte unwahrscheinlich verknotete Angelschnüre. Thomas trieb sich viel allein an den Seeufern oder mit dem Boot in den abgelegenen Schilfbuchten herum, oder er schoß mit Rehposten nach einer birkenrindenen Scheibe, oder er kletterte auf einen der weglosen Berge, wo es viele Raubvögel gab, sogar Schnee-Eulen und Steinadler, und wo man im Hochmoor manchmal ein paar silbergrauen Rentieren begegnete, die sich von einer Lappenherde verlaufen hatten. Söri lag gewöhnlich in ihren Breeches und ihrer weichen Lederjacke in den Heidelbeeren und machte sich Mund, Hände und Kleider blau. Abends spielten sie ein Würfelspiel mit hölzernen Pferden, lachten furchtbar, wenn einer verkehrte Zahlen warf, und qualmten die Hütte voll.

Jetzt aber stand Thomas plötzlich auf, obwohl der Kaffee noch gar nicht ausgetrunken war, glotzte mit offenem Mund seine Enten an und spürte: ›Es geht nicht mehr so weiter.‹ Nichts hatte sich ereignet, nicht das geringste war passiert. Aber es ging nicht mehr so weiter. Nein, es ging nicht mehr.

Nämlich, wo Frauen rar sind, beginnen sie plötzlich eine Rolle zu spielen, die ihnen im allgemeinen Leben keineswegs zukommt. Nicht daß die Männer gleich wie Hirsche mit gesenkten Hörnern aufeinander losgingen; auch Haß, Mißtrauen, Eifersucht und Bosheit sind unter Kameraden nicht an der Tagesordnung. Hier war erst recht gar keine Rede von alledem. Nur: es beginnt sich unmerklich alles um die Frau zu drehen. Man macht sich zwar zur unausgesprochenen Vorschrift, im Sport, auf der Jagd, im Hüttenleben die Frau durchaus als gleichartiges Geschöpf zu behandeln, läßt alle überflüssige Galanterie beiseite, hilft ihr nicht beim Einsteigen ins Boot, trägt ihre Angel nicht, macht keine Versuche, sie zu unterhalten, wenn man sich lieber mit seiner Shagpfeife unterhält, und sieht behaglich zu, wenn sie die schlammbedeckten Wasserstiefel reinigt. Aber trotz alledem: plötzlich merkt man, daß sich alles um sie dreht. Ob man einen Lachs fischt, Enten schießt, das Boot abdichtet, einen Wurzelknorz zu Feuerholz zerhackt – jede Art von Leistung geschieht ihr zu Gefallen. Das ist ärgerlich, besonders wenn man sie noch nicht einmal etwa liebt. Wenn man noch nicht einmal den Gedanken erwägt, sie zu küssen, während ihr Mann seine Netze flickt. Wenn der Mann noch nicht einmal zögert, die halbe Nacht allein auf dem See herumzustreichen, während seine Frau schon im Bett liegt und, hinter einer gähnenden Zeltbahn hervor, Solveigs Sang pfeift. Kurzum: wenn sich gar nichts ereignet, und man läßt plötzlich seinen halbausgetrunkenen Kaffee stehen, dann geht es wirklich nicht so weiter.

Nun aber war Sonntag, und um die Mittagszeit standen Henrik, Thomas und Söri einträchtig am Ufer, sahen um die Waldkuppe herum, im dichtbesetzten Boot, ihren Besuch kommen, den Besitzer dieser Hütte, der mit seiner Familie vier Stunden über Land fuhr, um nach seinen Jagdgästen zu sehen, und dessen »Hallo« und »Huzza« von den Bergwänden ein ungewohntes Echo weckte. Haakon Haakonson, der zwei Stunden unterhalb des Sees, am Fluß, sein einsames Alphaus hatte, saß auf der Ruderbank, bärtig und ernst, mit bloßem Kopf. Haller selbst trug einen hellen Strohhut, seine Frau ein Lodencape, seine Schwägerin ein Sommerkleid, sein Sohn eine scharf blitzende Brille.

Während der langen norwegischen Begrüßungen betrachtete Thomas unausgesetzt den großen Strohkorb, den Haakon stöhnend aus dem Kahn hob: Flaschenhälse lugten heraus, und verdeckte Töpfe standen darin, ein Steinkrug voll frischer Sahne, eine angebratene Rentierkeule, ein halber Hummer waren da zu sehen, und er griff freudig zu beim Auspacken, Hinauftragen und Zubereiten all dieser Kostbarkeiten. Das war eine heitere Abwechslung, über der man vergaß, daß es nicht so weiterging – zwischendurch wurden die toten Enten wieder betastet, gewogen, bewundert. Als dann alle um den breiten hölzernen Tisch herumsaßen, kräftig zulangend, jeder ein großes Glas Rotwein vor sich, sagte Söri etwas und deutete lachend auf Thomas, worauf ihm alle zutranken, weil er die Enten erlegt hatte.

Satt und behaglich rauchend, saß er nach dem Essen vorm Bau. Mit Aquavit, Bordeaux, Hummer, Rentierfleisch und geschlagenem Rahm war die Empfindung, es ginge nicht so weiter, tief in die unbewachten, schlummernden Abgründe seines Innern hinabgeglitten. Eine breite, gleichmäßig atmende Ruhe lag mit dem klaren Mittagslicht über der Landschaft: Baumkronen tranken Sonne, die Erde trank langsam das Wasser der trocknenden Regentümpel, und der Himmel trank in stillen Zügen den feuchten Dunst, der zögernd aus dem See stieg. In der Hütte drinnen lachte Söri mit den andern Frauen. Thomas hörte es nicht anders als das Lachen einer Taube im Wald, das ferne Gezeter eines Rohrspatzen, das Geräusch einer großen Libelle, deren gläserne Flügel im Vorbeistreichen wie trockenes Papier knisterten. ›Die Welt‹, spürte er, ›ist gut und schön gemacht, es lohnt sich, in ihr zu leben, ja, es verlohnt jede Mühe und Plage, jeden Schmerz und Schlag, vielleicht sogar am Ende den Tod. Nichts gibt es, was die Treue dieser Erde erschüttern könnte, wenn man sie einmal mit allen Kräften geliebt hat. Nichts gibt es, was die Gnade dieses Himmels trügen könnte, wenn man sie einmal mit allen Fasern empfangen hat. Der Tod aber ist ohne Schrecken, wenn man bedenkt, er müsse genug haben, nachdem er mit allen Waffen des großen Krieges durch vier wehrlose Jahre hindurch nichts erreicht hat, als daß man ihm immer wieder um Haaresbreite entging – und wenn man hofft, sehr alt zu werden in Kraft, und dann zu sterben, wenn alles erfüllt und gerundet ist, an einem Tage wie diesem, mit einem letzten Strom Licht im Auge, an einem Tage wie diesem, wo das Versinken eines Leichnams im grünen See keinen Bruchteil der Lust und des Jubels der Schöpfung beschweren könnte.‹ Solches spürend, schloß Thomas die Augen halb und sah gleichzeitig mit dem blauen Strahl zwischen dem Birkengelaub die schwarzgrüne Kuppel der Herbstnacht, das Verrosten metallischer Wolken an einem Winterabend, das reißende Schwarz eines stürmenden Gewitters, und hörte gleichzeitig mit dem leisen Geläute des Uferwassers die krachende Brandung an längst vergangenen Meerklippen, den Tropfengesang duftenden Sommerregens, das Knirschen verharschter Schneekrusten unterm Schuh. Die Gerüche des Waldbodens und des zarten Holzrauchs, der aus dem Hüttenrohr zitterte, verschwammen mit dem Geschmack von Gravens Tabak, dem Hauch von Lederzeug und dem Dunst des eigenen Körpers zu einer seligen Wolke von Gegenwart und traumzerlöster Erinnerung. Er saß lange, ohne zu denken, und dämmerte, glücklich ein- und ausatmend. –

Da trat der alte Haller heraus. Den Strohhut im Genick, die Virginia im Mundwinkel, den steifen Kragen vorn am Hals geöffnet, die stark behaarten Fäuste in die Seite gestemmt, klein, gedrungen, breitbeinig, mit braunem, faltigem Gesicht und einer Fuchsnase, so stand er da, ein Selfmademan durch und durch, mit einem zugekniffenen, einem weit gesperrten Auge, so blickte er über Wald und See, im vollen Bewußtsein, alleiniger Besitzer der Fischereihoheit und des Jagdrechts in dieser Gegend zu sein. »Es gibt wieder Lommen dies Jahr«, sagte er, und Haakon, der abseits auf einem Baumstumpf hockte und aus einer Tonschüssel Grütze aß, nickte ernst und sorgenvoll. »Mehrere Paare«, sagte er, »und eine junge Brut.« – »Verdammte Fischräuber«, rief Haller, dann zwinkerte er mit seinen Fuchsaugen Thomas an: »Wie wär's – zwei Kronen pro Kopf!« Thomas lachte. »Heute noch?« fragte er. »Je schneller, desto besser«, sagte Haller. »Wenn wir abends wegfahren, will ich die Köpfe mitnehmen.« – »Well«, rief Thomas, den der Ehrgeiz packte (und der außerdem noch nicht wußte, woher er das Reisegeld für die Heimfahrt im Herbst nehmen sollte). »Der Staat zahlt eine Krone fürs Stück. Ich setze zwei aus!« drängte Haller. Schon hatte Thomas das Gewehr in der Hand, steckte Patronen ein. »Hinter der Insel im Schilf müssen sie nisten«, meinte Haakon. »Ich weiß«, sagte Thomas, »ich bring sie auf.« Da streckte Henrik den Kopf zum Hüttenfenster heraus. »Schießen Sie?« rief er Thomas an, der schon zum Boot hinabschritt. Und gleich darauf: »Warten Sie ab. Meine Frau will mitfahren!« – »Well«, schrie Thomas, machte schon die Bootskette los. Und sah, wie Söri ihre Lederjacke locker um die Schultern warf, ihre Zigarette austrat und ihren kleinen grauen Filzhut aufsetzte. Dann fuhren sie zusammen hinaus, während der alte Haller und Henrik am Ufer standen, jeder einen Fernstecher in der Hand, um seine Jagd zu beobachten. Thomas ruderte, das Gewehr über die Schenkel gelegt, Söri saß ihm gegenüber, die Steuerleine in der Hand, die dunkelblonden Haare aus der Stirn gestrichen, mit einer weißen Bluse unter der Lederjacke und einem Blick voll ruhiger, tierischer Wachsamkeit, der abwechselnd sein Gesicht und sein Gewehr streifte.

Es gilt nun, die Mißgeschicke dieser Jagd zu verzeichnen, ohne nachträglichen Ärger, denn nicht alle Jagden dürfen glücklich sein, und die beste ist manchmal die, von der man ohne Beute heimkehrt, aber mit einer neuen Erfahrung im Schädel, einem neuen Gefühl im Zwerchfell, einem neuen Antrieb im ganzen Leib. Lommen sind große Raubenten, die mit ihrem scharfen krummen Schnabel die stärksten Fische packen. Daher führen die Nordlandfischer einen Vernichtungskrieg gegen sie. Thomas hatte noch keine geschossen, da man sie nicht essen kann und da er nicht wußte, daß man ihre Skalpe prämiiert.

Jetzt, als er sein Boot mit leisen Ruderschlägen um die Spitze der Insel trieb, die es den Fernstechern der Zuschauer entzog, ergriff ihn, der längst über die Zeit des Jagdfiebers hinaus war, eine leise Unruhe. Er wußte nicht recht, ob dies wegen des ungewohnten Wildes war, wegen der Prämie, oder weil es doch nicht so weiterging. Söri saß unbeweglich, und sie sprachen kein Wort. Plötzlich tippte sie ihn an und deutete über seine Schulter. Er fuhr herum: mitten auf dem See dunkle Punkte. Das mußten die Lommen sein, denn Wildenten waren um diese Zeit kaum zu vermuten. Sie bewegten sich ziemlich rasch auf das waldige Ufer zu.

Thomas wendete das Boot so hastig, daß er mit beiden Rudern krebste. Seine Unruhe begann ihn zu ärgern. Er zog gewaltig los, indem er Söri auf englisch zu erklären versuchte, daß er jenseits der Insel an Land wolle, über die Waldkuppe laufen, um so den Lommen vom Ufer aus schußnah zu kommen. Die Fernstecher arbeiteten erregt. Man schien sein Manöver nicht zu verstehen, winkte hin und her. Er kümmerte sich nicht darum, hielt gerade aufs Land zu. Söri rang nach einem Wort, sagte es dann norwegisch, er verstand nicht, sie machte ein verzweifeltes Gesicht und unverständliche Zeichen. Er schüttelte den Kopf, legte den Finger auf den Mund, sah sie drohend an; sie schwieg, zuckte die Achseln. Da streifte die Bootspitze Land, er stieg heraus, zum Glück erst mit einem Fuß, und sank sofort bis zur Hüfte ein.

Jetzt hatte Söri ihr Wort gefunden: »Swamp«, sagte sie, »very swamp«, aber es war zu spät. Thomas mußte sich mühsam wieder ins Boot ziehen. Sein rechtes Bein war bis hoch hinauf voll schwarzen Morasts, und das Wasser troff in seine Stiefel. Wütend stieß er das Boot wieder ab, während von der Fernstechergruppe ein deutlich hörbares Gelächter herüberwehte, und es war noch ein Glück, daß Söri nicht mitlachte, sondern ihn ernsthaft und aufmerksam ansah.

Als er um die Landzunge herumkam, stieß er mit seinem Boot fast auf die Lommen, die mit Schrei und knatterndem Flügelschlag hochgingen, Kurs quer über den See. Er riß das Gewehr hoch, zielte, drückte ab – das Ausbleiben des Schusses warf ihn fast um. Er hatte nicht geladen. Nun sah er Söri schon mit einem beinah haßerfüllten Blick an. Ohne weiteres trug sie die Schuld an alledem. Und es war ganz sonderbar, unglaublich fast, daß sie nicht lachte, sondern nach wie vor sein Gesicht, seine Hände und sein Gewehr mit ruhigen, aufmerksamen Augen streifte. Hastig, obwohl es zu spät war und seine Zweikronenköpfe bereits weit überm See verschwanden, lud er das Gewehr und hörte die Fernstechergruppe am Ufer, denen sein Nichtschießen unbegreiflich war, schreien und zetern. Er sandte ihnen einen empörten Blick, da sah er, daß sie immer in einer bestimmten Richtung winkten, immer ein bestimmtes Wort riefen. Jetzt war auch Söri aufmerksam geworden, faßte ihn am Arm und flüsterte aufgeregt: »Young lommers, young lommers!«

Wahrhaftig, in einiger Entfernung schwamm eine einzelne ausgewachsene Lomme in erregten Kreisen, tauchend, wieder hochschnellend, treibend, hastend, hetzend, in Todesangst, da sie das Boot zwischen sich und dem Ufer liegen und immer näher kommen sah. Dicht um sie geschart schwamm die junge Brut. Die Mutter trieb, jagte, stieß, ihr langer Hals war flach übers Wasser weit vorgestreckt und wie von Verzweiflung gezerrt. Jetzt hatte Thomas sie schon beinah erreicht, er ließ die Ruder streichen, hielt das Gewehr schußbereit und kniete im Boot.

Die Jungen tauchten unter, von der Mutter geführt. Gespannt starrte Thomas auf den Wasserspiegel. Da kam das erste hoch, es hatte die Richtung unter Wasser falsch bemessen, dicht beim Boot kam es herauf, gleich daneben ein zweites, ein drittes, gelbwollige, flaumige, kuglige Federbälle, die mit schwachen Schwimmfüßen das Wasser schlugen, traten, peitschten, und deren winzige Flügelstümpfe zuckten und zitterten. Deutlich sah man die krummen Raubschnäbel, die aus den verängstigten Kükengesichtern recht hilflos ragten, wie wenn man einem zweijährigen Kind ein Dolchmesser zwischen die Zähne gesteckt hätte. Da: mit einem gewaltigen Schwung tauchte die Mutter auf, aus der Flut hochschnellend wie ein Torpedogeschoß, die Augen weit aufgerissen, in Angst und Sorge um die Jungen, doch die waren verschwunden, der breite Leib des Bootes hatte sich dazwischengeschoben, verdeckte sie ihrem Blick, lag drohend und würgend zwischen ihr und ihrem Leben, starrte sie kalt an mit dem grausamen Rohr des Gewehrs, dem sie jetzt ein unfehlbares Ziel bot.

Eine alte erfahrene Lomme weiß, was ein Boot ist. Was ein Jäger ist. Was ein Gewehr heißt. Sie weiß, daß es den sicheren Tod bedeutet, einem solchen Feind zu nahe zu kommen, und daß es kein Mittel gibt, ihn zu bekämpfen. Jetzt aber, als habe sie all das vergessen, als sei das Boot ein kleines, schwach bewehrtes Wassertier, oder als spüre sie in sich die Kraft, Wunder zu wirken, das Pharaonenheer ertrinken zu lassen, die Mauern von Jericho umzuhauchen, bäumte sie sich hoch auf überm Wasser, die Federn gesträubt, die Schwingen kampfmutig gespreizt, mit den scharfkralligen Füßen die Wellen schlagend, den Schnabel weit geöffnet zu wutheiserem Schrei, die Augen blutunterlaufen, grell funkelnd, von Haß und Verzweiflung – so ging sie das Boot an, das zwischen ihr und ihren Jungen lag,

vorstoßend mit gerecktem Hals, und ergriff erst die Flucht, als Thomas mit dem Ruder nach ihr schlug. Da ging sie mit schwerem Leib und ermatteten Flügeln hoch, langsam in Kreisen abstreichend, und bot noch lange ein unfehlbares Ziel für des Jägers Gewehr. Der aber kniete noch immer und legte nicht an. Vom Ufer, wo die Fernstecher fuchtelten, wildes Geschrei. Jetzt war das erschöpfte Tier außer Schußweite. Die Jungen, von der Führerin verlassen, schwammen hilflos durcheinander und umkreisten das Boot, als suchten sie in ihm die Mutter, tauchten unter und kamen wieder hoch; mit zwei Schrotschüssen hätte man sie alle erledigt. Vom Ufer schallten deutliche Rufe, schon schnappten die Stimmen über vor Eifer und Wut: »Feuern! Feuern!«
Aber Thomas schoß nicht.

Langsam, ohne ein Wort zu sagen, mit einem fast verbissenen Zug um den Mund, Söris Blick meidend, drehte er das Boot mit der Spitze zum Ufer, ruderte zurück. Wie er dann anlegte, das Gewehr an Land warf, die Bootskette um einen vorstehenden Wurzelast schlang und das Schöpfgefäß ergriff, überfielen sie ihn von obenher mit wüstem Geschrei und Geschimpfe. »Drei Kronen hätte ich für die Alte gezahlt«, schrie Haller, »vier Kronen! Und für jedes Junge den Preis eines ausgewachsenen Lachses! Diese Fehljagd«, schrie er in einem für Thomas' Ohr widerwärtigen Gemisch von Deutsch, Englisch, Norwegisch – »kostet mich den halben Fischfang eines Sommers!« Auch Henrik schimpfte und fragte, der junge Haller, die Frauen, sogar Haakon Haakonson wiegte mißbilligend und betrübt den ernsthaft behaarten Schädel. Thomas drehte ihnen den Rücken zu im gleichmäßigen Auf und Nieder des Ausschöpfens, er vertiefte sich so in diese Arbeit, als sei sie das Wichtigste auf der Welt, und gab keine Antwort. Was sollte er auch sagen. Es war sinnlos. Völlig sinnlos. Ein Gefühl grenzenloser Vereinsamung stieg um ihn auf, während er das letzte Wasser aus dem Boden des Kahns kratzte. Kann man diesen Menschen, kann man den Menschen sagen, warum man etwas tut oder läßt? ›Nein‹, sagte er sich kurz, ›und nicht einmal stillschweigenden Respekt vor unseren Handlungen können wir von denen verlangen, die nicht das gleiche verspüren wie wir.‹ Er sagte sich das nicht so genau, aber er wußte im Augenblick, als er das Schöpfgefäß zu Boden warf, den Rücken langsam gerade machte, seine Jacke zuknöpfte, an Land sprang (wobei ihm noch auffiel, wie grell sich das Licht im Wasser der tief in den schwarzen Moorgrund getretenen Fußstapfen spiegelte), er wußte in diesem Augenblick fürs ganze Leben, daß es am besten sei, fremde Leute, die etwas nicht begreifen, einfach klipp und klar, ohne Umschweife oder Bedenken, anzulügen.

So kam es, daß er mitten in das allgemeine Gezeter hinein laut und vernehmlich sagte: »Was wollt ihr, es waren keine Lommen, es waren Enten!« Es entstand ein verblüfftes Stillschweigen über diese offensichtliche Lüge, und ihm schoß das Blut zu Kopf, da ihm jählings einfiel, daß er ja eine Zeugin habe, die ihn im nächsten Augenblick entlarven werde. »Enten?« schrie Haller plötzlich, und seine Stimme kippte um vor Empörung. »Enten – um diese Zeit«, sagte Henrik achselzuckend. »Enten!« schrie alles durcheinander. – »Enten!« schrie Thomas aufstampfend, »Enten, Enten!« brüllte er in Hallers Gesicht. »Junge Enten, die man nicht schießen darf!« log er verzweifelt. – Da ertönte hinter ihm Söris Stimme, ruhig und gleichgültig fast, aber so, daß alle darauf hörten: »Ja – es waren Enten«, sagte sie. »Es waren keine Lommen, da hat er recht«, sagte sie. Thomas drehte sich nicht um. Ihm war, als ginge ein heißer Strom über seinen Rücken. Langsam schritt er an der ganzen Gesellschaft vorbei, an der Hütte vorbei, am Holzstall vorbei und verschwand bergaufwärts im Wald. Man rief ihm nach, er hörte es nicht mehr. Feuchter Wacholder und Pilze rochen ihm entgegen. Irgendwo machte er halt, setzte sich auf einen vermoosten Felsblock und pfiff leise vor sich hin.

Als er zurückkam, war die Gesellschaft längst verschwunden. Die fahle Nordnacht machte den See schon matt und silbern. Henrik stieß gerade von Land, die frischgeflickten Netze im Boot, um sie weit drüben am Schilfufer auszulegen. Söri stand an eine Kiefer gelehnt und sah ihm nach. Thomas trat neben diese Kiefer, machte den Finger krumm und klopfte an, wie man an eine Zimmertür klopft. Söri schaute noch auf den See, wo gerade das Boot hinter der Insel verschwand. Thomas versenkte seinen Blick sehr tief in die Kiefernrinde: rötliche Schalen blätterten wie spröde Haut von der braunen rissigen Borke. Dazwischen das zarte Gewebe einer kleinen Spinne, die dürre Kruste einer leeren Schmetterlingspuppe, der schimmelgrüne Ansatz einer Flechte.

Sehr tief schaute er in die Rindenrisse dieser Kiefer, sehr dicht war sein Kopf bei ihr, und sie umhauchte ihn mit einem Geruch, die Kiefer, der zärtlich war und bereit, lockend und von großer Wärme geschwellt. Jetzt strich eine Sumpfeule tief und nah vorüber, und beide folgten mit den Augen ihrem Fluge. Die Eule verschwand im Röhricht, dessen Halme sich lang und zitternd bewegten. Vereinzelt stiegen Blasen aus dem Schlammboden des Uferwassers auf, da und dort sprang ein Fisch, die Nacht blieb warm und hell. Endlich sah sie ihn an. Lächelnd. Mit unruhigen Mundwinkeln. Er, Thomas, umfaßte ihr ganzes Gesicht mit großem, vollem Blick. Alle Unruhe war von ihm gewichen. Warm und stark rann es durch seinen Körper. Plötzlich faßte er ihre Hand und sagte: »Tak« – das fiel ihm ein. Ihre Augen lachten. »Es waren keine Enten«, sagte sie, »es waren Lommen.« – »Ja«, sagte er. »Aber ganz junge Lommen.« Sie nickte ernsthaft und gab keinen Laut, als er sie langsam an sich zog.

ÖDÖN VON HORVÁTH

Das Fräulein wird bekehrt

Als sich das Fräulein und der Herr Reithofer kennen lernten, fielen sie sich zuerst gar nicht besonders auf. Jeder dachte nämlich gerade an etwas wichtigeres. So dachte der Herr Reithofer, daß sich der nächste Weltkrieg wahrscheinlich in Thüringen abspielen wird, weil er gerade in der Zeitung gelesen hatte, daß die rechten Kuomintang wieder mal einhundertdreiundvierzig Kommunisten erschlagen haben. Und das Fräulein dachte, es sei doch schon sehr schade, daß sie monatlich nur hundertzehn Mark verdient, denn sie hätte ja jetzt bald Urlaub und wenn sie zwohundertzehn Mark verdienen würde, könnte sie in die Berge fahren. Bis dorthin, wo sie am höchsten sind.

Gesetzlich gebührten nämlich dem Fräulein jährlich sechs bezahlte Arbeitstage – jawohl, das Fräulein hatte ein richtiggehendes Recht auf Urlaub und es ist doch noch gar nicht so lange her, da hatte solch Fräulein überhaupt nichts zu fordern, sondern artig zu kuschen und gegebenenfalls zu kündigen, sich zu verkaufen oder drgl., was zwar auch heute noch vorkommen soll. Aber heute beschützen uns ja immerhin einige Paragraphen, während noch vor zwanzig Jahren die Gnade höchst unkonstitutionell herrschte, und infolgedessen konnte man es sich gar nicht vorstellen, daß auch Lohnempfänger Urlaub haben dürfen. Es lag allein in des Brotherrn Ermessen, ob solch Fräulein zu Weihnachten oder an einem anderen christlichen Doppelfeiertage auch noch den zweiten Tag feiern durfte. Aber damals war ja unser Fräulein noch kaum geboren – eigentlich beginnt ihr Leben mit der sozialen Gesetzgebung der Weimarer Republik.

Wie schön war doch die patriarchalische Zeit! Wie ungefährdet konnte Großmama ihre Mägde kränken, quälen und davonjagen, wie war es doch selbstverständlich, daß Großpapa seine Lehrlinge um den Lohn prellte und durch Prügel zu fleißigen Charakteren erzog. Noch lebten Treu und Glauben zwischen Maas und Memel, und Großpapa war ein freisinniger Mensch. Großzügig gab er seinen Angestellten Arbeit, von morgens vier bis Mitternacht. Kein Wunder, daß das Vaterland immer mächtiger wurde! Und erst als sich der weitblickende Großpapa auf maschinellen Betrieb umstellte, da erst ging es empor zu höchsten Zielen, denn er ließ ja die Maschinen nur durch Kinder bedienen, die waren nämlich billiger als ihre Väter, maßen das Volk gesund und ungebrochen war. Also kam es nicht darauf an, daß mannigfache Kinder an der Schwindsucht krepierten, kein Nationalvermögen wächst ohne Opfersinn. Und während Bismarck, der eiserne Kanzler, erbittert das Gesetz zum Schutze der Kinderarbeit bekämpfte, wuchs Großpapas einfache Werkstatt zur Fabrik. Schlot stand an Schlot, als ihn der Schlag traf. Er hatte sich überarbeitet. Künstler, Gelehrte, Richter und hohe Beamte, ja sogar ein Oberstleutnant a. D. gaben ihm das letzte Geleite. Trotzdem blieb aber Großmama immer die bescheidene tiefreligiöse Frau.

Nämlich als Großmama geboren wurde, war es natürlich Nacht, so eine richtige kleinbürgerlich-romantische Nacht und Spätherbst. Alles stand blau am Horizont und der Mond hing über schwarzen Teichen und dem Wald.

Natürlich hatte Großmama auch ein Gebetbuch mit einer gepreßten Rose mittendrin. Wenn sie in ihrem gemütlichen Sorgenstuhl saß, betrachtete sie die Rose und dann trat ihr je eine Träne in das rechte und das linke Auge, denn die Rose hatte ihr einst der nunmehr längst verstorbene Großpapa gepflückt und dieser tote Mann tat ihr nun leid, denn als er noch lebendig gewesen ist, hatte sie ihn oft heimlich gehaßt, weil sie sich nie von einem anderen Großpapa hatte berühren lassen. Und Großmama erzählte Märchen, dann schlief sie ein und wachte nimmer auf.

Das Gebetbuch mit der Rose wurde ihr in den Sarg gelegt, Großmama ließ sich nicht verbrennen, weil sie unbedingt wiederauferstehen wollte. Und beim Anblick einer Rose

zieht noch heute eine sanfte Wehmut durch ihrer Enkelkinder Gemüt, die heute bereits Regierungsrat, Sanitätsratsgattin, Diplomlandwirt, Diplomingenieur und zwo Hausbesitzersgattinnen sind.
Auch unseres Fräuleins Großmama hatte solche Rose in ihrem Gebetbuch, aber ihre Kinder gingen in der Inflation zugrunde und sieben Jahre später treffen wir das Fräulein im Kontor einer Eisenwarenhandlung in der Schellingstraße mit einem monatlichen Verdienst von hundertundzehn Mark.
Aber das Fräulein zählte nicht zum Proletariat, weil ihre Eltern mal zugrunde gegangen sind. Sie war überzeugt, daß die Masse nach Schweiß riecht, sie leugnete jede Solidarität und beteiligte sich an keiner Betriebsratswahl. Sie tat sehr stolz, weil sie sich nach einem Sechszylinder sehnte. Sie war wirklich nicht glücklich und das hat mal ein Herr, der sie in der Schellingstraße angesprochen hatte, folgendermaßen formuliert: »In der Stadt wird man so zur Null«, meinte der Herr und fuhr fort: »Ich bin lieber draußen auf dem Lande auf meinem Gute. Mein Vetter ist Diplomlandwirt. Wenn zum Beispiel, mit Verlaub zu sagen, die Vögel zwitschern –« und er fügte rasch hinzu: »Wolln ma mal ne Tasse Kaffee?«
Das Fräulein wollte und er führte sie auf einen Dachgarten. Es war dort sehr vornehm und plötzlich schämte sich der Herr, weil der Kellner über das Täschchen des Fräuleins lächelte und dann wurde der Herr unhöflich, zahlte und ließ das Fräulein allein auf dem Dachgarten sitzen. Da dachte das Fräulein, sie sei halt auch nur eine Proletarierin, aber dann fiel es ihr wieder ein, daß ihre Eltern zugrunde gegangen sind, und sie klammerte sich daran.
Das war am vierten Juli und zwei Tage später begegnete das Fräulein zufällig dem Herrn Reithofer in der Schellingstraße. »Guten Abend«, sagte der Herr Reithofer. »Haben Sie schon gehört, daß England in Indien gegen Rußland ist? Und, daß der Reichskanzler operiert werden muß.«
»Ich kümmere mich nicht um Politik«, sagte das Fräulein.
»Das ist aber Staatsbürgerpflicht«, sagte der Herr Reithofer.

»Ich kanns doch nicht ändern«, meinte das Fräulein.
»Oho!« meinte der Herr Reithofer. »Es kommt auf jeden einzelnen an, zum Beispiel bei den Wahlen. Mit Ihrer Ansicht, Fräulein, werden Sie nie in die Berge fahren, obwohl diese ganzen Wahlen eigentlich nur eine kapitalistische Mache sind.«
Der Herr Reithofer war durchaus Marxist, gehörte aber keiner Partei an, teils wegen Noske, teils aus Pazifismus. »Vielleicht ist das letztere nur Gefühlsduselei«, dachte er und wurde traurig. Er sehnte sich nach Moskau und war mit einem sozialdemokratischen Parteifunktionär befreundet. Er spielte in der Arbeiterwohlfahrtslotterie und hoffte mal sehr viel zu gewinnen und das war das einzig Bürgerliche an ihm.
»Geben Sie acht, Fräulein«, fuhr er fort, »wenn ich nicht vor drei Jahren zweihundert Mark gewonnen hätt, hätt ich noch nie einen Berg gesehen. Vom Urlaub allein hat man noch nichts, da gehört noch was dazu, ein anderes Gesetz, ein ganz anderes Gesetzbuch. Es ist schön in den Bergen und still.«
Und dann sagte er dem Fräulein, daß er für die Befreiung der Arbeit kämpft. Und dann klärte er sie auf, und das Fräulein dachte: er hat ein angenehmes Organ. Sie hörte ihm gerne zu, und er bemerkte es, daß sie ihm zuhört. »Langweilt Sie das?« fragte er. »Oh nein!« sagte sie.
Da fiel es ihm auf, daß sie so rund war rundherum, und er mußte direkt achtgeben, daß er nicht an sie ankommt.
»Herr Reithofer«, sagte plötzlich das Fräulein, »Sie wissen aber schon sehr viel und Sie können es einem so gut sagen« – aber der Herr Reithofer ließ sich nicht stören, weil er gerade über den Apostel Paulus sprach und darüber ist es sehr schwer zu sprechen. »Man muß sich schon sehr konzentrieren«, dachte der Herr Reithofer und ging über zur französischen Revolution.
Er erzählte ihr, wie Marat ermordet wurde, und das Fräulein überraschte sich dabei, wie sehr sie sich anstrengen mußte, wenn sie an einen Sechszylinder denken wollte. Es war ihr

plötzlich, als wären nicht ihre Eltern, sondern bereits ihre Urureltern zugrunde gegangen. Sie sah so plötzlich alles anders, daß sie einen Augenblick stehen bleiben mußte. Der Herr Reithofer ging aber weiter, und sie betrachtete ihn von hinten.

Es war ihr, als habe der Herr Reithofer in einem dunklen Zimmer das Licht angeknipst und nun könne sie den Reichswehrminister, den Prinz von Wales und den Poincaré, den Mussolini und zahlreiche Aufsichtsräte sehen. Auf dem Bette saß ihr Chef, auf dem Tische stand ein Schupo, vor dem Spiegel ein General und am Fenster ein Staatsanwalt – als hätten sie immer schon in ihrem Zimmer gewohnt. Aber dann öffnete sich die Türe und herein trat ein mittelgroßer stämmiger Mann, der allen Männern ähnlich sah. Er ging feierlich auf den Herrn Reithofer zu, drückte ihm die Hand und sprach: »Genosse Reithofer, du hast ein bürgerliches Fräulein bekehrt. Das ist sehr schön von dir.« Und das Fräulein dachte: »Ich glaub gar, dieser Herr Reithofer ist ein anständiger Mensch.«

»Die Luft ist warm heut abend«, sagte der anständige Mensch. »Wollen Sie schon nachhaus oder gehen wir noch etwas weiter?«

»Wohin?«

»Dort drüben ist die Luft noch besser, das ist immer so in den Anlagen«, sagte er und dann fügte er noch hinzu, der Imperialismus sei die jüngste Etappe des Kapitalismus und dann sprach er kein Wort.

Warum er denn kein Wort mehr sage, fragte das Fräulein. Weil es so schwer sei, die Menschen auf den rechten Weg zu bringen, sagte der Herr Reithofer. Hierauf konnte man beide nicht mehr sehen, denn es war sehr dunkel in den Anlagen.

Wollen wir ihnen folgen? Nein. Es ist doch häßlich, zwei Menschen zu belauschen, von denen man doch schon weiß, was sie voneinander wollen. Kaufen wir uns lieber eine Zeitung, die Sportnachrichten sind immer interessant.

Ich liebe den Fußball – und Sie? Wie? Sie wollen, daß ich weitererzähle? Sie finden, daß das kein Schluß ist? Sie wollen wissen, ob sich das Fräulein wirklich bekehrt hat? Sie behaupten, es sei unfaßbar, daß solch ein individualistisches Fräulein so rasch eine andere Weltanschauung bekommt? Sie sagen, das Fräulein wäre katholisch? Hm.

Also wenn Sie es unbedingt hören wollen, was sich das Fräulein dachte, nachdem sich der Herr Reithofer von ihr verabschiedet hatte, so muß ich es Ihnen wohl sagen, Frau Kommerzienrat. Entschuldigen Sie, daß ich weitererzähle.

Es war ungefähr dreiundzwanzig Uhr, als das Fräulein ihr Zimmer betrat. Sie setzte sich und zog sich aus, so langsam, als wöge jeder Strumpf zehn Pfund.

Ihr gegenüber an der Wand hing ein heiliges Bild: ein großer weißer Engel schwebte in einem Zimmer und verkündete der knienden Madonna: »Bei Gott ist kein Ding unmöglich!« Und das Fräulein dachte, der Herr Reithofer hätte wirklich schön achtgegeben und sei überhaupt ein anständiger Mensch, aber leider kein solch weißer Engel, daß man unbefleckt empfangen könnte. Warum dürfe das nur Maria, warum sei gerade sie auserwählt unter den Weibern? Was habe sie denn schon so besonderes geleistet, daß sie so fürstlich belohnt wurde? Nichts habe sie getan, sie sei doch nur Jungfrau gewesen und das hätten ja alle mal gehabt. Auch sie selbst hätte das mal gehabt.

Die Mutter Gottes hätte eben Protektion gehabt genau wie die Henny Porten, Lia de Putty, Dolores del Rio und Carmen Cartellieri. »Wenn man keine Protektion hat, indem daß man keinen Regisseur kennt, so wird man halt nicht auserwählt«, konstatierte das Fräulein.

»Auserwählt«, wiederholte sie, und es tat ihr alles weh. »Bei Gott ist kein Regisseur unmöglich«, lächelte der große weiße Engel, und das Fräulein meinte: »Sei doch nicht so ungerecht!« Und bevor sie einschlief, fiel es ihr noch ein, eigentlich sei alles ungerecht, jeder Mensch, jedes Ding.

Sicher sei auch der Stuhl ungerecht, der Schrank, der Tisch, das Fenster, der Hut, der Mantel, die Lampe. Vielleicht sei auch der Herr Reithofer trotzdem ungerecht, obwohl er wahrscheinlich gar nichts dafür kann.
Gute Nacht, Frau Kommerzienrat.

WALTER SERNER

Der Saulump

Das Hotel Bristol (auf dem Wiener Kärnthnerring), in dem sie wohnten, war gegen elf Uhr vormittags stets von mehreren Herren belagert, die Rina erwarteten, welche um diese Zeit regelmäßig am Arm Casulls erschien, um ihre Morgenpromenade zu machen.
Diesmal aber hing Rina sich schwerer an Casulls Arm. »Du, hörst, wenn d' wüßt, was für a Lust i hab, an von diese Idioten da eine runterzhaun . . .«
»Ich weiß es.« Casulls Gesicht, englisch-indianischen Schnitts, wies nicht den kleinsten Ausdruck auf. »Aber es wäre, in Anbetracht meiner Geschäfte hier, nicht angebracht.«
Rina nahm langsam ihren Arm an sich. »Immerzu diese Gschäft!«
»Diesmals sogar *ohne* dich. Was willst du noch, Katharina?«
»A wos – Katharina . . .«
Den Rest des Spaziergangs schwiegen beide.
Rinas ›A wos‹ aber hatte Casull verraten, wessen er sich jetzt zu versehen hatte. Und er beschloß augenblicklich, allerdings weniger seinem Stolz als seinem Vorteil zuliebe, energische Gegenmaßnahmen.

Am nächsten Vormittag ließ er Rina zum ersten Mal allein ausgehen. Wenige Minuten nach ihr verließ auch er das Hotel und sah sie, verfolgt von drei Herren, in die Kärnthnerstraße einbiegen.
Ein wenig später begab er sich zu dem Advokaten Dr. Wollzweig, da er von einem Bekannten, einem Rechtsanwalts-Konzipienten, erfahren hatte, daß Dr. Wollzweig an einem großangelegten Aktienschwindel beteiligt sei, der die größte Aussicht habe, zu reüssieren. Casull hatte von seinem Gewährsmann gegen das ehrenwörtliche Versprechen, ihn an der Sache zu beteiligen, die erforderlichen Beweise ausgeliefert erhalten und konnte daher dem Dr. Wollzweig ein für sich sehr lukratives Schweigegeschäft vorschlagen, das dieser nach längeren Wut- und Zärtlichkeitsausbrüchen endlich eingehen mußte. Casull erhielt 250 000 Kronen, von denen zehn Prozent an den Konzipienten abgingen.
Casull verschwieg Rina diesen Erfolg und überließ sie unter dem Vorwand, seine Angelegenheiten bearbeiten zu müssen, tagsüber fast gänzlich sich selbst.
Ihre abendlichen Konversationen nahmen aber gleichwohl eine durchaus neuartige Form an: sie begannen überaus heiter, ja oft übermütig und endeten ebenso schnell wie unerwartet und gereizt.
Nach einer Woche sagte Rina plötzlich, während sie einen saftigen Tiroler Apfel entschälte: »Casi, bist a großer Trottel.«
Casull wandte, angenehm überrascht, den Kopf. »Ist man das im Grunde nicht immer?«
Rina ließ erregt den Apfel auf den Teller plumpsen, von wo er zu Boden glitschte und den Teppich entlanglief. »Laß die blöden Scherz! *Ich* sag dir, daß d' a Trottel bist. Das soll heißen, daß i di schwer angschmiert hab.« Ihre Nasenflügel trieben triumphierend.
Casull tat, als dächte er ruhig nach. »Bestohlen hast du mich nicht. Das würde ich bemerkt haben. Verraten hast du mich

nicht. Denn das würde auch dich treffen. Belogen hast du mich nicht. Denn sonst wärst du nicht so erregt. Du hast lediglich mit fünf Männern geschlafen. Aber das wußte ich.«

Rina warf das Messer, das sie noch in den Fingern hielt, auf den Teller, der mit einem kurzen Pfiff zerriß, und kreischte, die Augen rot vor Wut: »Nix weißt! Gar nix! Das is einer von deine beliebten jidischen Treffs.«

»Jeder bessere Kriminalbeamte handhabt diesen . . .« Casull stockte mit Vergnügen. ». . . diesen Treff täglich mehrmals. Da ist wohl schwerlich anzunehmen, daß ich den Ehrgeiz besitze, mich seiner zu bedienen.«

Rina zitterte am ganzen Körper. »No, so sag doch scho – mit wem.«

»Mit dem Dragoner-Oberleutnant Franz von Bahnlanger. Mit dem Studenten der Medizin Fritz Gelsenkirchner. Mit dem Trainer Josef Breuner. Mit dem Kellner Richard vom Chapeau Rouge. Und mit Herrn Dr. Max Steffinger.«

Rina fühlte, wie sie weiß wurde. Sie saß da, ohne sich zu bewegen. Ihre schönen blauen Augen blickten zum Erschrecken weit.

»Und heute nachmittag hast du ein Rendez-vous mit dem Maler . . .«

Rina setzte, fassungslos, die Hände auf den Tisch. »Ja, woher weißt denn das auch no . . .«

»Aber ich rate dir, erst gar nicht hinzugehen. Das würde ein totsicherer Hereinfall werden. Diese Knaben sind mangels genügender Ernährung meist nicht ganz auf der Höhe.«

Der Kellner brachte einen anderen Apfel.

Rina schleuderte ihn, mit dem Arm weit ausholend, in den Saal, wo er das unschuldige Knie eines Piccolo traf.

Casull verließ, den Glanz seltener Wonne im Gesicht, rasch den Tisch . . .

Gegen Abend fuhren sie, längst stürmisch versöhnt, in einem Gummiradler, von zwei prächtigen Füchsen gezogen, über den Kolowratring. Etwas zu schnell. Aber kein Polizist wünschte es wahrzunehmen.

Casull spielte mit Rinas schlanker weißer Hand. »Ah, diesen Ring kenne ich ja noch gar nicht.«
»Der?« Rina wurde doch ein wenig verlegen. »A wos, der is vom Maxl . . . vom Doktor Steffinger.«
Casull wand sich vor Lachen.
»Jessas, was hast denn auf einmal?«
Casull verursachte es einige Schwierigkeiten, zu antworten. »Dieser Herr ist nämlich mein Kompagnon, gewissermaßen. Ha, meine Geschäftsspesen kommen auf dem Umweg über dich wieder an mich zurück!« Da er den Augenblick für wunderbar hielt, berichtete er von seinem Erfolg.
Rina jauchzte, patschte in die Hände und hing sich an seinen Hals.
Casull lächelte maßvoll und genoß, von innigen Selbstgefühlen durchschwommen. »Laß doch sehen! . . . Mindestens zwölftausend! . . . Er hat also nur fünf Prozent an mir verdient. Das geht nicht. Du mußt ihm auch den Rest noch abnehmen.«
»Warum net. Aber wie.« Rina fühlte sich dieser Aufgabe nicht nur durchaus gewachsen, sondern war ihr überdies besonders hold, um ihrem Casull vollste Genugtuung zu geben.
Casull meinte nach kurzem Überlegen: »Das Einfachste wäre, ihn noch einmal . . .« Aber er wollte doch auch Rina ein wenig prüfen.
Rina, welcher es schlankweg ein Bedürfnis war, ihn noch nachhaltiger zu versöhnen, empörte sich vortrefflich. »Das glaubst do selber net, daß i no amal mit dem Frecker ins Bett steig.«
»Hm. Dein Ehrgefühl ist lobenswert.« Casull überlegte abermals. »Andererseits lohnt es sich aber nicht, wegen eines solch niedrigen Betrages eine neue Sache aufzurichten . . . Wer von deinen Versuchsknaben ist denn am günstigsten von dir verwühlt?« Er pfiff ein bißchen, um Nebengedanken vorzubeugen.
Rina schlug ihm hart auf den Schenkel. »Da taischst di aber groß, wenn d' mi frozzeln möchst.«

»Du verkennst mich bitter. Ich dachte nur ans Geschäft, Rina.«
»Ja dann ... Geh, schau, sag wieder Katharina. Du sprichst das so schmeichelhaft aus, ja?«
»Gerne. Also wer, Katharina?«
»Jessas, wie liab er is ... Alsdann i glaub halt dö – der Schnuck.«
»Was?«
»No ja ... der junge Spritzer, der Steffinger.«
»Schnuck? Einen solchen Vornamen habe ich noch nie gebraten.«
»Zermalmst ihn!« Rina kniff Casull voll Leidenschaft in den Daumen.
Schon am folgenden Nachmittag erschien Rina, gänzlich unerwartet, in der Kanzlei des Dr. Steffinger, der, fest davon überzeugt, fallen gelassen worden zu sein, vor Freude derart in Verwirrung geriet, daß er vergaß, ein offen stehendes Schreibtischfach zuzuschieben.
Rina, auf seinen Knien kosend, nahm das wahr, und als Dr. Steffinger sie in wilder Begier herzte, die Gelegenheit, ein Bündel Briefe aus dem Schubfach zu stehlen und in ihrem Schirm verschwinden zu lassen.
Für alle Fälle vereinbarte sie noch für den Abend ein Rendez-vous im Chapeau Rouge, verließ den Schwerbetörten außerordentlich zufriedenen Gemütes und eilte im Taxi ins Hotel zurück.
Casull ersah zu seinem Ergötzen aus den Briefen, daß Dr. Steffinger seinen Chef, den Dr. Feigenhut, an Dr. Wollzweig verriet, dachte ein paar Minuten nach und rief, die Hand bereits auf dem Telephonapparat, Rina zu: »Kind, du brauchst den Schnuck nicht mehr aufzuregen. Das werde ich besorgen.«
Dann telephonierte er dem Dr. Feigenhut, daß er ihm Schwerwiegendes mitzuteilen habe und ihn während einer halben Stunde bei sich im Hotel erwarte.
Dr. Feigenhut, vor allem von dem erstklassigen Hotel gehetzt, erschien schon nach wenigen Minuten, ächzte nur

so, als Casull ihm gewisse Andeutungen machte, und rief Gott und die Welt zu Zeugen an, als er die Bedingungen vernahm, zu welchen ihm statt der Andeutungen beweisende Fakten geliefert würden. Schließlich zahlte er aber doch. Und zwar mit einem Scheck über dreißigtausend Kronen.

Kaum war Dr. Feigenhut aus dem Hotel, als Casull zu Dr. Wollzweig fuhr, dem er, ähnlich vorgehend, ein zweites Drittel der ihn schwer belastenden Briefe gegen einen Scheck über vierzigtausend Kronen verkaufte. Dr. Wollzweig, der nur infolge von Casulls Zeitmangel bei diesem neuerlichen Schweigegeschäft so billig davonkam, sank, gleichwohl mit einem Fluch die Feder zerbrechend, in seinem Ledersessel zusammen.

Hierauf fuhr Casull in die Privatwohnung Dr. Steffingers, den er nicht antraf. Deshalb in dessen Restaurant. Vergeblich. Und endlich ins Chapeau Rouge, wo der durch die Versöhnung mit Rina völlig verdreht Gewordene gerade damit beschäftigt war, mit Hilfe Richards eine Separé-Loge mit Blumen und Girlanden zu schmücken.

Casull nahm ihn beiseite und wiederholte zum zweiten Mal sein Erpressungsmanöver, das von dem Umstand noch besonders begünstigt wurde, daß Dr. Steffinger fürchtete, Rina könnte, wenn er zögere, Casull in die Hände laufen. Dieser erzielte diesmal zwar keinen Scheck, aber den Brillantring Dr. Steffingers, der auf etwa zehntausend Kronen zu beziffern war; und das Fürchterlichste, was er jemals an ohnmächtiger Wut in einem Gesicht zu sehen bekommen hatte.

An der Ecke der Annagasse begegnete Casull der Wagen Rinas, die von einer Spazierfahrt ins Hotel zurück wollte. Er hielt sie auf, steckte ihr den Ring Dr. Steffingers an den Finger und erzählte, an den Wagen gelehnt, so begeistert war er von sich, der nur mühsam ein schallendes Gelächter Unterdrückenden mit selbstgefälligen Übertreibungen und in üppigen Wendungen seine dreifache Großtat.

So kam es, daß sie Zeuge der Verhaftung Dr. Steffingers wurden, die Dr. Feigenhut unverzüglich erwirkt hatte.
Ein hämischer Zufall wollte es, daß Dr. Steffinger, als er zwischen den beiden Beamten in die Kärnthnerstraße bog, nicht nur das Gaunerpaar sah, sondern auch, als Rina ihm schadenfroh zuwinkte, seinen Brillantring an ihrer Hand.
Rina, die an Dr. Steffingers gänzlich aufgelösten Zügen sah, was er gesehen hatte, sagte weich: »Casi, hast ihn zermalmt.«
»Aber doch wieder nur mit deiner Hilfe, liebe Katharina.«
»A wos.« Rina küßte ihn ungeniert, während sie ihn zu sich emporzog. Als der Wagen sich in Bewegung setzte, flüsterte sie zärtlich: »Aber a Saulump bist! A Saulump . . .«

HERMANN HESSE

Bei den Massageten

So sehr auch ohne Zweifel mein Vaterland, falls ich wirklich ein solches hätte, alle übrigen Länder der Erde an Annehmlichkeiten und herrlichen Einrichtungen überträfe, spürte ich vor kurzem doch wieder einmal Wanderlust und tat eine Reise in das ferne Land der Massageten, wo ich seit der Erfindung des Schießpulvers nie mehr gewesen war. Es gelüstete mich, zu sehen, inwieweit dieses so berühmte und tapfere Volk, dessen Krieger einst den großen Cyrus überwunden haben, sich inzwischen verändert und den Sitten der jetzigen Zeit möchte angepaßt haben.
Und in der Tat, ich hatte in meinen Erwartungen die wackeren Massageten keineswegs überschätzt. Gleich allen Ländern, welche zu den vorgeschrittenern zu zählen den Ehrgeiz haben, sendet auch das Land der Massageten neuerdings jedem Fremdling, der sich seiner Grenze nähert, einen

Reporter entgegen – abgesehen natürlich von jenen Fällen, in denen es bedeutende, ehrwürdige und distinguierte Fremde sind, denn ihnen wird, je nach Rang, selbstverständlich weit mehr Ehre erwiesen. Sie werden, wenn sie Boxer oder Fußballmeister sind, vom Hygieneminister, wenn sie Wettschwimmer sind, vom Kultusminister, und wenn sie Inhaber eines Weltrekords sind, vom Reichspräsidenten oder von dessen Stellvertreter empfangen. Nun, mir blieb es erspart, solche Aufmerksamkeiten auf mich gehäuft zu sehen, ich war Literat, und so kam mir denn ein einfacher Journalist an der Grenze entgegen, ein angenehmer junger Mann von hübscher Gestalt, und ersuchte mich, vor dem Betreten des Landes ihn einer kurzen Darlegung meiner Weltanschauung und speziell meiner Ansichten über die Massageten zu würdigen. Dieser hübsche Brauch war also auch hier inzwischen eingeführt worden.

»Mein Herr«, sagte ich, »lassen Sie mich, der ich Ihre herrliche Sprache nur unvollkommen beherrsche, mich auf das Unerläßlichste beschränken. Meine Weltanschauung ist diejenige des Landes, in welchem ich jeweils reise, dies versteht sich ja wohl von selbst. Was nun meine Kenntnisse über Ihr hochberühmtes Land und Volk betrifft, so stammen sie aus der denkbar besten und ehrwürdigsten Quelle, nämlich aus dem Buch ›Klio‹ des großen Herodot. Erfüllt von tiefer Bewunderung für die Tapferkeit Ihres gewaltigen Heeres und für das ruhmreiche Andenken Ihrer Heldenkönigin Tomyris, habe ich schon in früheren Zeiten Ihr Land zu besuchen die Ehre gehabt, und habe diesen Besuch nun endlich erneuern wollen.«

»Sehr verbunden«, sprach etwas düster der Massagete. »Ihr Name ist uns nicht unbekannt. Unser Propagandaministerium verfolgt alle Äußerungen des Auslandes über uns mit größter Sorgfalt, und so ist uns nicht entgangen, daß Sie der Verfasser von dreißig Zeilen über massagetische Sitten und Bräuche sind, die Sie in einer Zeitung veröffentlicht haben. Es wird mir eine Ehre sein, Sie auf Ihrer diesmaligen Reise durch unser Land zu begleiten und dafür zu sorgen, daß Sie bemerken können, wie sehr manche unsrer Sitten sich seither verändert haben.«

Sein etwas finsterer Ton zeigte mir an, daß meine früheren Äußerungen über die Massageten, die ich doch so sehr liebte und bewunderte, hier im Lande keineswegs vollen Beifall gefunden hatten. Einen Augenblick dachte ich an Umkehr, ich erinnerte mich an jene Königin Tomyris, die den Kopf des großen Cyrus in einen mit Blut gefüllten Schlauch gesteckt hatte, und an andere rassige Äußerungen dieses lebhaften Volksgeistes. Aber schließlich hatte ich meinen Paß und das Visum, und die Zeiten der Tomyris waren vorüber.

»Entschuldigen Sie«, sagte mein Führer nun etwas freundlicher, »wenn ich darauf bestehen muß, Sie erst im Glaubensbekenntnis zu prüfen. Nicht daß etwa das Geringste gegen Sie vorläge, obwohl Sie unser Land schon früher einmal besucht haben. Nein, nur der Formalität wegen, und weil Sie sich etwas einseitig auf Herodot berufen haben. Wie Sie wissen, gab es zur Zeit jenes gewiß hochbegabten Joniers noch keinerlei offiziellen Propaganda- und Kulturdienst, so mögen ihm seine immerhin etwas fahrlässigen Äußerungen über unser Land hingehen. Daß hingegen ein heutiger Autor sich auf Herodot berufe, und gar ausschließlich auf ihn, können wir nicht zugeben. – Also bitte, Herr Kollege, sagen Sie mir in Kürze, wie Sie über die Massageten denken und was Sie für sie fühlen.«

Ich seufzte ein wenig. Nun ja, dieser junge Mann war nicht gesonnen, es mir leicht zu machen, er bestand auf den Förmlichkeiten. Hervor also mit den Förmlichkeiten! Ich begann:

»Selbstverständlich bin ich darüber genau unterrichtet, daß die Massageten nicht nur das älteste, frömmste, kultivierteste und zugleich tapferste Volk der Erde sind, daß ihre unbesieglichen Heere die zahlreichsten, ihre Flotte die größte, ihr Charakter der unbeugsamste und zugleich liebenswürdigste, ihre Frauen die schönsten, ihre Schulen und öffentlichen Einrichtungen die vorbildlichsten der Welt sind, sondern daß sie auch jene in der ganzen Welt so hochgeschätzte und manchen anderen großen Völkern so sehr mangelnde Tugend in höchstem Maße besitzen, nämlich gegen Fremde im Gefühl ihrer eigenen Überlegenheit gütig und nachsichtig zu sein und nicht von jedem armen Fremdling zu erwarten, daß er, einem geringeren Lande entstammend, sich selbst auf der Höhe der massagetischen Vollkommenheit befinde. Auch hierüber werde ich nicht ermangeln, in meiner Heimat wahrheitsgetreu zu berichten.«

»Sehr gut«, sprach mein Begleiter gütig, »Sie haben in der Tat bei der Aufzählung unserer Tugenden den Nagel, oder vielmehr die Nägel auf den Kopf getroffen. Ich sehe, daß Sie über uns besser unterrichtet sind, als es anfangs den Anschein hatte, und heiße Sie aus treuem massagetischem Herzen aufrichtig in unserem schönen Lande willkommen. Einige Einzelheiten in Ihrer Kenntnis bedürfen ja wohl noch der Ergänzung. Namentlich ist es mir aufgefallen, daß Sie unsre hohen Leistungen auf zwei wichtigen Gebieten nicht erwähnt haben: im Sport und im Christentum. Ein Massagete, mein Herr, war es, der im internationalen Hüpfen nach rückwärts mit verbundenen Augen den Weltrekord mit 11,098 erzielt hat.«

»In der Tat«, log ich höflich, »wie konnte ich daran nicht denken! Aber Sie erwähnten auch noch das Christentum als ein Gebiet, auf dem Ihr Volk Rekorde aufgestellt habe. Darf ich darüber um Belehrung bitten?«

»Nun ja«, sagte der junge Mann. »Ich wollte ja nur andeuten, daß es uns willkommen wäre, wenn Sie über diesen Punkt Ihrem Reisebericht den einen oder andern freundlichen Superlativ beifügen könnten. Wir haben zum Beispiel in einer kleinen Stadt am Araxes einen alten Priester, der in seinem Leben nicht weniger als 63 000 Messen gelesen hat, und in einer andern Stadt gibt es eine berühmte moderne Kirche, in welcher alles aus Zement ist, und zwar aus einheimischem Zement: Wände, Turm, Böden, Säulen, Altäre, Dach, Taufstein, Kanzel usw., alles bis auf den letzten Leuchter, bis auf die Opferbüchsen.«

Na, dachte ich, da habt ihr wohl auch einen zementierten Pfarrer auf der Zementkanzel stehen. Aber ich schwieg.
»Sehen Sie«, fuhr mein Führer fort, »ich will offen gegen Sie sein. Wir haben ein Interesse daran, unseren Ruf als Christen möglichst zu propagieren. Obgleich nämlich unser Land ja seit Jahrhunderten die christliche Religion angenommen hat und von den einstigen massagetischen Göttern und Kulten keine Spur mehr vorhanden ist, gibt es doch eine kleine, allzu hitzige Partei im Lande, welche darauf ausgeht, die alten Götter aus der Zeit des Perserkönigs Cyrus und der Königin Tomyris wieder einzuführen. Es ist dies lediglich die Schrulle einiger Phantasten, wissen Sie, aber natürlich hat sich die Presse der Nachbarländer dieser lächerlichen Sache bemächtigt und bringt sie mit der Reorganisation unseres Heerwesens in Verbindung. Wir werden verdächtigt, das Christentum abschaffen zu wollen, um im nächsten Krieg auch noch die paar letzten Hemmungen im Anwenden aller Vernichtungsmittel leichter fallenlassen zu können. Dies der Grund, warum eine Betonung der Christlichkeit unseres Landes uns willkommen wäre. Es liegt uns natürlich fern, Ihre objektiven Berichte im geringsten beeinflussen zu wollen, doch kann ich Ihnen immerhin unter vier Augen anvertrauen, daß Ihre Bereitschaft, etwas Weniges über unsere Christlichkeit zu schreiben, eine persönliche Einladung bei unserm Reichskanzler zur Folge haben könnte. Dies nebenbei.«
»Ich will es mir überlegen«, sagte ich. »Eigentlich ist Christentum nicht mein Spezialfach. – Und nun freue ich mich sehr darauf, das herrliche Denkmal wiederzusehen, das Ihre Vorväter dem heldenhaften Spargapises errichtet haben.«
»Spargapises?« murmelte mein Kollege. »Wer soll das denn sein?«
»Nun, der große Sohn der Tomyris, der die Schmach, von Cyrus überlistet worden zu sein, nicht ertragen konnte und sich in der Gefangenschaft das Leben nahm.«
»Ach ja, natürlich«, rief mein Begleiter, »ich sehe, Sie landen immer wieder bei Herodot. Ja, dies Denkmal soll in der Tat

sehr schön gewesen sein. Es ist auf sonderbare Weise vom Erdboden verschwunden. Hören Sie! Wir haben, wie Ihnen bekannt ist, ein ganz ungeheures Interesse für Wissenschaft, speziell für Altertumsforschung, und was die Zahl der zu Forschungszwecken aufgegrabenen oder unterhöhlten Quadratmeter Landes betrifft, steht unser Land in der Weltstatistik an dritter oder vierter Stelle. Diese gewaltigen Ausgrabungen, welche vorwiegend prähistorischen Funden galten, führten auch in die Nähe jenes Denkmals aus der Tomyris-Zeit, und da gerade jenes Terrain große Ausbeute, namentlich an massagetischen Mammutknochen, versprach, versuchte man in gewisser Tiefe das Denkmal zu untergraben. Und dabei ist es eingestürzt! Reste davon sollen aber im Museum Massageticum noch zu sehen sein.«
Er führte mich zum bereitstehenden Wagen, und in lebhafter Unterhaltung fuhren wir dem Innern des Landes entgegen.

ROBERT MUSIL

Ein Mensch ohne Charakter

Man muß heute Charaktere wohl mit der Laterne suchen gehn; und wahrscheinlich macht man sich noch dazu lächerlich, wenn man bei Tag mit einem brennenden Licht umhergeht. Ich will also die Geschichte eines Mannes erzählen, der immer Schwierigkeiten mit seinem Charakter gehabt hat, ja, einfach gesagt, der überhaupt nie einen Charakter hatte; doch bin ich in Sorge, daß ich vielleicht bloß seine Bedeutung nicht rechtzeitig erfaßt habe und ob er nicht am Ende so etwas wie ein Pionier oder Vorläufer ist.
Wir waren Nachbarskinder. Wenn er irgendeine der Kleinigkeiten angestellt hatte, die so schön sind, daß man sie

nicht gern erzählt, pflegte seine Mutter zu seufzen, denn die Prügel, die sie ihm gab, strengten sie an. »Junge«, jammerte sie, »du hast nicht die Spur von Charakter; was mag aus dir noch werden!?« In schwereren Fällen wurde aber der Herr Vater zu Rate gezogen, und dann hatten die Prügel eine gewisse Feierlichkeit und eine ernste Würde, ungefähr wie ein Schulfest. Vor Beginn mußte mein Freund dem Herrn Oberrechnungsrat eigenhändig einen Rohrstab holen, der im Hauptberuf dem Ausklopfen der Kleider diente und von der Köchin verwahrt wurde; während nach Schluß der Sohn die Vaterhand zu küssen und, mit Dank für die Zurechtweisung, um Verzeihung für die Sorgen zu bitten hatte, die er seinen lieben Eltern verursachte. Mein Freund machte es umgekehrt. Er bettelte und heulte vor Beginn um Verzeihung, und setzte das von einem Schlag zum andern fort; wenn alles aber einmal vorbei war, brachte er kein Wort mehr hervor, war blaurot im Gesicht, schluckte Tränen und Speichel und suchte durch emsiges Reiben die Spuren seiner Empfindungen zu beseitigen. »Ich weiß nicht«, – pflegte dann sein Vater zu sagen – »was aus dem Jungen noch werden soll; der Bengel hat absolut keinen Charakter!«

So war in unserer Jugend Charakter das, wofür man Prügel bekommt, obgleich man es nicht hat. Es schien eine gewisse Ungerechtigkeit darin zu stecken. Die Eltern meines Freundes behaupteten, wenn sie von ihm Charakter verlangten und ausnahmsweise einmal zu Erklärungen griffen, Charakter sei das begriffliche Gegenteil von schlechten Zeugnissen, geschwänzten Schulstunden, an Hundeschwänze gebundenen Blechtöpfen, Geschwätz und heimlichen Spielen während des Unterrichts, verstockten Ausreden, zerstreutem Gedächtnis und unschuldigen Vögeln, die ein gemeiner Schütze mit der Schleuder geschossen hat. Aber das natürliche Gegenteil von alledem waren doch schon die Schrecknisse der Strafe, die Angst vor Entdeckung und die Qualen des Gewissens, welche die Seele mit jener Reue peinigen, die man empfinden könnte, wenn die Sache schief ginge. Das war komplett; für einen Charakter ließ es keinen Platz und keine Tätigkeit übrig, er war vollkommen überflüssig. Dennoch verlangte man ihn von uns.

Vielleicht hätte es uns einen Anhaltspunkt bieten sollen, was zuweilen während der Strafen erläuternd zu meinem Freunde gesprochen wurde, wie: »Hast du denn gar keinen Stolz, Bube?!« – oder: »Wie kann man bloß so niederträchtig lügen?!« – Aber ich muß sagen, daß es mir auch heute noch schwerfällt, mir vorzustellen, daß einer stolz sein soll, wenn er eine Ohrfeige bekommt, oder wie er seinen Stolz zeigen soll, während er übers Knie gelegt wird. Wut könnte ich mir vorstellen; aber die sollten wir ja gerade nicht haben! Und ebenso verhält es sich mit dem Lügen; wie soll man denn lügen, wenn nicht niederträchtig? Etwa ungeschickt? Wenn ich darüber nachdenke, kommt es mir selbst heute noch so vor, als ob man damals am liebsten von uns Buben gefordert hätte, wir sollten aufrichtig lügen. Das war aber eine Art doppelter Anrechnung: erstens, du sollst nicht lügen; zweitens, wenn du jedoch schon lügst, dann lüge wenigstens nicht verlogen. Vielleicht müssen erwachsene Verbrecher so unterscheiden können, da man es ihnen in den Gerichtssälen immer als besondere Bosheit ankreidet, wenn sie ihre Verbrechen kaltblütig, vorsichtig und mit Überlegung begehen; aber von Buben war das entschieden zuviel verlangt. Ich fürchte, ich habe bloß deshalb keine so auffallenden Charaktermängel gezeigt wie mein Freund, weil ich nicht so sorgfältig erzogen wurde.

Am einleuchtendsten von allen elterlichen Aussprüchen, die sich mit unserem Charakter befaßten, waren noch die, welche sein bedauerliches Fehlen mit der Warnung in Zusammenhang brachten, daß wir ihn einst als Männer vonnöten haben werden. »Und ein solcher Junge will ein Mann werden!?« hieß es ungefähr. Sah man davon ab, daß die Sache mit dem Wollen nicht ganz klar war, so bewies das übrige wenigstens, daß Charakter etwas sei, das wir erst später brauchen sollten; wozu also dann jetzt schon die überhasteten Vorbereitungen? Dies wäre ganz das gewesen, was auch wir meinten.

Obzwar mein Freund also damals keinen Charakter besaß, so vermißte er ihn doch nicht. Das kam erst später und begann zwischen unserem sechzehnten und siebzehnten Jahr. Da fingen wir an, ins Theater zu gehen und Romane zu lesen. Von dem Gehirn meines Freundes, das die irreführenden Verlockungen der Kunst lebhafter als das meine aufnahm, ergriffen der Intrigant der städtischen Theater, der zärtliche Vater, der heldische Liebhaber, die komische Person, ja sogar die teuflische Salonschlange und die bezaubernde Naive Besitz. Er redete nur noch in falschen Tönen, hatte aber plötzlich alles an Charakter in sich, was es auf der deutschen Bühne gibt. Wenn er etwas versprach, konnte man nie wissen, ob man sein Ehrenwort als Held oder als Intrigant besaß; es geschah, daß er heimtückisch begann und aufrichtig endete, wie auch umgekehrt; er empfing uns Freunde polternd, um uns plötzlich mit dem eleganten Lächeln des Bonvivants Platz und Schokoladebonbons anzubieten, oder umarmte uns väterlich und stahl dabei die Zigaretten aus unserer Tasche.
Doch war das harmlos und offen im Vergleich mit den Wirkungen des Romanelesens. In den Romanen finden sich die wundervollsten Verhaltungsweisen für unzählige Lebenslagen beschrieben. Der große Nachteil ist aber der, daß sich die Lebenslagen, in die man gerät, niemals ganz mit denen decken, für die in den Romanen vorgesehen ist, was man zu tun und zu sagen hat. Die Weltliteratur ist ein ungeheures Magazin, wo Millionen Seelen mit Edelmut, Zorn, Stolz, Liebe, Hohn, Eifersucht, Adel und Gemeinheit bekleidet werden. Wenn eine angebetete Frau unsere Gefühle mit Füßen tritt, so wissen wir, daß wir ihr einen strafend seelenvollen Blick zuzuwerfen haben; wenn ein Schurke eine Waise mißhandelt, so wissen wir, daß wir ihn mit einem Schlag zu Boden schmettern müssen. Aber was

sollen wir tun, wenn die angebetete Frau unmittelbar, nachdem sie unsere Gefühle mit Füßen getreten hat, die Tür ihres Zimmers zuschlägt, so daß sie unser seelenvoller Blick nicht erreicht? Oder wenn zwischen dem Schurken, der die Waisen mißhandelt, und uns ein Tisch mit kostbaren Gläsern steht? Sollen wir die Tür einschlagen, um dann durch das Loch einen sanften Blick zu werfen; und sollen wir sorgfältig die teuren Gläser abräumen, ehe wir zum empörten Schlag ausholen? In solchen wirklich wichtigen Fällen läßt einen die Literatur immer im Stich; vielleicht wird es erst in einigen hundert Jahren, wenn noch mehr beschrieben ist, besser sein.

Einstweilen entsteht daraus aber jedesmal eine geradezu besonders unangenehme Lage für einen belesenen Charakter, wenn er sich in einer sogenannten Lebenslage befindet. Ein gutes Dutzend angefangener Sätze, halb erhobener Augenbrauen oder geballter Fäuste, zugekehrter Rücken und pochender Brüste, die alle nicht ganz zu dem Anlaß passen, und doch auch nicht unpassend wären, kochen in ihm; die Mundwinkel werden gleichzeitig hinauf- und hinabgezerrt, die Stirn finster gerunzelt und hell beglänzt, der Blick will sich zur gleichen Zeit strafend hervorstürzen und beschämt zurückziehen: und das ist sehr unangenehm, denn man tut sich sozusagen selbst gegenseitig weh. Als Ergebnis entsteht dann oft jenes bekannte Zucken und Schlucken, das sich über Lippen, Augen, Hände und Kehle ausdehnt, ja mitunter den ganzen Körper so heftig erfaßt, daß er sich wie eine Schraube windet, die ihre Mutter verloren hat.

Damals entdeckte mein Freund, wieviel bequemer es wäre, als einzigen Charakter seinen eigenen zu besitzen, und begann diesen zu suchen.

Aber er geriet in neue Abenteuer. Ich traf ihn nach Jahren wieder, als er den Beruf eines Rechtsanwalts ergriffen hatte. Er trug Brillen, rasierte sich den Bart und sprach mit leiser Stimme. – »Du siehst mich an?« – bemerkte er. Ich konnte es nicht leugnen, irgend etwas hieß mich, in seiner Erscheinung eine Antwort suchen. – »Sehe ich aus wie ein Rechtsanwalt?« fragte er. Ich wollte es nicht bestreiten. Er erklärte mir: »Rechtsanwälte haben eine ganz bestimmte Art, durch ihre Kneifergläser zu blicken, die anders ist als zum Beispiel die der Ärzte. Es läßt sich auch sagen, daß alle ihre Bewegungen und Worte spitzer oder zackiger sind als die rundlichen und knorrigen der Theologen. Sie unterscheiden sich von ihnen wie ein Feuilleton von einer Predigt, mit einem Wort, so wenig ein Fisch von Baum zu Baum fliegt, so sehr sind Rechtsanwälte in ein Medium eingetaucht, das sie niemals verlassen.«

»Berufscharakter!« sagte ich. Mein Freund war mit mir zufrieden. »Es ist nicht so einfach gewesen«, bemerkte er. »Als ich anfing, habe ich einen Christusbart getragen; aber mein Chef hat es mir verboten, weil es nicht zum Charakter eines Rechtsanwalts paßt. Darauf habe ich mich wie ein Maler getragen, und als es mir verwehrt wurde, wie ein Seefahrer auf Urlaub.« – »Um Gottes willen, warum?« fragte ich. »Weil ich mich natürlich dagegen wehren wollte, einen Berufscharakter anzunehmen«, gab er zur Antwort. »Das Schlimme ist, daß man ihm nicht entgehen kann. Es gibt natürlich Rechtsanwälte, die wie Dichter aussehen, und ebenso Dichter, die wie Gemüseverkäufer aussehen, und Gemüseverkäufer, die Denkerköpfe besitzen. Sie alle haben aber etwas von einem Glasauge oder einem angeklebten Bart an sich oder von einer schlecht zugeheilten Wunde. Ich verstehe nicht warum, aber es ist doch so?« Er lächelte in seiner Art und fügte ergeben hinzu: »Wie du weißt, habe ich doch nicht einmal einen persönlichen Charakter ...«

Ich erinnerte ihn an die vielen Schauspielercharaktere. »Das war erst die Jugend!« ergänzte er es seufzend. »Wenn man ein Mann wird, bekommt man noch einen Geschlechts-, einen National-, einen Staats-, einen Klassen-, einen geographischen Charakter dazu, man hat einen Charakter der Handschrift, der Handlinien, der Schädelform und womöglich noch einen, der aus der Konstellation der Gestirne im Augenblick der Geburt folgt. Mir ist das zuviel. Ich weiß nie, welchem meiner Charaktere ich recht geben soll.« – Wieder kam sein stilles Lächeln zum Vorschein. »Zum Glück habe ich eine Braut, die von mir behauptet, daß ich überhaupt keinen Charakter besitze, weil ich mein Versprechen, sie zu heiraten, noch nicht eingehalten habe. Ich werde sie gerade deshalb heiraten, denn ihr gesundes Urteil ist mir unentbehrlich.«

»Wer ist deine Braut?«

»Welchem Charakter nach? Aber, weißt du«, unterbrach er das, »sie weiß trotzdem immer, was sie will! Sie ist ursprünglich ein reizend hilfloses kleines Mädchen gewesen – ich kenne sie schon lange –, aber sie hat viel von mir gelernt. Wenn ich lüge, findet sie es entsetzlich; wenn ich morgens nicht rechtzeitig ins Bureau gehe, so behauptet sie, ich werde niemals eine Familie erhalten können; wenn ich mich nicht entschließen kann, eine Zusage einzuhalten, die ich gegeben habe, so weiß sie, daß das nur ein Schuft tut.«

Mein Freund lächelte noch einmal. Er war damals ein liebenswürdiger Mensch, und jeder Mensch sah freundlich lächelnd auf ihn herab. Niemand nahm ernstlich an, daß er es zu etwas bringen werde. Schon an seiner äußeren Erscheinung fiel auf, daß, sobald er zu sprechen anfing, jedes Glied seines Körpers eine andere Lage einnahm; die Augen wichen zur Seite aus, Achsel, Arm und Hand bewegten sich nach entgegengesetzten Richtungen und mindestens ein Bein federte im Kniewinkel wie eine Briefwaage. Wie gesagt, er war damals ein liebenswürdiger Mensch, bescheiden, schüchtern, ehrfürchtig; und manchmal war er auch das Gegenteil von all dem, aber man blieb ihm schon aus Neugierde gewogen.

Als ich ihn wiedersah, besaß er ein Auto, jene Frau, die nun sein Schatten war, und eine angesehene, einflußreiche Stellung. Wie er das angefangen hatte, weiß ich nicht; aber was ich vermute, ist, daß das ganze Geheimnis darin lag, daß er dick wurde. Sein eingeschüchtertes, bewegliches Gesicht war fort. Genauer gesehen, es war noch da, aber es lag unter einer dicken Hülle von Fleisch. Seine Augen, die einst, wenn er etwas angestellt hatte, so rührend sein konnten wie die eines traurigen Äffchens, hatten eigentlich ihren aus dem Innern kommenden Glanz nicht verloren; aber zwischen den hoch gepolsterten Wangen hatten sie jedesmal Mühe, wenn sie sich nach der Seite drehen wollten, und stierten darum mit einem hochmütig gequälten Ausdruck. Seine Bewegungen fuhren innerlich immer noch umher, aber außen, an den Beugen und Gelenken der Glieder, wurden sie von stoßdämpfenden Fettpolstern aufgefangen, und was herauskam, sah wie Kurzangebundenheit und entschlossene Sprache aus. So war nun auch der Mensch geworden. Sein irrlichternder Geist hatte feste Wände und dicke Überzeugungen bekommen. Manchmal blitzte noch etwas in ihm auf; aber es verbreitete keine Helligkeit mehr in dem Menschen, sondern war ein Schuß, den er abgab, um zu imponieren oder ein bestimmtes Ziel zu erreichen. Er hatte eigentlich viel gegen früher verloren. Von allem, was er äußerte, ging jetzt zwölf auf ein Dutzend, wenn das auch ein Dutzend guter, verläßlicher Ware war. Und seine Vergangenheit behandelte er so, wie man sich an eine Jugendtorheit erinnert.

Einmal gelang es mir, ihn auf unseren alten Gesprächsgegenstand, den Charakter, zurückzubringen. »Ich bin überzeugt, daß die Entwicklung des Charakters mit der Kriegführung zusammenhängt«, legte er mir in atemknapper Sprache dar, »und daß er darum heute auf der ganzen Welt nur noch unter Halbwilden zu finden ist. Denn wer mit Messer und Speer kämpft, muß ihn haben, um nicht den kürzeren zu ziehen. Welcher noch so entschlossene Charakter hält aber gegen Panzerwagen, Flammenwerfer und Giftwolken stand!? Was wir darum heute brauchen, sind nicht Charaktere, sondern Disziplin!«

Ich hatte ihm nicht widersprochen. Aber das Sonderbare war – und darum erlaube ich mir auch, diese Erinnerung niederzuschreiben –, daß ich, während er so sprach und ich ihn ansah, immerdar das Empfinden hatte, der alte Mensch sei noch in ihm. Er stand in ihm, von der fleischigen größeren Wiederholung der ursprünglichen Gestalt eingeschlossen. Sein Blick stach im Blick des andern, sein Wort im Wort. Es war fast unheimlich. Ich habe ihn inzwischen noch einigemal wiedergesehen, und dieser Eindruck hat sich jedesmal wiederholt. Es war deutlich zu sehen, daß er, wenn ich so sagen darf, gerne einmal wieder ganz ans Fenster gekommen wäre; aber irgend etwas verhinderte ihn daran.

HANS HENNY JAHNN

Unser Zirkus

Er war ein Staat im Staat; das ist nichts Auffallendes. Er wurde regiert. Auch das ist selbstverständlich. Er wurde regiert von der Frau Direktor. Uns schien das natürlich, denn ihr Regiment war unvergleichlich. Der Herr Direktor war nur Prinzgemahl. Sie ernährte uns eigentlich allesamt.

Sie war unmenschlich dick. Beim besten Willen ließ sich kein Liebhaber für sie auftreiben. Der Prinzgemahl wollte mit uns das Würfelspiel um sein Ehebett treiben. Wir streikten. Er drohte, uns auf die nackte Straße zu entlassen, ohne eine Brotrinde. Wir zogen den Hungertod vor. Bei soviel Heldenmut durften wir im Amt bleiben.

Sie besaß ein schwarzseidenes Kleid mit Eiseneinlagen, in das zwängte sie sich zu jeder Vorstellung. Ihre Taille wurde dann so dünn, daß zwei Männer sie gerade umspannen konnten. Sie bekam etwas vom Mythos einer Diagonale. An ihren Endpunkten war das Fleisch trotz schwedischen Stahls nicht zu bändigen. Sie führte einen Trick vor, eben jenen, durch den wir alle unser Brot aßen. Wir besaßen acht Hengste und ebenso viele Stuten. Die waren aber keineswegs für die Hengste da. Die mußten vielmehr auf den Dörfern Sologastspiele geben. Man sieht, daß unser Unternehmen sorgfältig durchdacht war. Für uns blieb es freilich stets ein jämmerlicher Augenblick, wenn wir unsere Kunst an der Majestät abschätzen mußten, mit der sie, peitschenknallend, es dahin brachte, daß die sieben Hengste (der achte trat später in Erscheinung) sich aufrichteten, so daß jeder sich an ihrer Schönheit sattsehen konnte. Es waren alles prächtige Tiere. Stallburschen hatten wir denn auch stets übergenug, wenn sie auch fast alle irgendwo gestohlen oder ein Mädchen betrogen hatten.

Der Herr Direktor durfte allabendlich einen Zebuochsen mit gewaltiger Wamme, einem Euter gleich, vorführen, der auf Befehl niederkniete. Dabei blies die Kapelle einen Tusch. Einen Elefanten besaßen wir nicht. Der Prinzgemahl war in einen Frack gesteckt und stand den Rest des Abends mit blinkend weißem Gummikragen in der Nähe der Stalljungen, deren harmonische Glieder durch beschmutzte rote Röcke verhüllt wurden, die an Jahren die Burschen weit hinter sich ließen.

Der Ehe unseres Herrscherhauses war ein Geschwisterpaar entsprungen. Sozusagen. Der Sohn hieß mit Künstlernamen André. Er war Schlangenmensch von Beruf. Er trug einen Anzug aus rotem Samt. Er war gut gewachsen, er war hochmütig, er verstand sein Handwerk. Er arbeitete zusammen mit seiner Schwester. Sie tanzte, während er sich von hinten den Kopf vor den Bauch schob. Die beiden schliefen des Nachts in einer Wagenhälfte.

Aber es war nur halb so unsittlich, wie es hätte sein müssen, denn sie war nur seine Halbschwester. Und auch das nur halb. Ihre Mutter war eine Schulreiterin, die einzige unseres Instituts. Und wenn eine junge Reiterin sich auch benimmt, als ob sie verheiratet wäre – wer würde glauben, daß sie diesen Direktor einem halben Dutzend Stallburschen und einem ganzen männlicher Artisten vorgezogen hätte? In der Tat war sie die einzige, die das behauptete. – Unbestritten aber war ihr Erfolg, wenn sie des Abends nach dem Akt der

Frau Direktor einen Vollbluthengst zu reiten hatte. Wir ordneten es als eines der sieben Weltwunder ein.
Vielleicht verstand die Matrone das Geschäft besser, als wir Taugenichtse es ahnten. Und Zirkusblut mußte auch unter ihrem Fett pulsen, sonst hätte sie wohl Pferde und uns an den ersten besten Trödler verkauft, samt Zelt mit Pauken und Trompeten, Zebuochsen und lebenden Bildern, und sich eine bequeme Zweizimmerwohnung gemietet.
Wir Artisten waren in gleicher Klasse mit den Stalljungen engagiert (die Musikkapelle war stets lokal) auf trocken Brot, Salz und Malzkaffee nebst Garantieschein, sicher vor den Zugriffen der Polizei zu sein. Darauf verstand sie sich. Wenn das Geschäft ging, gab es Bargeld und Schweinebraten. Dank ihrer Grundidee, gestützt durch gute Papiere der männlichen Rosse, waren die schlechten Zeiten dünner gesät als die guten.
Unter dem Troß des Personals gab es also keine Standesunterschiede. Doch: eine Ausnahme. Die Matrosin. Ihre Geburtsstadt war Marseille, ihren Geburtsnamen kannten wir nicht. Wir sagten ihr nach, daß sie einen Stammbaum habe wie die Pferde, und deren Adel war verbürgt. Sie trat mit ihrem Sohn auf, einem hübschen Knaben ohne Stammbaum. Er war stets fröhlich und einfältig, wir liebten ihn alle. Jedenfalls konnte er beweisen, daß sein Vater ein schöner Bursche gewesen war. Gibt es ein sichereres Dokument? – So gönnten wir ihm gern, daß er mit seiner Mama eine ganze Wagenhälfte bewohnen durfte. Ja, er besaß sein eigenes Bett. Und wenn sie des Abends eine Bambusstange senkrecht in den Hüften wiegte und er hinaufkletterte und oben den Stab sich gegen den Nabel setzte, der nach klassischer Regel Schwerpunkt und Goldenen Schnitt bezeichnete, und in dem Nabelgrübchen, das sicherlich eine Unze Rosenöl gefaßt hätte, den Leib drehte wie ein Rad in der Nabe und lachte und in die Hände klatschte und hinunterschrie: »Maman, ma chère –«, dann hatten wir die gottselige Predigt vor uns, die uns immer wieder begreifen machte, weshalb wir das Hundeleben so schön fanden wie den

Garten Eden, nur daß wir an den Äpfeln der Erkenntnis uns den Magen übernommen.
Fünf waren unter uns, die hatten das Fliegen am Trapez gelernt. Es war keine Familie, obgleich sie so taten. Drei Männer und zwei Frauen, eine Gemeinschaft, die Bewunderungswürdiges leistete. Sie hätten in üppigeren Sold gehen können, aber es war ein Neger darunter. So fehlte es ihnen an einem Familiennamen.
Eine andere Gruppe, zwei Männer und vier Frauen, spielten allabendlich Ball mit Tellern, Weinflaschen, Tischen, Stühlen, Hüten, Leuchtern, Lampions – kurz, sie warfen durch die Luft, was nicht niet- und nagelfest war. Einer der Männer trat für Befestigung der Sitten ein und stand im Begriff, sich als Haremsvorsteher zu fühlen. Eines Nachts verprügelten ihn die Stallburschen. Am nächsten Morgen war er verschwunden. Vier Wochen später hatte ein Pferdejunge das Werfen mit den Gegenständen genügend begriffen, um als Ersatzmann eintreten zu können. Dann war da mein Genosse, Kollege, Mitarbeiter. Er war ungeheuer dumm. Und ich. Ich bin natürlich noch viel dümmer. Ich heiße ganz authentisch August. Über uns lachte man. Der Tölpel neben mir hieß Friedrich und schielte. Ein Zwischenakt hieß die Biene. In seinem Verlauf wurde mir Wasser ins Gesicht gespuckt. Zuerst hat es mich sehr gekränkt, öffentlich angespuckt zu werden. Ich tröstete mich damit, daß alle großen Künstler von der Öffentlichkeit angespuckt werden. Des Nachts schliefen wir in der zermürbten Wagenstadt, anzusehen wie ein geschlagenes Heer. Auf Strohsäcken, dicht gedrängt, ohne Unterschied, ohne heiße Liebe, aber gut zu einander, vereint durch gleiches Schicksal.
Die Menschen nannten uns Zirkus. Der Direktor nannte uns Künstler. Wir pfiffen durch die Zähne und wußten nichts, als daß wir keusch waren wie die Vögel im Frühling.

FRANZ KAFKA

Erstes Leid

Ein Trapezkünstler – bekanntlich ist diese hoch in den Kuppeln der großen Varietébühnen ausgeübte Kunst eine der schwierigsten unter allen, Menschen erreichbaren – hatte, zuerst nur aus dem Streben nach Vervollkommnung, später auch aus tyrannisch gewordener Gewohnheit sein Leben derart eingerichtet, daß er, so lange er im gleichen Unternehmen arbeitete, Tag und Nacht auf dem Trapeze blieb. Allen seinen, übrigens sehr geringen Bedürfnissen wurde durch einander ablösende Diener entsprochen, welche unten wachten und alles, was oben benötigt wurde, in eigens konstruierten Gefäßen hinauf- und hinabzogen. Besondere Schwierigkeiten für die Umwelt ergaben sich aus dieser Lebensweise nicht; nur während der sonstigen Programmnummern war es ein wenig störend, daß er, wie sich nicht verbergen ließ, oben geblieben war und daß, trotzdem er sich in solchen Zeiten meist ruhig verhielt, hie und da ein Blick aus dem Publikum zu ihm abirrte. Doch verziehen ihm dies die Direktionen, weil er ein außerordentlicher, unersetzlicher Künstler war. Auch sah man natürlich ein, daß er nicht aus Mutwillen so lebte, und eigentlich nur so sich in dauernder Übung erhalten, nur so seine Kunst in ihrer Vollkommenheit bewahren konnte.

Doch war es oben auch sonst gesund, und wenn in der wärmeren Jahreszeit in der ganzen Runde der Wölbung die Seitenfenster aufgeklappt wurden und mit der frischen Luft die Sonne mächtig in den dämmernden Raum eindrang, dann war es dort sogar schön. Freilich, sein menschlicher Verkehr war eingeschränkt, nur manchmal kletterte auf der Strickleiter ein Turnerkollege zu ihm hinauf, dann saßen sie beide auf dem Trapez, lehnten rechts und links an den Haltestricken und plauderten, oder es verbesserten Bauarbeiter das Dach und wechselten einige Worte mit ihm durch ein offenes Fenster, oder es überprüfte der Feuerwehrmann die Notbeleuchtung auf der obersten Galerie und rief ihm etwas Respektvolles, aber wenig Verständliches zu. Sonst blieb es um ihn still; nachdenklich sah nur manchmal irgendein Angestellter, der sich etwa am Nachmittag in das leere Theater verirrte, in die dem Blick sich fast entziehende Höhe empor, wo der Trapezkünstler, ohne wissen zu können, daß jemand ihn beobachtete, seine Künste trieb oder ruhte.

So hätte der Trapezkünstler ungestört leben können, wären nicht die unvermeidlichen Reisen von Ort zu Ort gewesen, die ihm äußerst lästig waren. Zwar sorgte der Impresario dafür, daß der Trapezkünstler von jeder unnötigen Verlängerung seiner Leiden verschont blieb: für die Fahrten in den Städten benützte man Rennautomobile, mit denen man, womöglich in der Nacht oder in den frühesten Morgenstunden, durch die menschenleeren Straßen mit letzter Geschwindigkeit jagte, aber freilich zu langsam für des Trapezkünstlers Sehnsucht; im Eisenbahnzug war ein ganzes Kupee bestellt, in welchem der Trapezkünstler, zwar in kläglichem, aber doch irgendeinem Ersatz seiner sonstigen Lebensweise die Fahrt oben im Gepäcknetz zubrachte; im nächsten Gastspielort war im Theater lange vor der Ankunft des Trapezkünstlers das Trapez schon an seiner Stelle, auch waren alle zum Theaterraum führenden Türen weit geöffnet, alle Gänge freigehalten – aber es waren doch immer die schönsten Augenblicke im Leben des Impresario, wenn der Trapezkünstler dann den Fuß auf die Strickleiter setzte und im Nu, endlich, wieder oben an seinem Trapeze hing.

So viele Reisen nun auch schon dem Impresario geglückt waren, jede neue war ihm doch wieder peinlich, denn die Reisen waren, von allem anderen abgesehen, für die Nerven des Trapezkünstlers jedenfalls zerstörend.

So fuhren sie wieder einmal miteinander, der Trapezkünstler lag im Gepäcknetz und träumte, der Impresario lehnte in der Fensterecke gegenüber und las ein Buch, da redete ihn der Trapezkünstler leise an. Der Impresario war gleich zu seinen

Diensten. Der Trapezkünstler sagte, die Lippen beißend, er müsse jetzt für sein Turnen, statt des bisherigen einen, immer zwei Trapeze haben, zwei Trapeze einander gegenüber. Der Impresario war damit sofort einverstanden. Der Trapezkünstler aber, so als wolle er es zeigen, daß hier die Zustimmung des Impresario ebenso bedeutungslos sei, wie es etwa sein Widerspruch wäre, sagte, daß er nun niemals mehr und unter keinen Umständen nur auf einem Trapez turnen werde. Unter der Vorstellung, daß es vielleicht doch einmal geschehen könnte, schien er zu schaudern. Der Impresario erklärte, zögernd und beobachtend, nochmals sein volles Einverständnis, zwei Trapeze seien besser als eines, auch sonst sei diese neue Einrichtung vorteilhaft, sie mache die Produktion abwechslungsreicher. Da fing der Trapezkünstler plötzlich zu weinen an. Tief erschrocken sprang der Impresario auf und fragte, was denn geschehen sei, und da er keine Antwort bekam, stieg er auf die Bank, streichelte ihn und drückte sein Gesicht an das eigene, so daß er auch von des Trapezkünstlers Tränen überflossen wurde. Aber erst nach vielen Fragen und Schmeichelworten sagte der Trapezkünstler schluchzend: »Nur diese eine Stange in den Händen – wie kann ich denn leben!« Nun war es dem Impresario schon leichter, den Trapezkünstler zu trösten; er versprach, gleich aus der nächsten Station an den nächsten Gastspielort wegen des zweiten Trapezes zu telegraphieren; machte sich Vorwürfe, daß er den Trapezkünstler so lange Zeit nur auf einem Trapez hatte arbeiten lassen, und dankte ihm und lobte ihn sehr, daß er endlich auf den Fehler aufmerksam gemacht hatte. So gelang es dem Impresario, den Trapezkünstler langsam zu beruhigen, und er konnte wieder zurück in seine Ecke gehen. Er selbst aber war nicht beruhigt, mit schwerer Sorge betrachtete er heimlich über das Buch hinweg den Trapezkünstler. Wenn ihn einmal solche Gedanken zu quälen begannen, konnten sie je gänzlich aufhören? Mußten sie sich nicht immerfort steigern? Waren sie nicht existenzbedrohend? Und wirklich glaubte der Impresario zu sehn, wie jetzt im scheinbar ruhigen Schlaf, in welchen das Weinen geendet hatte, die ersten Falten auf des Trapezkünstlers glatter Kinderstirn sich einzuzeichnen begannen.

ROBERT WALSER

Herrin und Schoßhündchen

Eine elegante Herrin saß in einer Haltung, die man eine nachlässige nennen kann, auf einem Möbel, dessen Charakterisierung keine Wesentlichkeit bildet, und erinnerte sich des Wunsches, der sie seit etlicher Zeit belästigte, ihrem Schoßhündchen eine gehörige Portion Prügel zu verabfolgen, damit das Nichtsnutzige erfahre, was angemessene Bestrafung sei. Die in der Tat schöne, weil prächtig gebaute Herrin vermochte sich vom Begriff Züchtigung nicht zu trennen, und ich bin vielleicht berechtigt zu glauben, sie habe vor lauter buntschillernder Maßregelungskunst nachts nicht ordentlich schlummern können, obwohl ihr allabendlich trefflich geschulte Musiker ein Ständchen, d. h. ein Konzert darbrachten, dessen Inhalt ihr die Meinung beibringen mochte, sie befinde sich mitten, sagen wir, in einer Oper, worin sie als entzückende Figur vorkomme, was gewiß eine famose Einbildung war. War ihr ihr Schoßhündchen lieb? Kein Zweifel! Erschien ihr dasselbe mitunter vielleicht beinahe unausstehlich? O ja! Sie verachtete, was ihr lieblich erschien, und sie strengte sich förmlich an, untauglich zu finden, was auf ihren Lippen ein Lächeln der Zufriedenheit entstehen ließ. Ein Dutzendmensch würde vielleicht der launenhaften Herrin empfohlen haben, zu einem anerkannt brauchbaren Arzt zu gehen, der ihr vermutlich den Rat erteilt hätte, irgendeinen Kurort zu frequentieren. Bereits hatte sie behufs Abwechslungsvertatsächlichung einen tagebuchartigen Roman, eine Art Bekenntnisbuch zu schreiben begonnen, und das werdende Werk schien mit einem intelligent dreinschauenden Kind Ähnlichkeit zu haben, dessen Bewegungen Staunen hervorriefen. Hervorgehoben muß werden, daß besonders der Umstand die Herrin in eine Menge von Entrüstetheit versetzte, daß das Schoßhündchen wie die Harmlosigkeit selber aussah. Beständig schaute das Ungezogene seine Erzieherin mit sehr viel angenehmer sowohl wie unpassender Dreistigkeit an, derart, daß sie sich zu ihm zu sprechen veranlaßt sah: »Wart, dir will ich«, welche Worte sie mit dem Vorweisen einer Peitsche begleitete, eine Maßnahme, die auf das denkbar kluge und wieder höchst unwissende Schoßhündchen entweder überhaupt keinen oder nur wenig Eindruck machen zu wollen schien. Die Gelenkigkeit des Hündchens konnte als plump bezeichnet werden, und seiner Sauberkeit machte man Unappetitlichkeitsvorwürfe. Was eines Schoßhündchens Ursprünglichkeiten oder Absichtsabwesenheiten betrifft, so wird auch der unbegabteste Beobachter zur Erkenntnis gelangen können, daß etwas empörend Egoistisches darin liegt. »Ich will ihm eine Zurechtweisung zu kosten geben, die es nie wieder vergißt, und daß es für sein ganzes ferneres Leben bloß noch aus einem einzigen, unaufhörlichen, innerlichen Winseln besteht.«

Klar geht aus diesem Prosasatz hervor, daß Herrinnen streng zu sein imstande sind. Es kam vor, daß sie das Hündchen folgendermaßen ansprach: »Deine Zierlichkeit ist etwas in jeder Hinsicht Unverschämtes, und das Unverschämteste scheint in der Tat an dir zu sein, daß du dir dessen nicht im entferntesten bewußt bist. So winzig deine Erscheinung ist, so schwer soll dich das riesige Gewicht meiner Übelgelauntheit treffen.« Peinlich wurde der Herrin demnach also hauptsächlich das Kleinliche, das in heller Unbewußtheit am Schoßhündchen beinahe blendend zum Ausdruck kam. Umsonst gab sich die zweifellos auf erheblicher Bildungshöhe Stehende bezüglich Humanität usw. die unglaublichste Mühe. »Deine Komik stört mich; aller Wahrscheinlichkeit nach geht es dir bald immens schlecht, hast du verstanden?« Herzlosigkeit eines zarten und schönen Herzens, in was für genügenden Formen schildere ich dich? Das törichte Geschöpf verstand von der Problematik, worin es schwebte, rein gar nichts, und dieses Vonallemnichtsverstehen verstärkte letztere noch. Ich will einen Herrn in korrektem Hut, der der Schoßhündchenbesitzerin eines Nachmittags artig Gesellschaft leistete, nicht näher in Betracht ziehen. Figuren gibt es, die in gewissen Geschichten gleichsam nur Dekorationswirkungen haben können. Ich hob den totalen Mangel an Gemeinnützigkeitssinn am Schoßhündchen hervor und hoffe hierdurch dessen Gestalt in erwünschtem Umfang verständlich gemacht zu haben. Zu erwähnen könnte übriggeblieben sein, die Herrin habe in ihre Abneigungen gegenüber ihrem Hündchen wie in einen porträtzurückstrahlenden Spiegel geblickt. Die vollendete Unbeeinträchtigtheit, womit die bedeutungslose Vierbeinigkeit die auf Bedeutung Anspruch erhebende Zweibeinigkeit in einem fort anschaute, blieb Tag für Tag dasselbe Phänomen, bis der beschlossene Peitschenhieb zur Ausführung kam.

JOSEPH BREITBACH

Education sentimentale

An dem Tag, als die amerikanischen Besatzungstruppen im Winter 1918 in Koblenz zum erstenmal den Rhein sahen, stand Pitter Bünger vor Gericht. Er hatte ein Wasserleitungsrohr gestohlen und es unglücklicherweise an denselben Klempner verkaufen wollen, der es dem bestohlenen Klosettbesitzer geliefert hatte. In Anbetracht seiner Jugend und der Not, in der er mit seiner Mutter und den elf Geschwistern seit dem Kriege lebte, vielleicht aber auch dank der allgemeinen Verwirrung, die die Ankunft der fremden Armee in der Stadt hervorgerufen hatte, wurde er, obwohl dies der dritte aufgedeckte Diebstahl des Siebzehnjährigen war, nur zu drei Tagen leichter Gefängnishaft verurteilt und sofort abgeführt.

So sah er die Kakiuniformen der Soldaten aus der Neuen Welt erst drei Tage später als seine Brüder, die, als er wieder in die Küche seiner Mutter trat, dort längst Schokolade, Reis, Fett, Konservengemüse und andere, vier Jahre entbehrte Habe aus dem Fuhrpark der reichen und sorglosen Armee aufgespeichert hatten.

Die Büngerjungens, alle schöne, schwarze, in der ganzen Stadt als Diebe und Taugenichtse verrufene Burschen, standen an diesem Tag wieder einmal in einem bestimmten Verdacht. Ihre Etagennachbarn von links und rechts in der vollbesetzten Mietskaserne hatten sich seit achtundvierzig Stunden aufs heftigste über sie zu beschweren: Sie nahmen ununterbrochen den primitiven Abort, der mehr als dreißig Menschen Zuflucht gab, für sich in Anspruch. Den Gerüchen aus ihrer Küche nach mußten sie sich an fetten Speisen, unkontrollierbarer, jedenfalls nicht ehrlicher Herkunft, überfressen haben. Die Folge davon war, daß sie es auf ihren Stühlen nicht aushalten konnten. Pitter machte sich also, von allen gewarnt, sehr vorsichtig an die außerordentliche, ihm zur Heimkehr bereitete Mahlzeit heran und ließ sich, während er langsam aß, erzählen, wo und wie man Reis und Konserven finden konnte.

Die Amerikaner waren also gekommen; vom Hörensagen wußte er, daß die Kriegsmächte einen Waffenstillstand geschlossen hatten und Koblenz den Amerikanern als Besatzungszone zugewiesen war.

Kakifarbene Uniformen trugen sie also, und alles sollte nur so in Fett und Reis schwimmen, wahrscheinlich auch in Geld, denn Kontrolle, wie bei dem deutschen Militär, wo es zuletzt nichts zu beißen, also auch nichts zu stehlen gab, sei so gut wie nicht vorhanden.

So gingen sie noch in dieser Nacht aus. Pitter brachte aber nur ein Loch in seiner Mütze nach Hause. Die Wache in dem Lebensmitteldepot hatte hinter ihnen hergeschossen. Ein zweiter Versuch, in der folgenden Nacht unternommen, endete noch kläglicher: Pitter rannte, als sie bei der Flucht alle auseinanderstoben, einer Streife Militärpolizei geradewegs in die Arme. Diese Polizisten machten sich ihr Handwerk sehr leicht.

Sie leuchteten ihm, als er, schon ganz außer Atem, eine abschüssige Straße hinunterrannte, mit scharfen elektrischen Taschenlampen in die Augen. Er stolperte, fiel, wurde mit einem Kinnhaken wieder auf die Beine geboxt und stand vor drei unflätig grinsenden Kerlen, die ihr Kinn wie wiederkäuende Tiere ohne Unterlaß bewegten und ihn fast, hätte er über ihren Fragen nicht so angestrengt die Ohren spitzen müssen, zu lautem Lachen gereizt hätten.

Die wollten ja gar nicht wissen, was und ob er gestohlen hätte, die wollten etwas ganz anderes von ihm. Und als einige Minuten später ein Trupp Soldaten bei ihnen halt machte, ob sie niemanden gesehen hätten, ein paar Burschen wahrscheinlich, schauten sich die Kerle nicht zuerst in die Augen, sondern erklärten sofort, dieser junge Mann da sei auch, wahrscheinlich von derselben Bande, angefallen und von ihnen eben aufgefunden worden. Einer verdeutschte diese Erklärung dem vor Angst zitternden Pitter, wobei er ihm fest und mit Absicht auf den Fuß trat.

Es handelte sich, nachdem der lästige Trupp seinen Weg fortgesetzt hatte, also darum, den Soldaten zu verraten, wo und ob es überhaupt Mädchen in diesem verdammten Nest gebe. Sie holten aus ihren Hosentaschen Schokolade, Zigaretten und Geldstücke, während sie einige sehr deutliche Fragen stellten.

Ja, das konnte Pitter ihnen verraten. Eine kleine Gasse, Häuschen mit dem roten Licht über der Tür, eins neben dem andern. Als er den Ort näher beschrieb, stießen sie enttäuscht Flüche aus, deren Sinn er trotz der fremden Sprache erriet: Gesperrt für Militär, diese Gasse sei ihnen selber bekannt. Etwas anderes!! –

Um Mädchen hatte Pitter sich noch nie gekümmert. Die Fußtritte und Faustschläge, mit denen die drei ihn verabschiedeten, sorgten dafür, daß er sich endlich auch in dieser Welt umtat. Er kam bald auf den richtigen Weg.

An einem der nächsten Abende schon verabschiedete ein Sergeant ihn mit Schokolade, Zigaretten, Kaugummi und einem Rasierapparat, Marke Gillette. Er hatte dafür in den buschigen Anlagen am Rhein eine halbe Stunde Schmiere stehen müssen, während der Amerikaner auf dem feuchten Rasen mit einer Kellnerin seine Gesundheit aufs Spiel setzte.

Den Soldaten war der Verkehr mit den deutschen Mädchen zunächst streng untersagt. Die Absteigequartiere waren grotesken Kontrollen ausgesetzt, die Gefängnisse füllten sich und Pitter wurde eine unentbehrliche Persönlichkeit. Zwei Wochen nach dem Einzug der Amerikaner ließ er den Schlossermeister, bei dem er in der Lehre war, im Stich und warf sich ganz auf das neue Gewerbe. Er tat sich mit einem Freund zusammen, dessen Vater Pedell und Verwalter einer Volksschule von sechzehn Klassen war. Pitter brachte abends die Kunden, der Pedellssohn öffnete die Klassentüren. Licht durften die Pärchen nicht machen. Die Taxe wurde von Fall zu Fall vereinbart und ehrlich zwischen den beiden geteilt, bis das Schulhaus bei den Huren so bekannt war, daß sie sich von selber dort einfanden und Pitter überflüssig wurde. Der Pedellssohn konnte die Türen allein öffnen und hielt, um Pitt, wie er sich jetzt unter Anpassung an die amerikanische Sprache nannte, dies begreiflich zu machen, eines Abends einen Gummiknüppel, den er einem betrunkenen Besatzungspolizisten gestohlen hatte, unter die Nase, als es Zeit war, die Einnahmen zu zählen und zu teilen.

Pitt war so töricht, seinen Teilhaber der Polizei zu denunzieren. Er wurde zwei Tage später von einer Rotte Soldaten, früheren Kunden, in einer hochanständigen Bar angepöbelt, in dem Augenblick, als er mit dem Besitzer einer Autogarage um die Überlassung eines Wagens ohne Chauffeur verhandelte. Er konnte diese Verhandlungen erst einige Wochen später mit verbundenem Kopf zu Ende führen und vermietete dann mit Hilfe der Hure Rosa, die ihn ohne Entgelt, aus reiner Verliebtheit in ihrem Gewerbe unterwiesen hatte, abends stundenweise, an einem verlassenen Bauplatz jenes Auto, das am frühen Morgen von dem Besitzer gegen Rückgabe der gestellten Kaution und Abzug einer erpresserischen Miete wieder abgeholt wurde.

Pitt trug jetzt elegante Anzüge und Popelinehemden. Unglücklicherweise hielt die Liebe der Rosa zu ihm mit dem Kundenzuwachs gleichen Schritt. Ihn ekelte bald vor ihren Zärtlichkeiten. Er war ein feiner Herr geworden.

Als er sie zu sehr fühlen ließ, daß er nur ihre geschäftliche Seite schätzte, erschien sie eines Abends mit einem kräftigen Kerl, der seinen Uniformkragen aufgeknöpft trug, und bedeutete Pitt energisch, er möge sich nicht weiter bemühen, Jimmy, ihr Begleiter könne fahren und im übrigen sei wohl glatte Rechnung. Jimmy spuckte kräftig aus – und zwar traf er dabei Pitts Lackschuhe – ehe er sich neben Rosa an das Steuer setzte und den Blicken Pitts entschwand.

Seit diesem Ereignis haßten Pitt, der Besitzer des Autos und Jimmy und Rosa einander. Jimmy und Rosa fragten den Autobesitzer, als er ihnen mit dem lästigen Gerede, »sie seien jetzt lange genug in seinem Wagen gefahren«, immer mehr auf die Nerven ging, ob er geradewegs ins Gefängnis marschieren wolle; Pitt gab dem armen Mann ebenfalls zu verstehen, daß auf Kuppelei hohe Strafen stünden, denen sie beide sich doch lieber nicht aussetzen sollten, er, Pitt, sei ein Opfer seines Berufes geworden, während ein Autobesitzer niemals soviel verlieren könne, daß er nichts mehr zum Leben habe, er erinnere nur an die hohe Miete und die zurückbehaltene, letzte Kaution, die er ihm habe entrichten müssen.

Schließlich konnte Pitt nicht von diesen schönen Reden leben, die Wohnung seiner Mutter betrat er nicht mehr und mit seinen Brüdern, die kleine, schlecht angezogene Diebe geblieben waren, konnte er sich nicht auf der Straße sehen lassen. So ließ er sich die gefühlvolle Bekanntschaft eines alten, amerikanischen Majors, dem die Frauen nichts zu sagen hatten, gefallen.
Er wohnte auf dessen Kosten in einem luxuriösen Dreizimmerappartement, dessen Aussicht auf den Rhein das Entzücken seiner Freundin Kitty war, die er, Pitt, wiederum mit dem Gelde des Majors, aber ohne dessen Wissen, aushielt.
Bis sich die deutsche Polizei für ihn interessierte und ihn auf ihr Bureau, Abteilung »Sitte«, beorderte. Man empfahl ihm dort, dem schamlosen Gewerbe Lebewohl zu sagen und an die Drehbank zurückzukehren, andernfalls man ihn den amerikanischen Polizeibehörden zur Ausweisung aus dem besetzten Gebiet übergeben werde.
Am nächsten Morgen schon hatte Pitt eine Anstellung als Privatdolmetscher des Majors nach einer sehr heftigen Unterhaltung durchgesetzt. Er genoß jetzt den Schutz der Besatzung, bekam einen besonderen Paß und scherte sich nicht mehr um die heimischen Behörden. Die besorgten und zornigen Einwände seines alten Freundes hatte er damit zerstreut, daß er ihm die Zunge herausstreckte und ihm klar machte, diese habe ihm der liebe Gott zum Sprechen und nicht zum Schweigen gegeben, auch, wenn seine Kenntnisse im Englischen noch mangelhaft seien.
Dies mußte er dem liebenswürdigen, alten Militär noch einmal ins Gedächtnis rufen, als dieser ihm »zu nahe« Beziehungen mit einem kriegsfreiwilligen Leutnant unterschob, dessen sagenhafter Reichtum schon manchen hübschen Jungen auf die schiefe Bahn gebracht hatte.
Pitt bezog jetzt ein Gehalt als Dolmetscher des Majors, als Freund des Majors und als Freund des jungen Leutnants. In seinem Schrank häuften sich die Anzüge und Seidenhemden, in seinem Schlafzimmer, das er mit Kitty und den beiden

Amerikanern abwechselnd teilte, lagen Lackschuhe wie Zigarettenstummel umher. Da er niemanden liebte, gedieh er bei diesem Leben aufs beste und seine Schönheit, besonders der Glanz seiner dunklen Augen, nahm mit der Eleganz seiner äußeren Erscheinung immer mehr zu. Um diese Zeit hatte er ebensoviel Mühe, die Anträge, die ihm von Frauen, Mädchen und Angehörigen der Armee gemacht wurden, höflich abzulehnen, wie seine Geldgeber um keinen Preis zusammentreffen zu lassen. Kitty bewunderte ihn restlos.

An dem Jahrestag des Waffenstillstandes, der von den Besatzungsmächten ausschweifend gefeiert wurde, geschah es nun, daß er im Grand Hotel »Traube« einen betrunkenen Offizier, der sich seiner allzu zärtlich annahm, heftig in die Grenzen des Schicklichen zurückwies. Es entstand ein toller Lärm um die beiden, ein Streit, in dessen Verlauf die Namen der beiden Freunde Pitts und der seiner Freundin Kitty mit eindeutigem Hinweis fielen. Der Klatsch machte noch an demselben Abend durch die Militärtelephone seinen Weg, und Pitt traf am nächsten Abend Kitty, den Major und den Leutnant in seiner Wohnung. Es war aber nur mit Kitty ein Zusammensein verabredet.

Der Major und der Leutnant hatten sich, im Zusammenklang ihres abseitigen Geschmacks und auch wohl der höheren Gewalt des gefürchteten Skandals weichend, gefunden – und das Tribunal bereits gebildet, als Pitt noch in Wohlgerüche gehüllt vom Friseur in sein Appartement zurückkam. Dort tat er fürs erste den Mund nicht auf. Er ließ Schimpf und Schande in brutalen, von seiten des Leutnants, und wehmütig-vorwurfsvollen Worten von seiten des Majors über sich ergehen, ohne die beleidigten Liebhaber zu unterbrechen. Als ihre Stimmen endlich heiser wurden und zu Fisteltönen anstiegen, bat er sie, wenn schon nicht auf ihn, so doch wenigstens auf die anwesende Dame Rücksicht zu nehmen – und schlug ihnen damit die Waffen aus der Hand. Der taktvolle Pitt zündete sich eine Zigarette an und machte, auf dem daumendicken Teppich hin und her spazierend, den Herren in aller Ruhe Vorschläge zu der neuen Lage, die ein

unglücklicher, absolut überflüssiger Zwischenfall heraufbeschworen habe. Vor allem aber möge man sich beruhigen und seinen Weisungen fügen. »Sie«, wandte er sich an den Leutnant, »sind so stark kompromittiert, daß wir noch zusehen müssen, was man mit Ihnen anfangen wird, bitte bleiben Sie sitzen«, und »Sie, lieber Major, sind schließlich in dem Alter, das ein Zurückziehen von den Geschäften und der Liebe sowieso fordert. Ihnen beiden steht ein anständiger Skandal bevor; im Gegensatz zu mir, können Sie dem nicht gleichgültig entgegensehen. Ich bin der einzige, der ihn abwenden kann. Sie, lieber Major, haben mir in einer schwachen Stunde die Höhe Ihres Vermögens verraten, und der Reichtum des Leutnants ist öffentlich bekannt. Es steht Ihnen also nichts im Wege, meine Existenz so zu legitimieren, daß ich in der Lage bin, dem Beleidiger Ihrer Ehre einen Prozeß anzudrohen . . .«
Der Leutnant meldete sich wie in der Schule zum Wort, er hob den Finger. Ob er seinen Gedankengängen nicht habe folgen können, fragte Pitt höflich. Doch! Dann möge er ihn gefälligst zu Ende sprechen lassen.
Er schlage also folgendes vor: Da man dem Skandal nicht mit einer Flucht aus Koblenz begegnen könne, sei es das beste, man telephoniere sofort an die lokalen deutschen Zeitungen und an das amerikanische Armeeblatt eine Anzeige, nach der er, Pitt, sich mit der anwesenden Kitty morgen verlobe. Kein Empfang. »Zugleich werde ich durch geeignete Leute das Gerücht zirkulieren lassen, jener Offizier, der schon seit langem meine Braut mit Anträgen verfolge, habe meine Ehre und die meiner Freunde, Sie, in diesem Falle, meine Herren, beschmutzen wollen, um auf diese niederträchtige Weise den Bruch mit meiner Verlobten herbeizuführen und wahrscheinlich auch das bürgerliche Ansehen des Herren Pitt Bünger zu untergraben, der im Begriff sei, ein Autogeschäft am Platz zu eröffnen . . .«
Der Leutnant brach in Lachen aus. Jeder in den Besatzungskreisen wisse doch, aus welchem Dunkel er stamme, daß er kein Geld habe, um ein Geschäft zu gründen, und über-

haupt ... »Das nötige Geld«, überschrie Pitt den Spötter, »weisen Sie und der Major mir jetzt an, das habe ich von Ihnen beiden, sagen wir, einem alten Onkel aus Amerika, geerbt. Auf eine Berliner Bank die Schecks. Keep smiling, s'il vous plaît ...«

Die widerwärtige Konversation, die sich jetzt entspann, schloß Pitt, indem er ein Fenster öffnete und die Vorhänge hochzog. »Feilschen Sie doch nicht«, rief er, »in Anwesenheit dieser Zeugin, liebe Freunde, man hört Sie ja bis auf die Straße.« Der Leutnant fuchtelte wild mit einem Revolver, er wolle diese Bagage über den Haufen schießen, schrie er, schwieg aber bald, als Pitt ein zweites Fenster öffnete, »damit man ihn noch besser unten höre«. Im übrigen sei die Drohung mit der Waffe eine ganz gewöhnliche Erpressung, auf die, bitte, er, Pitt, doch kaum hereinfallen könne. Die zärtlichen Briefe, die beide Herren unvorsichtigerweise ihm des öfteren geschrieben hatten, würden Ihnen, sobald die Schecks ausgeschrieben seien, gerne ausgehändigt. Es handele sich hier um ein ganz loyales Geschäft, wenigstens seinerseits, wenn die Herren sich doch nur auch, möglichst bald, zu seiner Auffassung der Dinge bekennen möchten.

Als die Schecks endlich ausgeschrieben waren, versicherte er jedem der beiden, wie sehr er das Ende ihrer köstlichen Freundschaft bedaure, aber angesichts des drohenden Skandals schlage er Ihnen als Mann von Welt vor, sich einmal wöchentlich in dem ersten Dancing der Stadt zu treffen, um allen Gerüchten auf diese Weise entgegenzutreten. Seine Frau Kitty sehne sich schon seit langem danach, die Herren näher kennenzulernen, denen sie Glück und, hoffentlich auch, dauernden Wohlstand verdanke.

Der Major stöhnte, pflichtete ihm aber bei.

Einige Wochen später wurde mit einem großen Aufwand an Blumen und Zeitungsreklame das Autogeschäft Pitt Bünger eröffnet. Die Offiziere und Verwaltungsbeamte der Besatzung drängten sich in den Verkaufsräumen. Es war ein Fest, dessen Glanz, wie die »Ameroc News«, das offizielle Organ der Armee, schrieb, durch die Anwesenheit der reizenden

Gattin des smarten, jungen Geschäftsmannes eine besondere Note erhielt. Diese Notiz verdankte Pitt dem Einfluß seiner ehemaligen Freunde, die mit dem Ehepaar Bünger jeden Samstag im Tanzsaal der »Traube« zu kostspieligen Champagnergelagen zusammenkamen. Die deutschen lokalen Zeitungen brachten trotz der großen Anzeigenaufträge, die sie von Pitt erhielten, nur eine karge Notiz, als hätten sie geahnt, daß Pitt sein Geschäft in kurzer Zeit zugrunde richten würde. Nach einem halben Jahr erklärte er auch schon kaltblütig seine Zahlungsunfähigkeit. Jetzt mußte Kitty ihn ernähren. Wie? das war seine geringste Sorge.
Er lebt noch und raucht nur die teuersten Zigaretten.

MARIELUISE FLEISSER

Stunde der Magd

Dem Herrn sein Zimmer lag hinten im Anbau und war von den anderen durch einen kleinen Gang getrennt. Das hat der Herr selber sich so ausgesucht, denn er wollte vor allem Ruhe. Einmal am Abend mußte ich Blumen gießen auf dem Gang. Die Kinder waren schon zum Schlafen hinauf in den oberen Stock. Aber der Herr stand an seinem Fenster und schaute mir lange zu.
Ich brauchte eine gewisse Zeit. Der Herr konnte sich auch nicht gleich entschließen. Auf einmal war er am Gang heraußen und sagte, er weiß nicht, wie er seine Karte schreibt. Das hat er ausgerechnet zu mir sagen müssen.
Jetzt fiel ihm gar das noch ein, er holte sie und las sie mir vor, ob das so recht ist. Ich habe dumm genug gelacht und gesagt: »Das kann ich nicht so wie der Herr selber unterscheiden.« Ganz rot stand ich da mit meinem Mangel an Bildung.

Darauf hat mir der Herr seinen Arm so zartfühlend um die Taille gelegt, damit ich es nicht merke, und in seinem Zimmer hat er mir immer noch den Arm um die Taille gelegt, damit ich es nicht merke. Da war er mir mit einem Male so vertraut und fremd zugleich.
Und wie ein solcher Feind hat er mich vor sich hin auf den Schreibtisch gesetzt und der mir das Ärgste antut, aber ich wäre um alles nicht von dem Feind weggegangen. Dann hat er es mir gezeigt, was ich für eine Schürze anhabe, und dann hat er es mir gezeigt, wie meine Bluse von innen ist, und alles hat er mir immer gezeigt. Da bin ich in allem, wie ich daherkomme, vor ihm bestätigt gewesen und war ihm recht und mir war ich recht.
Nachher war mir schon zum Weinen. Denn er hat immer noch so fremde Augen an sich gehabt und im ganzen Zimmer herumschauen können und ich war im ganzen Zimmer die Magd, die sich verirrte. Er streichelte mich freilich und sagte, »schau, soll es nicht gewesen sein?« Aber ich mochte nichts mehr davon wissen, mit dem Streicheln war mir nicht das Geringste geholfen. Ich war von dem, was ich ihm gegeben, um kein Haar besser und standesgemäß geworden. Darüber blieb mir das Herz still. So genau wußte ich, daß ich ihm von nichts reden darf, daß ich aufstand und leise sagte: »Ja, ich gehe jetzt auf mein Zimmer.« Er begriff mich nicht, warum für heute Schluß sei.
Da stand ich schon ganz im Hinausgehn so blaß in der Tür und wartete erst noch auf was mit den Händen, wie sie da zögernd hingen. Dann habe ich nach dem Türpfosten ja nun doch noch gelangt und ihn gleich wieder ausgelassen. Eigentlich wollte ich nach einem Menschen langen mit dieser Bewegung, und es sollte ein Mensch sein, zu dem ich von jetzt an gehöre. Mit unbeholfenen Schritten ging ich durch den Gang, wo es seinen Anfang nahm. Wie ich mich da umschaute mit verstörtem Gesicht, habe ich es dem Gang nicht verziehn. Die Stiege kam daran und wieder eine Stiege und keine hat mich getröstet. Dann mochte ich in meiner

Kammer die Kerze nicht anzünden, die alles sieht und auch mich sieht.
Ich tastete mich im finstern nach meinem Bett. So bin ich mit verstörtem Leib und zunehmend schwerer auf meinem Bett gesessen, einmal in Kleidern gesessen und einmal schon im Hemd. Immer war es dasselbe, wie wenn ich seit Anbeginn dasitze und mich niemals rühre.
Da habe ich es mir gedacht, um was ich vom reichen Herrn gebracht bin in jungen Jahren, dabei kann er mir jederzeit nachsagen, er hat mich zu nichts gezwungen. Immer tiefer in die Nacht hinein und in alle Verlassenheit hinein, die in Nacht liegt, gab es mir einen Stoß, so bin ich an was erschrocken. Wenn es ein Kind wird, was dann? Da war eine hinausgestoßen. Einen Mutterschutz hat es da nicht gegeben.
Die Angst hat mich auf meinem Bett herumgezogen, daß ich mich krümmte. Einmal starrte ich in was Graues, und das Graue war dann hell und hell. Bis ich mich besinne, war es Tag, und ich hielt mir die Augen zu, damit rein mein Spiegel es mir nicht ankennt.
Aber wie der Wecker ablief, bedeutete das, daß das Mensch sich nicht länger hineinflaggen darf und dabei die ganze Arbeit für die Herrschaft versäumen. Ich ließ mir die Augen aufgehn, wo es mich nicht freute. Ich stand im Zimmer herum, ich holte die Waschschüssel wie immer.
Aber auf der Waschschüssel ist es gestanden und am Kasten ist es gestanden und am Tisch war es geschrieben. Alles war anders wie gestern und nicht mehr rein. Ich warf den Kamm weg und lief dem Koffer zu nach einem frischen Hemd, das konnte ich mir mitten in der Woche nicht schnell genug überziehn. Dann lief ich meinen Selbstvorwürfen davon und zum Kaffeemachen hinunter.
An dem Tag schaute ich bei allem, was ich tat, daß es auch genau wird. So ganz besonders und in Bitterkeit wußte ich, was ich für eine Magd bin, damit aber basta! Den Kindern, denen ihre Tassen zu dick waren, wechselte ich die Tassen

aus in feine. Ohne Widerrede steckte ich ein, wie oft sie mir das schon gesagt haben. Ich war seltsam befriedigt von den unnützen Gängen.

Der Herr zeigte sich lange nicht. Ich mußte den Kaffee noch einmal wärmen, und der Kaffee war soviel wichtiger wie meine Gefühle. Endlich erschien er. Wir mieden uns mit den Blicken. Aber wie er bei seiner Tasse ungefähr in der Mitte war als ein Gerechter, hielt ich nicht länger an mich. Ich stellte mich vor ihn hin und schaute ihn fest an. Und wie er fast am Ende war als ein Gerechter, wiederholte ich meinen Blick und erwartete wunder was. Gerade dann hat mein Herr seinen Kaffee immer so interessant gefunden, er tauchte förmlich hinein mit starren angewärmten Augen.

Ich machte alles proper, ich ließ mir nichts nachsagen in keiner Beziehung. Aber so fremd wie diesmal waren mir die Sachen schon lange nicht mehr erschienen. Ich paßte auf, nicht daß ich was zerbreche, hinterher wird es mir dann am Lohn abgezogen. Denn das war der Unterschied zwischen mir und anderen Menschen im Haus, ich bekam einen Lohn.

Das ging so weiter, der Herr ließ sich nichts anmerken, die Kinder merkten nichts, der Tag verstrich wie sonst ein Tag im Kalender. Bloß ich wäre durch die Zimmer am liebsten auf den Zehen geschlichen. Einfach schleierhaft war es mir, woher ich früher die Frechheit nahm.

Das hing damit zusammen, daß mir die ganze Welt nicht mehr gleich war. Ich habe dann hinter meinem Herrn soviel gesucht, und es hatte seine Bedeutung für mich. Wenn ich mit der Nadel über seinem Rock war, sah ich nicht mehr den Rock, sondern es war die Taille. Daß ich soviel gröber sein mußte, das drückte mich immer. Ich stieß nur so mit mir herum, wenn ich mit dem Putzlumpen hantierte, und verhöhnte mich, denn das Grobe war es gerade, was für mich paßte.

Denn wie, hätte ich nicht auch wie der Herr einen so feinen Fuß haben können, und warum hat man bei ihm das Geistige an der ganzen Hand gesehn, aber bei mir war dort nichts wie leichtsinniges Fleisch und allenfalls Talg? Da lief es eben darauf hinaus, daß ich das Geistige gar nicht aufweisen durfte, ich war dafür nicht berufen. Ich fuhr hinter meinem Schrubber her mit bösem Gesicht und als eine Gescherte, und über den Putzkübel reichte mein Hennenhirn nicht hinaus. Nach und nach faßte ich einen Entschluß, und ich habe es schon noch einmal, das Geistige!

Ich stand früher auf, ich brauchte länger, bis ich hergerichtet war, damit ich auch einmal Eindruck schinde. Was ich an mir zusammenbrachte, war eine Frisur. Der Herr hat nur so geschaut und sich laut gewundert, wo die Mädel das auf einmal herhaben. Aber ich stand vor dem Spiegel und war immer noch nicht geistig. Außerdem behaupteten die Kinder, es ist nicht einmal recht, wenn man sich das Haar zuviel brennt.

Auf meinen Herrn habe ich dann wieder mehr vertraut. Wenn ich mit ihm zusammen war, ist mir Reue und Leid vergangen. Da ist immer die Frage gewesen, wie ich mich benehme, und ich habe mich dann benommen. Zog der Herr seine Schuhe aus, mußte ich ihm sagen: »Du hast aber da einen vorspringenden Knochen.« Wie der ganze Mensch sein muß, das haben wir überhaupt erst miteinander erfunden, und der Herr hat an seinem Knochen die helle Freude erlebt, so was Vorbildliches war sein Knochen. Wenn es über die Augen ging, fand ich bald heraus, welches tiefer braun ist. Lebhaft interessierte es meinen Herrn, daß er Hundsaugen hat.

Da war bald ein Haken dabei. Weil ich die tieferen Sachen sagen mußte, über Hautfarbe z. B., brachte ich andere, die aufs praktische gehn, nicht so heraus. Andere Mägde sind schon nicht so schüchtern und verlangen alsbald einen Hut! Immer wenn ich von ihm weg war, fiel mir ein, ich stelle mich bei meinem Herrn viel zu wenig auf die Füße. So, sagte ich bei mir, jetzt habe ich immer noch keinen Hut. Das sah meinem Herrn recht ähnlich. Ich merkte, wenn ich was erreichen will, muß ich ihn erst lang dazu schieben.

Da fing ich schon beim Kaffeetrinken von dem an, was mir am meisten abgeht, und wenn ich mit den geputzten Schuhen über den Gang ging, sagte ich es schon auswendig herunter und wurde dabei nicht mehr rot. Das ging so lang, bis der Herr merkte, ich trage mit mir einen Wunsch herum. Es handelte sich nur um einen Hut, aber der Hut wurde von mir vermißt. Dem Herrn wurde siedend heiß wegen seiner Vergeßlichkeit. Da habe ich schon gemeint, Wünschen geht leicht, wenn man einen Verehrer hat. Aber wie ich den Hut einmal hatte, durfte ich wieder lang gar nichts sagen.
Oft war meine Hoffnung von Zweifeln verhängt, im Herzen war mir so bang, ich war meiner nicht sicher. Was bist du wirklich für ihn? stritt es in mir. Das, womit man sich betrügt um die Zeit, wenn sie kommt, wenn sie geht, wenn sie lang ist. Nichts, was nagt an ihm wie an dir, nichts, was dich braucht wie du ihn. Einmal bist du ihm leid und kannst gehn. Wenn eine andere kommt, bist du seine Liebe gewesen.
Die Mutter der verstorbenen Frau hatte die Augen schon lang gestellt, wie wenn sie was merkte. Sie stand in allen Ecken seitdem, man trat auf sie, wo man nur hinging. Dann mußte sie wirklich was wissen, es war schon nicht anders.
Mitten auf der Stiege hatte sie die Auseinandersetzung mit dem Herrn und wich nicht hinauf in den zweiten Stock, wo sie wohnte. Sie tänzelte auf und ab über seinem Gesicht wie ein böser Drachen, lauter Wut auf den Backen, er blickte ratlos hinauf. »Ich vergesse mich bloß nicht gern«, sagte er, »ich will mich bloß nicht vergreifen an einer Frau, die alt ist.«
Mir hielt sie eine Rede wie beim Jüngsten Gericht und sie hieß mich mein Bündel schnüren, ihre Stimme war schrill. Der Herr fragte, ob ich die Magd bin bei ihr. Aber sie setzte sich in den Zug, fuhr bis in meine Heimat hinaus. Sie war schuld, daß mein Vater mich holte.
Meinen Vater sehn und mich auskennen war eins. Mein Vater brachte mehr Verstand mit, als hineinging in meinen Kopf. Ich schaute nach dem Herrn, daß er was sagte, mein

Hals schnürte sich zu, ich war ganz ohne Hoffnung. Der Herr konnte auch nicht helfen. Er hätte sich festlegen müssen, davor scheute er zurück wie ein Gaul. Mein Vater schaute ihn kurz an und kalt und schämte sich nicht für sein altes Gewand. Er hat keine zwei Sätze mit ihm gesprochen.

Ich war wieder daheim, früh um zwei stand ich auf und ging mit der Sense zum Mähn, unsere Grundstücke lagen nicht nah. Das müßtest du nicht, dachte ich, wenn es wäre, wie du doch noch geglaubt hast.

Damals bildete ich mir ein, der Herr werde mich besuchen, dort wo ich daheim war. Mich zog es fort, was immer ich tat, und ich brachte es nicht hinter mich, es zog mich zum Herrn in die Stadt. Ich hatte es immer in mir, es müsse was kommen und wäre nicht aus. Ich glaubte einfach nicht daran, daß es aus war. Ich schlief in der Bodenkammer allein, ich hatte ein Handtuch am Nagel hängen für die Nacht, wo der Herr kam. Wenn ich mich aufsetzte in meinem Bett, fiel mein Blick auf das Handtuch.

Ich wartete noch immer gespannt und keiner hätte mir über den Mann ein schiefes Wort sagen dürfen. Doch spürte ich still, daß es sank. Ich gab es nicht zu, konnte aber nicht aufhalten, was da versank, sein Sinken war stärker. In einer Nacht stand ich aus dem Schlaf auf, ich nahm selber das Handtuch weg, ich zog eine Schublade heraus. Ein Vogel weckte mich in der Früh, ich horchte ihm zu ganz allein, ich sah nicht nach dem Handtuch.

Mein Vater sagte es auch, es wäre nicht gut, neben soviel fremden Kindern die Frau sein.

KLAUS MANN

April, nutzlos vertan

Max Perzel, ein junger Mann aus dem Mittelstande, war bis jetzt immer sehr achtlos mit seiner Zeit umgegangen. Neunzehn war er alt geworden, ohne daß sich in seinem Leben etwas Ungewöhnliches zugetragen hätte. Er hatte das Gymnasium in der mitteldeutschen Kleinstadt absolviert, in der sein Vater pensionierter Beamter war, weder in der Schule noch im Familienkreise war er je im guten oder schlechten Sinne aufgefallen. In der Klasse gehörte er stets zur schlechteren Häfte der Schüler, vermied es aber durch einen dauerhaften und ehrhaften Fleiß, jemals zu den wirklich Gefährdeten, den eigentlichen Sorgenkindern hinabzusinken. So wurde er, von Schuljahr zu Schuljahr, mit einem eben noch knapp mittelguten Zeugnis versetzt. Bei den Spielen, in der Pause oder nachmittags auf der Wiese, war er niemals, keine halbe Stunde lang, unter den Tonangebenden, Regierenden; von zu gewagten, tollkühnen Unternehmungen hielt er sich völlig zurück. Da er bei anderen, harmloseren Gelegenheiten von einer maßvollen und soliden Forschheit sein konnte, blieb es ihm trotzdem erspart, in den Ruf des Feiglings, Duckmäusers oder Musterknäbleins zu kommen. – Brüder hatte er nicht, nur eine Schwester, die aber schon ins Büro ging. Sie war für ihn eine fremde, etwas schnippische junge Dame. – Als Max achtzehn Jahre alt war und nicht mehr so viele Pickel im Gesicht hatte, meinten einige wohlwollende Leute, daß er eigentlich ein ganz hübscher Junge wäre. Er war ziemlich groß; leider mußte er eine Brille tragen, wegen leichter Kurzsichtigkeit. Sein Haar – dunkelblond – wäre angenehm von Farbe und Qualität gewesen, wenn er es nicht zu stark pomadisiert hätte. Auch das Abitur ging vorüber, und seine Eltern waren zufrieden, als er es mit der Durchschnittsnote Drei bestanden hatte. Es war beschlossen, daß er die Rechte studieren sollte, und zwar zunächst ein Semester in Heidelberg. Er packte seinen Koffer, bekam von seinem Vater das Eisenbahnbillett dritter Klasse, von der Mutter ein Körbchen mit Wurstbroten, einem halben Sandkuchen, zwei harten Eiern, drei Äpfeln und drei Orangen ausgehändigt, und er fuhr los. In Heidelberg suchte er die alte Pension auf, deren Adresse sein Vater ihm gegeben hatte. Von seinem Fenster hatte er einen schönen Blick über den Neckar. Das Semester hatte noch nicht begonnen. Der Tag gehörte ganz ihm.

Es gab einige Formalitäten auf der Universität zu erledigen. Es war selbstverständlich, daß er die freie Zeit, die ihm blieb, zur vernünftigen Arbeit verwendete. Er legte sich Bücher und Zeitschriften auf dem Schreibtisch zurecht. Als er aber das Fenster öffnete, um sein Zimmer zu lüften, bemerkte er, daß über den Bäumen und Gebüschen ein sehr zartes Grün lag, wie er es noch nie gesehen zu haben glaubte. Er dachte, daß es Knospen seien, die so schimmerten. Das Wort »Knospen« bestürzte ihn, als dächte er es zum erstenmal. Er sah zum Himmel hinauf und war noch einmal bestürzt – über seine empfindliche und reine Bläue, in der, reizend geformt, leichte weiße Wolken wie Vögel schwammen. Ich könnte spazierengehen – dachte Max Perzel. Der Student darf sich ein wenig Freiheit gönnen, dachte er konventionell.

Als er das Haus verließ, ging eben eine alte Dame vorüber, die von einem jungen Mädchen geführt wurde; Max konnte den beiden einen vollen Augenblick in die so verschiedenen Gesichter sehen. Die Alte hing schwer am Arme des jungen Mädchens; sie hatte einen merkwürdig stampfenden, grimmigen, ja wütenden Gang. Auch der Ausdruck ihres Gesichtes war zornig –: ein großes weißes Gesicht, konstatierte Max Perzel, steinern verhärtet, von unzähligen Fältchen durchzogen. Die weit aufgerissenen, stahlblauen Augen wirkten kahl ohne Brauen und Wimpern – fahle Eisaugen unter einer hohen, eigensinnigen, gottverlassenen Stirn. Die alte Frau war groß und breitschultrig, von einer angsterwekkenden Rüstigkeit. Sie trug ein schwarzes Pelzkleid – es war kein Mantel, sondern ein Kleid, knapp gearbeitet: es muß aus Seehundfell sein, dachte Max Perzel. Das Antlitz der Alten war so bedeutend und derart erschreckend, daß es den Blick von dem süßen Gesicht des jungen Mädchens auf eine herrische Art ablenkte. Nur eine halbe Sekunde lang durften die Augen des jungen Menschen dieses Gesicht berühren, das sich ihm wie flehend entgegenhielt. Das empfindliche Halbprofil, das ihn, über die majestätische Schulter der Alten hinweg, mit seinem angstvollen Lächeln beschenkte, schien ihm zartgetönt, mit mattgelben Lichtern, wie altes Elfenbein. Die dunklen Augen hatten malaiischen Schnitt. Der weiche, dunkle und schöne Mund schien auf eine pathetische Art zu schmollen. – Die Alte riß an dem Mädchen, auf das sie sich stützte. Während sie weiterstampfte, hörte Max Perzel sie deutlich sagen: »Marsch – los, April!« Er überlegte eine Sekunde lang, ob das schöne Mädchen April heißen möge; ob er die Alte mißverstanden habe oder ob diese einfach geisteskrank sei. Gleichzeitig dachte er: Und dabei ist der April fast zu Ende. – – Als er wieder zu den beiden hinschauen wollte, waren sie um eine Ecke verschwunden. Er eilte ihnen nach, entdeckte aber keine Spur mehr von ihnen. – Man schrieb den 30. April. Es war mittags zwölf Uhr.

Student Perzel blieb mitten auf der Straße stehen, wie einer, dem etwas Ungeheures zugestoßen. In welche Tragödie hatte er hier einen so flüchtigen und bewegenden Einblick bekommen? Was geschah diesem Mädchen, dieser Holdheit, diesem exotischen Kinde? – Welche Welt von finsteren und romantischen Zusammenhängen! Wie konnte man eingreifen, wie helfen? Wie das Mädchen wenigstens wiedersehen? – Eine wahrhaft panische Angst, nur ja nichts zu versäumen, bemächtigte sich des trägen jungen Mannes. Er fühlte sich physisch verändert, eine Unruhe ergriff ihn, die sein Körper niemals gekannt hatte. Was hatte er bis jetzt mit seiner Zeit getan? Wie schlapp, wie tatenlos hatte er sie dahingehen lassen. Mit einem Schlag war die Zeit kostbar, geheiligt –: das war die große Veränderung. Ohne Frage war die Welt immer und überall voll von so erregenden, unerklärbaren und wilden Abenteuern – er hatte nur bis jetzt die Augen nicht offen gehabt hinter seinen dummen Brillengläsern. Aber dieser April war noch nicht vorüber. Nutze die Stunde! Wirf dich in die Minute! Halte zäh und zärtlich die Sekunde fest!

Er eilte dahin, niemals war eine solche Ungeduld in seinem Gang gewesen. Zum Fluß hinunter – und noch niemals hatte er Wasser mit Bewußtsein zwischen seinen Fingern hindurchrinnen lassen –; über Wiesen; wieder zurück in die Stadt. Nirgends das Mädchen, aber überall eine veränderte Welt. Andere Farben, Gerüche, Gesichter; alles gesteigert, anspruchsvoll, heftig geworden, und zwischen allen Geräuschen –: die Stimme des Mädchens, die er so deutlich zu hören glaubte. Sie verlangte nach ihm, von ihrer schrecklichen Herrin gepeinigt; man gab ihr Gift zu trinken, man schlug sie. – – Wie anders war dieser Tag als alle vorhergegangenen, endlos viel länger und dabei abgekürzt auf eine stürmische Weise. Die Frucht, die er anfaßte, als er schließlich Hunger bekam, schien ihm elektrisch geladen. Zwischen ihm und dem Kellner im Restaurant ereignete sich ein bedeutungsvolles und stummes Gespräch der Blicke, als hätten sie etwas Entscheidendes untereinander auszutragen. – Während er eilte oder ermüdet saß, arbeitete es in seinem Kopf ununterbrochen. Wie habe ich die ganze Zeit bis jetzt gelebt? Neun unverzeihliche Jahre habe ich den Stumpfsinn des Gymnasiums mitgemacht. Und nun – Jura studieren, wo die Welt doch voll ganz anderer Mysterien ist. Ich werde nicht Rechtsanwalt, im Gegenteil, ich mache Gedichte. Ich werde Schauspieler, gleich hier, und jetzt springe ich auf die Gartenbank und rezitiere etwas Beispielloses. Ich lerne Geigenspielen und wunderbar Flöteblasen. Ich gehe auf Wanderschaft. Das Mädchen finde ich doch, und trotz allem. Ich erwürge die Alte – mit diesen meinen Händen erwürge ich sie –, ich werde hingerichtet, aber erst gründe ich eine geheime Gesellschaft; ich sprenge die Universität in die Luft – o Gott, mein Gott, was habe ich nur bis jetzt mit meiner Zeit getan! Läßt es sich nachholen, so viel Versäumtes? Sei noch nicht vorüber, April, verweile noch, verweile noch, nie wieder werde ich deiner teilhaftig sein. Vergängliche Minute, mach eine Ausnahme, verzögere dich, es ist ja schon abends, viertel nach elf, der gesegnete Monat ist gleich vorüber, und wenn kein Wunder geschieht, habe ich ihn nutzlos vertan.

Es ist gut, daß keiner seiner Kameraden ihn sieht, denn er hat seine Brille verloren, sich beim Laufen in den Gebüschen ein klaffendes Dreieck ins Hemd gerissen; seine Krawatte hat sich auch gelöst. Man müßte ihn für sehr heruntergekommen halten. Wir aber folgen gerührt seinem taumeligen Gang am Rande des Flusses, in dessen treibender Dunkelheit, zu seinem fassungslosen Glück, Lichter schwimmen. Noch sehen wir ihn zusammenschauern, da die Uhr Mitternacht schlägt. Und dann überlassen wir dies Herz, das so gleichmütig geschlagen hatte, seiner stürmischen Wonne über die gegenwärtige, seiner Verzweiflung über die entrinnende Minute.

STEFAN ZWEIG

Episode vom Genfer See

Am Ufer des Genfer Sees, in der Nähe der kleinen Schweizer Stadt Villeneuve, wurde in einer Sommernacht des Jahres 1918 ein Fischer, der sein Boot in den See hinausgerudert hatte, eines merkwürdigen Gegenstandes inmitten des Wassers gewahr, und näherkommend erkannte er ein Gefährt aus lose gehefteten Balken, das ein nackter Mann in ungeschickter Weise mit einem als Ruder verwendeten Brett vorwärts zu treiben suchte. Staunend steuerte der Fischer heran, half dem Erschöpften mitleidig in sein Boot, deckte seine Blöße notdürftig mit Netzen und versuchte dann mit dem frostzitternden, scheu in den Winkel des Bootes gedrückten Menschen zu sprechen, aber dieser antwortete in einer fremdartigen Sprache, von der nicht ein einziges Wort der seinen glich. Bald gab der Hilfreiche jede weitere Mühe auf, raffte seine Netze empor und ruderte mit rascheren Schlägen dem Ufer zu.

In dem Maße, als im frühen Licht die Umrisse des Ufers aufglänzten, begann auch das Antlitz des nackten Menschen sich zu erhellen; ein kindliches Lachen schälte sich aus dem Bartgewühl seines breiten Mundes, die eine Hand hob sich hinüber, und immer wieder fragend und halb schon gewiß stammelte er ein Wort, das wie *Rossiya* klang und immer glückseliger tönte, je näher der Kiel sich gegen das Ufer stieß. Endlich knirschte das Boot an den Strand, des Fischers weibliche Anverwandte, die auf nasse Beute harrten, stoben kreischend, wie einst die Mägde Nausikaas, auseinander, da sie des nackten Mannes im Fischernetz ansichtig wurden; allmählich erst, von der seltsamen Kunde angelockt, sammelten sich verschiedene Männer des Dorfes, denen sich alsbald würdebewußt und amtseifrig der wackere Weibel des Ortes zugesellte. Ihm war es aus reicher Erfahrung der Kriegszeit und mancher Instruktion sofort gewiß, daß dies ein Deserteur sein müsse, der vom französischen Ufer herübergeschwommen war, und schon rüstete er zu amtlichem Verhör, das aber bald an Würde und Wert durch die Tatsache verlor, daß der nackte Mensch (dem inzwischen einige der Bewohner eine Jacke und eine Zwilchhose zugeworfen) auf alle Fragen nichts als immer wieder ängstlicher und unsicherer seine Frage »Rossiya? Rossiya?« wiederholte. Ein wenig ärgerlich über seinen Mißerfolg, befahl der Weibel dem Fremden durch unmißverständliche Gebärden, ihm zu folgen, und umjohlt von der inzwischen erwachten Gemeindejugend, wurde der nasse, nacktbeinige Mensch in seiner schlotternden Hose und Jacke auf das Amtshaus gebracht und dort verwahrt. Er wehrte sich nicht, sprach kein Wort, nur seine hellen Augen waren dunkel geworden vor Enttäuschung, und seine hohen Schultern duckten sich wie unter gefürchtetem Schlage.

Die Kunde von dem menschlichen Fischfang hatte sich inzwischen bis zu den nahen Hotels verbreitet, und einer ergötzlichen Episode in der Eintönigkeit des Tages froh, kamen einige Damen und Herren herüber, den wilden Menschen zu betrachten. Eine Dame schenkte ihm Konfekt, das er mißtrauisch wie ein Affe liegen ließ, ein Herr machte eine photographische Aufnahme, alle schwatzten und sprachen lustig um ihn herum, bis endlich der Manager eines großen Gasthofes, der lange im Ausland gelebt hatte und mehrerer Sprachen mächtig war, an den schon ganz Verängstigten das Wort nacheinander in deutsch, italienisch, englisch und schließlich russisch richtete. Kaum daß er in der letzten Sprache ein Wort an sich vernommen, zuckte der Verängstigte auf, ein breites Lachen teilte sein gutmütiges Gesicht von einem Ohr bis zum andern, und plötzlich sicher und freimütig erzählte er seine ganze Geschichte. Sie war sehr lang und sehr verworren, nicht immer auch in ihren Einzelberichten dem zufälligen Dolmetsch verständlich, doch in der Wesenheit war das Schicksal dieses Menschen das folgende:

Er hatte in Rußland gekämpft, war dann eines Tages mit tausend andern in Waggons verpackt worden und sehr weit gefahren, dann wieder in Schiffe verladen und noch länger mit ihnen gefahren durch Länder, wo es so heiß war, daß, wie er sagte, einem die Knochen im Fleisch weich gebraten wurden. Schließlich waren sie wieder irgendwo gelandet und in Waggons verpackt worden und hatten dann plötzlich einen Hügel zu stürmen, worüber er nichts Näheres wußte, weil ihn gleich zu Anfang eine Kugel ins Bein getroffen habe. Den Zuhörern, denen der Dolmetsch Rede und Antwort übersetzte, war sofort klar, daß dieser Flüchtling ein Angehöriger jener russischen Divisionen in Frankreich war, die man über die halbe Erde, über Sibirien und Wladiwostok an die französische Front geschickt hatte, und es regte sich mit einem gewissen Mitleid bei allen gleichzeitig die Neu-

gier, was ihn vermocht habe, diese seltsame Flucht zu versuchen. Mit halb gutmütigem, halb listigem Lächeln erzählte bereitwillig der Russe, kaum genesen, habe er die Pfleger gefragt, wo Rußland sei, und sie hätten ihm die Richtung gedeutet, deren ungefähres Bild er durch die Stellung der Sonne und der Sterne sich bewahrt hatte, und wie er dann heimlich entwichen sei, nachts wandernd, tagsüber in Heuschobern vor den Patrouillen sich versteckend. Gegessen habe er Früchte und gebetteltes Brot, zehn Tage lang, bis er endlich an diesen See gekommen. Nun wurden seine Erklärungen undeutlicher; es schien, daß er, aus der Nähe des Baikalsees stammend, vermeint hatte, am andern Ufer, dessen bewegte Linien er des Abends erblickte, müsse Rußland liegen. Jedenfalls hatte er sich aus einer Hütte zwei Balken gestohlen und war auf ihnen bäuchlings liegend, mit Hilfe eines gleichfalls entwendeten Steuerruders weit in den See hinausgekommen, wo ihn der Fischer auffand. Die ängstliche Frage, mit der er seine unklare Erzählung beschloß, ob er schon morgen daheim sein könne, erweckte, kaum übersetzt, durch ihre Unbelehrtheit erst lautes Gelächter, das aber bald gerührtem Mitleid wich, und jeder steckte dem unsicher und fast kläglich um sich Blickenden ein paar Geldmünzen oder Banknoten zu.
Inzwischen war auf telephonische Verständigung aus Montreux ein höherer Polizeioffizier erschienen, der mit nicht geringer Mühe ein Protokoll über den Vorfall aufnahm. Denn nicht nur, daß der zufällige Dolmetsch sich als unzulänglich erwies, bald wurde auch die für Westländer ganz unfaßbare Unbildung dieses Menschen klar, dessen Wissen um sich selbst nicht den eigenen Vornamen Boris überschritt und der von seinem Heimatsdorf nur äußerst verworrene Darstellungen zu geben vermochte, etwa, daß sie Leibeigene des Fürsten Metschersky seien (er sagte Leibeigene, obwohl doch seit einem Menschenalter diese Fron abgeschafft war), und daß er fünfzig Werst vom großen See entfernt mit seiner Frau und drei Kindern wohne. Die Beratung über sein Schicksal begann, indes er mit stumpfem Blick geduckt in-

mitten der Streitenden stand: die einen meinten, man müsse ihn der russischen Gesandtschaft nach Bern überweisen, andere befürchteten von solcher Maßnahme eine Rücksendung nach Frankreich, der Polizeibeamte erläuterte die ganze Schwierigkeit der Frage, ob er als Deserteur oder als papierloser Ausländer behandelt werden solle, der Gemeindeschreiber des Ortes wehrte gleich von vornherein die Möglichkeit ab, daß gerade sie den fremden Esser zu ernähren und zu beherbergen hätten. Ein Franzose schrie erregt, man solle mit dem elenden Durchbrenner nicht so viel Geschichten machen, er solle arbeiten oder zurückspediert werden, zwei Frauen wandten heftig ein, er sei nicht schuld an seinem Unglück, es sei ein Verbrechen, Menschen aus ihrer Heimat in fremdes Land zu verschicken. Schon drohte aus dem zufälligen Anlaß ein politischer Zwist sich zu entspinnen, als ein alter Herr, ein Däne, plötzlich dazwischenfuhr und energisch erklärte, er bezahle den Unterhalt dieses Menschen für acht Tage, inzwischen sollten die Behörden mit der Gesandtschaft ein Übereinkommen treffen, welche unerwartete Lösung sowohl die amtlichen als die privaten Parteien vollkommen zufriedenstellte.
Während der immer erregter werdenden Diskussion hatte sich der scheue Blick des Flüchtlings allmählich erhoben und hing unverwandt an den Lippen des Managers, des einzigen in diesem Getümmel, von dem er wußte, daß er ihm verständlich sein Schicksal sagen könnte. Dumpf schien er den Wirbel zu spüren, den seine Gegenwart erregte, und ganz unbewußt, als jetzt der Wortlärm abschwoll, hob er durch die Stille die Hände flehentlich gegen ihn auf, wie Frauen vor einem heiligen Bild. Das Rührende dieser Gebärde ergriff unwiderstehlich jeden einzelnen. Der Manager trat herzlich auf ihn zu und beruhigte ihn, er möge ohne Angst sein, er könne unbehelligt hier verweilen, und im Gasthof würde für die nächste Zeit für ihn vollkommen gesorgt werden. Der Russe wollte ihm die Hand küssen, die ihm der andere rücktretend rasch entzog. Dann wies er ihm noch das Nachbarhaus, eine kleine Dorfwirtschaft, wo er Bett und

Nahrung finden würde, wiederholte die herzliche Beruhigung und ging dann, ihm noch einmal freundlich zuwinkend, die Straße zu seinem Hotel empor.
Unbeweglich starrte der Flüchtling ihm nach, und in dem Maße, als der einzige, der seine Sprache verstand, sich entfernte, verdüsterte sich wieder sein schon erhelltes Gesicht. Mit zehrenden Blicken folgte er dem Entschwindenden bis hinauf zu dem hochgelegenen Hotel, ohne die andern Menschen zu beachten, die sein seltsames Gehaben bestaunten und belachten. Als ihn dann einer mitleidig anrührte und in den Gasthof wies, fielen seine schweren Schultern gleichsam in sich zusammen, und gesenkten Hauptes trat er in die Tür. Man öffnete ihm das Schankzimmer. Er drückte sich an den Tisch, auf den die Magd zum Gruß ein Glas Branntwein stellte, und blieb dort verhangenen Blickes den ganzen Vormittag unbeweglich sitzen. Unablässig spähten vom Fenster die Dorfkinder herein, lachten und schrien ihm etwas zu – er hob nicht den Kopf. Eintretende betrachteten ihn neugierig, er blieb, den Blick an den Tisch gebannt, mit krummem Rücken sitzen, schamhaft und scheu. Und als mittags zur Essenszeit ein Schwarm Leute den Raum mit Lachen füllte, Hunderte Worte um ihn schwirrten, die er nicht verstand, und er, seiner Fremdheit entsetzlich gewahr, taub und stumm inmitten einer allgemeinen Bewegtheit saß, zitterten ihm die Hände so sehr, daß er kaum den Löffel aus der Suppe heben konnte. Plötzlich lief eine dicke Träne die Wange herunter und tropfte schwer auf den Tisch. Scheu sah er sich um. Die andern hatten sie bemerkt und schwiegen mit einemmal. Und er schämte sich: immer tiefer beugte sich sein schwerer struppiger Kopf gegen das schwarze Holz.
Bis abends blieb er so sitzen. Menschen gingen und kamen, er fühlte sie nicht und sie nicht mehr ihn: ein Stück Schatten, saß er im Schatten des Ofens, die Hände schwer auf den Tisch gestützt. Alle vergaßen ihn, und keiner merkte darauf, daß er sich in der Dämmerung plötzlich erhob und den Weg gegen das Hotel dumpf wie ein Tier hinaufschritt. Eine

Stunde und zwei stand er dort vor der Tür, die Mütze devot in der Hand, ohne jemanden mit dem Blick anzurühren: endlich fiel diese seltsame Gestalt, die starr und schwarz wie ein Baumstrunk vor dem lichtfunkelnden Eingang des Hotels im Boden wurzelte, einem der Laufburschen auf, und er holte den Manager. Wieder stieg eine kleine Helligkeit in dem verdüsterten Gesicht auf, als seine Sprache ihn grüßte.
»Was willst du, Boris?« fragte der Manager gütig.
»Ihr wollt verzeihen«, stammelte der Flüchtling, »ich wollte nur wissen ... ob ich nach Hause darf.«
»Gewiß, Boris, du darfst nach Hause«, lächelte der Gefragte.
»Morgen schon?«
Nun ward auch der andere ernst. Das Lächeln verflog auf seinem Gesicht, so flehentlich waren die Worte gesagt.
»Nein, Boris ... jetzt noch nicht. Bis der Krieg vorbei ist.«
»Und wann? Wann ist der Krieg vorbei?«
»Das weiß Gott. Wir Menschen wissen es nicht.«
»Und früher? Kann ich nicht früher gehen?«
»Nein, Boris.«
»Ist es so weit?«
»Ja.«
»Viele Tage noch?«
»Viele Tage.«
»Ich werde doch gehen, Herr! Ich bin stark. Ich werde nicht müde.«
»Aber du kannst nicht, Boris. Es ist noch eine Grenze dazwischen.«
»Eine Grenze?« Er blickte stumpf. Das Wort war ihm fremd.
Dann sagte er wieder mit seiner merkwürdigen Hartnäckigkeit: »Ich werde hinüberschwimmen.«
Der Manager lächelte beinahe. Aber es tat ihm doch weh, und er sagte sanft: »Nein, Boris, das geht nicht. Eine Grenze, das ist fremdes Land. Die Menschen lassen dich nicht durch.«

»Aber ich tue ihnen doch nichts! Ich habe mein Gewehr weggeworfen. Warum sollen sie mich nicht zu meiner Frau lassen, wenn ich sie bitte um Christi willen?«

Der Manager wurde immer ernster. Bitterkeit stieg in ihm auf. »Nein«, sagte er, »sie werden dich nicht hinüberlassen, Boris. Die Menschen hören jetzt nicht mehr auf Christi Wort.«

»Aber was soll ich tun, Herr? Ich kann doch nicht hier bleiben! Die Menschen verstehen mich hier nicht, und ich verstehe sie nicht.«

»Du wirst es schon lernen, Boris.«

»Nein, Herr«, er bog den Kopf tief, »ich kann nichts lernen. Ich kann nur am Feld arbeiten, sonst kann ich nichts. Was soll ich hier tun? Ich will nach Hause! Zeig mir den Weg!«

»Es gibt jetzt keinen Weg, Boris.«

»Aber, Herr, sie können mir doch nicht verbieten, zu meiner Frau heimzukehren und zu meinen Kindern! Ich bin doch nicht Soldat mehr!«

»Sie können es, Boris.«

»Und der Zar?« Er fragte es ganz plötzlich, zitternd vor Erwartung und Ehrfürchtigkeit.

»Es gibt keinen Zaren mehr, Boris. Die Menschen haben ihn abgesetzt.«

»Es gibt keinen Zaren mehr?« Dumpf starrte er den andern an. Ein letztes Licht erlosch in seinen Blicken, dann sagte er ganz müde: »Ich kann also nicht nach Hause?«

»Jetzt nicht. Du mußt warten, Boris.«

»Lange?«

»Ich weiß nicht.«

Immer düsterer wurde das Gesicht im Dunkel. »Ich habe schon so lange gewartet! Ich kann nicht mehr warten. Zeig mir den Weg! Ich will es doch versuchen!«

»Es gibt keinen Weg, Boris. An der Grenze nehmen sie dich fest. Bleib hier, wir werden dir Arbeit finden!«

»Die Menschen verstehen mich hier nicht, und ich verstehe sie nicht«, wiederholte er hartnäckig. »Ich kann hier nicht leben! Hilf mir, Herr!«

»Ich kann nicht, Boris.«
»Hilf mir um Christi willen, Herr! Hilf mir, ich kann nicht mehr!«
»Ich kann nicht, Boris. Kein Mensch kann jetzt dem andern helfen.«
Sie standen stumm einander gegenüber. Boris drehte die Mütze in den Händen. »Warum haben sie mich dann aus dem Haus geholt? Sie sagten, ich müsse Rußland verteidigen und den Zaren. Aber Rußland ist doch weit von hier, und du sagst, sie haben den Zaren ... wie sagst du?«
»Abgesetzt.«
»Abgesetzt.« Sinnlos wiederholte er das Wort. »Was soll ich jetzt tun, Herr? Ich muß nach Hause! Meine Kinder schreien nach mir. Ich kann hier nicht leben! Hilf mir, hilf mir, Herr!«
»Ich kann nicht, Boris.«
»Und kann niemand mir helfen?«
»Jetzt niemand.«
Der Russe beugte immer tiefer das Haupt, dann sagte er plötzlich dumpf: »Ich danke dir, Herr«, und wandte sich um.
Ganz langsam ging er den Weg hinunter. Der Manager sah ihm lange nach, wunderte sich noch, daß er nicht dem Gasthof zuschritt, sondern die Stufen hinab an den See. Er seufzte tief und ging wieder an seine Arbeit im Hotel.
Ein Zufall wollte es, daß ebenderselbe Fischer am nächsten Morgen den nackten Leichnam des Ertrunkenen auffand. Er hatte sorgsam die geschenkte Hose, Mütze und Jacke an das Ufer gelegt und war ins Wasser gegangen, wie er aus ihm gekommen. Ein Protokoll wurde über den Vorfall aufgenommen und, da man den Namen des Fremden nicht kannte, ein billiges Holzkreuz auf sein Grab gestellt, eines jener kleinen Kreuze über namenlosem Schicksal, mit denen jetzt Europa bedeckt ist von einem bis zum andern Ende.

OTTO FLAKE

Sechzig Jahre später

1

Den Entschluß, nach Paris zu fahren, faßte Sorau von einem Augenblick zum andern.

Von Frankreich kannte er die Kampfzone vor Verdun durch Teilnahme und Augenschein, die französische Heiterkeit hingegen vom bloßen Hörensagen. Denn in den Jahren nach dem Krieg nahm ihm die politische Spannung die Lust, die Stadt zu besuchen, die von seinem Vater verehrt und von seinem Großvater geliebt worden war.

Der Großvater, nach dem er Edmund hieß, hatte sich im Paris des dritten Kaiserreiches einen Ruf als Maler von Genrebildchen gemacht. In jedem Zimmer und jedem Flur des badischen Hauses hingen sie, von gleichem Format, in gleichen Rahmen.

Sie trugen Nummern, und wer sich die Mühe gab, sie in der vorgeschriebenen Reihenfolge anzusehn, stieg gleichsam an jeder Station aus, die an der großen Route lag.

Auf dem ersten Bildchen sah man noch die Schiffsbrücke von Kehl. Ein schwankender Steg war auf Pontons gelegt; mit resedagrünen Lichtern wälzte sich der Rhein zwischen Pappeln, die stolz und einsam die Ufer säumten.

Auf dem zweiten schaute der Turm des Straßburger Münsters über Wälle, gegen die sich die Gärten der Ruprechtsau drängten; die Spitze trug den optischen Telegrafen, den ein paar Jahre später eine deutsche Kugel herunterschoß, als er längst schon überflüssig war. Die Burgreste von Wasselnheim und die Abtei Maursmünster folgten; die Rosengärten von Zabern waren dem Enkel so vertraut wie die Misteln in den Bäumen der Marne.

Die Fenster standen offen, die Schwalben waren wie von je pünktlich am zweiten Tag des Mai zurückgekehrt, und wie

von je wiederholte sich unter dem Dach das grausame Spiel des Nestbaus: sie eigneten sich die Rotkehlchennester an und mörtelten die junge Brut einfach zu.
Sie schwirrten durch den linden, gelösten Abend – eine Sehnsucht überkam Sorau, der noch halbwegs ein junger Mensch war, und da Pfingsten vor der Tür stand, begann er zu überlegen, wie man am schnellsten ins Ausland gelangte. Nah war die Schweiz, noch näher Frankreich, das nun wieder wie zur Zeit des Großvaters hinter dem Rhein begann; so faßte er einen Entschluß und wählte Frankreich.
Er rief die alte Ursel und hieß sie packen. Sie lobte ihn, weil er nicht die Ferien zu Hause versitze, und da sie sich etwas herausnehmen konnte, fügte sie hinzu, daß er recht tue, unter Menschen zu gehn – am Ende finde er draußen doch noch die Frau, die in dieses alte Haus den Geist der Jugend bringe. Ein Mann solle nicht allein leben, ein Arzt am wenigsten, sagte sie. Er lachte und griff nach dem Kursbuch.
Dann fiel ihm ein, daß es sich wohl gehöre, einen Blick in den Reiseführer zu werfen. Aber auf dem Brett, das diese Literatur trug, fand er ein einziges Buch über Paris. Es war ein alter Baedeker aus dem Jahr 1867, abgegriffen und das Rot verblaßt. Auf das Titelblatt hatte der Maler mit leichter Hand sein Exlibris gezeichnet: eine Palette, in der sein Name stand.
Er blätterte darin, entfaltete einen der Pläne und fand auf der Rückseite einen Namen und eine Adresse: Wilhelma von Sohr, Quai des Bourbons, 3.
Sohr klang an Sorau an, und das war wohl der Grund, weshalb er sich zu erinnern glaubte, diesen Namen schon einmal gelesen zu haben. Er ging zu einem anderen Regal und zog einen Band heraus, der die Jahreszahl 1867 trug. Der Großvater hatte Tagebücher geführt, reizende kleine Zeichnungen standen im Text.
Es dauerte nicht lange, so stieß er auf Eintragungen, die das Fräulein von Sohr betrafen. »Am 1. Mai an Herrn von Sohr

Op. 122, Tuileriengarten, verkauft.« – »Am 5. Mai Ausflug mit Sohr und seiner Tochter nach St. Cloud. Abends gemeinsame Loge in den Bouffes, Fräulein Wilhelma in großer Toilette.«

Dann eine Woche später: »Wilhelma Sorau geb. von Sohr würde sehr gut klingen. Die Namen sind füreinander geschaffen, es berührte mich gleich wie ein Wink des Schicksals.«

An dieser Stelle war etwas Raum im Text ausgespart; in ihn hatte der Maler ein elegantes Paar gezeichnet, sich mit dem grauen Gehrock des Kaisers, sie mit Hängelocken und dem Reifrock Eugenies.

Ein schönes Mädchen, dachte der Enkel, aber seine Großmutter hatte nicht Sohr geheißen. Neugierig auf den offenbar unglücklichen Ausgang dieser Liebesgeschichte legte er das Tagebuch zusammen mit dem Baedeker vom gleichen Jahrgang zu den Sachen, die in die Handtasche kamen. Noch vor Mittag des nächsten Tages war er in Straßburg, füllte die erste Stunde des Aufenthaltes mit einem Gang zum Münster aus und suchte dann nach einer Weinstube, worin er nach seinem Geschmack essen konnte.

Etwas vom Geist des Mannes, nach dem er hieß, mußte wohl in ihm sein; er ging den Hotels aus dem Weg und überließ sich dem Gefühl, das ihm sagte, daß der Zugang zu den einheimischen Küchen schmal ist, beengt durch alte Gassen.

Er kam auf ein Plätzchen, wo eben der Vormittagsmarkt abgebrochen wurde. Die Wagen standen gereiht zur Seite; die Leute vom Land luden die Körbe und die Gestelle darauf, dann gingen sie in ein Lokal, das ihm schon deshalb gefiel, weil es sich das Hühnerloch nannte.

Er war an den richtigen Ort geraten. An den gelben Tischen vermischten sich die Stände; neben den Bauern, die zum Mitgebrachten ein Schöppchen Wein bestellten, aßen gelehrte Herren, die Brillen trugen, zum Römer, was der beleibte Wirt ihnen ins Ohr empfahl.

Zwei Damen traten ein und blieben in der Tür unsicher

stehn. Die junge faßte Mut und ging auf das letzte freie Tischchen zu; aber die alte schüttelte, nachdem sie dieses süddeutsche Durcheinander mit der Lorgnette geprüft hatte, den Kopf, und die junge mußte ihr auf die Straße folgen.

2

Als Sorau seinen Platz im Zug gefunden hatte, sah er die beiden Frauen über den Bahnsteig kommen. Sie stiegen bei ihm ein, gingen wieder fort, kehrten zurück und belegten einen Platz für das junge Mädchen. Er entnahm der Unterhaltung, daß es einer Tante schrecklich war, eine Nichte allein nach Paris fahren zu lassen – die französischen Männer, was konnte nicht alles geschehn.
Sorau las eine deutsche Zeitung. Als er hörte, daß das Mädchen Wilhelma hieß, blickte er ein wenig überrascht auf und sah, daß die alte Dame ihn durch die Lorgnette aufgeregt musterte.
»Sie sind Deutscher?« fragte sie ihn. »Es beruhigt mich; in Paris wird die junge Dame abgeholt, ich wäre Ihnen unsagbar verpflichtet, wenn Sie unterwegs . . .«
Durch den Zug ging der erste Ruck. Mit einem Schrei eilte sie zum Trittbrett, von dem der Schaffner sie, nicht eben höflich, herunterhob.
»Wir sehn uns nicht zum erstenmal«, begann Sorau, auf das Lokal anspielend, das keine Gnade gefunden hatte, und es gab im Lauf der Fahrt ein paar Augenblicke, in denen das Gespräch sich belebte.
Als man hinter Châlons in den Bannkreis Paris eintrat und die ersten Ausstrahlungen der Hauptstadt empfand, fragte ihn sein Gegenüber, ob er wohl einen Baedeker besitze, da ihr eigener bei dem überstürzten Abschied in Straßburg der Tante verblieben sei.
»Ich kann nicht mit der letzten Auflage dienen«, erwiderte er und überreichte ihr die allererste.
Damals hatten die Franzosen eine Weltausstellung gemacht und, wenn sich Sorau recht entsann, den Herrn von Bis-

marck und König Wilhelm dazu geladen. Das hübsche Fräulein Wilhelma begann darin zu blättern; er hörte sie immer öfter auflachen.

»Hören Sie nur«, sagte sie, »was der alte Herr« – sie meinte den Erfinder dieser Handbücher, Karl Baedeker selbst – »hören Sie nur, was er über die Zigarette zu berichten weiß: ›Papierzigarren sind für den, der sich an sie gewöhnt, nicht übel. Man muß sich aber hüten, sie vom Hausierer auf der Straße zu kaufen, der sie von zusammengelesenen Zigarrenstummeln selbst zu verfertigen pflegt.‹«

Ungläubig las sie, daß es sechs deutsche Gesandtschaften in Paris gegeben hatte: Baden, Bayern, Hessen, Mecklenburg, Preußen und Württemberg.

»Ausgerechnet unser Mecklenburg«, sagte sie, und er erfuhr bei dieser Gelegenheit, woher sie stammte. Ein neues Lachen.

»›Deutsche Dukaten und Pistolen haben in Frankreich denselben Klang wie englische Sovereigns. Wer dem Franzosen Geld mit vollen Händen zuträgt, ist ihm willkommen, dieser macht dann keine Ausnahme von anderen Völkern.«‹

»Nein, das macht dieser nicht«, bestätigte er und war überzeugt, nicht zu weit von der Wahrheit entfernt zu sein.

Sie streifte ihn amüsiert mit einem Blick und wurde ein wenig rot angesichts der raschen Fortschritte, die ihre Freundschaft dank dem alten Herrn machte. Dann änderte sich ihr Ausdruck. Er las Staunen, zuletzt Bestürzung darin.

»Können Sie mir erklären«, sagte sie, »wie mein Name in dieses Buch gekommen ist?«

Er verstand auch dann noch nicht, als sie ihm den Band hinhielt, und auf die Rückseite des Planes zeigte.

»Ach so«, sagte er dann, »Sie meinen den Vornamen; er ist ein wenig ungewöhnlich.«

»Es ist nicht der Vorname«, unterbrach sie ihn; »hier steht mein voller Name, Wilhelma von Sohr, nur die Adresse stimmt nicht – ich weiß nicht einmal, wo der Quai des Bourbons liegt.«

Er wußte schon, daß sie Paris kannte, daß sie dort das Photographieren erlernte, daß sie sich mit der Verwandten in Straßburg getroffen hatte.
»Ich glaube in allem Ernst«, sagte er, »daß wir noch eine Tante oder Großtante oder sonst eine Ihrer Vorfahrinnen brauchen, um diese Gleichheit der Namen zu erklären. Wenn Sie wissen, nach wem Sie Wilhelma heißen, kommen wir der Lösung näher.«
»Nach meiner Großmutter«, erwiderte sie.
»Die meinem Großvater anno 67 in Paris begegnete und von ihm verehrt wurde«, ergänzte er; dann fiel ihm ein, daß es nicht stimmen konnte, denn wenn jene Wilhelma eine Enkelin hatte, mußte sie geheiratet und den Mädchennamen abgelegt haben.
»Sie heiratete einen entfernten Verwandten gleichen Namens«, wußte die junge Dame zu berichten.
Sie rechnete nach. Die Großmutter war vor drei Jahren achtzigjährig gestorben, also war sie 1844 geboren und 1867 dreiundzwanzig Jahre alt gewesen – alles paßte, und sie erinnerte sich auch, daß die alte Frau von Offenbach, dem Musiker mit den Bartkoteletts, berichtet hatte.
»Alles paßt«, gab Sorau zu und fühlte sich seltsam berührt.
»Wollen Sie hier im Zug, auf der Stelle, sehn, wie Ihre Großmutter damals aussah?« fragte er und zog aus der Handtasche das Tagebuch hervor.
Obwohl die Erklärung folgte, wie es zusammenhing, daß er diesen Band mit sich führte, nahm sie ihn fast scheu entgegen.
»Es ist unheimlich«, sagte sie; »wer hat das angeordnet, daß Sie – mit diesem Buch – und ich im gleichen Zuge sitzen und daß ich Sie nach einem Baedeker fragen mußte?«
»Der Zufall, es sei denn, daß Sie ihn das Schicksal nennen wollen«, antwortete er und dachte, nun selbst benommen, an die Bemerkung, die der Großvater an die erste Begegnung mit seinem Fräulein von Sohr knüpfte.

»Darf ich lesen, was auf diesen Blättern steht«, erkundigte sie sich, »ist es nicht indiskret?«
»Lesen Sie«, sagte er, »und lassen Sie mich wissen, was die beiden, die sogar unsere Vornamen führten, auseinandergebracht hat.«
Er war ja gestern abend nicht über den Anfang hinausgekommen und fühlte zu spät, daß er das nicht hätte sagen sollen. Sie legte das Buch neben ihn und zeigte ihm das etwas hochmütige Gesicht einer jungen Dame, der man sich zu eifrig genähert hat.
Um den Fehler gutzumachen, ließ er das Thema fallen. Aber er fand kein anderes, das ausgiebig gewesen wäre, und sie antwortete obenhin.
Da er diese Strecke zum erstenmal fuhr, glaubte er Paris noch ferner, als es war. Schon standen draußen die ersten Vorstadthäuschen, kleine Kuben – es sah aus, als hätte ein Kind den Inhalt eines Paketes Würfelzucker längs der Schienen aufgestellt.
Plötzlich hielt der Zug, und als Sorau die Frage wagte, ob es möglich sei, Fräulein von Sohr in Paris einmal zu treffen, stand sie gerade auf, um ihre Sachen herabzunehmen. Er sah das Profil und eine Bewegung der Lippen, als ob sie etwas sagen wolle; aber sie sagte nichts, und im nächsten Augenblick weinte sie einem Herrn zu, der ans Fenster klopfte.

3

Verstimmt fuhr Sorau ins erste Hotel, das man ihm anbot. Die Annahme, daß über Nacht das Bild des Mädchens verblassen werde, erwies sich als irrig. Für den Arzt war es eine Gelegenheit, festzustellen, daß Eindrücke dem Willen entzogen sind. Wenn er durch die Stadt streifte, ertappte er sich dabei, daß seine Aufmerksamkeit mehr den Frauen als den Sehenswürdigkeiten galt.
Sicher war er der einzige, der im Jahr des Heils 1927 Paris an Hand eines sechzig Jahre alten Reisebuches studierte.

Glückliches Paris der Operettenzeit – Montmartre war noch ein Städtchen der Provinz gewesen, und es gab noch keine Amerikaner, von Negern und Anamiten zu schweigen. Im Licht der huschenden Reklamen las er, daß Baedeker die verschwenderische Gasbeleuchtung pries.

Der gute Alte ließ sich des breiten über die Rufe der Straßenhändler aus und setzte sie sogar in Noten. Einmal, in einer Gasse hinter dem Pantheon, hörte Sorau den Ruf eines Weinhändlers, ein melancholisches Solo in einem Orchester von Autohupen.

Wenn er auf der Terrasse eines Kaffeehauses saß, zog er den verblaßten Band hervor, und so oft ihn die Lust ankam, aufzulachen, war er in den Zug versetzt und hörte Wilhelma lachen. Wie gut hätte man es zusammen tun können. Sie war jung, sie war fröhlich, sie hatte Temperament – empfand sie nicht gleich ihm den Wunsch, sich noch einmal zu begegnen?

Als er, gleich am zweiten Tag, auf die Insel des heiligen Ludwig geriet und entzückt die Adelshäuser des achtzehnten Jahrhunderts im Kreis umschritt, las er Quai des Bourbons auf einem Straßenschild.

Eine Gymnasiastenhoffnung, daß auch sie die Neugierde hierherführen könne, überfiel ihn. Schmerzhaft sah er ihr Profil und das Ohrgehänge, das ihn an die Ringellocken der großväterlichen Zeichnung erinnerte.

Er ging über die Brücke ins nahe Stadthaus und zahlte einen Obolus, um ihre Adresse zu erhalten. Für den Obolus tauschte er ein Achselzucken ein, der Name stand in keinem Register.

Es half ihm auch nicht weiter, daß er an den Auslagen der Photographen stehen blieb; sie sagten nichts darüber aus, wer in dem Atelier beschäftigt wurde, und es gab zu viele.

Als er im Tagebuch Edmund Soraus gelesen hatte, wie die Werbung des Malers um die junge Deutsche verlaufen war, erkannte er, daß auch in dieser Hinsicht sich alles wiederholte. Edmund hatte sie durch eine Bemerkung über den

Adelstolz ihrer Sippe beleidigt und sie ihren Vater veranlaßt, in ein anderes Viertel zu ziehn.

Acht Tage lang hatte Edmund sie gesucht, und es war ihm in der Stadt, die mitsamt der Weltausstellung soviel weniger Raum als die von heute einnahm, nicht gelungen. Dann hatte er einen Auftrag des Großherzogs erhalten und war nach Hause gereist.

Der Enkel tat desgleichen, und als daheim Ursel ihn fragend anschaute, schüttelte er den Kopf. Die Sohr und Soraus kamen nie zusammen, trotzdem das Schicksal es sich einen ungewöhnlichen Aufwand hatte kosten lassen, die Fäden zu knüpfen, in einem Augenblick der Laune.

GEORG BRITTING

Flandrischer Fasching

In Flandern geht immer Wind, im Krieg wenigstens war es so, ich erlebte es nie anders. Und durch Flandern laufen viele Landstraßen, und die beiden Seiten dieser Landstraßen säumen hohe Bäume, Pappeln natürlich, und der Wind beugt die Pappeln, daß sie nach vorn geneigt, wie Bittende, unter dem wolkenverhangenen Himmel stehen. Und einmal sah ich im Wind vier Männer eine Bahre auf einer dieser Landstraßen tragen – aber das gehört jetzt nicht hierher, das ist kein rechter Anfang für diese Geschichte, davon will ich erst am Schluß sprechen. Weg also Landstraßen und Pappeln, und einen anderen Schauplatz her!

Jeder feste Tritt wirbelte modrige Staubwolken auf, und da wir nicht gewohnt waren, leise aufzutreten, unsere genagelten Stiefel waren auch nicht dazu angetan, so hing wie Rauch der Staub in der Luft. Der kleine, zierliche Reismüller, aufgeregt wie immer, eine tapfere Zappelpuppe mit einem weißen Knabengesicht, schrie: »Legts euch doch endlich hin!« Seine helle Befehlsstimme, auf die er, der ehemalige Unteroffiziersschüler, so stolz war, fuhr wie ein scharfer Peitschenschlag durch den Saal. Aber es nützte natürlich nichts, es gehorchte ihm niemand, und er hatte hier und jetzt auch gar nichts zu befehlen.

Zwei qualmende Öllampen baumelten von der Decke herab und gaben gerade so viel Licht, daß nicht einer dem andern ins Gesicht trat. Von der Galerie, die in halber Wandhöhe rund um den Saal lief, scholl ein langanhaltendes Donnerge-

polter: ein Berg aufgetürmter Stühle war ins Rutschen gekommen und eingestürzt.
Einzelne lagen bereits am blanken Boden, den Tornister oder den Brotbeutel als Kopfkissen, und versuchten zu schlafen. Aber das wollte ihnen nicht so recht gelingen. Nicht weil Boden und Tornister zu hart gewesen wären, dem Müden ist jedes Bett weich, aber im Auge und im Herzen trug jeder noch die Bilder der letzten Tage, und die wehrten es den schläfrigen Lidern zu sinken.
Von der Bühne herunter trompetete der Reismüller schon wieder und immer noch: »Ruhe! Ruhe! Hinlegen!« Er hatte sich seinen Schlafplatz auf einer halbaufgerollten, grün bemalten Leinwand zurechtgemacht, einer Wiese, er hockte auf der Wiese zwischen den Blumen, den Rücken an die Windmaschine gelehnt, und verzog ärgerlich sein trotziges Bubengesicht. Ich saß im Einsagekasten, und wenns auch etwas eng war da drunten, dafür war es warm, und ich war für mich allein in meinem kleinen Haus, und das war auch etwas wert. Heinrich, der Lange, ging witternd und schnüffelnd, eine brennende Kerze tragend, mit der Hand sie vorm Luftzug schützend, zwischen den verstaubten Versatzstükken umher. Ich legte die Hände aneinander gleich zwei aufgeschlagenen Buchseiten, tat, als läse ich im Buch, tat, als sei ich im Amt, und als er eben an mir vorbeistrich, den Kopf wie suchend zum Boden geneigt, flüsterte ich ihm zischend zu: »Heinrich, mir graut vor dir!«
Aber dieser Heinrich, wohl ein Teufelsbeschwörer wie jener Heinrich Faust des Schauspiels, war wie durch Zauberei plötzlich verschwunden. Neugierig kletterte ich aus dem Kasten, fand die Tür an der Bühnenrückwand, trat hindurch, zu ihm, der einen Spieß schwang. Blechhumpen standen herum, silberne Kronen, Schwerter und Sturmhauben. An verrosteten Nägeln hingen Perücken, zerzauste, verstaubte, graue und schwarze und blonde, und falsche Bärte, verfilzt, und im flackernden Kerzenlicht wars wie in einer Menschenfresserhütte in der Südsee, bei Kopfjägern, wo abgeschnittene Feindschädel an Lederstricken baumeln.

Eine Spinne hatte ein Netz gesponnen zwischen einem langen, spitzen, pechdunklen Bart und einem hellfarbenen Mädchenscheitel mit Hängezöpfen. Das schaukelte, das Netz, im Luftzug, und Heinrich sagte: »Das Vieh!« und hielt die Kerze unter das reglose Tier, das unter dem Feuerstich auf einmal viele Beine bekam, zappelte, zu zappeln aufhörte, ein Klumpen wurde, mit dem Netz zerschmolz, das stinkend verglomm. »Hier schlafe ich«, sagte Heinrich und stützte sich auf seinen Spieß. Nun, wie er wollte, warum nicht hier? »Gib auf das Licht Obacht«, sagte ich, stieß mit dem Fuß an einen Helm, der scheppernd aufschrie und eine Strecke weit rollte, ließ den Mann bei den Zöpfen und Bärten, und ging.
Es war kalt im Saal, und ich hatte auch Hunger, aber keinen Bissen zu essen, gar keinen Schlaf, und so stolperte ich dem Ausgang zu. Es war zwei Uhr nachts, stockdunkel draußen, es regnete, und der Wind pfiff. Ein Reiter klapperte die Straße daher, den Mantelkragen hochgeschlagen. Schwarz tauchte er vor mir auf, unförmig, Pferd und Mensch in eins verfließend, und als es unterm Huf des Gauls blitzte, ein Funke aus dem nassen Stein sprang, wie sah das tröstlich aus, das warme, gelbrote, kleine, trockene Lebendige! Ich wollte ein Gespräch mit dem Reiter beginnen, es trieb mich, ihm etwas zu sagen, irgend etwas, ich Schwarzer, der unter der Tür stand, vorm Regen geschützt, ihm, dem Schwarzen, der durch die Nachtgassen ritt, zwischen Häusern, unter einem unsichtbaren Himmel, im nassen Mantel und auf nassem Gaul. Vielleicht, wenn noch ein Funke gesprungen wäre unterm Huf, ein trockener, roter, ich hätts getan, aber das Pflaster antwortete nicht mehr feurig, nur schallend, und der Schall verlor sich, und ich trat wieder in den Saal zurück.
In einem strohgeflochtenen Korbsessel lag, die Beine weit von sich gestreckt, der Wachhabende, und es kostete ihm Mühe, die Augen offen zu halten. Die Ausdünstung der vielen nassen Uniformen roch widerlich. Es war ein schauerlicher Anblick, die vielen wie im Tod hingestreckten Schläfer. Manche hatten den Mund halb offen und röchelten

schwer im Traum. Die meisten hatten die Knie hochgezogen, die Hände in den Taschen vergraben und sich wie Hunde zusammengekrümmt. An der einen Längsseite des Saales waren die Gewehre zusammengesetzt. In der Ecke, auf ein paar Zeltbahnen, schlief der Offiziersstellvertreter Ketteler, mit einem Mantel zugedeckt. Er war der einzige unverwundete Säbeldienstgrad der Kompanie und führte sie.

Wir waren den ganzen Tag im Gefecht gewesen, gegen Engländer. Die Teufel waren unglaublich zäh. Sie trugen flache, kleine, schüsselähnliche Eisenhütchen und waren langbeinig, das fiel uns auf, alle langbeinig. Die mageren Waden der langen Beine waren mit gelben Binden umwikkelt und außen an den enganliegenden Uniformröcken waren Brusttaschen angebracht. Aufregend waren sie für uns, die Brusttaschen, die bei uns nur an Generalsröcken zu sehen waren. Und diese langbeinigen, gelben Generale, keinen dicken hatten wir gesehen, so schien es uns, waren alle tapfer, und so waren wir den ganzen Tag uns im Schlamm gegenüber gelegen und hatten geschossen und hatten getroffen und waren getroffen worden, und als der Abend kam – und das hatten wir schon gemerkt, hinter jedem, aber hinter jedem Tag kam ein Abend – und als er also kam, der Abend, waren wir abgelöst worden, und nun waren wir hier im Alarmquartier, in diesem kleinen flandrischen Ort, aber jeden Augenblick konnte es wieder losgehen.

Ich wünschte dem Wachhabenden »gute Nacht« und wand mich vorsichtig zur Bühne vor. Im Schlaf schrie einer laut und wirbelte mit den Armen. In das gähnende schwarze Loch des Kastens ließ ich mich hinabplumpsen, zog meine wollene, wärmende Tuchhaube über die Nase und schlief ein.

Da war die Spinne wieder in der Menschenfresserhütte, und die spann zwischen zwei Schädeln, aber kein Netz spann sie, sie spann ein Seil, ein graues, dickes, ekelhaftes Seil, und das Seil begann zu schaukeln, hin und her zu schaukeln, und auf einmal legte es sich um meinen Hals. Ich zappelte mit vielen Gliedmaßen, wie die Spinne unter dem Kerzenfeuerstoß in der Gerümpelkammer, ich hing wie an einem Galgen, und die toten Fratzen grinsten, und ein Häuptlingskopf fing an zu reden, der tote, abgeschnittene Kopf, aber natürlich verstand ich nichts, er redete irgend etwas Negerisches, und die Schlinge um meinen Hals zog sich immer enger zusammen, und der Häuptlingsschädel schrie immer lauter. Was wollte er nur von mir, der Bursche, der ozeanische, der grinsende? Und weil ich ihn immer noch nicht verstehen wollte, wurde er wütend und sagte wütend tocktocktock zu mir, und jetzt verstand ich und wachte auf, durch das helle, klatschende englische Gewehrfeuer. Ich fuhr aus meinem Kasten, taumelnd aus dem Traum in die Wirklichkeit.

An mir vorbei schoß der kleine Reismüller, schon feldmarschmäßig hergerichtet, den Helm auf dem Kopf, den Sturmriemen um das Kinn, den Tornister auf dem Rücken, als habe er so, in voller Ausrüstung, geschlafen. Die Lampen an der Decke glänzten matt im Dunst. Mitten in dem Getümmel stand mit weißem Gesicht der Offiziersstellvertreter Ketteler und schrie mit überschnappender Stimme: »Gewehr in die Hand nehmen und auf die Straße!«

Geschrei und Staub und Aufregung. Farblose Augen im sommersprossigen Gesicht, stand unschlüssig einer, das Gewehr am langen Riemen über die Schulter gehängt, und mit der linken Hand streichelte er die Wand, zärtlich und wie abschiednehmend. Die Verzauberung war ihm geschehen, deren wir uns alle in schlimmen Stunden erwehren mußten. Und er war ihr jetzt gänzlich verfallen, sah man an seinem ratlosen und furchtsamen Gesicht. Der kahle, staubige, ungemütliche Saal hatte sich ihm in eine lauwarme, rosigbeglänzte Höhle verwandelt, und die harten Bretter des Bodens, auf denen er eben noch geschlafen hatte, lockten ihn wie weiche, schwellende Polster. Auf ihnen liegenbleiben dürfen bis zum Jüngsten Tag: wie schön wäre das! Ja, nur hier so stehenbleiben dürfen und die Wand streicheln: welch ein Glück! Er seufzte, und dann sah er auf, sah ein

paar verspätete Männer zur Tür hasten, die ihn gar nicht beachteten, genug mit sich selber zu tun hatten, sah in ihr trauriges und abweisendes Gesicht, und denen schloß er sich nun an.
Sie mußten durchgebrochen sein, die Langbeinigen, mit den flachen Eisenschüsseln auf den Köpfen, und den dünnen Lippen in den glattrasierten Gesichtern, und mußten schon im Ort sein. In der Luft gingen die Kugeln, das klang dünn, wie wenn man Papier mit einer Nadel ritzt. Es war schon zum Handgemenge gekommen, das die Kraft ihres Anlaufes gebrochen und zersplittert hatte. Sie mußten sich zurückdrängen lassen, die Englischen, das ging langsam, aber es ging. Nur am Ortsrand klammerte sich ein Trupp an, der die Straße verrammelte, ein Hindernis auftürmte aus Schränken und Tischen und Matratzen und allem möglichen Hausrat, und obwohl wir ihnen mit Handgranaten kamen, sie hielten sich.
Da raste hinter uns im Morgengrauen eine Gestalt die Straße herauf, und das Pflaster klapperte wild unter den Stiefelschlägen. »Ein Hanskasperl!« schrie einer. Wie eben von einem Maskenball kam da der Kerl, in einem weiß und rot gewürfelten Clownanzug, nur die spitze Zuckerhutmütze fehlte, und kletterte, der Hanswurst, auf die wackelnde Barrikade. »Hei! Hoi!« heulte er, der Närrische, und warf Handgranaten, die wir ihm zureichten, und zappelte und warf und heulte die Engländer an. Wirklich, so war es, und so ist es tatsächlich geschehen, so tat ein Vermummter, im allerersten Tagesgrauen, ein weiß- und rotgefleckter Kerl, und die Engländer, die dabei waren, wenn von denen einer noch lebt, und das ist ja durchaus möglich, die wissen es noch, so wie wir es noch wissen. Der Maskierte sang irgend etwas, in langen Tönen, als wärs ein Vergnügen, und war doch kein Vergnügen, aber er sang, niemand weiß warum, er sang, an dem kalten Februarmorgen, im Jahre neunzehnhundertsiebzehn. Und dann war auf einmal eine Stille. Nicht lang, so fünfzehn, so zwanzig Sekunden, aber das ist sehr lang, da knallte es nicht, bei uns nicht und drüben

nicht, jeder nestelte wohl neue Handgranaten los. Der Rotweiße sang nicht mehr, stand oben auf dem Schrank, ich stand tiefer. Vor meiner Nase tanzten die roten und weißen Rechtecke der Narrenhose. Die weißen waren grau, heller als das Grau des Morgens, und die roten waren blutrot, rot wie Blut, ein anderer Vergleich fiel mir nicht ein in diesem Augenblick der vollkommenen Stille. Und jetzt duckte sich der Hanswurst in die Knie, und ich fühlte, er bereitete sich zum Sprung, und das Bein ging weg von meiner Nase, und die Barrikade war leer, und er, der Kerl, war jetzt drüben und drunten bei den Generalen mit den modischen Röcken und den vornehmen Brusttaschen. Wild knallte es von allen Seiten, das Tagesgrauen wurde lichter, brüllend und lachend hüpften wir dem Scheckigen nach, und dann war der Ortsrand wieder unser.
Ja, das war Heinrich, der Lange, der hatte in der Theaterrumpelkammer, sich zu wärmen, und auch um sich einen Spaß zu machen, den Hanswurstanzug übergestreift, und hatte ihn so schnell nicht wieder herunterkriegen können, und hatte so kostümiert mitgefochten, und lag nun mit uns im flachen Graben, den wir, wenig belästigt, rasch aushoben.
Wir duldeten auch nicht, daß er sie wieder auszog, die Narrenhülle. Einer hatte entdeckt, daß heute Faschingsdienstag sei, das hatten wir ganz vergessen gehabt, was wußten wir vom Kalender? Aber es war wirklich Faschingsdienstag, wir rechneten nach, und es stimmte. Nachmittags brachten die Feldküchen zum Essen, zum Büchsenstampf, Schnaps, reichlich Schnaps, einen fürchterlichen, braunen, beißenden Fusel, und den tranken wir gierig.
Und später sah ich eine große Spinne am Grabenrand, groß und grau, wie so ein englischer Schüsselhut. Ich wollte sie töten, aber als ich zuschlug, prallte meine Faust nicht, wie sie es erwartete, auf einen weichen, zuckenden, blutspritzenden Leib. Sie polterte auf Hartes, es dröhnte, es war natürlich nur so eine Helmschüssel, und der Kopf mit dem glattrasierten Gesicht war nicht darunter. Es war ein harm-

loser Helm, und der Verlierer mußte sich hinten vom Kammerunteroffizier (der mag geflucht haben!) wieder einen andern geben lassen.
Ja, es war lustig in unserem Graben, in unserem flachen, neugebackenen Graben, und es regnete nicht, und das war eine große Gabe Gottes, die wir zu schätzen wußten. Nur einmal, nachmittags, wehte ein weißer, hageliger Schnee über uns weg, der aus einer bräunlichen Wolke fiel, während gleichzeitig die Sonne fahl leuchtete. Die spitzen Kristalle knisterten wie Sand, und wie Sand trieb sie der Wind in kleinen, drehenden Säulen von uns fort, in die Luft wieder, und es blieb keine feuchte Spur von ihnen zurück.
Die langbeinigen Generale drüben schossen nicht her, und so schossen wir auch nicht hin, so ritterlich waren wir schon, wenn wir auch keine Generalsröcke trugen, und Heinrich-ohne-Furcht, der rot-weiß-gefleckte, hatte den meisten Schnaps zu fassen gekriegt und war wohl betrunken und schrie immerzu: »Morgen ist Aschermittwoch!«
Die kleine Puppe, Reismüller, der Unteroffizier, der in diesen Tagen zu seinem Stolz vertretungsweise unsern Zug führen durfte, sah mit scheelem Aug auf Heinrichs närrischen Anzug. Er war sowieso immer der Meinung, daß wir ja, vielleicht, soweit ganz gute Feldsoldaten sein mochten, aber für gewisse Selbstverständlichkeiten des militärischen Wesens keine Empfindung besaßen. »Morgen ziehst du aber den Kittel wieder aus«, sagte er zu Heinrich, »so läuft kein deutscher Soldat herum!«
»Ja, ja, ist schon gut, reg dich nur nicht auf, Korporal!« sagte Heinrich, ohne den Kopf zu ihm zu heben. Der kleine Reismüller zuckte zusammen bei dem Wort Korporal, das an Stelle der Bezeichnung Unteroffizier üblich geworden, aber ihm verhaßt war, als vorschriftswidrig und allzu vertraulich. Aber er wagte auch nicht, es sich zu verbitten, man hätte ihn nur ausgelacht. Heinrich lag auf dem Bauch im Graben und wühlte mit der Hand eine kleine Mulde aus dem Boden. »Gute Erde, das«, sagte er, »sie bekommt so vieles von uns zu trinken, allerhand Zeug, von unserm Blut, von

unserer Notdurft auch, brav schluckt sie alles.« Er grub die Mulde tiefer, ein kleiner, spitzer Trichter entstand, dessen Wände er mit den Fingerspitzen glättete. Dann schüttete er aus seinem Feldbecher vorsichtig in den Trichter etwas Schnaps, der drin wie in einem Sektglas schäumend und Bläschen werfend stand. »Sie soll auch davon haben«, sagte er und füllte den kleinen Trichter wieder mit Erde zu, drückte sie ebnend fest, daß man die Stelle nicht mehr erkennen konnte. »Denn heute ist Faschingsdienstag«, sagte er, »und morgen ist Aschermittwoch!«
Der war morgen und sollte seinem trüben Namen alle Ehre machen, aber das wußten wir heute noch nicht, heute, heute tranken wir Schnaps, und gaben der guten flandrischen Erde davon ab, und waren lustig, und es war Grabenkarneval.
Und wenn ich die Gabe des zweiten Gesichts hätte, die ich aber nicht habe, so könnte ich nun etwas schildern, was einen Tag später war, und was ich dann einen Tag später mit natürlichen Augen sah, aber heute, am Faschingsdienstag, nicht sehen konnte.
Da ist also eine flandrische Landstraße, und die eine Hälfte der Straße ist mit runden Steinen gepflastert, die andere Hälfte ist ungepflastert, und naß glänzt es auf beiden Hälften. Hohe Bäume, Pappeln natürlich, hier in Flandern, stehen die Landstraßen entlang, und natürlich geht ein Wind, hier in Flandern, und er biegt die Pappeln, daß sie alle gebeugt stehen, alle nach einer Richtung gebeugt stehen, in einer bittenden Haltung. Um was bitten sie den grauen, wolkenverhangenen Himmel, denn nur ihn können sie um etwas bitten, wen denn sonst noch? Die Straße ist lang und hört wohl nimmer auf und geht durch ebenes Land, das wie ein Meer ist, ein Landmeer, als Schiffe hier und da ein Bauernhof, steuerlos dahintreibend. Und jetzt kommen die Straße daher vier Männer, die tragen eine Bahre, und auf der Bahre liegt etwas Verhülltes, etwas in einer braunen Decke verhülltes, so mit einer alten, braunen Schützengrabendecke verhülltes Längliches. Die Männer gehen mit dem Wind, der sie beugt, wie er die Pappeln beugt, und das Langgestreckte

auf der Bahre rührt sich nicht. Das ist etwas Totes, etwas unwiderruflich Totes, das sieht man an der braunen Schützengrabendecke, an ihren Falten: wer einen Blick dafür hat, der sieht es, daß unter solchen Falten nur Totes sich bergen kann. Ein Windstoß, ein besonders heftiger, jagt die Straße herauf. Die Pappeln wackeln, beugen sich knarrend, die Männer beugen sich nach vorn, und die schamlosen Finger des Windes heben einen Zipfel der braunen Decke, und man sieht etwas Rotes, etwas viereckiges Rotes, dann fällt der Zipfel wieder darüber, und was man sah, war Blut, würde jeder denken, der um diese Zeit, an diesen Tagen solche Bahren durch Flandern tragen sah.
Es war aber nicht Blut, der tödliche Steckschuß ins Herz gab kein Blut, gar kein bißchen Blut, nur den trockenen Tod. Es war nur ein rotes Viereck von Heinrichs Hanswursthülle gewesen, das der Wind entblößt hatte, an diesem Aschermittwochnachmittag des Jahres neunzehnhundertundsiebzehn.

ALFRED DÖBLIN

Kleine Kriminalität

Ein Kavallerist stellte nach dem Krieg sein Pferd in den Stall und fuhr durch das Land nach Norden, in seine Heimat; er hatte in Marokko gekämpft. Und wie er mit langen bunten Bändern am Hut und vorn am Rock den alten gewundenen Weg aus dem Ort herauszog, um die Mühle seines Vaters zu sehen, war sie zerschossen und der Vater nicht mehr vorhanden. Es fand sich aber am Ort ein Mädchen aus guter Familie, die brachte Geld, und die Mühle wurde wieder aufgebaut, und sie zogen als Müller und Müllerin ein. Fünfzehn Jahre gingen hin, sie hatten drei Kinder und waren nicht mehr jung. Am ältesten aber war die Müllerin, das wußte sie, und darum haßte sie ihren Mann.

In die Mühle zog ein grober Bursche als Knecht ein. Er hatte im Ort nicht viel getaugt; die Müllerin aber, die keine Aussicht hatte, einen Besseren zu finden, nahm sich seiner an und machte ihn zu ihrem Geliebten. Dem Kerl war alles recht. Nun hatte er sein Fleisch und Brot und Wein und eine Bleibe, dazu noch manchmal Geld. Das Geld war ihm aber nicht genug, darum bestahl er die Müllerin, die wagte sich nicht zu regen und stahl wieder, was ihr fehlte, bei ihrem Mann. Der warf einen Verdacht auf den Knecht, stellte ihn zur Rede, schlug ihn, drohte ihn hinauszuwerfen, falls er sich noch einmal an seine Sachen wage. Die Müllerin, die dicke verschlossene Person, renkte alles wieder ein.

Da sagte aber der Knecht, der gewiß ein Grobian, aber ein gekränkter Mensch war, er werde es dem Müller besorgen, daß er ihn schlage, auf den bloßen Verdacht hin. Er hatte übrigens von der Frau genug. Die Frau fühlte es und faßte einen Plan. Ihrem Mann hing das Sumpffieber an aus dem Krieg in Marokko. Im Fieber tobte er auf seiner Stube mit Säbel und Lanze, führte Krieg. Die Frau gab dem Knecht den Rat, im Ort ein Rasiermesser zu besorgen und ihm im Anfall die Kehle durchzuschneiden. Sie werde bezeugen, daß er krank war und es selbst getan hatte. Der Knecht fuhr ins Dorf und kaufte das Messer. Sie warteten ein paar Tage. Als das Fieber nicht kam, ließ die Müllerin den Müller sich schlafen legen, dann lief sie aus der Stube nach unten und erzählte dem Gesinde, ihr Mann sei wieder krank, sie fürchte sich vor der Nacht. Die Mägde luden sie ein, in der Kammer bei ihnen zu übernachten. Da schlüpfte die Müllerin nach oben, holte sich ihre Tücher und legte sich in der Kammer zu den Mägden; sie riegelte noch die Tür ab. Oben hatte sie die Tür aufgelassen. Und wie es in der Mühle still geworden war, machte sich der Knecht über den Müller her und schlachtete ihn. Die Frau hatte ihm versprochen, ihn zum Müller zu machen. Im Finstern tobte er in der Stube, ließ Säbel und Lanze auf den Boden fallen.

Als der Lärm aufhörte, stieg die Frau nach oben, die Mägde folgten, ein greller Schrei kam aus der Stube. Die Frau rannte dann in den Ort zum Arzt, sie war ein Heulen und Weinen. Sie alarmierte noch in der Nacht ihre Verwandten.
Am Tag der Beerdigung aber kam auf die Polizei der Barbier, dem der Knecht das Messer abgekauft hatte. Er ließ sich das Messer zeigen, womit sich der Müller den Hals abgeschnitten hatte. Und als sich der Trauerzug vor der Mühle ordnete, holte man den Knecht und seinen Schatz heraus.
Erst gestand er und beschuldigte sie. Dann spielte sie eine Ohnmacht und beschuldigte ihn. Sie bekam lebenslängliches Zuchthaus, er fünfzehn Jahre Zwangsarbeit.
Als Richter saß oben ein Mann, der bewachte seine Frau scharf, so konnte sie sich nicht bewegen und war ihm treu. Als Staatsanwalt fungierte ein Mann, dem war die Frau schon lange durchgebrannt, und er hütete die Kinder. Der Verteidiger hatte lieber gar nicht geheiratet. Er war Vegetarier, fraß seinen Salat und schwor, es ginge ihm gut.

LION FEUCHTWANGER

Höhenflugrekord

Am 2. Juli, einem sehr heißen Tage, morgens um 10 Uhr 20 Minuten, stieg der Leutnant Victor Crecy auf, um den bisherigen Weltrekord von 11 702 Metern Höhe zu brechen. Die Grenze, die für Flugzeuge erreichbar ist, war mathematisch festgestellt. Nicht aber, trotz vieler Versuche im Laboratorium, gab es eine sichere Formel für die Höhe, bis zu der Menschen lebend gelangen können. Fünf Flieger hatten sich bis jetzt ernsthaft und aussichtsvoll an dem Kampf um

den Höhenflugrekord beteiligt. Leutnant Crecy war der sechste.
Langsam schraubte sich sein Flugzeug ›Marie Lemaire‹ (S A III 26) hinauf in die dünne, von sausendem Wind durchhetzte Atmosphäre. Denn dauernd fegt vom Rand des luftleeren Raumes ein sehr starker Ostwind. In gleicher Höhe mit dem Flugzeug ›Marie Lemaire‹ stieg der Horizont, wurde weiter, undeutlicher. Leutnant Crecy steuerte sein Flugzeug höher, langsam, vorsichtig, wohl wissend, daß der menschliche Körper, unvermittelt in solche Höhen gebracht, bersten müßte; denn es saugt der Raum an jeder Zelle des Leibes um ihr Quentchen Luft, zieht durch die Haut hindurch das Blut heraus. In kurzer Zeit, doch ihm schien es langsam, gelangte der Leutnant in die eisige Dünne der ganz großen Höhe. Ein paar Wolken, ein Schneesturm, kommend von nirgendwoher, den Boden nie erreichend. So fegte der einsame Mann dahin.
Die Hebelarme seines 280-PS-Motors tanzten, ab und zu wurden die Propellerflügel sichtbar. Sonst sah der Flieger nichts außer den schmalen Zeigern seiner Instrumente. Längst waren die Städte zu handbreiten Flecken geschrumpft und verschwunden, längst die Ströme zu dünnen Drähten geschrumpft und verschwunden. Kein Echo war, nur das Surren des Motors. Nichts war im Raum außer dem Leutnant und seiner Maschine.
Leutnant Crecy war 28 Jahre alt, während des Krieges infolge außerordentlicher Leistungen im Tagesbericht der französischen Heeresleitung zweimal genannt. Jetzt hatte er das Ziel, der Internationalen Aeronautischen Föderation in Paris versiegelte Instrumente vorzulegen mit so beschaffenen Lesungen und Ergebnissen, daß dieses Institut sie als Rekord aushängen könnte. Er kannte von elf Höhenflügen und von den Versuchen im Laboratorium her die Wirkungen der dünnen Luft. Er wußte von der weißen Mittsommersonne, die ihn, da ihn die Atmosphäre nicht schützte, mit gleichmäßiger Unbarmherzigkeit bestrahlte. Er kannte gut den Winter, der in diesen Höhen auch im Juli friert.

Crecy war dicht in Pelze gewickelt, schwere Pelzhandschuhe trug er an den Händen; elektrische Heizkörper wärmten überdies das eine Bein, das infolge einer Steifheit gegen Kälte rasch empfindlich war. Das Gesicht war dick mit Fett beschmiert. Die Augen, ins linke war ein Monokel geklemmt, waren durch eine mächtige Brille abgeschlossen und geschützt.
Er stieg höher. Trotz aller Vorsicht schnitt der Wind wie eine Säge in seine Knochen. Mehrere Stellen seines Gesichtes, trotz des Fettschutzes, bedeckten sich unter der Sonne mit Blasen. Unter der Kälte zogen sich die Metallteile seines Flugzeugs zusammen, einzelne brachen durch die Vibrationen des Motors ab wie spröder Schiefer. Durch eine kleine Röhre, gleich als ob er rauchte, atmete er Sauerstoff ein.
Der Leutnant Victor Crecy, in der Höhe zwischen 9000 und 9500 Metern, freute sich an dem Bewußtsein, daß er das erste atmende Wesen war, das in diesen Teil des Raumes vorstieß. Er war ein mutiger Mann. Er hatte Nahkämpfe mit sehr gefürchteten Gegnern hinter sich, er war eine lange, ewige Weile, gestürzt, spritzendes Blei um sich, zwischen Graben und Drahtverhau gelegen. Sein unbewegtes, scharfzügiges Gesicht, ein Pokergesicht nannten es seine Freunde, war die Freude der Photographen; Millionen von Menschen war es, mit dem Flugzeug ›Marie Lemaire‹ als Folie, bestätigendes Sinnbild der Kühnheit der Generation. Dann aber, in der Höhe von 10 300 Metern, verzerrte sich plötzlich unter der dicken Fettschicht dieses Gesicht, der Mund schnappte hilflos auf und zu. Der Leutnant hörte den Motor nicht mehr, die Sonne wurde undeutlich, Zunge und Gaumen waren peinigend trocken, er war erschöpft vor Hunger. Es wurde dunkler, gleich wird es Nacht sein. Er begann mit sich selbst zu reden. Dies hatte er noch nie getan. Er sagte: »10 982 Meter unter dem Meeresspiegel. Meine Mutter ist eigentlich nicht schwarz, sondern eher braun. Jetzt klettere ich schon 2900 Stunden und bin immer erst 11 Meter hoch. Ich möchte jetzt ein Beefsteak. Es ist verflucht, wie die Zeit vergeht. Ich habe doch 29 gelesen, es ist aber 92.«

Im Begriff, das Bewußtsein zu verlieren, während die Sonne in seltsame Ausbuchtungen zerfloß und komisch zu wackeln begann, merkte er, daß in dem gefrorenen automatischen Apparat sein Sauerstoff ausgegangen war. Mit mechanischer Bewegung griff er zur Ersatzflasche. Im Bruchteil eines Augenblicks waren alle anderen Gedanken weggefegt durch den Befehl: Kontrolle! Kontrolle! Die Sonne bekam ihren Glanz zurück, der Motor surrte seinen alten Rhythmus. Der Hunger war fort. Er wußte, daß seine Mutter blond war und daß er um 10 Uhr 20 Minuten gestartet, also noch nicht 70 Minuten unterwegs war. Da lachte der Leutnant Crecy, er lachte laut, jung, schallend, aber so hoch im Raum war es kein lauter Schall.
Er sah auf den Registrierapparat und sah, daß er 11 404 Meter erreicht hatte.
Die nächsten 100 Höhenmeter erzielte er gleichmäßig und sicher wie in einer Höhe von 4000 Metern. Dann aber von neuem begann das Flugzeug ›Marie Lemaire‹ zu schwanken, schwamm willkürlich, ungehorsam dem Steuer, in der dünnen Luft. Kälter als die Kälte des leeren Raumes drang der Gedanke in ihn, daß sein Sauerstoffapparat nicht vorhalten werde. Wird er die 11 702 Meter unter sich lassen, die John Macready erreicht hat? Die Zeit schlich grauenvoll langsam. Schon wieder schnappte er, spürte er sein Herz, kämpfte er um Luft. Er bemühte sich angespannt, an die Versuche im Laboratorium zu denken und daß dies ein frühes Stadium sei ohne Gefahr. Aber es schnellten so viele Fische um ihn herum, große und kleine, glasäugig, dumm, ihrem Element entgegen. Zwischendurch wußte er, daß er in sehr großer Höhe flog, und daß irgend etwas falsch war. Er wußte auch, daß man dem durch einen einfachen Handgriff abhelfen konnte. Aber der qualvoll um Luft japsende Mann konnte auf diesen Handgriff nicht kommen. Es waren die vielen herumschnellenden Fische, die ihn behinderten.
Jetzt hatte er es. Mit dem mittleren Hebel mußte er etwas vornehmen. Er hob die Hand. Da raste der Hebel weg von ihm, wich nach vorne aus, nach links, er konnte den ver-

dammten Hebel nicht finden. Er lüftete, vermutlich um die schnellenden Fische zu vertreiben, die mächtige Brille, daß seine Augen, das linke unter dem geklemmten Monokel, bloßlagen. Er spürte einen sich ins Hirn drehenden Stich, dann nichts mehr.

Das Flugzeug ›Marie Lemaire‹ (S A III 26) wurde noch am gleichen Tage aufgefischt, auf einem Wasser treibend. Es war seltsamerweise nicht übermäßig beschädigt. Der tote Leutnant Crecy saß am Steuer, seine Hand war ans Steuer festgefroren; auch die Augen waren gefroren, vors linke war noch immer das Monokel geklemmt. Die versiegelten Instrumente zeigten, daß die erreichte Höhe 12 149 Meter betrug, 447 Meter mehr als der letzte Rekord.

ERNST WEISS

Die Herznaht

Der Student der Medizin, Friedrich von B., ein hochgewachsener, hellblonder Mensch, leidenschaftlich in die »große Chirurgie« verliebt, aber auch anderen Liebschaften keineswegs abgeneigt, unter denen eine gewisse Hildegard Anneliese eine große, wenn auch in letzter Zeit nicht immer erfreuliche Rolle gespielt hatte, wurde Anfang Dezember als unbezahlte Hilfskraft in die chirurgische Klinik des Geheimrats O., den seine Schüler wegen seines militärischen Auftretens und wegen seiner imponierenden Haltung den »General« nannten, aufgenommen, wobei eine alte Korpsbrüderschaft zwischen dem Universitätsprofessor und dem Vater des Studenten mitgeholfen hatte.

Friedrich von B. leistete, ohne vom Freunde seines Vaters anfangs einer besonderen Aufmerksamkeit gewürdigt zu werden, in der Hochschulklinik allerlei kleine, aber doch unentbehrliche und verantwortungsvolle Dienste: Narkosen, Verbände, kleine Eingriffe. Oft freilich stand er bloß müßig umher, eines Auftrags gewärtig, oder er führte Patienten im Kolleg vor, das wochentäglich zwischen einviertel zehn und elf Uhr stattfand.

In einer dieser Vorlesungen, am siebzehnten Januar, hielt der Professor ein Kolleg über bösartige Geschwülste. Mit Stolz wies er seine Dauererfolge vor, Kranke, die er vor drei, vor fünf, ja sogar einen Kranken, den er zu Beginn seiner Lehr- und Operationszeit in der Stadt vor nicht weniger als siebeneinhalb Jahren operiert hatte und der, wie die übrigen, gesund und rückfallsfrei geblieben war. Die Operationen waren schwer gewesen, und daß die Heilung so lange angehalten hatte, war ein Triumph der Chirurgie, der Segen des frühzeitigen und radikalen Eingriffs.

Man hatte die alten Patienten von seiten der Universitätsklinik brieflich, unter Zusicherung eines Zuschusses zum Reisegeld, soweit sie aus der Provinz stammten, in die Klinik beordert.

Nun hockten sie auf einer Bank in dem breiten Korridor, der aus den Krankenräumen in den Hörsaal führte. Fünf Männer, drei Frauen, vier aus der Stadt, ebenso viele vom flachen Land. Obwohl der Oberarzt es ihnen untersagt hatte, von ihrer Krankheit zu sprechen (ein allgemeines Verbot für alle Kranken der Klinik), unterhielten sie sich nun schon eine Stunde ausschließlich darüber; einige von ihnen lüfteten die Hemden, um die Operationsnarben zu zeigen, andere zeigten bloß von außen die Lage und Länge der Hautschnitte an, wobei sie die Länge übertrieben. Stolz folgten sie dann dem Studenten in den Hörsaal, ihre Kleider glattstreichend, und eine der Frauen geriet in Schweiß, weil sie ihre Handschuhe in der Eile nicht schnell genug anzuziehen vermochte.

Der General schwelgte in chirurgischem Optimismus. Er verglich das Schicksal der Gesundgewordenen mit dem der anderen, an dem gleichen Leiden erkrankten Patienten, die längst in kühler Erde ruhten; währenddessen faßte er die

Schultern der zarten ältlichen Patientin zwischen seine riesigen Arme und drehte die Frau wie ein Püppchen nach rechts und nach links, wandte sich aber sofort von der Frau ab, um den Studenten das Schema der Operation in einfachen Linien auf eine Tafel zu zeichnen, wobei er mit der Rechten die Kreide hielt, mit der Linken das Krankenblatt, in dem alle nötigen Daten genau verzeichnet waren und das ihm der Oberarzt zugereicht hatte. Dann entfaltete er in formvollendetem Vortrag die Fortschritte der Operationstechnik, beleuchtete kritisch die guten und schlechten Seiten jeder Methode, berechnete die Heilungsaussichten mit Hilfe einer sorgfältig geführten Statistik und vergaß dabei vollständig, daß die acht Menschen, die es anging, in dem Hörsaal standen, der übrigens gleichzeitig als Operationsraum diente.

Er war noch ganz in seine chirurgischen Betrachtungen versunken, als plötzlich sein alter Oberarzt, Professor E., in den Hörsaal stürzte und ihm aufgeregt etwas ins Ohr flüsterte. Die Erregung übertrug sich sofort auf den Chirurgen und zeigte sich in seinem wie von Bordeauxröte überströmten Gesicht, aus dem nur die alten Mensurnarben aus den Jünglingsjahren heller, kirschrot, hervorleuchteten. Eine steile Falte bildete sich als Zeichen scharfen Überlegens auf der Stirn des Generals, während der Oberarzt die acht Geheilten wie eine kleine Herde Geflügel aus dem Saal herausscheuchte.

Der Professor ließ sofort an seinem, nur für ihn bestimmten Waschtische das Wasser laufen, er drehte die Sanduhr, die auf einem Glasregal stand, herum. Der braune Sand begann zu rieseln, um zehn Minuten anzuzeigen: die vorgeschriebene Dauer der Händereinigung und persönlichen Antisepsis.

Der Student half dem General bei der »Toilette«, er band ihm, während der General abwechselnd weitersprach und sich wusch, eine große gelbe, wasserdichte Schürze mit einer Messingkette um den stiernackigen, wie das Gesicht bordeauxroten Hals. Der General trat, ohne hinzusehen, mit

den Füßen in schwarze, bis über die Knöchel reichende Galoschen.
In einem Augenblick war aus dem akademischen Lehrer ein anderer Mensch geworden, anders war seine Stimme, seine Haltung, sein Blick. Er rieb mit seiner harten Bürste Finger, Handfläche und -rücken und den Unterarm bis zum Ellenbogen. Aus einem automatischen Behälter entnahm er durch Druck des Fußes Seife, und bald war der Arm mit weißem Seifenschaum umhüllt. Dann wieder wurde alles abgespült, die immer lebhafter rot gefärbte Haut wurde sichtbar, um von neuem im Seifenschaum zu verschwinden. Neben ihm die Helfer, ganz wie er.
Jetzt wandte sich der General dem Auditorium zu: »Ein glücklicher, leider seltener Zufall. Selbstmordversuch in der Nähe der Klinik. Eine junge Frau, ein junges Mädchen. Stich ins Herz. Voraussichtlich eine Herznaht. Zeitgemäße Operation. Unzeitgemäßes Selbstmordinstrument, ein altmodischer Federhalter mit einer ganz gemeinen Stahlfeder. Bürodame. Relativ günstig der Umstand, meine Herren, daß der ominöse Gegenstand in der Wunde geblieben ist und dadurch die Verblutung verhindert hat. Glück im Unglück.
Übrigens auch eine Leistung, mit einer so primitiven Waffe das Herz zu treffen. Die Methode, die Sie nun hoffentlich alle, auch die Herren in den obersten Sitzreihen (ich bitte nur dringend, ja nicht aufzustehen, der Staub ist schauerlich und höchst gefährlich), nun die Methode, die ich Ihnen zu demonstrieren hoffe, ist neu und bleibt eines der vielen, außerordentlich großen Verdienste des verstorbenen Professors Rehn in Frankfurt. Die erste Assistenz wie gewohnt, Sie, Herr Oberarzt, die zweite Herr Glicker, und die dritte kommt an Herrn Schillerling, die Narkose könnten Sie übernehmen, der Herr Studiosus hier, einer von Ihren Kollegen, meine Herren, der schon ganz nett narkotisiert. Wir brauchen in solchen Fällen eine sehr ordentliche Narkose, wohlgemerkt: Überdrucknarkose, denn die Sache spielt sich doch innerhalb der Brusthöhle ab. Seit Jahren sind wir also

nicht mehr wehrlos gegen Verletzungen des Herzens, seit Rehn können wir Stich- und sogar, wenn auch natürlich nur in den seltensten Fällen, Schußwunden des Herzens angehen; wir können alles Derartige angehen, vorausgesetzt, meine Herren, daß der Patient uns lebend auf den Tisch hier gebracht wird! Von fünf rechtzeitig operierten Fällen sind nicht weniger als drei geheilt. Zweifellos wäre auch seinerzeit der österreichische Erzherzog, der Thronfolger, nach seiner Herzverletzung in Sarajewo – nun, lassen wir dieses schmerzliche Kapitel! – Kochsalzapparat anheizen. Oberschwester, Nebennierenextrakt, Adrenalin, Lösung eins auf tausend, vorbereiten, ja, ich wollte nur sagen, es gibt Methoden gegen jede Art der Verletzung, nur gibt es noch keine Methoden gegen die Mörder. Man näht die Wunde, aber man heilt nicht das Herz. Pulskontrolle übernehme der Narkotiseur. Vergessen Sie nicht den Rippendilatator, überhaupt alle Knocheninstrumente. Die Indikationsstellung ist in solchen Fällen einfach, man geht an die Operation heran, sobald man die Patienten da hat. Die erste Hilfe ist entscheidend. Trotzdem keine Sekunde zu verlieren ist, wo haben Sie die Patientin, bringen Sie sie uns bald herein! Formalitäten und lange Schreibereien sind überflüssig, ich operiere auch ohne Einwilligung der in solchen Fällen oft benommenen Kranken oder ohne Einwilligung der Angehörigen, die keinen blauen Dunst haben, das ist egal, ran an den Feind, aber nur unter striktester Befolgung der Regeln der Keimfreiheit. Hier gibt es keinen Pardon, wir müssen und werden uns hier genau an die Regeln der Asepsis halten, denn wir stehen im Begriff, einen der empfindlichsten und allemal zu Eiterungen neigenden Teil des Körpers, nämlich die Brusthöhle und den Herzbeutel, zu öffnen. So, da ist sie. Vorwärts! Vorsicht! Zart!« – –

Der hochgewachsene, hellblonde, etwas leichtsinnige Student der Medizin, Friedrich von B., sah Hildegard Anneliese wieder, die in seiner jüngsten Vergangenheit eine große, wenn auch nicht immer erfreuliche Rolle gespielt hatte.

Die Instrumente wurden auf einigen elektrisch geheizten Öfchen ausgekocht. Dichter Dunst stieg von den Instrumentenkesselchen auf und verzog sich in dem amphitheatralischen Raum. Trotzdem es gegen Mittag ging, war der Hörsaal düster. »Licht!« sagte der General. Die Lampen, unmittelbar unter der Decke soffittenartig angebracht, zischten auf, und ein schattenloses, fast rein weißes Licht ergoß sich über den Operationstisch, den Professor und seine Helfer und über die untersten Sitzreihen der Hörer. Eine Uhr, deren Zifferblatt man bisher nur undeutlich gesehen hatte, zeigte jetzt elf Uhr und nicht ganz zwei Minuten. Der General schwieg. Man hörte nur das Brodeln des Wassers, das silbrige Klirren der vom siedenden Wasser hin und her bewegten Instrumente und das raunende Atmen der Zuhörer.
Jetzt stöhnte die Selbstmörderin dumpf auf. Sie schrie nicht, sie hielt, wie es schien, den Atem zurück, da ihr jede Bewegung des Brustkastens Schmerzen verursachte. Die Studenten sahen vor sich unten in der Tiefe, von der Deckenlampe grell beleuchtet, das Gesicht von verwirrten, feuchten, dunkelblonden Haaren umgeben, quittengelb, die Oberlippe tief über die Unterlippe hinabgezogen, feucht. Die hellgrauen Augen waren zusammengekniffen, dann wieder aufgerissen, die Lider zitterten, und die Sterne der Augen wanderten ruhelos von einem Winkel des Auges zum anderen. Die Kleidung war am Oberkörper bereits mit einer Schere durchschnitten, ein leichter Gazeschleier war über den Oberkörper gebreitet; an einer Stelle war er spitz abgehoben und diese Stelle bewegte sich rhythmisch. Es herrschte Ruhe. Der General und die Assistenten hatten aufgehört, mit ihren Bürsten die Arme und Hände zu scheuern und blickten die Patientin an.
Es schien als wäre es tiefe Nacht. Stille. Bloß das Sausen des Wassers, das Brodeln des Instrumentenkessels, das Sausen des Lichts und das gedämpfte, bei jeder Ausatmung wiederholte Stöhnen.
Der General hatte der Oberschwester gewinkt. Diese ent-

fernte sehr sanft, als fürchtete sie, ihrer Geschlechtsgenossin wehe zu tun, den Gazeschleier mit einer sterilen Pinzette. Unter der linken Brust der Patientin sah man den Federhalter, er wippte mit jedem Herzschlag, als würde er von einer unsichtbaren Kraft zu einem Schattenstrich niedergedrückt, dann hob er sich wieder, als hätte er einen Haarstrich zu ziehen.

»Vor allem sehen Sie«, sagte der General, während er mit besonderer Intensität seine bereits krebsroten Arme von neuem mit der Bürste behandelte, »daß das Bewußtsein vollständig erhalten ist. Von dem in solchen Fällen nur zu verständlichen Schock abgesehen. Und keine Blutung. Die Blutung nach außen hat aufgehört. Sie wird wohl nur minimal gewesen sein.«

Er winkte den Studenten Friedrich von B. näher an die Leidende heran mit seinem muskulösen Männerarm, der im prallen Licht wie poliertes Metall glänzte.

»Vorwärts! Los! Narkose!«

Der Student zuckte die Achseln. Er zitterte vor Entsetzen am ganzen Körper und beherrschte sich nur unter Aufgebot aller Kräfte.

Zur Überdrucknarkose brauchte er einen besonderen Apparat, der längst hätte hier sein sollen. Aber er war wegen einer kleinen Reparatur in einen anderen Raum geschafft worden und jetzt, wo es auf jede Sekunde ankam, fehlte er, und niemand wagte es dem Chef zu sagen.

Große Trommeln aus Nickelblech mit Mänteln, Hauben, Tüchern, Handschuhen aus Gummi und Verbandmaterial wurden sehr schnell von den Schwestern geöffnet, weiße, viereckige Laken wurden von ihnen zu zweit herausgeholt, ausgebreitet, der Kranken untergelegt, wobei die Oberschwester mit äußerster Zartheit den Oberkörper des Mädchens aufrichtete. Der Unterkörper wurde dann mit Tüchern bedeckt, nur der Oberkörper und das mit jeder Sekunde fahler werdende Gesicht blieben frei. Die Hände wurden angeschnallt, über die Oberschenkel wurde ein breiter Gurt gezogen.

Neun Minuten waren an der Sanduhr abgelaufen. Aus dem siedenden Wasser wurden die knisternden großen Siebe mit den Instrumenten hervorgehoben. Dampf dunstete in gewaltigen Schwaden auf. Auf kleinen, fahrbaren Tischchen sonderte die Oberschwester mit flinken Bewegungen das metallene Gerät in systematisch geordnete Reihen, die gleichartigen Instrumente nebeneinander, die größeren nach rechts, die kleineren nach links. Scheren, gerade und gekrümmte, vierfingerige Haken, Knochenzangen, Gefäßklemmen, Pinzetten, Nadelhalter, Büchsen mit sichelförmigen Nadeln und solche mit geraden Nadeln, Seide und Catgutfäden auf gläserne Spulen aufgerollt, der Stärke nach geordnet.
Die Sanduhr war nahezu abgelaufen, der Student blickte sich im Saale um, und noch war der Narkoseapparat nicht da. Das Wasserrauschen verstummte jäh. »Jod!« sagte der Chirurg.
Jetzt erst, in der letzten Sekunde, rollte der Narkoseapparat herein, ein komplizierter Apparat. Die rostrote Bombe mit dem rostroten Hahn war die Sauerstoffbombe, die blaue Bombe mit dem blauen Hahn führte flüssige Luft, und der grüne Hahn leitete den Narkosestoff zu. Blitzende Manometer, blanke, mit Flüssigkeit gefüllte Schaugläser zur Kontrolle jedes Atemzugs.
Der Student hielt, während dem Professor ein weißer Operationsmantel angezogen und ihm eine weiße Haube aufgestülpt wurde, dem jungen Mädchen die rötliche, dicht anschließende Gummimaske über Nase und Mund. Der Narkosestoff, mit Luft vermischt, rieselte durch ein durchsichtiges Glasgefäß in großen Perlen. »Tief atmen! Tief atmen!« sagte der Student mit tonloser Stimme zu dem Mädchen. Das Mädchen schüttelte stumm verbissen den Kopf. Sie stieß mit kraftlosen Bewegungen die Maske von sich fort, so gut sie es konnte. Die Maske kam ihr nach, aber das fahle Gesicht wand sich und suchte sich ihr zu entziehen. Sie riß den Mund auf, sie wollte schreien, sie wollte sich wehren. Sie wollte flüsternd bitten, sie spitzte den Mund.

Aber kein Wort, nur immer das gleiche langgezogene, dumpfe Stöhnen entrang sich den völlig blutleeren, hautfarbenen Lippen.
»Jod!« wiederholte der General, während er Gummihandschuhe anzog. Metallisch bläuliches Braun bedeckte nun, mit einem breiten Stück Verbandstoff auf das Operationsfeld aufgetragen, die beiden Brüste, die Haut bis in die Gegend der Kehle nach oben, bis in die Nabelhöhe nach unten.
Mitten in dem braunen Feld wippte, aber müder schon, schneller und schwächer, wie kritzelnd, der Federstiel, getrieben vom ohnmächtig zitternden Herzen. Die bis jetzt noch deutliche Atmung wurde flacher. Die Augen waren nun weit geöffnet, sie irrten verzweifelt, aber klar, im großen Raume umher.
Unbegreiflich, daß ein so schwer verwundeter Mensch noch klar war, daß er wußte, was er tat, was er litt.
Schon zeigte sich bei dem General der eigentümliche, fast heitere, geradezu gelöste Ausdruck, der anzeigte, daß er den Gang der Operation mit allen möglichen Komplikationen bis in die Einzelheiten zu Ende überdacht hatte, so daß nur noch die technische Ausführung übrig blieb – aber warum war die Patientin noch wach? Ja, sie war fast lebhafter als vorher, und ihre Augen suchten und fanden endlich die Augen ihres früheren Geliebten.
Keine Sekunde zu verlieren, dachte der Student, es muß sein. Aber was sollte er ihr sagen, wie ihr alles begreiflich machen, wie sie zur Vernunft bringen, woran sie erinnern? Wer hat schuld? Wer macht es wieder gut? Zwei Minuten vor dem Tode? Elf Uhr, 12 Minuten.
»Und der Puls?« fragte der General.
Der Mediziner tastete an den schönen zarten Hals des Mädchens, dessen Konturen ihm vertraut waren aus lange versunkenen Zeiten. Er berührte weich mit den Spitzen des Zeige- und Mittelfingers die feuchte, weiche, lauwarme Haut.

»An der Halsschlagader nichts. Ich fühle an der Halsschlagader nichts.«
Aber das Mädchen hatte seine Hand gefühlt. Liebte sie ihn noch? Wollte sie wieder leben? Bereute sie? War sie noch die, die sie vor ein paar Minuten gewesen war?
Die Augenlider schlossen sich ihr mit einemmal, die langen Wimpern näherten sich und bildeten eine dichte, dunkelblonde, im prallen Licht fast messingfarbene Linie. Die Lippen öffneten sich zart. Man sah die milchweißen Zähne inmitten des blaß korallenroten Zahnfleisches. Sie atmete ihm entgegen, sie zog die Ätherluft ein mit flachen, schnellen Atemzügen. Elf Uhr, 13 Minuten.
»Also dann los auf jeden Fall. Schläft sie? Nein, noch nicht? Egal. Leben Hauptsache. Narkose Nebensache. Krieg ist Krieg. Ran an den Feind. Kopf ganz tief lagern. Anämie des Gehirns vermeiden, Rückenmarkszentrum für Atmung und dergleichen vor allem versorgen, Halsmark. Das aus der Wunde ausfließende Blut drückt von außen auf das Herz und staut sich im Herzbeutel. Herztamponade nannte dies der geniale Ernst Bergmann. So, noch etwas tiefer, gut, genug.« Der Tisch hatte sich durch eine hydraulische Vorrichtung lautlos gesenkt. Der Student fühlte, wie der mit seidenweichen, feuchten Haaren bewachsene Kopf des Mädchens in seinen Schoß niedersank. Lebte sie noch? Litt sie? Sie stöhnte nicht mehr. Schlief sie? War sie wach? War sie tot?
»Also bitte!«
Aus einer kristallglänzenden Schale mit Alkohol hob der Oberarzt ein dünnes, wie eine Fischflosse weich geschweiftes Nickelmesserchen mit stählerner, bläulich funkelnder Schneide. Der General nahm es am oberen Ende, fast so wie ein Maler einen Pinsel und zeichnete mit der Schneide, als versuche er nur die Linienführung einer Arabeske, eine bogenförmige Linie, die auf der Mitte des Oberkörpers begann und die linke Brust an deren unterem Rande umkreiste. Die Linie war mit blassem hingehauchten Rot gezogen.

Kein richtiger Tropfen Blut. Die Assistenten faßten die Wundränder mit den Haken von rechts und links und zogen sie weit auseinander. Die Patientin stöhnte auf. Dann verstummte sie. Der Student gab Äther. Das Messer verschwand aus der Hand des Chirurgen, man sah nicht wie, und jetzt wechselten die Instrumente in seiner rechten Hand, große und kleine, scharfe und stumpfe, schneidende und lösende, zupackende und auslassende.

Die Hände des Chirurgen und die seiner Helfer staken in eng anliegenden, rötlichen Handschuhen aus dünnstem Gummi, die sich so dicht an die Finger anschmiegten, daß man die Konturen der Nägel hindurchtreten sah. Im Operationsfeld war nur die eine große langfingerige Hand des Generals mit ihren scheinbar lässigen und zufälligen, in Wirklichkeit aber genau präzisierten und methodischen Bewegungen sichtbar. Die anderen Hände waren mit dem Halten der Wundränder, mit dem Zureichen von Instrumenten oder Gazebäuschchen und mit allen möglichen unterstützenden Maßnahmen beschäftigt, die der General meist mit dem Blick dirigierte, nur die wichtigsten Kommandos mit seiner Stimme erteilend. Was er sagte, war mehr für die Hörer bestimmt, um ihnen den Gang seiner Operation verständlich zu machen.

»Sie sehen, es fließt fast kein Blut. Leider nicht. Der Blutdruck ist minimal. Vorsicht bei der Narkose. Lassen Sie sie lieber stöhnen, nur das Nötigste, nur daß sie uns nicht erwacht. Sie ist im Schock, wird kaum schmerzempfindlich sein. Hier, im Unterhautzellgewebe knistert es, Luft dringt hervor, aus dem verletzten Brustraum hervorgepreßt. Was tun? Wir nehmen hier ein Stück des Brustbeins mit, hier klappen wir die Rippen auf. Wir machen ein Portal zum Herzen, eine Art Tür. Da müssen wir zwei, drei, ja gut vier Rippen durchtrennen unter Schonung der Knochenhaut, denn alles soll später wieder zusammenwachsen. Das geht ganz leicht. Wieder Luft. Beim Atmen saugt die Wunde Luft von außen ein. Nicht die Köpfe zu nahe daran! Kein Eiterkeim darf hinein. Geben Sie jetzt bei der Narkose mehr

Druck! Nur eine Spur Äther und sehr viel Sauerstoff. Jetzt gehen wir an den Feind ran. Fassen das Selbstmordinstrument von außen mit einer Beißzange, halten Sie es einmal so fest. Und hier dringen wir ihm nach, das ist der Weg, den die Feder genommen hat, man sieht die Spuren von Tinte noch hier markiert. Jetzt mobilisieren wir es, drehen Sie von außen ein wenig, gut! Ziehen Sie jetzt sachte daran, stärker, energischer, schön! Jetzt ist es raus. Gut, fort damit in die Sammlung. Richtiger Blödsinn, da nimmt der Mensch in der Verzweiflung, was er gerade bei der Hand hat. Und jetzt an die Rippen, paß mal auf, Rippenschere, ja, vorsichtig anlegen, erst den Finger darunter und jetzt drücke ich durch und jetzt kommt die nächste dran. Finger drunter und den ganzen Haut-Knochenlappen vorsichtig nach oben halten, ohne Gewalt. Ein, zwei, und noch eine, eins, zwei, zuck, zuck, los, aber nicht ausrutschen, ganz unverrückt den Lappen halten, verdammt noch mal, nur mit der Ruhe, so sachte, saachte, gut!«

Der Student von B. hielt seine Hand über den Mund des Mädchens, der Hauch des Atems war kaum zu spüren. »Maske nicht lüften! Überdruck muß bleiben. Sie atmet noch, fürchten Sie nur nichts, wir hier oben wissen es besser, wir sehen wie die Lunge sich bläht, kontrollieren Sie die Narkose, wie es geht, so geht es. Achtung! Der Herzbeutel, hier! Vorwärts!

Scharfe Klemme, Klemme. Größere! Kleinere! Mittelgröße, passen Sie doch auf und drehen Sie das Ding ein wenig nach außen! Noch eine und noch eine und so weiter ohne langes Gerede! Hier ist die Wunde im Herzbeutel, zackig, zickzack, so muß es hindurchgegangen sein, nicht ein einfacher Schnitt, selbstverständlich, denn der Herzbeutel hat sich im Augenblick der Verwundung gespannt, gedreht, wie bei jedem Herzschlag. Kropfsonde, wir wollen hinein, wir wollen tiefer und tiefer!«

Die Sonde, ein fingerartiges, längs gerieftes Instrument aus vernickeltem Stahl, schlüpfte glatt durch die Wunde in die blutige, dunkle Tiefe.

»So. Bitte halten Sie die Sonde unter. Darüber, bitte, jetzt die Schere, am besten eine gerade, ja und unten stützen, die Sonde genau unter die Schere halten. Ein Schnitt! So, gut. Und jetzt erst einmal klare Sicht! Alles voll Blutgerinsel. Das muß fort! Wir räumen das aus. Leicht fortwischen, nicht am Herzbeutel reiben, das liebt er nicht. Jetzt haben wir klare Sicht, lange wird's nicht dauern, wir müssen die Wunde haben. Ohne Verzug! Gerade unter unsern Augen kann sie sein, muß aber nicht sein. Wo blutet es? Woher blutet es? Wie das schweißt! Tupfen Sie. Kopf weg, nur ich muß sehen, gehen Sie mir aus dem Weg! Tupfen Sie, nicht die Hand ran, nur mit der Pinzette tupfen, zarter, energisch, zart habe ich gesagt, zart und energisch zugleich und nicht reiben, nicht scheuern! Achtung! Noch! Bald wird's Tag! Wie ist es mit dem Puls? Ist was da? Nichts? Also dann Kochsalzlösung ran, soviel man schafft, Blut wäre besser, Bluttransfusion, dauert aber zu lange, wir müßten erst die Blutgruppe haben, dauert zu lange, in die große Ellbogenblutader Kochsalz hinein, soviel wie hineingeht, Lebensersatz, Blutillusion! Und einer der Herren stellt im Laboratorium die Blutgruppe fest, haben wir dann einen Blutspender da? Sie haben uns auch einmal Blut gegeben, Herr B., welche Blutgruppe haben Sie? Aufpassen, nur die nächsten hundert Sekunden! Ruhe! Los! Fixation des Herzens! Mit dem zappelnden Herzen kommen wir nie zurecht. Es muß festgehalten werden. Es muß heraus aus seinem Bau! Heraus, du Feigling! sage ich. Wir müssen es ganz festhalten und müssen es zugänglich haben, wenn wir es nähen wollen. Also Nähte her zur Fixation! Ja, so ein Faden ist das rechte. Dünne Seide, krumme Nadel, diese Größe wird recht sein, her damit, was soll das Getändel, nicht zu kurz einfädeln und gleich her mit dem Nadelhalter, und Sie halten den Herzbeutel ab, und Sie nehmen das Ende des Fadens auf, damit es nicht schleppt. Hier sehen Sie, steche ich in den serösen Überzug des Herzens, linker Ventrikel, Spitze, ein, hier gleich wieder aus, jetzt haben wir eine Schlinge, die hält uns hier der Bruder da, und dasselbe noch einmal etwas weiter oben und etwas nach rechts zu und noch eine Schlinge nach der Seite zu, so sehen Sie, fasse ich die Herzmuskulatur mit der Nadel, steche ein, ziehe durch, steche aus, Nadel fort, die Enden zusammen, und wir haben es geschafft. Den Faden angehängt und vorsichtig jetzt heraus mit dem Herzen aus der Höhle. Es blutet? Lassen Sie es bluten. Natürlich blutet es. Heben Sie an! Schneller, zarter, höher! Noch etwas vielleicht. Unverzagt, so zur Seite. An dieser Herzwand ist nichts. Da auch nichts. Also anders herum! Etwas heben bitte, und rechts herum! Unverrückt und wieder tupfen, ganz fein, ohne zu pressen. Halt! Halt! Hier ist es! Hier ist die Wunde! Finger in die Wunde, Sie Finger *an* die Wunde, sage ich. Halten Sie ganz zart die Wundränder zusammen, geben Sie mit der Hand dem Herzen nach, wenn es schlägt! So, gut. Aber wir möchten auch etwas sehen! Drücken Sie nicht. Genügt. Ist gut, ist recht. Also voran zur Herznaht! Dieselbe Seide wie vorher. Erste Naht, quer gefaßt. Wundrand links, Wundrand rechts, Faden heraus, Knoten geschürzt, Faden an Klemme angehängt und so gehalten. Stimmt. Die obersten Schichten fassend. Oberarzt, übernehmen Sie die Naht und halten Sie mir die Herzwand etwas entgegen, nein, etwas drehen nach rechts, und immer mitgehen mit den Bewegungen des Herzens. Gut. Zweite Naht. Zur Sicherheit etwas tiefer gefaßt. Rein, raus, Knoten geschürzt, langsam von beiden Seiten gleichmäßig zusammengezogen, und wieder angehängt. Die Blutung wird schwächer, aber noch ist es nicht genug! Regt sich etwas am Puls? Noch nicht? Und wie ist die Atmung? Elend? Nur mit der Ruhe. Weg mit der Hand. Dritte Naht. Gut ist. Blutung steht. Die Herzwunde ist geschlossen. Schere, die Fäden der drei Nähte abschneiden! Nicht zu kurz! Aber auch keinen Schwanz! Nein. Gut. Noch eine vierte? Nein, wird genügen. Laß sein. Die Naht ist solide genug, sie wird stehen auch dann, wenn der Blutdruck steigt und die Gefäße sich normaliter füllen. Puls? Nein? Kommt schon. Kommt schon! Lebt das Herz, lebt der Mensch. Sie sehen, der Herzmuskel erholt sich zusehends, die Schläge werden markanter, er zieht sich richtig zusammen und erschlafft richtig, nicht mehr das hysterische Gezitter und Geflimmer wie vorhin. Das war in extremis, kann man wohl sagen. So, geben Sie wacker Kochsalz in die Armvene, aber stören Sie uns hier oben nicht, und kommen Sie uns mit dem Dreckzeug nicht zu nahe. Den Herzzügel nachlassen, die Fäden herausziehen, alles der Reihe nach. Sie sehen schon, wie der Herzmuskel an den drei Zügeln zerrt wie ein ungezogenes Füllen, er erstarkt uns unter der Hand. Gut, und der Puls? Kaum zu tasten. Wir werden schon helfen! Geben Sie uns jetzt das Adrenalin, wir schießen ihr die Spritze mit der Nebennierenlösung direkt ins Herz. Gut. Hat es. Nun?«

»Der Puls ist – – da. Ich glaube.«

»Wir glauben es auch. Und die Atmung?«

Der Student sah in dem Schauglase des Narkoseapparats die Perlen der ausgeatmeten Luft silbrig in immer lebhafter werdendem Strome emporsteigen. »Geht gut«, sagte er.

»Jetzt Naht des Herzbeutels. Da nehmen wir Catgut. Am Herzen wagten wir es nicht. Seide ist sicherer. Aber der Herzbeutel hat nicht den gewaltigen Herzdruck auszuhalten. Wird gehen, wird sich machen. Jetzt die Rippen wieder zurück in die alte Lage, die Knochenhaut nähen wir mit ein paar Heftfäden in aller Eile. Ein Glasrohr unter die Haut. Hier, unten am tiefsten Ort. Muskel – Fascie-Schluß der Wunde, das ist: Hautnaht, feine Seide, nur ein paar Stiche. Narkose?«

»Lange schon fort.«

»Gut. Reinen Sauerstoff weiter, dreiundeinhalb Liter, vier Liter, für und für. Und Kampfer zur Sicherheit. Den Kopf auch oben im Krankenzimmer tief lagern. Die Bluttransfusion nur, wenn Bedarf. Eher ja als nein. Welche Blutgruppe? A? Und Sie, Herr B.?«

»Auch A.«

»Kann man gar nicht besser haben. Herr Oberarzt und Herr B. bleiben bei ihr. Wann haben wir begonnen?«

»Elf Uhr 13 Minuten.«

»Dauer der Operation: siebeneinhalb Minuten. Vor hundert Jahren konnte der Leibarzt Napoleons ein Bein in der gleichen Zeit in der Hüfte absetzen, mit Stumpf und Stiel, eingeschlossen Blutstillung, etc. Aber das waren andere Meister als wir. So, fassen Sie die Patientin recht vorsichtig an und heben Sie sie in das Bett, oder besser, lassen Sie mich das tun. So – so –. Sind Wärmflaschen da? Zudecken! Zudecken! Zudecken! Alles gut. Alles in Ordnung. Alles andere überlassen wir – dem Glück. Guten Morgen, meine Herren, guten Morgen.«

JOSEPH ROTH

Heute früh kam ein Brief . . .

Heute früh kam ein Brief von Naphtali Kroj aus Buenos Aires. Mein Freund schreibt:

Ich bin schon zwei Wochen hier. Ich habe aus unserer Gegend Bekannte getroffen. Ephraim, der Schneider, und Tewje, der Schmuggler, haben sich nach Dir erkundigt. Tewje heißt hier Tobias und handelt mit Tabak. Wie ich heißen werde, weiß ich noch nicht. Vorläufig lebe ich »auf fremde Kosten«. Mein Name Kroj ist ein sehr guter Name. Wenn ich ihn mit C und y schreibe, heiß' ich Croy und bin ein Franzose. Obwohl hier niemand nach Deinem Namen und Deiner Herkunft fragt, wenn Du nicht stiehlst, mordest, raubst oder heiratest. Du kommst an und brauchst nicht zur Polizei zu gehn. Stell Dir vor: ein Land, in dem Du nicht zur Polizei gehst. Ihr könnt auf diese komische Welt schimpfen, soviel Ihr wollt. Aber es ist doch eine gesegnete Welt. Sie hat keine überflüssigen Staatsbeamten. Infolgedessen hat sie keine Unbequemlichkeiten. Unbequemlichkeit ist schlimmer als Brutalität, Ungerechtigkeit und Barbarei. Das Schlimmste ist die Pädagogik in der alten Welt. Jeder Wachtmeister ist dort ein Klassenlehrer, und man kommt nie aus der Schule heraus. Hier bin ich mein eigener Vater. Der Staat vernachlässigt mich. Er sorgt sich nicht um mich. Er liebt mich nicht. Er kennt mich nicht. Er ist ein Rabenstaat. Das ist gut so. Das Schlimmste ist die väterliche Liebe eines Stiefvaters.

Man redet hier in vielen Sprachen. Ich selbst kann schon ein Dutzend. Spanisch hab' ich auf dem Schiff gelernt. Auf dem Schiff ist ein alter Mann gestorben. Er war ganz allein, die ganze Zeit. Ich hatte nie mit ihm ein Wort gesprochen. Eines Tages, nachmittags, bekam er einen Herzschlag und war tot. Ich saß neben ihm, als der Schiffsarzt kam, und ich begann zu weinen. Ich weiß nicht, wieso mir die Tränen kamen, aber ich begann zu weinen. Dann sagte ich, ich wäre sein Begleiter gewesen. Ich behielt seinen Paß und sein Geld. Das sind die »fremden Kosten«, auf die ich hier lebe. Es reicht sogar zu einem kleinen Geschäft. Der alte Mann war ein Bauer. Ich sehe aus seinem Paß, wie er hieß. »Iwan Stepanowitsch Laszczuk«, das war sein Name. Jetzt fressen ihn die Haifische. Aber von einem alten russischen Bauer wird man nicht satt.

Ich war nicht ein einziges Mal seekrank. Alle Leuten waren es. Der Kapitän sogar. Der fährt schon zwanzig Jahre, und jedesmal wird er seekrank. Der ist wie eine Fliege, die immer in die Kerzenflamme fliegt und sich verbrennt. Das ist ein Beweis dafür, daß man gar nichts im Leben lernen kann. Entweder man kann alles, oder man kann es nicht. Man wird seekrank geboren. Bei uns zu Hause war ein Mann, der immer krank wurde, wenn er Leber aß. Jede Woche aß er Leber, und jede Woche wurde er krank. So ist dieser Kapitän.

Zwei, drei Jahre will ich hier bleiben. Länger nicht. In der Zwischenzeit könntest Du herüberkommen. Es wird Dir hier gefallen, weil Du ein dummer Schriftsteller bist. Was gefällt einem Schriftsteller nicht? Über alles schreibt er.

Entweder er lobt es, oder er tadelt es. Niemand fragt ihn, und er redet. Er erzählt, was man nicht wissen will. Er ist wie der Lehrer in der Klasse. Wer von den Schülern will etwas lernen? Aber der Lehrer muß lehren. Wenn der Schriftsteller seine Leser prüfen könnte, er würde sehen, daß er vergeblich geschrieben hat. Wenn ich zum Beispiel Tabak verkaufe, so sehe ich, daß es einen Sinn hat. Denn von zehn Menschen rauchen neun. Aber einmal in einem Jahr begegne ich einem Menschen, der ein Buch liest. Ist es nicht so?
Jetzt habe ich schon zu viel geschrieben. Ich werde Dir in einem Monat wieder einen Brief schicken, wenn ich sehe, wie hier die Dinge geworden sind. Wenn Du Geld brauchst, werde ich Dir schicken. Wenn Du nichts Wichtiges mitzuteilen hast, brauchst Du nicht zu schreiben. Ich umarme Dich und bin Dein Freund Naphtali Croy, mit C und y.

So ist also mein guter Kamerad Naphtali in dem fernen Buenos Aires. Viele Jahre waren wir zusammen. Wir teilten die letzte Zigarette miteinander und manchmal auch ein Mädchen. Wir hungerten zusammen, wir waren sparsam, wir waren leichtsinnig, wir gingen spazieren und waren krank, wir fingen Fische an verbotenen Stellen, wir wurden verhaftet, wir kamen wieder frei, und einmal plünderten wir einen Gutshof im Kriege, und einmal schlachteten wir ein Pferd, und einmal verhalfen wir einem gefangenen Russen zur Flucht, und einmal stahlen wir aus dem militärischen Magazin Lebensmittel und verteilten es unter die armen Juden der kleinen eroberten Stadt. Ja, wir haben manchmal Verbrechen begangen, und wenn man das alles gewußt hätte, wären wir für zwanzig Jahre ins Gefängnis gegangen.
Hier wird es Herbst. Naphtali Kroy schreibt nichts vom Wetter in Buenos Aires. Er hat sich nie um das Wetter gekümmert. Es war ihm gleichgültig, ob die Raben krächzten oder ob die Lerchen trillerten. Einmal, es war so ein blauer Herbsttag wie heute, sagte ich traurig zu meinem

Freund Naphtali Kroj: »Sieh her, die Schwalben sammeln sich zum Zug in südliche Länder!« Da sagte Naphtali: »Hier bleiben immer noch die Spatzen! . . .«
Vielleicht ziehen die Schwalben jetzt nach Buenos Aires? Wer kann's wissen. Es wird Herbst hierzulande, ich fühle es, obgleich ich in der Stadt lebe, in der großen Stadt, der die Jahreszeiten noch gleichgültiger sind als meinem Freund Naphtali Croy. Ich erinnere mich an den Herbst unserer Heimat, der nach gebratenen Kartoffeln roch. Denn der Herbst ist die richtige Zeit zum Kartoffelbraten. Man geht hinaus in die Felder, die hinter dem Friedhof liegen, die Weiden sind braun, die Blätter rollen sich zusammen und fallen ab, der Himmel ist grau, die Wolken hängen unbeweglich über der Erde, sie ziehen nicht davon, sie lösen sich auch nicht in Regen auf, sie sind Herbstwolken. Wir sammeln Reisig und zünden ein Feuer an, graben mit unsern Messern die reifen Kartoffeln aus und braten sie, bis ihre Haut platzt und ihr weißes Fleisch hervorquillt. Unten sind sie ein bißchen verkohlt.
Die Raben sitzen auf den kahlen Bäumen und krächzen, sie sehen unsere blanken Messer und möchten sie stehlen, sie sehen uns und fürchten sich. Sie wünschen wohl, wir wären Leichen und ein guter Fraß. Die Raben sind hungrig.
Hier sieht man sehr wenig vom Herbst. Die Pflastersteine können nicht welken, der Kalk von den Mauern fällt nicht ab, die Automobile tuten wie im Frühling, und wenn die Schneider nicht wären, welche die Mäntel herstellen, so wüßte man gar nichts von einem Wechsel der Jahreszeiten und nichts davon, daß jetzt die Welt ganz kalt wird und der Nordwind schon gepackt ist zum Flug über Europa.
Bei uns zu Hause aber sah man sehr viel vom Herbst und sehr wenig von Schneidern und neuen Wintermänteln. Bei uns trägt jedermann zwanzig Jahre lang seinen Pelz oder seinen Wintermantel, je nachdem, ob er reich oder arm ist. Und innerhalb der Pelzträger gibt es auch Abstufungen und Rangunterschiede: einige tragen Zobelpelze, noch mehr tragen Kaninchen, und die meisten haben gewöhnliches Kat-

zenfutter. Und alle Pelze und Mäntel sind von einem einzigen Schneider hergestellt, dem Schneider Peisach, der in der Nähe der großen Schenke wohnt und der keine Zahlen schreiben kann und infolgedessen die Maße im Kopf behalten muß. Das fällt ihm nicht schwer, denn er kennt seine Kunden, ihre Breiten und ihre Längen, ihre Bäuche und ihren Brustumfang, und während er die Kleider näht, stehen sie wie leibhaftig in seiner Phantasie.

An seiner Werkstätte gehen wir vorbei, sooft wir vom Kartoffelbraten heimkehren. Wir sehen durch sein kleines Fenster und erblicken ihn, den Schneider Peisach, wie er auf der Ofenbank sitzt und denkt. Woran denkt er? Er stellt sich seine Kunden vor. Dann, wenn er sie erwischt hat, geht er zum Tisch, nimmt die flache Kreide und zeichnet einen Ärmel aus und befühlt den Stoff, der weich und warm und dennoch leicht ist. Denn es soll ein Anzug für einen reichen Mann sein.

Wir lassen den Schneider Peisach nachdenken, soviel er will, und begeben uns in die Schenke. Wir trinken zwei Schnäpse und zehn Glas Tee, und das alles kostet zwei und eine halbe Kopeke, die wir schuldig bleiben. Es wird am Ofen mit Kohle aufgeschrieben, wo schon viele Zahlen stehen. In der Schenke sitzt Jossel, der Blinde, der schon einmal in Odessa war und dort sein Handwerk, das Bürstenbinden, gelernt hat, und plaudert mit dem Kirchensänger und Totengräber Kirylo, dem kleinen, buckligen Mann, der vor zwei Monaten einen Selbstmörder vom Baum abgeschnitten hat und einen guten Käufer für den Strick sucht. So ein Strick kann sehr viel Glück bringen, eine gute Ernte, gesundes Vieh und sogar einen Haupttreffer. Man kann gewiß einen guten Käufer finden.

»Was brauchst du einen Käufer?« sagt der blinde Bürstenbinder zum Totengräber.

»Es ist aber doch nur ein einziger Strick!« erwiderte Kirylo.

»Du bist ein Dummkopf!« sagt Jossel. »Aus einem langen Strick machst du viele kurze Stricke. Und wenn du die einzelnen Stücke billig verkaufst, so hast du mehr, als wenn du einen reichen Käufer für den ganzen findest!«

»Oh, du hast einen gesegneten Verstand, Blinder!« sagt Kirylo. »Wenn aber alle Stücke verkauft sind?«

»Dann zerschneidest du einen neuen Strick und verkaufst weiter bis an dein seliges Ende!«

»Aber ein neuer Strick, an dem sich niemand erhängt hat, bringt ja kein Glück!«

»Wer sagt das? Alle Stricke bringen Glück!« sagte Jossel, der blinde Bürstenmacher. Solche Gespräche führt man an Herbstabenden in meiner Heimat.

Oder man führt sie auch nicht mehr. Denn alle diese Menschen, die so reden konnten, sind gestorben, wie ich von Landsleuten gehört habe. Der Krieg und der Hunger haben unsern kleinen Ort vernichtet, und jetzt grasen die Kühe, wo früher noch die Kinder gespielt haben.

Das ist ein seltsames Gefühl, wenn die Stadt, in der man geboren wurde, nicht mehr vorhanden ist. Es ist so, als wäre man tausend Jahre alt und gerade vom Jenseits wiedergekehrt. Wenn man mich fragt, wo ich zur Welt gekommen wäre, weiß ich nichts zu sagen. Und weil meine Heimat nicht mehr vorhanden ist, bin ich nirgends zu Hause.

Mein Freund Naphtali Kroj ist in derselben Lage, aber er macht sich nichts daraus. Naphtali Kroj ist überall zu Hause, und gewiß fühlt er sich heute schon in Buenos Aires so heimisch, als wäre er dort geboren und groß geworden.

WALTER BAUER

Wanderung in die Untätigkeit

Lang ist ein Tag, wenn man keine Arbeit hat und keine Wohnung. Es ist klar, daß ich mein Zimmer verlassen mußte, als ich zwei Monate nicht bezahlt hatte. Aber als ich es noch bezahlen konnte, hungerte ich schon ... Wenn ich denke: siebzig Mark – aber ich hatte zuletzt nicht zehn. Jetzt bin ich weggegangen aus der Stadt, es ist eine Wanderung in die Untätigkeit, denn wer weiß, wo ich Arbeit wieder finden werde. Es ist Herbst, im Sommer war alles anders, jetzt breitet sich das Kommende unermeßlich aus und riecht nur nach Kälte und Nässe. Um es zu sagen: die Nässe rinnt durch die Schuhe und von dort unten her wird allmählich der Mensch aufgelöst.

Ich war schon einmal auf Wanderschaft wie mein Bruder, der Zimmermann; weiß Gott, was mich zurückgetrieben hat. Ich habe in Deutschland weiter nichts erhalten als ein wenig Arbeit und nachher viel, viel mehr Arbeitslosigkeit. Jetzt läuft man aus einer Stadt in eine andere, in jeder glaubt man, besser zu leben, jede entläßt mich, das Ziel ist ganz undeutlich geworden. Ziel ... wenn man das schon sagen will – wo war denn eines bisher? Ich bin ganz losgelöst, ich schwebe, und wenn ich fallen würde, niemand bemerkte es.

Als ich nichts mehr zu essen hatte, mußte ich mir etwas beschaffen. Geld hatte ich nicht – also: betteln. Es ist mir furchtbar schwergefallen, Leute anzubetteln, die die gleiche Sprache wie ich sprechen. Ich ging in die Vorstädte und habe mir gesagt: jetzt gehst du in das Haus und fragst, – ich ging vorüber. Schließlich habe ich es getan, und dann ging es. Stellenloser Kaufmann, sagt man; ich kann es mir schon erlauben, ich habe ein paar Kragen mitgenommen und einen Mantel. Dann geht es so: ein Mädchen öffnet die Tür, dann sage ich meinen Satz. Stille. Dann macht das Mädchen die

Tür wieder zu, aber ich gehe noch nicht, bleibe stehen. Drinnen spricht man. Dann bringt das Mädchen etwas zu essen, einen Teller voll, oder Brot, ich danke und setze mich auf die Treppe und esse. Die Tür ist angelehnt. Oh, solche Türen, die nur angelehnt sind. Könnte man doch hineingehen. Bin ich fertig, so steh ich noch ein Weilchen wie unschlüssig mit dem leeren Teller da. Räuspern. Es kommt jemand heraus, nimmt den Teller, macht die Tür zu. Man geht weiter, ist noch nicht ganz satt, also noch in ein andres Haus hinein.

Ich bin auch schon vor falschen Türen gewesen. Zum Beispiel hing ein Säbel im Korridor, als die Tür aufgemacht wurde. Ich dachte: Polizei, und wollte schnell gehen. Ein Reichswehroffizier wohnte da, es gab sehr gutes Essen.

Ach, satt wird man schon. Aber sonst habe ich nichts. Vielleicht noch den Reichtum meines Gedächtnisses, das den Zauber früherer Ereignisse vollkommen und von niemandem aufgefordert bewahrt. Wie trösten mich die Dinge, mein Gedächtnis, die du für mich aufbewahrst, wenn ich auf den nassen Landstraßen dahin gleite. Ich erwärme mich an Dingen, die schön waren, die nie wieder so geschehen werden. Aber wie schwer machst du es mir auch, wenn du soviel Dinge vor mich hinbreitest, Dinge, um die ich dich nicht gefragt, Dinge, die ich gern vergessen hätte, weil ihre Erinnerung mir Schmerz bereitet.

Ich habe in Asylen geschlafen, nichts hat mich gehalten, Türen haben sich geöffnet und wieder geschlossen, die Gerüche von Menschen, Häusern, Strohmieten hängen mir an. Gestern zum Beispiel habe ich in einem Bauernhof geschlafen, in der Scheune, und heute marschiere ich auf dem trockenen Rand der Straße weiter. Ich biege in einen Wald ein, einmal sehe ich Rehe, ich höre blasen, Hunde stürzten vorüber, es ist Herbst.

Ich habe das Glück, in einem Auto in die große Stadt zu fahren. Als ich das Summen des Motors hinter mir hörte, winkte ich und rief. Das Auto hielt. Ich fragte, ob der Herr gestatten wolle, ich möchte dort und dorthin. Es liegt an meiner Straße, sagte er. Steigen Sie nur ein. Ich wunderte mich; es kommt selten vor, daß man mitgenommen wird, alles hat Angst.

Nach zwei Stunden kam uns die Stadt entgegen mit dem schlechten Pflaster der Vorstädte, kümmerlicher Beleuchtung und vielen Menschen auf der Straße. Die Fahrzeuge mehren sich, palastähnliche Häuser stellen sich auf, die Straße öffnet sich zu einem Platz. Hier müssen Sie aussteigen. Vom Wind der Fahrt benommen, danke ich für die Freundlichkeit und bin allein.

Ich bin in vielen Städten gewesen, es war immer schrecklich, abends in einer fremden Stadt anzukommen, hungrig, ohne Geld, wie jetzt. Ich gehe vorwärts, ohne an ein Ziel zu denken, denn ich habe keines, gehe immer am äußersten Rande. Ich bin fremd hier; die Hotels haben wohl Zimmer, aber ich kein Geld, eines zu bezahlen. Die Stadt ist wie eine große Spinne, sie kommt mir mit nassen, glänzenden Armen entgegen, in der widrigen Feuchte gleitet man dahin.

Ich werde müde, die Füße gehen, aber ich komme nicht vom Ort; meine Augen sind verloren an die Läden, die herausschreien: Braten, Schinken, Süßigkeiten. Ich habe Gesichte vor Müdigkeit, ich bin im Begriff, wie eine Qualle zu vergehen, ich sehe zur Seite in die Ladenscheiben, – ich bin mir fremd.

Ich setze mich auf eine Bank an einem kleinen Platz, esse etwas aus einem feinen Papier, sehe aber nicht hin, ich esse: Brot, Käse, Verlassenheit, stärkeres Dunkel. Auf dem kleinen Platz steht ein Karussell, ein Mann dreht die Handorgel. Sie wimmert, es wär besser, sie hörte auf, aber wie die gequälten Töne aus dem Kasten mit der abgewaschenen Malerei dringen, bin ich weich. Diese verzerrte Melodie erscheint mir wie eine freundliche Hand, von irgendwoher zu mir gestreckt. Auf dem Karussell sitzen ein paar Kinder, es beginnt sich zu drehen. Das Lachen der Kinder schwimmt wie in vielen Schiffchen durch die Trübe, Holzpferde und Esel galoppieren schweigsam und unbeweglich dahin, sie stoßen chimärischen Dampf aus den blutroten Nüstern. Ein Kamel reißt sein Maul auf, und das Kind, das schwärmerisch durch eine Wüste reitet, ein kleines Mädchen, legt seine gelbliche Hand getrost hinein.

Ich erhebe mich und gehe weiter, immer durch Straßen, unaufhaltsam. Einmal eine Brücke über die Eisenbahngeleise, ich stelle mich an die Mauer und starre auf die Schienen, den Sternenhimmel des Rangierbahnhofes. Es regnet. Ich suche Schutz unter irgendeinem Dach. Auf einmal gehen die Laternen an, es ist unheimlich, wie sie aus dem Nichts heraus leuchten. Ein Mensch geht vorbei. Die Pfützen werden größer. Der Schritt verschwindet, der Mensch ist weg. Ich stehe da, und ich fühle mein Herz leben. Ich höre Stimmen von Menschen, die nicht da sind. Ich möchte etwas sagen. Ich behalte es für mich. Wenn ich die Hand ausstreckte, der Regen allein fiele auf sie. Regen ist das Mannah, das uns gegeben wird, und das Gelächter der Nacht wünscht, wir möchten davon satt werden.

Ich muß aus der Stadt heraus, den Feldern zu. Ich will einen Haufen Stroh suchen oder eine Scheune, ich weiß schon, wie man wieder sich hineinwühlt und nachts aufwacht vom Wind der Nacht, der wie die Zunge eines Tieres über die Augen streicht.

HERMANN BROCH

Ein Abend Angst

Unter dem gestreiften Sonnensegel, das auch jetzt bei Nacht ausgespannt ist, stehen die leichten Korbtische und die Korbstühle. Zwischen den Häuserreihen, durch die jungbelaubten Kronen der Alleen streicht der leise Nachtwind, man könnte meinen, der käme vom Meer. Aber es ist wohl

nur das feuchte Pflaster; der Sprengwagen ist soeben durch die leere Straße gefahren. Ein paar Ecken weiter liegt der Boulevard, von dort hört man das Hupen der Autos.
Der junge Mann war vielleicht schon ein wenig angetrunken. Ohne Hut, ohne Weste ist er die Straße heruntergekommen; er hielt die Hände im Gürtel, damit der Rock weit aufklaffe und der Wind möglichst bis zum Rücken gelange: das war wie ein lau-kühles Bad.
Der Boden vor dem Café ist mit leicht stickig riechenden, braunen Kokosmatten belegt. Ein wenig unsicher wand sich der junge Mann zwischen den Korbstühlen hindurch, streifte da und dort einen Gast, lächelte entschuldigend und gelangte zu der offenstehenden Glastür.
Im Lokal war es womöglich noch kühler. Der junge Mann setzte sich auf die Lederbank, die unter der Spiegelreihe die Wände entlanglief, er setzte sich mit Bedacht der Türe gegenüber, damit er die kleinen Windstöße sozusagen aus erster Hand in die Lunge bekäme. Daß das Grammophon auf dem Bartisch gerade jetzt sein Spiel abbrach, ein paar Augenblicke lang zischte es noch kreiselnd und dann überließ es das Lokal seinen eigenen stillen Geräuschen – das war unangenehm boshaft, und der junge Mann schaute auf das blauweiße Schachbrett des Marmorfußbodens. Ein Glas dunkles Bier stand vor ihm, und die Bläschen des Schaumes dehnten sich und zerplatzten.
Am Nebentisch, gleichfalls auf der Lederbank, saß jemand. Es wurde ein Gespräch geführt. Aber der junge Mann war zu faul, den Kopf hinzuwenden. Es waren eine fast knabenhafte männliche Stimme und die Stimme einer Frau. Ein dickes und dunkles Mädchen muß das sein, dachte der junge Mann, guttural-mütterlich ist sie. Aber jetzt sah er absichtlich nicht hin.
Die männliche Stimme sagte:
»Wieviel Geld brauchst du?«
Als Antwort kam ein guttural dunkles Lachen.
»So sag mir doch, wieviel du brauchst.« (Stimme eines gereizten Knaben.)

Wieder das dunkle Lachen. Der junge Mann denkt: Jetzt hat sie nach seiner Hand gegriffen. Sodann hört er:
»Woher hast du denn soviel Geld? . . . und selbst wenn du's hättest, von dir nähme ich es nicht.«
Der junge Mann schaut auf den Marmorfußboden. Reste von Sägespänhäufchen sind noch sichtbar, sie verdichten sich um die Grundplatten der gußeisernen Tischfüße zu kleinen Dünen.
Nach einer Weile denkt der junge Mann: Wahrscheinlich ist ihr mit hundert Franken geholfen; ich habe noch zweihundert, ich könnte ihr also hundert geben.
Dabei hat er das Gespräch daneben verloren. Jetzt hört er wieder hin. Die Knabenstimme sagt:
»Ich liebe dich ja.«
»Eben deshalb darfst du nicht von Geld sprechen.«
Der junge Mann denkt: Beide schicken sie ihre Stimmen aus, aus ihrer beider Münder kommt der Atem mit der Stimme, über ihren Tisch hin fließen Atem, fließen die Stimmen zusammen, sie vermählen sich, das ist das Wesen eines Liebesduetts.
Und richtig hört er wiederum:
»Ich liebe dich ja.«
Ganz leise kommt es zurück:
»Oh, mein Kleiner.«
Jetzt küssen sie sich, denkt der junge Mann. Es ist gut, daß drüben kein Spiegel ist, sonst würde ich sie sehen.
»Noch einmal«, sagt die tiefe Stimme der Frau.
»Brauchst du das Ganze auf einmal? . . . in Raten könnte ich es schon aufbringen.«
»Lieber stürbe ich, als daß ich von dir Geld annähme.«
Hallo, denkt der junge Mann, das ist falsch: so spricht eine mütterliche Frau nicht, mit mir dürfte sie nicht so sprechen; sie will ihm das Geld doch wegnehmen. Und dann fiel ihm ein, daß man den Knaben vor dieser Frau schützen müsse.
Aber weil er schon einiges getrunken hatte, vermochte er den Gedanken nicht weiter zu verfolgen; er hatte nun auch das Bier mit einem Zug geleert und fühlte sich ein wenig

übel. Um die Magengegend fühlte er sich kalt, das Hemd klebte, und er holte tief Atem, um die vorherige Behaglichkeit wiederzugewinnen. Es wäre gut, eine mütterliche Frau an der Seite zu haben.
Wenn ich mich umbringe, dachte er plötzlich, so gehe ich mit gutem Beispiel voran, und der Kleine ist von ihr befreit.
Hinter der Bar bewegte sich eine ältliche Person in einem nicht sehr reinen rosa Kleid. Wenn sie mit dem Kellner dort sprach, dann sah man ihr Profil, und zwischen Ober- und Unterkiefer ergab sich ein Dreieck, das sich öffnete und schloß.
Ich bin froh, daß ich die Frau neben mir nicht sehen muß, dachte er, und dann halblaut sagte er unversehens:
»Man kann sich ruhig umbringen.«
Das hatte er gesagt, er war darüber selbst erschrocken, aber nun erwartete er, daß seine Stimme sich mit den Stimmen jener beiden verflechten werde, und er maß aus, an welchem Punkte der Luft vor ihm dies geschehen könnte, so etwa zwei Meter vor seinem Tisch mußten sich die Linien der Stimmen treffen. Jetzt wird es ein Trio, dachte er, und er horchte, wie sich die beiden dazu verhalten würden.
Aber sie hatten es wohl nicht beachtet, denn die Frau sagte halb spielerisch, halb ängstlich:
»Wenn er jetzt käme!«
»Er würde uns töten«, sagte die Knabenstimme, »aber er kommt nicht.« Die beiden reden Mist, dachte der junge Mann, jetzt ist mir wohler, ich will jetzt einen Schnaps, und als der herbeigerufene Kellner kam, sagte er etwas deutlicher als zuvor:
»Jetzt kommt er.«
Aber die beiden gaben wieder nicht darauf acht, obwohl sie es möglicherweise doch gehört hatten, denn nun sagte die Frau:
»Vielleicht wäre es doch besser, wegzugehen.«
»Ja«, sagte der junge Mann.
»Nein«, sagte daneben die Knabenstimme, »das wäre sinn-

los . . . wir können ihn ebensowohl auf der Straße treffen.«
Dort stehen Polizisten, dachte der junge Mann, und laut setzte er hinzu:
»Und hier bin nur ich.«
Doch die Frau sagte:
»Auf der Straße kann man davonlaufen.«
Sie hat mich doch gehört, dachte der junge Mann, aber sie enttäuscht mich, eine mütterliche Frau läuft nicht davon. Jetzt habe ich wieder Durst, was könnte ich noch trinken? Milch? Kellner, noch ein Bock, wollte er sagen, aber es war, als müßte er seine Stimme aufsparen, und so wartete er vorderhand. Dagegen rief die Frau am Nebentisch den Kellner, und es war ein Beweis für die vollzogene Verflochtenheit der Stimmen, als sie nun verlangte:
»Eine heiße Milch.«
Ich sollte weggehen, sagte sich der junge Mann, ich werde immer tiefer in dieses Schicksal verflochten, es geht mich nicht an, ich bin allein, er aber wird uns alle töten.
Der Kellner hatte eine spiegelnde Glatze. Wenn er unbeschäftigt war, lehnte er an der Theke, und die Kassiererin mit auf- und zuklappendem Gebiß sprach mit ihm. Es war gut, daß man nicht verstand, was ihre Stimmen redeten.
Knäuel der Stimmen, die sich ineinander verflechten, die einander verstehen und von denen doch eine jede allein bleibt.
Nun sagte die Knabenstimme am Nebentisch:
»Oh, wie ich dich liebe . . . wir werden uns immer verstehen.«
»Das ist meine Angelegenheit«, sagte der junge Mann, und er dachte: ich bin besoffen.
Die Frau aber hatte geantwortet:
»Wir lieben uns bis zum Tode.«
»Er wird schon kommen und schießen«, sagte der junge Mann und war sehr befriedigt, weil er den Reflex der Mittellampe auf der Glatze des Kellners entdeckt hatte.
»Ich werde dich schützen«, sagte es nebenan.

Das hätte nicht er, das hätte sie sagen müssen, dachte der junge Mann, so ein kleiner blonder Bursch kann niemanden schützen, ich werde ihm eine herunterhauen und zur Mutter nach Hause schicken; es ist lächerlich, so einen Jungen ermorden zu lassen.

»Wir werden uns an den Händen halten«, sagte nun die Frau.

Ein Mann war hereingekommen, ein etwas dicklicher Mann mit schwarzem Schnurrbart; ohne ins Lokal zu schauen, hatte er sich an die Bar gelehnt, die Zeitung aus der Tasche gezogen, und während sein Vermouth neben ihm stand, begann er zu lesen.

Der junge Mann dachte: sie sehen ihn nicht. Und laut sagte er:

»Jetzt ist er da.«

Und weil sich nichts rührte, und auch der Mann an der Bar sich nicht umdrehte, rief er überlaut:

»Kellner, noch ein Bock.«

Der Wind draußen war stärker geworden, die herabhängenden Zacken des Sonnendaches bewegten sich, und wer an den Korbtischen dort Zeitung las, mußte oftmals die Blätter mit einem kurzen, knisternden Schlag glätten.

Er hält die Zeitung verkehrt, dachte der junge Mann, aber das schien doch nicht zu stimmen, denn der Gast an der Theke unterhielt sich mit dem Fräulein offenbar über den Inhalt des Gelesenen; zumindest schlug er oftmals wie empört mit dem Handrücken und mit den Fingerknöcheln gegen eine bestimmte Stelle des Blattes.

Er liest schon seinen eigenen Prozeß, dachte der junge Mann, und er ist darüber empört. Es ist sein gutes Recht, sie zu töten, uns alle zu töten. Und der junge Mann starrte auf die Stelle, an der sich seine Stimme mit denen der beiden verflochten hatte, verflochten, um sich immer wieder dort zu verflechten.

»Wir sind hier«, sagte er schließlich.

»Wenn ich das Geld aufbringe«, sagte die Frau, ». . . er ist käuflich.«

»Ich werde zahlen«, sagte der junge Mann, »ich . . .«, und er legte einen Hundertfrankenschein auf den Tisch.
Das Blut auf dem Marmorboden wird aufgewaschen und Sägespäne werden darüber gestreut werden.
»Ich will nicht, daß du Sorgen hast«, sagte die Knabenstimme, »ich . . .«
»Ich will zahlen«, sagte angeekelt der junge Mann und starrte auf den Punkt der Verflechtung in der Luft. »Hier«, rief er, erwartend, daß der Mann an der Bar sich endlich umdrehen und einen Schrei des Erkennens ausstoßen werde, einen Schrei, der mit den anderen Stimmen an diesem Punkt sich treffen werde.
Doch nichts geschah. Sogar der Kellner kam nicht, der war draußen auf der Terrasse beschäftigt, seine weiße Schürze wurde von der auffrischenden Brise hin- und hergeweht. Der Mensch an der Bar aber sprach ungerührt mit dem Fräulein weiter, der er das Zeitungsblatt hinübergereicht hatte.
Die Frau am Nebentisch sagte:
»Ich mache mir keine Sorgen, aber meine Füße und Hände sind schwer, wenn er käme, ich wäre wie gelähmt . . .«
»Man kann nicht fortgehen . . .«, sagte der junge Mann.
»Wir wollen heute nicht mehr daran denken«, sagte die Knabenstimme.
»Es nützt nichts . . .«, erwiderte der junge Mann, und er fühlte, daß sein Gesicht blaß war und wie der Schweiß auf seiner Stirne stand.
»Oh, mein süßer Freund . . .«, sagte nun leise die Frau.
Der junge Mann nickte. Nun nimmt sie Abschied. Der Mensch an der Bar hat nun auch wirklich den Revolver hervorgezogen und zeigt dem Kellner, wie die Waffe funktionieren wird. Die Sache mit der Zeitung war also Vorbereitung gewesen, eine sehr richtige Vorbereitung, warum soll nicht alles einmal verkehrt ablaufen?
Um den Kellner abzulenken, rief der junge Mann:
»Noch ein Bock«, und dabei schwenkte er die Hundertfrankennote, um sie dem Schützen zu zeigen. Aber der kehrte

sich nicht daran, sondern schraubte an der Waffe weiter herum, um sie schußbereit zu machen.
Das Fräulein setzte eine Reihe Gläser auf den Bartisch, eine Kette von Gläsern, und immer, wenn sie eines hinstellte, klirrte es leise und klingend. Der Revolver knackte. Die Instrumente werden gestimmt, dachte der junge Mann, wenn alle Stimmen zusammenklingen, dann ist der Augenblick des Todes da.
»Schön ist heute die Nacht unter den Bäumen, unter den klingenden Sternen«, sagte die sanfte Stimme der Frau.
»Unter den klingenden Sternen des Todes«, sagte der junge Mann, und wußte nicht, ob er es gesagt hatte.
Die Knabenstimme aber sagte:
»In einer solchen Nacht könnte ich an deiner Brust sterben.«
»Ja«, sagte der junge Mann.
»Ja«, sagte die Frauenstimme ganz tief, »komm.«
Und nun bewegte sich der Mensch an der Bar, ganz ohne Eile und ganz langsam bewegte er sich. Er nahm erst das Zeitungsblatt aus den Händen der Kassiererin zurück, und nochmals schlug er bekräftigend auf die Stelle, die von seinem Prozeß berichtete. Hierauf wandte er sich langsam zum Lokal und sagte laut und deutlich:
»Die Exekution kann beginnen.«
Seine Stimme war weich und doch abgehackt. Sie trug bis zu dem Punkt der Verflechtung, bis zu diesem Punkt, auf den der junge Mann mit aller Anstrengung hinstarrte, und dort blieb sie hängen.
Der junge Mann aber sagte: »Nun ist die Kette geschlossen.«
Und wohl, weil es galt, die gebannten und gelähmten Blicke aller Anwesenden auf sich zu ziehen, hob der Mensch an der Bar mit großer runder Geste den Revolver, er hob ihn empor, und dann verbarg er ihn hinter seinem Rücken. So kam er näher. Man hörte seinen Atem. Selbstverständlich ging er auf den Nebentisch los, ja das war selbstverständlich. Und weil nun der Augenblick der Katastrophe da war, weil

die rücklaufende Zeit das Jetzt nun erreicht hatte, um an diesem Punkte des Todes zur Vergangenheit zu werden, da gestattete sich der junge Mann, den Traum aufzudecken, ehe er endgültig in ihn versinken sollte, und den daherkommenden Menschen verfolgend, blickte er zum Nebentisch.
Der Nebentisch war leer, das Paar war verschwunden. Und gleichzeitig begann das Grammophon, den »Père de la Victoire« zu spielen.
Der Kellner war dem Menschen gefolgt. Der junge Mann hielt ihm den Hundertfrankenschein hin:
»Haben die Herrschaften, die hier saßen, gezahlt?«
Der Kellner sah ihn verständnislos an.
»Ich wollte nämlich auch für sie bezahlen.«
»Alles ist bezahlt, mein Herr«, sagte der Kellner.
Der Fremde sagte mit seiner weichen und eigentlich fettigen Stimme:
»Seien Sie doch nicht so ehrlich, mein Freund.«
Ich bin wirklich besoffen, dachte der junge Mann, zum Sterben besoffen.
Die Kassiererin begann nun die Gläserreihe zu reinigen. Sie nahm ein Glas nach dem andern, es klirrte klingend, und jedes Glas spiegelte die Lichter des Lokals. Doch der Wind draußen war abgeflaut.

WOLFGANG KOEPPEN

Zum ersten Mal in Rotterdam

Calderon, der gegen Mittag in Rotterdam, das ihm vertraut war, obwohl er es nicht kannte, angekommen war, wandte sich, nachdem er die Centraal Station verlassen hatte, sofort und entschieden nach links, zum Hafen, zur See. Ohne sich um die Taxis, die hier auf die Reisenden warteten, die

Autobusse und Straßenbahnen zu kümmern und ohne einen der groß und mächtig wie in den schönen Filmen auf dem Platz stehenden, den Londonern Constablern mit ihren Schutzengelhelmen gleichenden Polizisten nach dem rechten Weg zu fragen, folgte Calderon allein seiner Erinnerung an einen Plan der Stadt, den er, bunt und anziehend genug, mit vielen himmelblau getuschten Wasserläufen im immer überheizten Kontor des Kohlenhändlers an der torfmoorigen, rußverschmierten Wand hatte hängen sehen, da er, ein Knabe, froststeife Ohren und Hände, in einem allzu dünnen Mantel den hartnackigen Geschäftsmann um einen Eimer Abfall und Staub für den Ofen der Mutter gebeten hatte, während der Fettgeschmückte, vor hitzigem Behagen rot, die glühende Zigarre im kleinen, zum Lied gespitzten Mund, über den bittenden und bald trotzig schweigenden Jungen hinweg auf den Plan von Rotterdam starrte, der da sinnlos hing, vergessen, ein Kalender vom vorigen Jahr, nichts wahrnehmend und wortlos auf die Inschrift Rotterdamsche Brandstoffen Matschappij. Damals schon und ganz erniedrigt hatte sich Calderon vorgenommen, als Mann nach Rotterdam zu gehen und dort ein reicher Kaufmann zu werden, Herrscher über die Brandstoffe in Europa, größer, mächtiger als der kleine Kohlenhändler in der kleinen, engen Heimatstadt. Schnell erreichte Calderon, noch immer in einem zu dünnen Mantel, den langgezogenen Coolsingel, die Hauptstraße mit den flinken Mädchen und dem vollen Wind, den Börsenplatz, wo man an der Börse raunen sollte, da kommt Calderon, die Bodega, wo er sitzen wollte, ein alter grimmiger Mann beim roten Port, und kam, am Ufer einer Handelsgracht, zwischen Speichern und Kähnen, endlich zur langen Brücke, die sich über das breite Wasser der Maas spannt und Rotterdam mit den Hafeninseln verbindet.

Kaum, daß Calderon die Brücke betreten hatte, fügte sich sein Schritt in ihr Schwingen. Links auf dem erhöhten Steg der Bahnlinie überholten ihn die Güterzüge, übermannten ihn die Waren der Welt. Auf Fässern, Kisten, Ballen, Säcken die Schrift Arabiens, die Pinselstriche chinesischer Philosophen, das Alphabet der Bibel. Calderon, von einem mächtigen Sog erfaßt, trieb mit und dahin in einem Fluß von königlichen Kaufherren, Buchhaltern, Betrügern, Dieben, Seeleuten, Dockern, Werftarbeitern und den Tod herausfordernden geschäftigen Boten auf surrenden, schrill schellenden Fahrrädern. Dazwischen die Automobile mit den Weltreisenden im Fond und den Tropenkoffern hinten aufgeschnallt, die Lastwagen mit dem Brandgeruch des treibenden Öls und die breitbrüstigen, wie in schweren Träumen wandelnden belgischen Pferde mit den flachsigen Mähnen wie Frauenhaar behäbig auf den Bildern der holländischen Maler in den Museen. Menschenfüße, Pferdehufe, Wageneisen, Räderreifen, Autoräder deckten den Boden der Brücke mit einer so dichten Folge von Bewegungen, daß ein zu Boden gerichteter Blick das harte feste Grau nur flüchtig und unter Schatten wahrnehmen konnte. Rechts aber, durch die Lücken im starken Netz der Pfeiler, der verflochtenen und genieteten eisernen Träger, konnte Calderon den Strom sehen, wie er mit überraschender und plötzlich unheimlicher Geschwindigkeit der See zuging, Schiffe trug, lustig noch, zu ihrem sicheren Untergang.

Hier hörte Calderon den zweiten, dumpfdröhnenden Heulton aus der Sirene des Amerikadampfers. Wenn er seinen Kopf über die Köpfe, die vor ihm Köpfe waren, hinausreckte, konnte er in einiger Entfernung, hinter den Teerdächern flacher Schuppen, den Spinnenarmen der Kräne, die gedrungenen Schornsteine des Ozeanriesen in einer schrägen Parallele vor dem Himmel stehen sehen, der ein wenig nach Regen aussah; doch stieg der Sirenendampf des Riesen, da der Ton nur noch in immer weiter sich entfernenden Echos aus der Stadt zurückgeworfen wurde, als blendend weiße und lieblich flockige Wolke zu Gott auf.

Calderon fühlte den festen Boden der ersten Hafeninsel unter seinen Füßen, die, vom Brückenschwung befreit, nun fest auftraten, und er folgte weiter über Schienenstränge, Frachtpfade, zwischen Speichern hindurch der Menge zum

Becken, die zielstrebig selbst den hellen Bananendampfer mit Licht und Duft Westindiens unbeachtet ließ.
Mit einem Mal wurde die Bewegung, deren kleiner Teil er war, gestoppt, und Calderon prallte gegen den Rücken eines Vordermannes wie ein Eisenbahnwaggon beim Rangieren gegen einen Puffer. Beide wurden sie taumelnd zur Seite gedrängt, so daß eine Zufahrt für die Schiffspassagiere wieder frei werden konnte, und beide, Passanten nur, sahen sie zur gleichen Zeit, wie sie ihre Augen nun nach oben richteten, in einer Höhe, die über eine hohe Haushöhe war, das geputzte und bewimpelte Deck des Dampfers mit all seinen leuchtenden, gelackten und gescheuerten Aufbauten. Wohl besonders vornehme Reisende, die ungewöhnlich lange, die Planken streifende und weitläufig karierte Mäntel trugen, promenierten dort schon in der Gesellschaft der für die Tropensonne angezogenen Schiffsoffiziere, während sie die Sorge um ihre Unterkunft, den Transport ihrer Koffer, die Ausbreitung der Toilettensachen und der zarten Wäsche, die sie zur Nacht anziehen sollten, den Stewards überließen. Auf dem Vorder- und Achterdeck waren Dampfkräne mit dem Einholen der letzten Fracht beschäftigt, die, in große Netze geschnürt, wie das Spielzeug der Riesendame durch die Luft gehoben wurde. Auch ein rechteckiger Kasten, der von Calderons Standplatz aus klein wirkte, doch ein Pferd umfaßte, das mit schönen, angstvoll blickenden Augen und entsetztem Schrei Abschied von Europa nahm und nie auf die Prärie zu den wilden Pferden wollte, wurde scheinbar mühelos an Bord gezogen. Grad waren diese Arbeiten zu Ende geführt, da der Dampfer zum dritten Mal und nun besonders inbrünstig seine Sirene tönen ließ. Ihr antworteten sogleich viele andere, mildere, aber doch verwandtschaftlich gestimmte Laute, und ein Rudel von kleinen wendigen Schleppern zog bisher im Wasser verborgene Stahltrossen straff, die vom Heck der Kleinen wie die schrägen Wege kühner Seiltänzer zum Bug des Ozeanbezwingers führten. So, im Anfang seiner weiten Reise und im Anhang ungelenk, fast hilflos, wurde das Schiff aus dem Hafen

bugsiert. Allein die Klänge der Bordkapelle, die den Abschiedsmarsch spielte, blieben den Zuschauern, die ihrerseits hurra riefen.

Schon schluckte nicht die wachsende Entfernung, vor allem Dunkelheit und aufkommender Nebel das Bild des Schiffes, von dem bloß noch die Lichter zu sehen waren, die aber bald von den andern Lichtern des Hafens, den Seezeichen, den Leuchtfeuern und den Booten, auch den Lampen der Insel nicht mehr zu unterscheiden waren. Das Schiff war dieser Welt verloren. Menschen und Fahrzeuge hatten sich schnell entwirrt, waren weggefahren oder entlaufen. Enttäuschung bedrückte das Herz. Calderon stand allein zwischen Schuppen, die nun stärker nach Tee, Kaffee, Tabak und Gewürz dufteten. Es war Calderon, als ob er den Drehorgelton eines Karussells hörte, und er folgte dem alten Schlager Valencia über eine Zugbrücke, menschenleer, zur zweiten Insel des Hafens, einem, wie er gelesen hatte, verrufenem Viertel. Kohlen- und Petroleumdampfer lagen hier mit spärlichen, einsam scheinenden elektrischen Lichtern düster in einer stillen Bucht des Wassers. Schwarz sah es aus. Wer hineinfiel oder gestoßen wurde, verschwand.

Alles war düster. Eine schnurgerade gezogene rohe Ziegelstraße präsentierte die Fronten ärmlicher Wohnungen, deren Wände von Kinderhand mit den weißen Kreidestrichen junger Geilheit geziert waren. Doch hinten, wo die Straße sich zu einem Platz mit vergessenen verrosteten Schienen erweiterte, drehte sich im roten Licht eines auf- und abflammenden Scheinwerfers ein Schaukelspiel um eine mühlenartig gebaute Mitte.

Die Sitze hingen an langen eisernen Ketten und wurden von dem Schwung der ziemlich schnellen Umdrehung weit nach oben und außen geschleudert. Darüber war ein Plafond mit Spiegelscherben ein schmutziger Himmel. Die hängenden Sitze waren bis auf zwei unbesetzt und pendelten leer. Ein junger Mann versuchte aus der einen Schaukel ein wohl rothaariges Mädchen, den zweiten Fahrgast, noch ein Kind, schwingend zu erreichen. Der Mann war seemännisch

gekleidet, nur ein modisch städtischer Hut, zu neu und dabei noch zu groß, gab ihm das Aussehen eines gefährlichen Affen, eines Orang-Utans auf der Jagd. Der Scheinwerfer fuhr dem Mädchen zwischen die Beine. Calderon sah ihre Schenkel. Liebe schlug ihn.
Bevor noch der Matrose mit dem stolzen Hut zu dem Mädchen sich hingeschaukelt hatte, fühlte Calderon einen Beobachter aus der dunklen Welt. Es war ein alter Mann, ein Chinese in der bescheidenen Jacke der Heizer, mit ernstem Gesicht. Von Calderon entdeckt, ging der Chinese von dem Karussell fort in die schnurgrade Armut der Straße. Calderon folgte ihm, wie gerufen. Nach wenigen Schritten öffnete der alte Mann die Tür eines kleinen Ladens, der am Tage Grünkram verkaufen mochte, und forderte mit höflicher asiatischer Verbeugung Calderon auf, einzutreten. Im Laden war es dämmerig, aber gleich leuchteten mattweiße elektrische Birnen unter der Decke des ziemlich leeren rechteckigen Raumes auf, dessen Boden mit gelben Matten belegt war. In einem Kupfergefäß brannte ein Feuer. Wärme umfing Calderon. Gewürze gaukelten ihm die ersehnten Tropen. Er hatte das angenehme Gefühl, sauber zu sein, die wohlige Empfindung, nach einem Bad in einem frischbezogenen Bett zu liegen. Er hockte sich auf den Mattenboden, saß auf den Fersen, der Chinese klatschte in die Hände, und ein kleines Mädchen, eine Chinesin, eine chinesische Puppe aus einem chinesischen Bilderbuch, ins Bett genommen, in den Schlaf betrachtet, brachte einen Schemel und eine Schale mit rauchendem Tee. Auf den Schemel stellte das Mädchen den Tee vor Calderon hin. Calderon wollte die Hand nach dem Mädchen oder dem Tee ausstrecken, als andere Chinesen in den Raum traten. Es waren jüngere Männer in amerikanisch geschnittenen Anzügen mit weiten Hosen und wattierten Jacken. Unter den Jacken trugen sie auffallend weiße Hemden mit gestärkten Kragen, frisch aus der Wäscherei, warm vom Bügeleisen, und ihre Gesichter, ihre Augen waren hart, unstet und eilend wie Gesichter und Augen von nimmer rastenden

Geschäftsleuten. Bald konnte Calderon unter den vielen neuen das liebe und ernste Antlitz des Alten, dem er gefolgt war, nicht mehr finden. Die andern setzten sich, ohne Calderon zu beachten, wie er auf die gelben Matten, wo auch sie den Schemel und den Tee von dem kleinen Mädchen serviert bekamen.

Dann ging über allen das Licht aus. Calderon fühlte eine kalte, starke Hand, doch schon öffnete sich im Hintergrund des Raumes ein Vorhang, der die erleuchtete Bühne eines Speichers mit Säcken, Fässern und Kisten dem Auge bot. Vier Männer in roten Kitteln, die Gesichter zu Dämonen geschminkt, setzten sich in die Bühnenmitte. Der eine schlug die Faust gegen einen großen, hellklingenden Gong. Der andere bearbeitete einen kleineren, dumpfer gestimmten Gong mit einem Klöppel. Der dritte schlug einen Hammer gegen einen Eisenstab. Und der vierte, der den Rhythmus bestimmte, trieb angestrengt zwei ungeheure Schallbleche gegeneinander. Es war, als ob ein Schnellzug über eine Brücke rast, die hoch über einer tiefen, den Schall tausendfach verstärkenden Schlucht hängt. Der Zug und alle in ihm werden verschlungen. Die Musik verkündete und begleitete aber nur das Erscheinen des großen Drachen.

Zwölf junge Männer stellten sich, einer hinter dem andern, in einer Reihe auf und hoben die Arme. Der erste nahm das greuliche Haupt des Drachen, der am Boden lag, auf und hielt es über sich. Hinter ihm wogte, wehte es gelb und fraß die Erde. Die anderen, die dem ersten in der Reihe folgten, griffen in die gelbe Seide, deckten sie über sich, so daß sie sich, hinter dem Drachenkopf, zu einem gewaltigen, gelb windenden Leib vereinigten. In Schlangenlinien durch die Luft fliegend, auf dem Boden kriechend, kurvend, bebend sich bäumend, bewegte sich, einmal erhaben, bald wieder gemein, festlich und böse, der große furchtbare Drache in seinem wilden Tanz stundenlang und bis zur Erschöpfung seiner Träger um die vier unermüdlich Töne schlagenden Musikmacher.

Wie ein Betrunkener schwankend, floh Calderon endlich, behutsam über die wie in Träumen Entrückten hinweg, zur Tür und aus dem Raum. Er eilte zum Ende der dunklen, schnurgraden Straße, wo ein kleines Licht den Eingang zur Alaska-Bar wies. Calderon spürte den dumpfen Geruch verrauchter Zigaretten widerlich in Mund und Nase. Er bestellte Branntwein, zum ersten Mal, noch nie gekostet, den er schnell hinunterstürzte und brennend litt. Er sah hinter dem Tresen einen jungen Chinesen stehen, der den Trägern des Drachen ähnelte. Hier ruhte seine linke Hand auf dem Zapfhahn, und seine Augen verfolgten messend und rechnend den gelben Fluß des Bieres. Die rechte Hand strich mit einem Messerrücken den Schaum von dem Glas, das er einer blonden Kellnerin reichte, die ihm mit dem ergebenen Blick eines Hundes unentwegt in das harte, scharfe, chinesische Gesicht starrte. Das Mädchen war jung und hübsch, eine niederländische Schönheit, und sie hatte viel Liebliches und Warmes in ihrem Tun und Wesen. Calderons Augen folgten ihr, wie sie mit dem vollen Glas zu einem Matrosen ging, der allein an einem Tisch saß. Der Matrose stand, als das Mädchen kam, vom Tisch auf, nahm das Bier, hob das Glas, doch nicht zu seinem, sondern zu ihrem Mund und befahl ihr, zu trinken. Sie aber wandte sich entgegen der Sitte der Hafenschenken von dem Matrosen ab und wollte zum Tresen zurück. Da schleuderte der Matrose das Bier über sie, das sie in kleinen Schaumperlen ganz und gar benäßte. Doch ging sie weiter und blieb, wie keinem Ausbruch der Rohheit erreichbar, still und verzückt vor dem Gesicht des Chinesen stehen, ihres Herrn, dessen Hände auch nicht für den kleinsten Moment von ihrer das Bier ausschenkenden Arbeit gelassen hatten. Calderon dachte, sie sind verzaubert, und wir leben unser Leben nach dem Leben im Kino.

HEIMITO VON DODERER

Bischof – tollgeworden

Mitten im strömenden Leben der Großstadt liegt das Devotionalien-Geschäft.
Sie wissen nicht, was ein Devotionalien-Geschäft ist?
Genau genommen ist es eine schreckliche, eine wahrhaft allzu prosaische Sache. In einem solchen Laden kann man alle jene durch ehrwürdige Überlieferung in den Einzelheiten ihrer Ausführung genau festgelegten Dinge, welche wir sonst lediglich in der Kirche sehen dürfen, und auch da sozusagen nur von weitem – ganz einfach kaufen, einpacken lassen und wegtragen, vorausgesetzt, daß man bezahlt hat: Kelche, Patenen, Leuchter, Meßgewänder, Chorröcke, Ornate. Wie derlei eigentlich als Betrieb erlaubt sein kann, weiß ich nicht. Jedenfalls ist es so, und daher gibt es denn Devotionalien-Geschäfte.
Der Kundenverkehr ist dort naturgemäß weniger lebhaft als etwa beim Wurstmacher. Er ist beinahe so spärlich und vereinzelt wie heutzutage in einer Buchhandlung. In jenem Devotionalien-Geschäft nun, welches ich meine, verhielt sich das ganz ebenso. Und deshalb genügte der Inhaber des Ladens zur Kundenbedienung, die er persönlich besorgte. Außer ihm befand sich niemand hinter der Theke.
Dieser Inhaber war ein großer Mann mit einem langen und breiten, scharf vierkant gestutzten Vollbart. Wie ein Assyrer.
Eines Tages trat zum Assyrer ein Mensch in den Laden, den ich am liebsten als den ›Küster‹ bezeichnen möchte, obgleich er vielleicht gar kein Küster oder Mesner war; jedoch kam er wohl irgendwie von dieser Sorte her. Man findet eine verwandte Art oft bei weltlichen Personen, die viel im Kreise der Geistlichkeit verkehren, für dieselbe arbeiten, ihren Schutz und ihr Wohlwollen genießen und sich beides auch zu erhalten wünschen, oder deren Existenz unmittelbar von

höheren kirchlichen Stellen abhängt: seien das nun Beamte, Diener, Verwalter oder sonstige Hilfskräfte. Derartige, auf seltsame Weise am Rande des Übersinnlichen hausende Wesen, deren Daseinsumstände mit diesem Übersinnlichen aber nicht geradewegs, sondern nur durch das Mittel eines bescheidenen Nutzens, verknüpft sind, zeigen sich dafür meist erkenntlich durch eine sanfte und gedämpfte Lebensart, gehen auch stets dunkel gekleidet, glattrasiert (und keineswegs so, wie etwa unser Assyrer!), und man findet, wie ich beobachtet zu haben meine, bei ihnen häufig eine Vorliebe für schwarze, breitgeschlungene Krawatten, während der Kragen fast immer von der gerade gangbaren Form abweicht, und eine gewissermaßen historisierende Neigung andeutet.

Ein so beschaffener ›Küster‹ also trat in des Assyrers Magazin, den das weiter nicht wundern konnte, denn solche gingen bei ihm des öfteren ein und aus.

Der Küster wünschte einen fertigen und vollständigen Bischofsornat zu kaufen; er stellte sich übrigens als leitender Wirtschaftsbeamter eines Priesterseminars vor, welche Anstalt ihrem höchsten Oberherren ein Ehrengeschenk in Form dieses Ornates darbringen wollte. Hätte nun der Mann irgendwelchen Kredit in Anspruch genommen, dann wäre, wie wohl anzunehmen ist, der Assyrer seiner Person doch forschend nähergetreten. Jedoch war das gerade Gegenteil der Fall. Der fremde Küster wünschte den nicht unbedeutenden Betrag sofort und an Ort und Stelle nach Abschluß des Kaufes zu erlegen (wie er gleich einleitend bemerkte), nur müsse der Assyrer ihm darüber eine Quittung schreiben.

Dieser war's freilich zufrieden. Zudem, des Küsters Antlitz gehörte ja zu einer ihm vertrauten Sorte, und das war vielleicht die beste Legitimation für den Mann.

Es ging an's Auswählen und Studieren und Probieren. Diese Arbeit nahm viel Zeit in Anspruch, und das durfte sie billigerweise, denn der Kauf war ein bedeutender, umfaßte eine Reihe verschiedener Gegenstände, als da sind Chor-

hemd, Rock, Mitra und dergleichen; weshalb denn auch unser Vierkantbart über die Dauer der Verhandlungen keineswegs ungehalten war, vielmehr alles selbst mit größtem Bedacht prüfte. Die heikelste Frage blieb nun am Ende freilich, ob der Ornat seinem zukünftigen Eigner auch passen würde, so weit dies nötig war?
Hier wußte der Küster guten Rat. Des hohen Herrn Statur stimme, behauptete er, mit jener des Assyrers voll und ganz überein (denn auf sein Augenmaß, da könne er sich verlassen). Und nun wäre es wohl eigentlich am besten, wenn der Geschäftseigentümer die große Freundlichkeit haben würde, den gewählten Ornat vollständig anzulegen und darin einige Schritte zu tun, damit man die Sache einmal im Ganzen besehen könne.
Der Vierkant war einverstanden, und sie traten nach rückwärts. Jedoch eben, als er, die Mitra bereits auf dem Haupte und den Krummstab in der Rechten, mit gravitätischen Schritten in vollem Ornate einmal hin und her durch den Raum stolzierte, hatte der Küster auch schon, affenartig behende, eine Lade aufgerissen, mit einem einzigen Griff alle in der Handkasse befindlichen Geldscheine zu sich gesteckt, und floh in langen Sprüngen durch den Verkaufsraum und auf die Straße. Dort, um die nächste Ecke rennend, schrie er Zeter und Mordio: »Hilfe, Hilfe, ein Verrückter verfolgt mich, ein Wahnsinniger, zu Hilfe!«
Und in der Tat kam hinter ihm der Bischof: fliegenden Gewandes (wobei ein Paar höchst ausgetretener Zugstiefel, sowie graue Hosenbeine sichtbar wurden), hochgeschwungenen Krummstabes, die Mitra schief über dem puterroten Gesicht, laut schreiend, und den mächtigen Bart weit vorgestoßen. Alsbald befand er sich im Handgemenge mit einigen Passanten, denen sich rasch ein Schutzmann beigesellte. Sie alle zusammen aber waren nicht imstande, den tobenden Kirchenfürsten zu bändigen, aus dessen Kehle nur mehr ein unverständliches, wuterstícktes Gurgeln drang. Er riß sich endlich los, brauste weiter dahin, trat aber im Vorwärts-Stürmen einmal auf sein Gewand und landete, nunmehr

endgültig, im Schmutz der Straße. Als man ihn aufhob, erschien die strenge Vierkantform seines Bartes in die Breite aufgelöst, der Haarwald bedeckte jetzt die Brust von Schulter zu Schulter, mächtig aufgeschlagen wie das Rad eines Pfauen.
Der Küster aber war längst verschwunden. Mit ihm an barem Gelde rund fünfhundert Mark, die somit dem inländischen Devotionalien-Handel entzogen wurden, und es auch blieben. Denn gefaßt hat man den Gauner bis heute nicht.

ALBIN ZOLLINGER

Der Napolitaner

In der Gegend, wo ich aufwuchs, kennt man die Italiener beinahe ausschließlich als Leute, die aus Armut ihr Vaterland verlassen, um sich im Beruf von Maurern bei den Völkern zu verdingen, welchen diese Arbeit zu schlecht ist. Sie sind derhalben nicht angesehen, Unreinlichkeit und Unwissenheit gelten als ihre Merkmale, man nennt sie verächtlich nur Tschinggen, welche Bezeichnung von einem Ausruf herrührt, mit dem sie in einem ihrer Kartenspiele auftrumpfen. Meine Landsleute, welche sehr säuberlich sind, sehen nur, daß sie Zement und Tabaksaft an ihren Händen haben, sich durch die Finger schneuzen und wie Zigeuner gekleidet gehen. Zwar halten sie den Atem an, wenn die Maurer singend vorüberziehen und in der Nacht der Süden erblüht mit weißen Straßen, Vulkanen und Ölbaumgärten. Das Langgezogene ihrer Lieder treibt den Stachel der Schwermut ins Herz, die gaumigen dunklen Kadenzen erschrecken es wunderbar wie abstürzendes Weinberggemäuer; aber die guten Leute genießen es nur widerstrebend, wie etwas, das sie im Grunde verachten, der gleichsam nackte Gesang bestärkt sie in ihrer Ablehnung dieses Volkes. Selbst die Geringen haben daher keinen Umgang mit den Fremdlingen; sie aber in ihrer Gutherzigkeit scheinen das auch keineswegs zu verübeln, es vielmehr ganz in der Ordnung zu finden, wenn überhaupt sie es bemerken. Sie wohnen in ihren Baracken, verkehren unter sich in ihren besonderen Trinkstuben, in denen sie lärmen und singen, gelegentlich wohl auch sich prügeln. Sie halten sich in der Fremde wie Öl auf dem Wasser, ohne sich zu vermischen, dem warmen dunklen Süden mehr als dem Ort ihres Aufenthalts verbunden. Was sie zeigen, ist manchmal ihr herzlicher Humor, manchmal ihre Zuneigung zu Kindern, in welcher sie sich freilich Zurückhaltung auferlegen müssen fast wie Leibeigene gegenüber der Herrschaft; die Mütter nehmen ihre Lieblinge vor ihnen zurück, wenn sie darüber hinausgehen, ihnen mit ihrem Radebrechen, mit Kapriolen, Fingerschnalzen und Grimassen Kurzweil zu bereiten. Sie wissen, daß sie die Kleinen nicht anrühren dürfen, und haben eine erschütternde Art, ihre zärtlichen Impulse zu beherrschen oder selber spaßhaft zu bestrafen. Es ist besonders die Erscheinung des guten Alten unter ihnen, vor Herzensgüte verschrumpelt und runzlig, der unverheiratete Großvater, der mit der Fülle seines Gemütes nicht fertig wird und, wo er geht und steht, mit den Augen zwinkert, Hasenmäulchen und Birnen verteilt und eine Mundharmonika aus der Hose zieht, um seine traurigen Melodien darauf zu blasen. In unserem Revier gab es ihn auch, wir nannten ihn den Napolitaner, was nicht ganz dasselbe wie ein Italiener war; es lag in dem Namen irgend etwas Weiträumiges, Heiteres, wir wußten nicht inwiefern; er brachte einen Schein von Meer in die Betzeitstunde, denn in der Dämmerung war es, daß er kam, immer dann, wenn wir die Welt am tiefsten genossen, weil jeder Augenblick sie uns zu nehmen drohte. Dann hüpften und lachten wir fieberisch, zugleich voller Angst, das Verhängnis damit herbeizurufen; Italiens Schwalben kreisten herab in den Staub, erfüllten die Abendwelt mit der Wärme ihrer Kehlen; jemand goß Jauche im Garten, das roch zusammen mit der kalkigen Bluse des Napolitaners, den wir mit seiner Polenta, mit seinem Kautabak, seinen Runzeln und mit seiner Sprache aufzogen, damit er nach uns schnappte – dies alles stets auf der Flucht davor, daß es in sich zusammenfiel, wir uns zu verabschieden und der Lampe der Mutter ins Dickicht des Schlafes nachzufolgen hatten.

Wir liebten den Alten und hatten doch zuviel Erziehung, der Eltern schweigende Vermahnung nicht zu respektieren; die Gefühle der Neigung und Überhebung vertrugen sich in unsern Kinderherzen sehr wohl nebeneinander, denn natürlich sahen wir auch das Verachtungswürdige an dem Manne, den Kalk in seinen Runzeln, den Kautabak und daß er ein Tschingg war. Seine Wärme und Väterlichkeit, seine werbende Liebe empfanden wir wider Willen, auch das Land um ihn mit Singvögeln und Sternen, nicht ohne daß sie ebenfalls zugleich ein gewisses Zurückstreben in uns erzeugt hätten.

Dieses Gegensätzliche erhielt Zuzug, als sich unser Freund eines Tages verliebte. Er mochte nun sechzig sein, doch verliebte er sich eines Tages in eine Hausiererin, welche zu heiraten er auch gar keine Umstände machte. Das Paar bezog einen alten Schuppen, den es notdürftig vorerst mit Treibhausfenstern verglaste. Der Napolitaner war uns verloren. Völlig überflüssig, daß uns verboten wurde, je seinen Kaninchenstall zu betreten; wir hatten ihm abgesagt in unserm Herzen, wir begruben ihn in Haß und Verachtung. Mochte er sich für seine Vettel abrackern, mochte er Rauch durch sein Kaminrohr ablassen, Wurzelstöcke spalten, im Nebenamt Schuhe flecken und Pfannen verzinnen, mochte er Kinder hecken in seinem Verschlage: wir kannten ihn nicht mehr. Zwar sahen wir ihn durch die Dunkelheit eilen, mit einer Waldaxt im Arm, einem Korbe Salat oder Hühnern, er blinzelte uns auch zu, ohne Zeit zum Verweilen zu finden, auf unsere Feindschaft nicht aufmerksam. Er war uns der erste Fall unfaßlicher Verwandlung ins Abscheuliche. Denn die Brut, die er zeugte, drei ungefähr gleich große Gören, lief mit Rotznasen und unter den Röcken nackt herum, doch er vergötterte sie; es ekelte uns sozusagen, von demselben Herzen geliebt zu werden.

Nur mit der Heimlichkeit, mit der wohlerzogene Knaben das versuchen, beteiligte ich mich an dem Schabernack, der dem alten Familienvater dann und wann in seinem Kasten zusetzen sollte; ich war es sogar, der es auf sich nahm, mit einem Steinwurf in seine Glaswand zu zielen. Ich erschöpfte mich freilich an dem Bubenstreich und taugte für weiteres in der Folge nicht mehr, obgleich das schlechte Gewissen meine Abneigung noch vermehrte. Der Alte verlor mählich sein Kopfhaar, änderte überhaupt sein Aussehen. Ich selber schoß auf, verspürte mir neue Beunruhigungen in meiner Leiblichkeit, die mich beanspruchten, die mich auch sanfter und vorsichtig machten, Gerechtigkeit stieg wie eine Saat in mir.

Die Dinge der Kindheit aber wurzeln zähe in uns; die Wahrheit ist, daß ich ein wenig frohlockte, als sich eines Tages die Nachricht verbreitete, dem Napolitaner sei das Jüngste im Dorfbach ertrunken. Nun war dieser Dorfbach eine Sache, auf die ich mich sogleich nicht einmal richtig besinnen konnte, da er in unserem Quartier zum Teil überbaut, zum andern Teil unter Steinplatten lief und einer Kloake eher als einem Dorfbach glich. Das sieht ihm gleich, war mein erster Gedanke, daß seine Zeugung in dieser Brühe verdirbt, der Ekel stieg mir im Halse auf, es war seifiges faules Gerinnsel, womit sich der kleine Junge gefüllt hatte. Der Tod unter Tag, das Ertrinken im Tunnel jagte mir seine Schauer über; die Hände eingesteckt nach der Art der Halbwüchsigen, mit Backenbärtchen von Hühnerhaut, blickte ich in das Abwasser hinein, das um Steine, Matratzenfedern und Büschel von Haar und Putzfäden behende herumlief mit Nattern aus Darm, flatternden Bändern voller Schüttsteinsatz. Eine rostige Büchse nahm ihren Weg inmitten, geschoben, gepufft, überstellt, ertränkt und japsend, stolperte in die Kanalnacht hinein.

In dem Augenblick, da ich, unfähig, noch länger die grausigen Umstände dieses Kindes zu überdenken, mich von dem Graben hinwegwandte, schoß der verstörte Vater um eine Hausecke daher, rutschte die Böschung hinunter und verschwand in dem Tunnel. Barfuß, das Schwein! entfuhr es mir abermals; ich hatte ihn auf dem Glitschigen wanken gesehen. Ein Trupp Menschen stürmte auf seiner Spur wie eine Jagdgesellschaft heran, begierig, zu erfahren, was der Hund in der Höhle ans Tageslicht zupfen würde.
So kam er mir selber vor, nachdem er an beiden Eingängen des Stollens hineingefahren war und nun einige Zeit auf sich warten ließ. Das Kind hatte am Wasser gespielt, war hineingefallen und, wie ich mir vorstellte, von Hindernis zu Hindernis unter den Häusern hinweggeschwemmt worden, bis es sich irgendwo festhakte, dem Anschein nach etwa auf halbem Wege hierher; ich mußte stets daran denken, wie es der Vater da fand im erstickten Schein seiner Stallaterne, die er vor sich her in die Finsternis gestreckt hatte. Wenn überhaupt er es fand, wenn es nicht bereits weiter in Rechen oder Schachtabstürze gepufft worden war; das Publikum gab sich angeregt seinen diesbezüglichen Schätzungen hin. Mich selber mutete es unwahrscheinlich an, daß ich einen Toten zu Gesicht bekommen sollte; bis ich ihn sah, zog ich vor, das Ganze überhaupt anzuzweifeln – wie sollte es möglich sein, daß der kleine Mensch hier unterirdisch seinen Geist aufgab und an einem Stück Draht einer Ratte gleich in dem Wasser hing?
Und doch hatte der Napolitaner ihn wahrscheinlich so angetroffen, denn er brachte auf seinen Armen schließlich etwas dergleichen hervor. Er schien zufrieden, es nur zu haben; wie eifersüchtig auf seine Beute, trug er sie vor den Zuschauern hinweg. Er sah, ohne Rock, mit seinem verwirrten Haarsaum, wie dem Bette entstiegen aus, er schien noch von Schlaf verwirrt, er gab die Leiche von der einen in die andere Hand wie ein Brot; sein Gesicht war nicht zu sehen, es war nicht zu erraten, wie er es aufnahm. Da er sich so still beschäftigte, erstaunte mich der Vorgang; mir bestätigte sich

die Vermutung, daß auch in solchen Schmerzen ein erwachsener Mann nicht weinte. Von diesem Gedanken bedrückt, unsicher, ob ich es dereinst dahin bringen würde, schickte ich mich an, hinwegzugehen; da hob der Alte das Bündel hoch über sich empor, legte es sich in all seiner Verschmutzung auf das Gesicht, die Seerosenknospe des erlahmten Köpfchens glitt ihm am Halse hinunter, er lud es sich gleichsam auf die Schulter, nahm es wieder auf die Hände herab, wiegte es, wog es, neigte sich mit seinen tränenblinden Augen darauf nieder, um es zu sehen; dazu hatte er jetzt eine Art lachendes Schluchzen gefunden, es sah haargenau aus, als turnte er mit dem Söhnchen und wüßte sich vor Spaß nicht zu lassen. Diese grauenvolle Äußerung von Leid schlug sich mir auf das Gewissen; der verachtete Mensch, dem es auferlegt war, sein Innerlichstes und Schamhaftestes hier preiszugeben, entblößte zugleich eine Schönheit, die ihn wie etwas Überirdisches in meinen Augen verklärte. Ein Sternfall von Reue und guten Gefühlen ging durch meine Brust; aber die Einsicht, damit weder die jahrelange Verkennung gutzumachen noch dem armen Greise irgend etwas in seiner Erschütterung zu nützen, warf eine Dunkelheit von Schuld über mich. Verzweifelnd empfand ich Zusammenhänge, die mich der Menschheit verbanden und in denen Unheil zu stiften ich gar nicht vermeiden konnte, es sei denn durch ein fast menschenunmögliches Maß an Gerechtigkeit, Rücksicht und Aufmerksamkeit; das kam mir unheimlich vor, ich zog mich aus der Reihe der Gaffer zurück, brach meinerseits nun in Tränen aus vor Entmutigung den Schwierigkeiten der Zukunft gegenüber.

ERNST KREUDER

Der Kapitän

Über den Wiesen vor dem dunklen Wald zog ein bleiches, wehendes Band, floß wie Geisterrauch, wallte wie die Rauchfahne eines Gespensterschiffes, das unter den Wiesen durch die Erde fuhr. Der Mond hing am dämmergrauen Abendhimmel und streute schwarze Schatten auf die Erde.

Der Radfahrer schob sein Rad die verlassene Dorfstraße hinauf und hielt vor dem Lichtschein des alten Wirtshauses. Er ging hinein in die trüb beleuchtete, leere Wirtsstube und setzte sich auf eine lange Bank an einen alten, fleckigen, klebrigen Holztisch. Es roch nach kaltem Rauch und Tabakasche, nach saurem Bier, nach Stall und gekochter Milch. Der Bauer kam herein, blaukariertes Hemd mit Kragenknopf, Hosenträger, hemdsärmelig, schwarze, unrasierte Wangen, holpernder, ziehender Schritt. Er brachte dem einsamen Gast eine Flasche Bier und ein Glas. Er setzte sich an den Tisch, stützte die behaarten, braunen Arme auf und fragte den Gast, wo er noch hin wolle in der Nacht.

»Vielleicht bleibe ich auch hier«, sagte der Gast und versuchte, das Bier ohne den Schaum zu trinken. »Sie haben ja wohl ein Zimmer?« »Zimmer haben wir«, sagte der Wirt, »Zimmer können Sie haben, stehen alle leer.«

»Also dann bleibe ich hier. Und dann will ich noch etwas essen. Ich habe jetzt wieder Appetit bekommen, das Bier ist gut. Mein Rad steht draußen, wo kann ich es denn hinstellen?«

»Können Sie in den Hof stellen«, sagte der Wirt, »also einmal Wurst mit Brot.« Der Wirt stand auf und verschwand durch eine knarrende Tür. Er rief draußen etwas und holperte wieder herein.

»Nichts los hier«, sagte der Gast, »kommt niemand herein zu einem Schoppen.«

»Die Woche über ist's wenig«, sagte der Wirt, »nur der Kapitän kommt jeden Abend zu einem Gläschen. Da werden Sie nachher Unterhaltung haben.«

Der Radfahrer aß eine Portion gemischte Wurst mit Brot und Senf und trank noch eine Flasche Bier. Dann rauchte er einen Stumpen und las die Gastwirtezeitung. Als die Uhr halb schlug, kamen breite, schlürfende Schritte an die Tür, hörten auf, und die Tür ging auf, und der Kapitän kam herein. Er war wie jeder andere angezogen, er hing in einem alten, krumpeligen, fleckigen, schwarzen Anzug. Nur auf dem grauhaarigen Ziegenkopf saß eine gewellte verschossene Kapitänsmütze.

»Abend«, sagte der Kapitän und hielt die Virginia in die Luft.

»Guten Abend, Herr Kapitän«, sagte der Radfahrer, »Schack ist mein Name, angenehm, wenn Sie Platz nehmen wollen.«

»Fischer«, sagte der Kapitän und zeigte gelbe Pferdezähne, die wasserblauen Augen schwammen im Tränenwasser. Er bestellte einen Korn. Der Radfahrer bestellte noch eine Flasche Bier und einen Korn.

»Wohl Tourist, der Herr«, sagte der Kapitän. Er hob das Schnapsglas, ohne hinzusehen, an die Unterlippe und kippte es mit einem Zischen hoch.

»'ne kleine Radtour«, sagte der Tourist, »schöne Gegend hier, Sie sind wohl mehr herumgekommen?«

Der Kapitän legte die ausgegangene Virginia über das Schnapsglas und hielt das brennende Streichholz vorn darunter. Er drehte sie dabei. »Wie man's nimmt«, sagte der Kapitän, »damals und heute.«

»Südsee?« fragte der Tourist und blies den Schaum vom Bier. Der Kapitän nickte.

»Nie was passiert?« fragte der Radfahrer. Der Kapitän nickte.

»'ne ganze Menge«, sagte der Kapitän.

»Wohl 'ne Meuterei?« fragte der Radfahrer.

»Woher wissen Sie das?« fragte der Kapitän.

»Dachte ich mir«, sagte der Radfahrer, »und wie ging sie aus?«

»Ach so?« sagte der Kapitän, »na ja. Sie haben die ›Santa Katharina‹ ja nicht gekannt. Wir hatten 'ne ganze Woche keinen Wind und trieben umher, da unten bei Bali in der verrückten Sonnenglut. Eines Morgens, als ich aus der Kajüte trete, ist es so sonderbar still an Deck. Ich rufe nach dem Ersten, keine Antwort. Ich denke, mich foppt der Geschwänzte und fange an, nach den Leuten zu brüllen. Nichts. Ich gehe ins Ruderhaus, ich sehe keinen Steuermann. Dann wußte ich's also. Es war kein Mann mehr auf dem Schiff. Komische Meuterei. Trinkwasser weg, Boote fort, in der Messe lag ein Zettel, mit der Gabel an den Tisch gespießt. ›Mach's gut, Alter‹, stand drauf, ›den Whisky haben wir leider nicht gefunden. Fahr in die Hölle und grüß sie von uns!‹ Wo mag die Bande hin sein, dachte ich, es war weit und breit nur Himmel und Wasser, und noch immer kein Wind. Dann nahm ich die Sache, wie sie war. Ich verfluchte die Bande und holte mir den Whisky und soff, bis ich umfiel. Wenn ich verrecken mußte, wollte ich es wenigstens nicht merken. In der Nacht wache ich etwas aus meinem Nebel auf und merke, es ist was los. Es krachte und rauschte nur so, und ich wurde in der Messe wie eine Kiste her und hin geschmissen. Jetzt geht es in die Hölle, dachte ich, und dann sauste ich mit dem Kopf wie ein fliegender Fisch gegen die Wand. Als ich wieder zu mir kam, war es still, und der Boden war ganz schief. Der Sturm war vorbei. Ich kletterte auf Deck und sehe grüne Bäume vor mir. Die ›Santa Katharina‹ war auf eine Inselklippe gerannt. Sie sank nicht. Es schien Abend zu sein. Na, wenigstens Land, dachte ich, wird schon wo Wasser geben und Früchte. Den Waffenschrank hatte die Bande ausgeräumt. Ich lege mir eine Korkweste um, springe ins Wasser und schwimme hinüber zu den Bäumen. Es war ein richtige Insel. Aber kein Pfad, nichts, nur Gestrüpp. Nach einer Stunde sah ich Rauch aus einem Tal aufsteigen. Es war schon fast dunkel. Werden Wilde sein, denke ich und krieche auf dem Bauch

weiter. Ich hatte noch vier Patronen im Colt. Dann sah ich das Lagerfeuer, es prasselte hell in der Dunkelheit, und ich hörte ein Ziehharmonikalied. Das müssen Weiße sein, denke ich, haben Schiffbruch gehabt. Und dann stehe ich auf und gehe ins Tal hinunter und rufe ›Ahoi!‹ Da springen einige am Feuer auf und rufen: ›Der Alte! Sein Geist kommt!‹ ›Jawohl, der Alte‹, rief ich, ›ihr verfluchte Bande, ihr Hundesöhne, ihr Satansbrut, zur Hölle wollt ihr mich schicken! Ich werde es euch zeigen!‹
Da beratschlagten sie, und dann kam der Steuermann und sagte: ›Ist ja alles gut, Alter, jetzt sind Sie wieder bei uns, und das muß gefeiert werden.‹ Und dann führten sie einen Höllentanz um mich auf und waren wie verrückt.«
»Da haben Sie Glück gehabt«, sagte der Radfahrer, »kaum zu glauben.«
»Haben Sie eigentlich noch Ihr Patent?«
»Soll ich wohl noch haben«, sagte der Kapitän, er war erregt, er hatte schon das fünfte Glas gekippt. Der Radfahrer bestellte noch für jeden eine Flasche Bier. »Könnte ich es mal sehen?« fragte der Radfahrer dann, »und Ihr Seemannsbuch.«
»Wenn Sie mitkommen wollen«, sagte der Kapitän gereizt. Der Radfahrer bezahlte die ganze Zeche. Der Wirt blinzelte dem Radfahrer zu.
Der Radfahrer ging mit dem schwankenden Kapitän über die dunkle Dorfstraße in ein kleines Holzhäuschen. Der Kapitän zündete eine Petroleumlampe im niedrigen Wohnzimmer an. Er bot dem Radfahrer eine Virginia an.
»Ich will Ihnen etwas verraten«, sagte der Kapitän, als sie auf wackligen Schemeln bei der trüb brennenden Lampe am Tisch saßen, »ich sage es Ihnen, weil Sie ein helles Licht sind, die Idioten hier brauchen es nicht zu wissen. Ich bin ein pensionierter Briefträger.«
»Donnerwetter«, sagte der fremde Radfahrer.
»Donnerwetter, was?« sagte der Kapitän, »ich habe noch nie ein Schiff gesehen und keinen Zentimeter Meer. Eines Tages habe ich diese Mütze im Wald gefunden, und als ich hierher

zog aus dem Spessart, setzte ich die Mütze auf, und dann sagten die Leute ›Herr Kapitän‹ und wollten was erzählt haben.«

»Eine schöne Geschichte«, sagte der Tourist, »besten Dank auch. Und die ›Santa Katharina‹ wurde dann wieder flott gemacht?«

»Wurde wieder flott gemacht«, sagte der alte pensionierte Briefträger müde.

FRIEDO LAMPE

Das dunkle Boot

Im purpurnen Norden das Land. Auf den Wiesen das braune Vieh mit den schwappenden Eutern. Und die Mühlen, und das Moor, und die schwarzen Segel der Torfboote, sanft gebläht.

Im September aber ist die dunkle Fülle gewaltig. Dahlien, Astern, Georginen, prunkend in den Gärten vorm Haus, satter Klang der Kirchturmglocke ins Dorf, milde und gelb der Schein der Sonne in die kalkweiße Kirche, streifend den Altar mit der roten Decke und der dicken Bibel, und der Küster sitzt an der Orgel, und es summt das geistliche Lied.

Der lungenkranke Lehrer hängt an die gelbe Wand den knisternden Immortellenkranz, und dann sitzt er nieder am braunen Klavier und spielt Walzer von Chopin und Schubert. Die Kinder hören's auf dem Friedhof, bleiben einen Augenblick stehn – Summen der Orgel, Walzerklänge – und dann springen sie wieder hin zwischen den Gräbern im hohen Gras.

Die alten verrosteten Kreuze, schief angelehnt an die Friedhofsmauer, und die Kränze auf dem frischen Grab, halb verfault schon in der brütenden Sonne, und die Bienen, saugend an den Blüten den Todesseim. Das Schwarzbrot, eingebrockt in die dicke Milch, die Brummer über Schinken und Wurst in der Speisekammer, der Fleischerhund, die große gefleckte Dogge, die das rote Stück Fleisch zerreißt, das Philipp, der Schlachtergeselle, ihr zuwirft, und der Mond, weich und groß überm Apfelgarten, die Küsse, das Umfassen, der Erntewagen, der am Abend langsam einfährt, Heuduft, und die Purpurträume in der schwülen Kammer, der sanfte Schein der Lampe in der dickbeblätterten Laube – September, so voll im Leben, so nah am Tod.

Und die Jungens, die am Abend in der Wumme baden, ihr Lustgekreisch über die Wiesen, wenn der Nebel schon beginnt zu steigen, das Unterducken, das Plantschen, die Ua-Rufe, und dann still hintreiben im Weichen, im Flüssig-Kühlen, auf dem Rücken liegend, die weißen Leiber im moorigen Wasser, das träg hinfließt unter Weiden. –

Der Augenblick dann, wenn aus Baumdämmer Jan und Didi, die Stärksten, die Wildesten, hervorsprengen auf Ackergäulen, bewundert von den Jungens und gefürchtet, und ihr Zeug abwerfen, einen Klaps auf den klobigen Ackergaulhintern und hinein in die Wumme, platsch, platsch, platsch. Abkühlen die Pferdeleiber, rauchend, harte Knie gepreßt in die Flanken, vorwärts Liese, hü Max, und rauschend das Wasser am Pferdehals, glotzend die Augen . . . Und dann wieder raus und gestampft über Wiesen, wo Nebel weich steigen, Luft weich zieht um breite Schultern, triefende Haare, lachenden Mund.

Zur selben Stunde aber ziehen die Mädchen, die kleinen, durchs dämmernde Dorf, in der Hand die bunte Papierlaterne, rötlich leuchtend, und singen:

Laterne, Laterne,
Sonne, Mond und Sterne.
Brenn auf, mein Licht,
Brenn auf, mein Licht,
Aber nur meine liebe Laterne nicht.
Laterne, Laterne . . .

Während aber der Pfarrer die Predigt memoriert für den nächsten Sonntag und dabei auf und ab geht in der engen Stube, bereitet Hein Oeltjen alles vor zur Abfahrt. Hochaufgeschichtet lagert der Torf am Deich, hat getrocknet den ganzen Sommer, nun trägt er ihn ins Boot, und als es genug ist, legt er die braune Persenning darüber, zieht hoch das kaffeebraune Segel, sein Weib reicht ihm den Proviant, in ein Tuch gewickelt, und still gleitet das teerschwarze Boot in die Wiesen. Hein raucht die Pfeife und hält das Steuer und wird die ganze Nacht durch fahren und am Morgen in der großen Stadt ankommen und seinen Torf abliefern beim Kaufmann.

Aber die Freude, wenn die Kirchweih da ist, die dunkle Lust, die das Dorf durchflutet, wenn die grünen und gelben und roten Wagen ankommen aus allen Himmelsrichtungen, und auf dem Ulmenplatz vor Meyerdiercks Gasthof Buden entstehen und Karussells und die russische Schaukel, und wenn am Abend dann endlich Orgeln hämmern, Bratwürste duften und Schmalzkuchen, und Lampenkugeln unter Ulmkronen verheißungsvoll schimmern – oh, dann ist's der Gipfel des Jahres. Und die Mädchen holen die besten Kleider aus den breiten Schränken, und die jungen Männer ahnen die Wonne der warmen Nächte, wollen versinken im Strom des Genusses, gehen suchend zum Platz der Freude.

Auch der Schulmeister geht, der lungenkranke, am Arme die Braut, Oeltjens Hanna, die Tochter Hein Oeltjens, des Torfbauern, der mit dem Boote gefahren ist zur Stadt. Und sie gehn durch das dichte Gedränge, grüßen hierhin und grüßen dorthin, aber der Lehrer darf nichts mitmachen, darf keine Wurst essen und keinen Berliner und darf auch nicht auf die russische Schaukel. Und da beißt Hanna allein in die Bratwurst, geht allein in die russische Schaukel, denn sie hat saftige rote Lippen und Brüste und Blut und glänzende Augen, die nach Sättigung dürsten – aber es bleibt nur das halbe Vergnügen. Und sie sagt: »Du amüsierst dich ja gar nicht.« Und er hustet und sagt: »Doch, ist ganz nett hier.«

Und dann kommen sie vor eine rote Bude, und ein Mann ruft durchs Rohr: »Philipp, der Schlachtergeselle, hat Nuno, den Negerriesen, zum Ringkampf herausgefordert, kommen Sie rein und sehn sich das an.« Und plötzlich will Hanna rein in die Bude, sie kennt ja Philipp aus dem Schlachterladen, seine Arme, vom Tierblut besprenkelt, und die Kraft seines Nackens, und da gibt der Schulmeister nach, und schon sitzen sie drin auf der Holzbank und schaun auf den erhöhten Ringplatz.

Und wirklich, wie nichts biegt Philipp zu Boden den riesigen seidenhäutigen Neger, er ist wahrhaftig ein toller Bursche, hält ihn fest in der Klammer und lacht dabei freundlich, und der Neger macht ein blödes Gesicht und verdreht die Augen, daß das Weiße leuchtet aus dem schwarzen Gesicht, und die Zuschauer grölen, und sie hängen Philipp einen dicken Lorbeerkranz um den stämmigen Nacken, und Philipp hebt den Siegerarm und schaut dabei plötzlich auf Hanna. Später aber im Zelt, wo getanzt wird, es krachen Trompeten und Trommeln knallen und Zimbeln klirren, da tritt Philipp an den Tisch und will mit Hanna tanzen. »Bitte, bitte«, sagt der Schulmeister und beugt seinen Kopf über das Bierglas, und Philipp und Hanna gehn auf die Tanzfläche, und er faßt sie fest an und reißt sie hinein in den harten Tanzschritt.

Aber raus aus dem Zelt geht der Schulmeister, geht fort von den Buden, fort aus dem Gedudel, aus dem Geduft und Geleuchte in die Stille der Nacht. Sitzt nieder am Deiche und blickt in das Dunkel, das üppig lagert auf Wumme und Wiesen, sitzt mitten im Weichen, im Schwarzen, im Vollen, fühlt das Brennen der Lungen und die Mattheit der Glieder, möchte hinsinken in den Schoß der Nacht. Da sieht er sich lösen aus sanfter Schwärze den schwarzen Kahn mit dem dunklen Segel und an dem Steuer den stillen Mann. Voll mit Torf ist er geladen, und leise gluckert die Welle am Bug. Und dann legt er an am Rande des Deiches, und der stille Mann winkt, und der Lehrer steigt ein. Setzt sich bescheiden hin auf die Holzbank, und wieder gluckert die Welle am

Bug. Und hin zwischen Wiesen, nächtlich verhangen, auf morastiger Flut, die traurig dahinfließt, treibt dunkel das Boot. Und treibt aus den Wiesen fort in die Moore, und es rauscht das Schilf, und die Seerose glimmt bleich. Da füllt sich die Luft mit hauchender Klage, und trübe dahinten dämmert ein Schein. Bang fragt da der Lehrer: »Sind wir am Ziele?« Und der Fährmann nickt milde und murmelt nur: »Bald.«

KURT KUSENBERG

Eine ernste Geschichte

Sigrist, ein Schriftsteller, ernährte sich davon, daß er heitere Geschichten verfaßte. Während er sie niederschrieb, schnitt er absonderliche Grimassen und lachte leise vor sich hin; so lustig fand er die eigenen Werke. Doch auch seine Leser fanden sie lustig, und da die Welt sich gern erheitern läßt, hatte Sigrist ein leidliches Auskommen.

Eines Tages aber ward er des Scherzens überdrüssig und beschloß, eine ernste Geschichte zu schreiben. Das war nun nicht so leicht, wie er es sich gedacht hatte, denn immer wieder versuchte die spaßgewohnte Feder, hier oder dort einen possierlichen Einfall anzubringen, der wenig am Platze war. Erst als Sigrist einen neuen Federhalter erstand, ließ das Unwesen nach, und die Arbeit ging ihm gut von der Hand.

Fünf Wochen lang saß der Schriftsteller am Schreibtisch, schnitt keine Grimassen, lachte nicht und schrieb täglich zwei Seiten, bis das ernste Geschehen abgewickelt war. Dann kam die Stunde, in der Sigrist nach alter Gewohnheit die Geschichte, um ihre Wirkung zu erproben, seinen Freunden vorlas. Er tat das gerne, weil ihm die mündliche

Kundgabe eine Überschau erschloß, die der Schaffende, solange er sich müht, niemals zu erreichen vermag. Zudem vernahm er bei dieser Gelegenheit die ganze Geschichte gewissermaßen zum erstenmal. Denn da er sie stückweise und unter großen Nöten zu Papier gebracht hatte, war ihm die Handlung nicht mehr recht geläufig.
Anfangs las er ein wenig stockend, aus Angst, die Verehrer seiner heiteren Kunst arg zu enttäuschen; später nahm ihn die Muse bei der Hand und verlieh seiner Stimme Gewalt. Das herzhafte Lachen freilich, welches sonst den Vortrag zu unterbrechen pflegte, blieb gänzlich aus; statt dessen herrschte eine Stille, die jede Deutung zuließ, die beste wie die schlimmste. Sigrist gehörte nicht zu jenen unleidlichen Vorlesern, die ihre Zuhörer andauernd im Auge behalten. Als er aber zufällig einen Blick in die Runde warf, gewahrte er mit Unwillen, daß zwei seiner Freunde in Schlaf gesunken waren. Das traf ihn hart, doch ließ er sich nichts anmerken, sondern las weiter.
Lag es an den beiden Schläfern, die jetzt hörbar schnarchten, an der ungewohnten Anstrengung, eine ernste Geschichte vorzutragen, oder gar an der Geschichte selbst? Jedenfalls geschah es, daß auch Sigrist von Müdigkeit ergriffen ward, daß seine Stimme sich immer mühsamer hinschleppte und schließlich, mitten in einem besonders langen und kunstvollen Satz, zur Ruhe ging. Die Lider wurden ihm schwer, das Manuskript entglitt den schlaffen Händen und sank zu Boden. Seines Amtes als Hausherr und Schriftsteller eingedenk, riß Sigrist ein letztes Mal die Augen auf und sah sich von lauter Schläfern umgeben; dann schlummerte auch er.
Man wird es uns nicht recht glauben, wenn wir berichten, daß die ganze Gesellschaft bis zum nächsten Morgen durchschlief, und doch war es so und nicht anders. Als die Freunde erwachten, als sie sich räkelten und streckten, schien die Sonne ins Zimmer; draußen hatte die Arbeit längst begonnen. Gescheit, wie feingeistige Leute nun einmal sind, kamen sie auch gleich dahinter, was es mit der Geschichte auf sich hatte: es war Sigrist gelungen, ein Werk

zu schaffen, welches jeden Leser oder Hörer mit unwiderstehlicher Gewalt in tiefen Schlummer versenkte. Welch ein Geschenk an die Menschheit! Die Sache sprach sich herum, Sigrists Erzählung wurde gedruckt und fand große Verbreitung. Auf jedem Nachttisch, unter jedem Sofakissen lag das schlafspendende Werkchen, Gesunde und Kranke lasen sich an ihm in Schlaf, und wer einem Anderen den Liebesdienst erwies, tat gut daran, sich zuvor bequem und weich zu setzen, denn gegen die Macht der einlullenden Worte war niemand gefeit. Es versteht sich, daß Sigrist mit der Zeit nicht nur zum vermögenden Mann, sondern auch zum hochgepriesenen Wohltäter wurde.

Eines freilich war seltsam und verursachte manches Kopfzerbrechen: niemand wußte, wie die Geschichte ausging, denn bis zu den letzten Seiten war kein Leser je vorgedrungen. Gesunde Menschen schliefen schon bei den ersten Seiten ein, Nervöse gelangten ein wenig weiter, und in Fällen hartnäckiger Schlaflosigkeit soll sogar die Hälfte des Werkes, jene berühmte Seite 35, von der nur Auserwählte wußten, erreicht worden sein. Daß einige Schlauköpfe einfach den Schlußteil der Erzählung anlasen, half ihnen wenig; sobald sie erwachten, hatten sie alles vergessen. Es ergab sich, daß über den Ausgang des berühmten Schlafwerkes die widersprechendsten Gerüchte im Schwange waren und Sigrist von allen Seiten her angegangen wurde, sein besseres Wissen preiszugeben. Er tat es jedoch nicht, sondern hüllte sich in ein geheimnisvolles Schweigen, das ihm nicht übel anstand. Er hätte auch kaum etwas zu sagen vermocht, denn er wußte selbst nicht mehr darüber, als daß die Geschichte mit einem tiefen Schlaf endete.

WOLFGANG WEYRAUCH

Im Eisenbahnabteil

»Heutzutage ist alles gefährlich«, sagte das Fräulein, »besonders in dieser Gegend soll es einen Räuber geben, der es in sich hat.«

»Räuber hat es immer gegeben«, meinte der Bürstenhändler.

»Vielleicht sind Sie selber einer«, entgegnete das Fräulein.

»Oder ich«, lachte der Arbeiter.

»Oder wir beide«, ergänzte der Bürstenhändler.

»Lachen Sie nur über mich, meine Herren«, weinte das Fräulein, »wer den Schaden hat, braucht für den Spott nicht zu sorgen. Ich fahre zu meiner todkranken Mutter, aber lachen Sie mich nur aus! Ich bin sicher eine ganz verschrobene Person. Fährt zu ihrer Mutter, die sie immer gequält hat. ›Mach das und das! Mach das und das nicht! Was, das ist kein Mann für dich! Der verdient ja nichts!‹ – Ach, aufs Geldverdienen kommt's nicht an! Auf die Seele kommt es an! Und was ist aus mir geworden? Nichts. Eine alte Jungfer.«

»Ich will Ihnen eine Geschichte erzählen«, sagte eine andere Frau. »Mein Mann und ich, wir sind Gärtnersleute. Wir haben in der Markthalle einen Stand, einen hübschen, beliebten Stand. Im Nachbarstand sitzt eine dicke, häßliche, schlechte Frau, die hat immer etwas an uns auszusetzen. Mal sind unsere Preise zu hoch, dann treiben wir Wucher, mal sind sie zu niedrig, dann verschleudern wir die Ware. Einmal grüßen wir die Madame zu wenig, einmal zuviel, und dann ist es Hohn, sagt sie. Sie schimpft den ganzen Tag, sie hetzt die andern Gärtner gegen uns auf, ja, sogar die Beamten, und weil wir vor Ärger immer schlecht gelaunt sind, machen wir schlechte Geschäfte. Das wollen wir uns nicht länger gefallen lassen, und deshalb fahren wir heute in

die Stadt, uns bei der Markthallen-Direktion zu beschweren. Gibt es schlechte Menschen oder nicht?« schloß die Frau.
»Ja, es gibt sie«, bestätigte ein junges Mädchen, »ich fahre zu meinem Bräutigam. Ich fahre zu ihm hin, um ihm nachzuspionieren. Meine Freundin, die in derselben Stadt wohnt, hat mir geschrieben, mein Freund ginge mit einem andern Mädchen abends aus – jeden Abend«, beendete das junge Mädchen.
»Sie können froh sein, wenn's rechtzeitig so kommt«, entwickelte der Arbeiter, »dann heiraten Sie wenigstens nicht. Meine Ehe ist schlecht wie nur was. Heute zum Beispiel ist Lohntag gewesen. Ich habe drei über den Durst getrunken. Was ist schon dabei? Meinen Sie aber, ich traue mich heim? Die geht mit der Schere auf mich los! ›Wo sind die sechzig Pfennig, he? Verloren, was? Immer verloren! Kennen wir! Ins Bier gefallen, jawohl!‹«
»Wer weiß, was Sie für einer sind!« rief der Bürstenhändler.
»Und was sind Sie für einer?« schrie ihn der Arbeiter an.
»Ich bin arm«, erwiderte der Bürstenhändler, »das ist alles. Aber heute habe ich ganz gut verkauft.«
Der Zug hielt. Niemand stieg aus. Niemand stieg ein. Draußen spritzte der Regen, und ein Wind wehte.
Als der Zug schon weitergefahren war, ging die Abteiltür auf, aber niemand kam herein. Nur der Wind sprang ins Abteil, und man merkte, daß der Wind kein Ost- oder Westwind war, sondern jeden Augenblick die Richtung veränderte. Der Gärtner stand auf und wollte die Tür schließen. Da stand plötzlich ein Mann auf dem Trittbrett. Der Gärtner ging in das Abteil zurück, weil er glaubte, der Schaffner klettere von Abteil zu Abteil, um die Fahrkarten zu betrachten und anzuhaken. Der Mann folgte ihm und zog die Abteiltür hinter sich zu. Er setzte sich. Es war nicht der Schaffner. Es war ein junger, harmloser und, wie es schien, etwas verrückter junger Mann.

»Sind Sie verrückt?« fragte das Fräulein.
»Ein wenig«, gestand der junge Mann.
»Oder sind Sie vielleicht der berühmte Räuber«, erkundigte sich der Arbeiter, »der in dieser Gegend hausen soll? Räuber sind oft freundliche Leute.«
»Ja, ich bin es«, sagte der junge Mann.
»Hilfe!« schrie das Fräulein.
»Oh, Sie brauchen sich nicht zu fürchten«, lächelte der junge Mann, »ich tue Ihnen nichts.«
»Dann schenken Sie mir mal 'nen Taler, wenn Sie der Räuberhauptmann sind«, forderte der Bürstenhändler den jungen Mann auf, »Sie sind doch für ein gutes Herz bekannt.«
»Ich habe keinen bei mir«, lachte der junge Mann, »sonst herzlich gern.«
»Schießen Sie mich tot«, bat das junge Mädchen, »mein Bräutigam will nichts mehr von mir wissen.«
»Küssen Sie ihn nur tüchtig«, lächelte der junge Mann, »dann wird es schon wieder schön werden.«
»Können Sie mich nicht in Ihre Bande aufnehmen?« fragte der Arbeiter.
»Alles überfüllt«, lachte der junge Mann.
Der Gärtner wollte sich auf den vermeintlichen Räuber stürzen, aber seine Frau hielt ihn am Ärmel fest.
»Ich bin es doch gar nicht«, rief der junge Mann vergnügt, »ich bin ein Student, sonst nichts. Ich muß für meine Eltern etwas einkaufen, das ist alles.«
»Dann sind Sie also gar kein schlechter Mensch?« meinte das Fräulein.
»Ein schlechter Mensch?« fragte der junge Mann zurück. »Das kann ich gar nicht sein.«
»Warum nicht?« wollte das Fräulein wissen.
»Es gibt keine schlechten Menschen«, lächelte der junge Mann.
»Wir hier kennen aber sehr viele schlechte Menschen«, wandte der Bürstenhändler ein, »wir haben vorhin darüber gesprochen.«

»Sie irren sich«, beschied ihn der junge Mann, »die Menschen sind gut, aber sie sind dumm, daß sie nicht fromm sind, und sie sind nicht fromm, weil sie so dumm sind. Das ist ein und dasselbe. Glauben Sie an die sieben Himmel, meine Herrschaften, und es ist alles in Ordnung.«

»Was sind denn das für sieben Himmel?« fragte der Arbeiter.

»Sind die sieben Himmel im Himmel?« erkundigte sich das junge Mädchen.

»Ja, wenn die sieben Himmel im Himmel sind, was soll ich mir dafür kaufen?« meinte die Gärtnerin.

»Ziehen Sie mich nur auf«, sagte der junge Mann, »es macht nichts, die sieben Himmel bleiben trotzdem bestehen.«

»Natürlich können sich die Himmel nicht um das Geschwätz der Menschen kümmern«, überlegte der Bürstenhändler, »das versteht sich.«

»Doch, im Gegenteil, das müssen sie«, belehrte ihn der junge Mann, »ihr Inhalt ist ja von den Reden der Menschen abhängig. Was die Menschen sich wünschen, ist in den Himmeln drin, und was sie sich nicht wünschen, ist eben nicht in ihnen.«

»Kommt dieses Geschwätz auch in den Himmel?« erkundigte sich die Gärtnerin, »wir reden und reden, aber jeder möchte gern wissen, was er von den Himmeln zu erwarten hat. Nur erfährt er's nicht.«

»Alles kommt in die Himmel«, bestätigte der junge Mann, »jeder Satz, den einer spricht, Kindersätze ausgenommen, denn die *sind* ja im Himmel drin. Jeder Satz schlängelt sich nach oben, und oben sammeln sich dann alle Sätze.«

»Oben?« fragte der Bürstenhändler, »wo oben?«

»Nun, im Vorhof«, flüsterte der junge Mann.

»Wie sieht denn der Vorhof aus?« fragte das junge Mädchen.

»Er ist aus Alabaster«, antwortete der junge Mann.

»Und was wird aus den Sätzen, wenn sie lange genug im alabasternen Vorhof gewesen sind?« wollte der Bürstenhändler wissen.

»Kurze Zeit bilden sie einen wimmelnden Haufen«, flüsterte der junge Mann, »dann eilen sie wie Blitze in den Himmel.«

»So, wie sie von unten gekommen sind?« fragte der Gärtner.

»Ja, aber dann sind sie ja nicht mehr wert als unsere blöden und hämischen Sätze selbst!«

»Sie werden gefiltert«, lächelte der junge Mann. »Sie kennen doch alle eine Kaffeefiltermaschine? So ist das.«

»Und wer filtert?« fragte das Fräulein.

»Der liebe – –«, fing das junge Mädchen an.

Aber der junge Mann machte: »pst!« Das Mädchen verstummte.

»Ich will euch erzählen«, flüsterte der junge Mann, »was in den sieben Himmeln ist. Im ersten Himmel ist das große Schweigen, da dürfen endlich einmal alle Leute den Mund halten. Sie müssen endlich einmal kein Blatt vor den Mund nehmen. Sie müssen endlich einmal nicht loben, was sie tadeln wollen. Sie brauchen nicht das Maul aufzureißen, als ob sie wunder was wären – und sie sind doch nur arme, kleine Leute. Im zweiten Himmel dürfen sie alle endlich einmal die Wahrheit sagen, zu jedermann, auch zu dem, von dem sie einen Vorteil haben, und wenn es die allerböseste Wahrheit ist. Im dritten Himmel dürfen sie allein sein. Ja, sie können die Tür hinter sich zuschließen, und niemand guckt ihnen über die Schulter. Sie können allein schlafen, essen, lesen. Jeder von euch weiß, wie schön das ist. Sie sind aber auch nicht zur ewigen Einsamkeit verdammt. Das nicht. Wenn sie wollen, können sie ihr einsames Zimmer auch wieder aufschließen. Im vierten Himmel dürfen sie dann wie die Kinder spielen, hier haben sie keine Verantwortung. Im fünften dürfen sie tun, was sie wollen. Wenn sie aber übermütig werden, und die Freiheit geht böse aus, fliegen sie aus dem Himmel. Ja, auch in den Himmeln darf keiner die Güte versuchen. Im sechsten Himmel sodann dürfen sie glücklich sein, aber ein Wunsch bleibt ihnen immer unerfüllt, denn sonst wären sie nicht glücklich. Im

siebenten Himmel dürfen sie den großen Glanz sehen, das ewige Leuchten, womit alles anfängt und endet.«
Der junge Mann stand auf. Die andern bewegten sich nicht. Nur ihre Augen hatten sich verändert. Die Gärtnerin hatte sie geschlossen, der Gärtner sah an die Decke, das Fräulein zwinkerte mit den Augen, das junge Mädchen blickte auf den Fußboden, der Arbeiter kniff die Augen zusammen, und der Bürstenhändler hatte sie weit aufgerissen.
»Wo willst du denn hin?« fragte der Bürstenhändler, und er wußte nicht, daß er den jungen Mann duzte.
»Ich muß aussteigen«, sagte der junge Mann. »Vergnügt euch!« forderte er alle auf. »Wenn ihr vergnügt seid, steht ihr schon auf der Treppe zu den sieben Himmeln.«
Und sie waren vergnügt. Der Gärtner sah selig vor sich hin, die Gärtnerin lehnte sich an ihn, das Fräulein weinte vor Glück, das junge Mädchen stand auf und wußte nicht, was sie vor Glück anstellen sollte. Da zog der Bürstenhändler eine Mundharmonika aus der Hosentasche und spielte ein Stückchen. Der Arbeiter stand auf und verbeugte sich vor dem jungen Mädchen, und sie begannen zu tanzen. Sie tanzten nicht lange, dann tanzten die Gärtnersleute auch zusammen, und auch der Bürstenhändler nahm das Fräulein in den Arm, er konnte auch mit einer Hand Mundharmonika spielen. Bald tauschten die Männer die Frauen aus, und kein Mann und keine Frau war eifersüchtig. Sie sangen auch ein bißchen, nur das Fräulein konnte nicht singen, dafür pfiff sie.
Alle hatten den jungen Mann vergessen, und als er ihnen einfiel, war er nicht mehr im Abteil. Gerade in diesem Augenblick schlug die Abteiltür von außen zu. Aber der Zug hielt noch nicht. Sie hörten nicht zu tanzen auf, weil der junge Mann das Abteil so heimlich verlassen hatte. Sie waren nicht erstaunt. Der junge Mann war nicht anders gegangen, als er gekommen war.
Gleich darauf hielt der Zug. Kaum stand er, kam ein Polizist in das Abteil.

»Haben Sie einen jungen Mann gesehen?« fragte er und sah sich um.
»Ja«, fuhr es dem Arbeiter heraus.
Die andern sahen ihn böse an.
»Wo ist er?« fragte der Polizist, »wir suchen ihn seit vielen Wochen. Er stiehlt den Reichen die Hühner und wirft sie den Armen in die Fenster, der gottverlassene Sünder. Er nimmt den Bösewichtern Geld ab, das schenkt er dann den Anständigen. Wir müssen ihn erwischen. Also, wo ist der Bandit?« fragte der Polizist zum zweitenmal.
»Wo er ist?« antwortete der Arbeiter. »Fort!«
»Ach, du lieber Gott«, seufzte der Polizist, »sind Sie dumm! Weiß niemand von Ihnen, wo der junge Mann ausgestiegen ist?« erkundigte er sich bei den anderen Fahrgästen.
»Doch, ich«, behauptete die Gärtnerin.
»Und wo?«
»Na, hier.«
»Das kann nicht sein«, widersprach der Polizist, »ich hätte ihn sonst gesehen.«
»Ein junger Mann war es eigentlich gar nicht«, rief der Bürstenhändler, »er war so um die Vierzig.«
Der Gärtner rief: »Hier war überhaupt kein junger Mann, wer weiß, was die Leute hier gesehen haben! Die sind nämlich, scheint es, alle betrunken«, flüsterte er dem Polizisten zu, »die haben während der Fahrt getanzt! Während der Fahrt! Im Eisenbahnabteil!«
»Was haben die?!« schrie der Polizist, »was für ein Unfug! Tanzen im Abteil ist nicht gestattet!«
»Sie haben nicht nur getanzt, sie haben auch gesungen und gepfiffen«, klagte der Gärtner.
»Dann sind sie unzurechnungsfähig«, meinte der Polizist und sprang aus dem Abteil.
Der Zug fuhr schon wieder. Kaum hatte der Polizist die Tür zugeworfen, lachten alle, wie sie noch nie in ihrem Leben gelacht hatten. Sie faßten sich an den Händen und schunkelten, und immer, wenn einer an den folgenden Stationen ausstieg, rückten die andern zusammen und schunkelten

weiter. Bis nur noch einer im Abteil saß, der Bürstenhändler. Der schlief dann ein und schaukelte durch die schönen Himmel. Er blieb in jedem eine ganze Weile. Er suchte überall den jungen Mann. Aber der war nirgends. Er stahl wohl unterdes einen Laib Brot für Bürstenhändler und ähnliches Volk.

ANNA SEGHERS

Das Obdach

An einem Morgen im September 1940, als auf der Place de la Concorde in Paris die größte Hakenkreuzfahne der deutsch besetzten Länder wehte und die Schlangen vor den Läden so lang wie die Straßen selbst waren, erfuhr eine gewisse Luise Meunier, Frau eines Drehers, Mutter von drei Kindern, daß man in einem Geschäft im XIV. Arrondissement Eier kaufen konnte. Sie machte sich rasch auf, stand eine Stunde Schlange, bekam fünf Eier, für jedes Familienmitglied eins. Dabei war ihr eingefallen, daß hier in derselben Straße eine Schulfreundin lebte, Annette Villard, Hotelangestellte. Sie traf die Villard auch an, jedoch in einem für diese ruhige, ordentliche Person befremdlich erregten Zustand.
Die Villard erzählte, Fenster und Waschbecken scheuernd, wobei ihr die Meunier manchen Handgriff tat, daß gestern mittag die Gestapo einen Mieter verhaftet habe, der sich im Hotel als Elsässer eingetragen, jedoch, wie sich inzwischen herausgestellt hatte, aus einem deutschen Konzentrationslager vor einigen Jahren entflohen war. Der Mieter, erzählte die Villard, Scheiben reibend, sei in die Santé gebracht worden, von dort aus würde er bald nach Deutschland abtransportiert werden und wahrscheinlich an die Wand gestellt. Doch was ihr weit näher gehe als der Mieter, denn schließlich Mann sei Mann, Krieg sei Krieg, das sei der Sohn des Mieters. Der Deutsche habe nämlich ein Kind, einen Knaben von zwölf Jahren, der habe mit ihm das Zimmer geteilt, sei hier in die Schule gegangen, rede französisch wie

sie selbst, die Mutter sei tot, die Verhältnisse seien undurchsichtig wie meistens bei den Fremden. Der Knabe habe, heimkommend von der Schule, die Verhaftung des Vaters stumm, ohne Tränen, zur Kenntnis genommen. Doch von dem Gestapooffizier aufgefordert, sein Zeug zusammenzupacken, damit er am nächsten Tag abgeholt werden könne und nach Deutschland zurückgebracht zu seinen Verwandten, da habe er plötzlich laut erwidert, er schmisse sich eher unter ein Auto, als daß er in diese Familie zurückkehre. Der Gestapooffizier habe ihm scharf erwidert, es drehe sich nicht darum, zurück oder nicht zurück, sondern zu den Verwandten zurück oder in die Korrektionsanstalt. – Der Knabe habe Vertrauen zu ihr, Annette, er habe sie in der Nacht um Hilfe gebeten, sie habe ihn auch frühmorgens weg in ein kleines Café gebracht, dessen Wirt ihr Freund sei. Da sitze er nun und warte. Sie habe geglaubt, es sei leicht, den Knaben unterzubringen, doch bisher habe sie immer nur nein gehört, die Furcht sei zu groß. Die eigene Wirtin fürchte sich sehr vor den Deutschen und sei erbost über die Flucht des Knaben.

Die Meunier hatte sich alles schweigend angehört; erst als die Villard fertig war, sagte sie: »Ich möchte gern einmal einen solchen Knaben sehen.« Worauf ihr die Villard das Café nannte und noch hinzufügte: »Du fürchtest dich doch nicht etwa, dem Jungen Wäsche zu bringen?«

Der Wirt des Cafés, bei dem sie sich durch einen Zettel der Villard auswies, führte sie in sein morgens geschlossenes Billardzimmer. Da saß der Knabe und sah in den Hof. Der Knabe war so groß wie ihr ältester Sohn, er war auch ähnlich gekleidet, seine Augen waren grau, in seinen Zügen war nichts Besonderes, was ihn als den Sohn eines Fremden stempelte. Die Meunier erklärte, sie brächte ihm Wäsche. Er dankte nicht, er sah ihr nur plötzlich scharf ins Gesicht. Die Meunier war bisher eine Mutter gewesen wie alle Mütter: Schlange stehen, aus nichts etwas, aus etwas viel machen, Heimarbeit zu der Hausarbeit übernehmen, das alles war selbstverständlich. Jetzt, unter dem Blick des Jungen, wuchs mit gewaltigem Ruck das Maß des Selbstverständlichen, und mit dem Maß ihre Kraft. Sie sagte: »Sei heute abend um sieben im Café Biard an den Hallen.«

Sie machte sich eilig heim. Um weniges ansehnlich auf den Tisch zu bringen, braucht es lange Küche. Ihr Mann war schon da. Er hatte ein Kriegsjahr in der Maginotlinie gelegen, er war seit drei Wochen demobilisiert, vor einer Woche hatte sein Betrieb wieder aufgemacht, er war auf Halbtagsarbeit gesetzt, er verbrachte den größten Teil der Freizeit im Bistro, dann kam er wütend über sich selbst heim, weil er von den wenigen Sous noch welche im Bistro gelassen hatte. Die Frau, zu bewegt, um auf seine Miene zu achten, begann zugleich mit dem Eierschlagen ihren Bericht, der bei dem Mann vorbauen sollte. Doch wie sie auf dem Punkt angelangt war, der fremde Knabe sei aus dem Hotel gelaufen, er suche in Paris Schutz vor den Deutschen, unterbrach er sie folgendermaßen: »Deine Freundin Annette hat wirklich sehr dumm getan, einen solchen Unsinn zu unterstützen. Ich hätte an ihrer Stelle den Jungen eingesperrt. Der Deutsche soll selbst sehn, wie er mit seinen Landsleuten fertig wird . . . Er hat selbst nicht für sein Kind gesorgt. Der Offizier hat also auch recht, wenn er das Kind nach Haus schickt. Der Hitler hat nun einmal die Welt besetzt, da nützen keine Phrasen was dagegen.« Worauf die Frau schlau genug war, rasch etwas anderes zu erzählen. In ihrem Herzen sah sie zum erstenmal klar, was aus dem Mann geworden war, der früher bei jedem Streik, bei jeder Demonstration mitgemacht hatte und sich am 14. Juli stets so betragen, als wollte er ganz allein die Bastille noch einmal stürmen. Er glich aber jenem Riesen Christophorus in dem Märchen – ihm gleichen viele –, der immer zu dem übergeht, der ihm am stärksten scheint und sich als stärker erweist als sein jeweiliger Herr, so daß er zuletzt beim Teufel endet. Doch weder in der Natur der Frau noch in ihrem ausgefüllten Tag war Raum zum Trauern. Der Mann war nun einmal ihr Mann, sie war nun einmal die Frau, da war nun einmal der fremde Junge, der jetzt auf sie wartete. Sie lief daher abends in das Café bei den Hallen und sagte zu dem Kind: »Ich kann dich erst morgen zu mir nehmen.« Der Knabe sah sie wieder scharf an, er sagte: »Sie brauchen mich nicht zu nehmen, wenn Sie Angst haben.« Die Frau erwiderte trocken, es handle sich nur darum, einen Tag zu warten. Sie bat die Wirtin, das Kind eine Nacht zu behalten, es sei mit ihr verwandt. An dieser Bitte war nichts Besonderes, da Paris von Flüchtlingen wimmelte.

Am nächsten Tag erklärte sie ihrem Mann: »Ich habe meine Kusine Alice getroffen, ihr Mann ist in Pithiviers im Gefangenenlazarett, sie will ihn ein paar Tage besuchen. Sie hat mich gebeten, ihr Kind solange aufzunehmen.« Der Mann, der Fremde in seinen vier Wänden nicht leiden konnte, erwiderte: »Daß ja kein Dauerzustand daraus wird.« Sie richtete also für den Knaben eine Matratze. Sie hatte ihn unterwegs gefragt: »Warum willst du eigentlich nicht zurück?« Er hatte geantwortet: »Sie können mich immer noch hierlassen, wenn Sie Angst haben. Zu meinen Verwandten werde ich doch nicht gehen. Mein Vater und meine Mutter wurden beide von Hitler verhaftet. Sie schrieben und druckten und verteilten Flugblätter. Meine Mutter starb. Sie sehen, mir fehlt ein Vorderzahn. Den hat man mir dort in der Schule ausgeschlagen, weil ich ihr Lied nicht mitsingen wollte. Auch meine Verwandten waren Nazis. Die quälten mich am meisten. Die beschimpften Vater und Mutter.« Die Frau hatte ihn darauf nur gebeten zu schweigen, dem Mann gegenüber, den Kindern, den Nachbarn.

Die Kinder konnten den fremden Knaben weder gut noch schlecht leiden. Er hielt sich abseits und lachte nicht. Der Mann konnte den Knaben sofort nicht leiden; er sagte, der Blick des Knaben mißfalle ihm. Er schalt seine Frau, die von der eigenen Ration dem Knaben abgab, er schalt auch die Kusine, es sei eine Zumutung, anderen Kinder aufzuladen. Und solche Klagen pflegten bei ihm in Belehrungen überzugehen, der Krieg sei nun einmal verloren, die Deutschen hätten nun einmal das Land besetzt, die hätten aber Disziplin, die verstünden sich auf Ordnung. Als einmal der Junge die Milchkanne umstieß, sprang er los und schlug ihn. Die Frau wollte später den Jungen trösten, der aber sagte: »Noch besser hier als dort.«

»Ich möchte«, sagte der Mann, »einmal wieder ein richtiges Stück Käse zum Nachtisch haben.« Am Abend kam er ganz aufgeregt heim. »Stell dir vor, was ich gesehen habe. Ein riesiges deutsches Lastauto, ganz voll mit Käse. Die kaufen, was sie Lust haben. Die drucken Millionen und geben sie aus.«

Nach zwei, drei Wochen begab sich die Meunier zu ihrer Freundin Annette. Die war über den Besuch nicht erfreut, bedeutete ihr, sich in diesem Quartier nicht mehr blicken zu lassen, die Gestapo habe geflucht, gedroht. Sie habe sogar herausbekommen, in welchem Café der Knabe gewartet habe, auch daß ihn dort eine Frau besucht, daß beide den Ort zu verschiedenen Zeiten verlassen. – Auf ihrem Heimweg bedachte die Meunier noch einmal die Gefahr, in die sie sich und die Ihren brachte. Wie lange sie auch erwog, was sie ohne Erwägen in einem raschen Gefühl getan hatte, der Heimweg selbst bestätigte ihren Entschluß: die Schlangen vor den offenen Geschäften, die Läden vor den geschlossenen, das Hupen der deutschen Autos, die über die Boulevards sausten, und über den Toren die Hakenkreuze. So daß sie beim Eintritt in ihre Küche dem fremden Knaben in einem zweiten Willkomm übers Haar strich.

Der Mann aber fuhr sie an, sie hätte an diesem Kind einen Narren gefressen. Er selber ließ seine Mürrischkeit, da die eigenen Kinder ihn dauerten – alle Hoffnungen hatten sich plötzlich in eine klägliche Aussicht verwandelt auf eine trübe, unfreie Zukunft –, an dem fremden aus. Da der Knabe zu vorsichtig war und zu schweigsam, um einen Anlaß zu geben, schlug er ihn ohne solchen, indem er behauptete, der Blick des Knaben sei frech. Er selber war um sein letztes Vergnügen gebracht worden. Er hatte noch immer den größten Teil seiner freien Zeit im Bistro verbracht, was ihn etwas erleichtert hatte. Jetzt war einem

Schmied am Ende der Gasse die Schmiede von den Deutschen beschlagnahmt worden.

Die Gasse, bisher recht still und hakenkreuzfrei, fing plötzlich von deutschen Monteuren zu wimmeln an. Es stauten sich deutsche Wagen, die repariert werden sollten, und Nazisoldaten besetzten das Bistro und fühlten sich dort daheim. Der Mann der Meunier konnte den Anblick nicht ertragen. Oft fand ihn die Frau stumm vor dem Küchentisch. Sie fragte ihn einmal, als er fast eine Stunde reglos gesessen hatte, den Kopf auf den Armen, mit offenen Augen, woran er wohl eben gedacht habe. »An nichts und an alles. Und außerdem noch an etwas ganz Abgelegenes. Ich habe soeben, stell dir vor, an diesen Deutschen gedacht, von dem dir deine Freundin Annette erzählt hat, ich weiß nicht, ob du dich noch erinnerst, der Deutsche, der gegen Hitler war, der Deutsche, den die Deutschen verhafteten. Ich möchte wohl wissen, was aus ihm geworden ist. Aus ihm und seinem Sohn.« Die Meunier erwiderte: »Ich habe kürzlich die Villard getroffen. Sie haben damals den Deutschen in die Santé gebracht. Er ist inzwischen vielleicht schon erschlagen worden. Das Kind ist verschwunden. Paris ist groß. Es wird sich ein Obdach gefunden haben.«

Da niemand gern zwischen Nazisoldaten sein Glas austrank, zog man oft mit ein paar Flaschen in Meuniers Küche, was ihnen früher ungewohnt gewesen wäre und beinah zuwider. Die meisten waren Meuniers Arbeitskollegen aus demselben Betrieb, man sprach freiweg. Der Chef in dem Betrieb hatte sein Büro dem deutschen Kommissar eingeräumt. Der ging und kam nach Belieben. Die deutschen Sachverständigen prüften, wogen, nahmen ab. Man gab sich nicht einmal mehr Mühe, in den Büros der Verwaltung geheimzuhalten, für wen geschuftet wurde. Die Fertigteile aus dem zusammengeraubten Metall wurden nach dem Osten geschickt, um anderen Völkern die Gurgel abzudrehen. Das war das Ende vom Lied, verkürzte Arbeitszeit, verkürzter Arbeitslohn, Streikverbot. Die Meunier ließ ihre Läden herunter, man dämpfte die Stimmen. Der fremde Junge senkte die

Augen, als fürchte er selbst, sein Blick sei so scharf, daß er sein Herz verraten könne. Er war so bleich, so hager geworden, daß ihn der Meunier mürrisch betrachtete und die Furcht äußerte, er möge von einer Krankheit befallen sein und die eigenen Kinder noch anstecken. Die Meunier hatte an sich selbst einen Brief geschrieben, in dem die Kusine bat, den Knaben noch zu behalten, ihr Mann sei schwerkrank, sie ziehe vor, sich für eine Weile in seiner Nähe einzumieten. – »Die macht sich's bequem mit ihrem Bengel«, sagte der Mann. Die Meunier lobte eilig den Jungen, er sei sehr anstellig, er ginge schon jeden Morgen um vier Uhr in die Hallen, zum Beispiel hätte er heute dieses Stück Rindfleisch ohne Karten ergattert.

Auf dem gleichen Hof mit den Meuniers wohnten zwei Schwestern, die waren immer recht übel gewesen; jetzt gingen sie gern ins Bistro hinüber und hockten auf den Knien der deutschen Monteure. Der Polizist sah sich's an, dann nahm er die beiden Schwestern mit aufs Revier, sie heulten und sträubten sich, er ließ sie in die Kontrolliste eintragen. Die ganze Gasse freute sich sehr darüber, doch leider wurden die Schwestern jetzt noch viel übler, die deutschen Monteure gingen bei ihnen jetzt aus und ein, sie machten den Hof zu dem ihren, man hörte den Lärm in Meuniers Küche. Dem Meunier und seinen Gästen war es längst nicht mehr zum Lachen, der Meunier lobte jetzt nicht mehr die deutsche Ordnung, mit feiner, gewissenhafter, gründlicher Ordnung war ihm das Leben zerstört worden, im Betrieb und daheim, seine kleinen und großen Freuden, sein Wohlstand, seine Ehre, seine Ruhe, seine Nahrung, seine Luft.

Eines Tages fand sich der Meunier allein mit seiner Frau. Nach langem Schweigen brach es aus ihm heraus, er rief: »Sie haben die Macht, was willst du! Wie stark ist dieser Teufel! Wenn es nur auf der Welt einen gäbe, der stärker wäre als er! Wir aber, wir sind ohnmächtig. Wir machen den Mund auf, und sie schlagen uns tot. Aber der Deutsche, von dem dir einmal deine Annette erzählt hat, du hast ihn vielleicht vergessen, ich nicht. Er hat immerhin was riskiert. Und sein Sohn, alle Achtung! Deine Kusine mag sich selbst aus dem Dreck helfen mit ihrem Bengel. Das macht mich nicht warm. Den Sohn dieses Deutschen, den würde ich aufnehmen, der könnte mich warm machen. Ich würde ihn höher halten als meine eigenen Söhne, ich würde ihn besser füttern. Einen solchen Knaben bei sich zu beherbergen, und diese Banditen gehen aus und ein und ahnen nicht, was ich wage und was ich für einer bin und wen ich versteckt habe! Ich würde mit offenen Armen einen solchen Jungen aufnehmen.« Die Frau drehte sich weg und sagte: »Du hast ihn bereits aufgenommen.«

Ich habe diese Geschichte erzählen hören in meinem Hotel im XIV. Arrondissement von jener Annette, die dort ihren Dienst genommen hatte, weil es ihr auf der alten Stelle nicht mehr geheuer war.

FRIEDRICH DÜRRENMATT

Der Theaterdirektor

Der Mensch, dem die Stadt erliegen sollte, lebte schon unter uns, als wir ihn noch nicht beachteten. Wir bemerkten ihn erst, als er durch ein Betragen aufzufallen begann, das uns lächerlich schien, wie denn in jenen Zeiten über ihn viel gespottet worden ist: Doch hielt er die Leitung des Theaters schon inne, als wir auf ihn aufmerksam wurden. Wir lachten nicht über ihn, wie wir es bei Menschen zu tun pflegen, die uns durch Einfalt oder Witz ergötzen, sondern wie wir uns bisweilen über unanständige Dinge belustigen. Doch ist es schwierig anzuführen, was in den ersten Zeiten seines Auftretens zum Lachen reizte, um so mehr, als ihm später nicht nur mit knechtischer Hochachtung begegnet wurde – dies ist uns noch als ein Zeichen der Furcht verständlich gewesen –, sondern auch mit ehrlicher Bewunderung. Vor allem war seine Gestalt sonderbar. Er war von kleinem Wuchs. Sein Leib schien ohne Knochen, so daß von ihm etwas Schleimiges ausging. Er war ohne Haare, auch jene der Brauen fehlten. Er bewegte sich wie ein Seiltänzer, der das Gleichgewicht zu verlieren fürchtet, mit geräuschlosen Schritten, deren Schnelligkeit regellos wechselte. Seine Stimme war leise und stockend. Wenn er mit einem Menschen in Berührung trat, richtete er seinen Blick stets auf tote Gegenstände. Doch ist es ungewiß, wann wir die Möglichkeit des Bösen in ihm zum ersten Male ahnten. Vielleicht geschah dies, als sich gewisse Veränderungen auf der Bühne bemerkbar machten, die ihm zuzuschreiben waren. Vielleicht, doch ist es zu bedenken, daß Veränderungen im Ästhetischen im allgemeinen noch nicht mit dem Bösen in Verbindung gebracht werden, wenn sie zum ersten Male unsere Aufmerksamkeit erregen: Wir dachten damals eigentlich mehr an eine Geschmacklosigkeit, oder machten uns über seine vermutliche Dummheit lustig. Gewiß hatten diese ersten Auffuhrungen im Schauspielhaus unter seiner Regie noch nicht die Bedeutung jener, die in der Folge berühmt werden sollten, doch waren Ansätze vorhanden, die seinen Plan andeuteten. So war etwa ein Hang zum Maskenhaften eigentümlich, der schon in dieser frühen Zeit seine Bühne auszeichnete, auch war jenes Abstrakte des Aufbaus vorhanden, das später so hervorgehoben worden ist. Diese Merkmale drängten sich nicht auf, doch mehrten sich die Anzeichen, daß er eine bestimmte Absicht verfolgte, die wir spürten, aber nicht abschätzen konnten. Er mochte einer Spinne gleichen, die sich anschickte, ein riesenhaftes Netz zu bereiten, wobei er aber scheinbar planlos verfuhr, und vielleicht war es gerade wieder diese Planlosigkeit, die uns verführte, über ihn zu lachen. Natürlich konnte es mir mit der Zeit nicht verborgen bleiben, daß er unmerklich in den Vordergrund strebte, nach seiner Wahl ins Parlament fiel dies jedem auf. Indem er das Theater mißbrauchte, setzte er an, die Menge an einem

Ort zu verführen, wo niemand eine Gefahr vermutete. Doch wurde mir die Gefahr erst bewußt, als die Veränderungen auf der Bühne einen Grad erreicht hatten, der die geheime Absicht seines Handelns bloßlegte: Wie in einem Schachspiel erkannten wir den Zug, der uns vernichtete, erst, als er gespielt war, zu spät. Wir haben uns dann oft gefragt, was die Masse bewog, in sein Theater zu gehen. Wir mußten gestehen, daß diese Frage kaum zu beantworten war. Wir dachten an einen bösen Trieb, der die Menschen zwingt, ihre Mörder aufzusuchen, um sich ihnen auszuliefern, denn jene Veränderungen enthüllten, daß er die Freiheit zu untergraben bestrebt war, indem er deren Unmöglichkeit nachwies, so daß seine Kunst eine verwegene Attacke auf den Sinn der Menschheit war. Diese Absicht führte ihn dazu, jedes Zufällige auszuschalten und alles auf das peinlichste zu begründen, so daß die Vorgänge der Bühne unter einem ungeheuerlichen Zwange standen. Auch war bemerkenswert, wie er mit der Sprache verfuhr, in welcher er die Elemente unterdrückte, in denen sich die einzelnen Dichter unterscheiden, so daß der natürliche Rhythmus verfälscht wurde, um den gleichmäßigen, entnervenden Takt stampfender Kolben zu erreichen. Die Schauspieler bewegten sich wie Marionetten, ohne daß die Macht im Hintergrund geblieben wäre, die ihr Handeln bestimmte, sondern sie vor allem war es, die sich als eine sinnlose Gewalt offenbarte, so daß wir in einen Maschinensaal zu blicken glaubten, wo eine Substanz erzeugt wurde, welche die Welt vernichten mußte. Hier soll auch erwähnt werden, wie er Licht und Schatten benutzte, die ihm nicht dienten, auf unendliche Räume hinzuweisen und so eine Verbindung mit der Welt des Glaubens herzustellen, sondern dazu, die Endlichkeit der Bühne aufzudecken, da merkwürdige kubische Blöcke das Licht begrenzten und hemmten, wie er denn ein Meister der abstrakten Form gewesen ist; auch wurde durch geheime Vorrichtungen jeder Halbschatten vermieden, so daß sich das Geschehen in engen Kerkerräumen abzuspielen schien. Er verwandte nur Rot und Gelb in einem Feuer, welches das

Auge verletzte. Am teuflischsten aber war, daß unmerklich jeder Vorgang einen anderen Sinn erhielt und sich die Gattungen in einander zu vermischen begannen, indem eine Tragödie in eine Komödie verwandelt wurde, während sich ein Lustspiel zu einer Tragödie verfälschte. Auch hörten wir damals oft von Aufständen jener Unglücklichen, die gierig waren, ihr Los mit Gewalt zu verbessern, doch waren es immer noch wenige, die dem Gerücht Glauben schenkten, daß die treibende Kraft dieser Vorfälle bei ihm zu suchen wäre. In Wahrheit war es jedoch so, daß ihm von Anfang an das Theater nur als Mittel diente, jene Macht zu erlangen, die sich später als rohe Herrschaft der schrecklichen Gewalt enthüllen sollte. Was uns in jener Zeit hinderte, diesen Vorgängen näher auf die Spur zu kommen, war der Umstand, daß sich die Sache der Schauspielerin für den Einsichtigen immer drohender zu gestalten begann. Ihr Schicksal war mit demjenigen der Stadt sonderbar verknüpft, und er versuchte sie zu vernichten. Als jedoch seine Absicht ihr gegenüber deutlich wurde, war seine Stellung in unserer Stadt so gefestigt, daß sich das grausame Geschick dieser Frau vollziehen konnte, ein Geschick, das allen verhängnisvoll werden sollte, und das auch jene abzuwenden nicht Macht besaßen, die das Wesen seiner Verführung durchschaut hatten. Sie unterlag ihm, weil sie die Macht verachtete, die er verkörperte. Es kann nicht gesagt werden, daß sie berühmt gewesen wäre, bevor er die Theaterleitung übernahm, doch hielt sie im Theater eine Stellung inne, die zwar gering, aber doch unangefochten war, auch hatte sie es der allgemeinen Achtung zu verdanken, daß sie ihre Kunst ohne jede Zugeständnisse ausüben konnte, die andere, die mehr bezweckten und deren Stellung bedeutender war, der Öffentlichkeit darbringen mußten: Wie es denn auch bezeichnend ist, daß er sie durch diesen Umstand zu vernichten wußte, denn er verstand es, den Menschen zu Fall zu bringen, indem er seine Tugenden ausnützte.

Die Schauspielerin hatte sich seinen Anordnungen nicht unterworfen. Sie schenkte den Veränderungen keine Beachtung, die sich auf dem Theater vollzogen, so daß sie sich immer deutlicher von den andern unterschied. Aber es war gerade diese Beobachtung, die mich mit Sorge erfüllte, denn es war auffällig, daß er keinen Schritt unternahm, sie zu zwingen, sich seinen Anordnungen zu unterziehen. Daß sie sich abhob, war sein Plan. Zwar soll er einmal eine Bemerkung über ihr Spiel gemacht haben, nachdem er kurz zuvor das Theater übernommen hatte; ich habe aber über diese Auseinandersetzung nie Sicheres erfahren können. Doch ließ er sie seitdem in Ruhe und unternahm nichts, sie aus dem Theater zu entfernen. Er stellte sie vielmehr immer deutlicher in den Vordergrund, so daß sie mit der Zeit die erste Stellung im Schauspielhaus einnahm, obschon sie dieser Aufgabe nicht gewachsen war. So war es dieses Verfahren, das uns mißtrauisch machte, denn es war doch so, daß ihre Kunst und seine Auffassung in dem Maße entgegengesetzt waren, daß eine Auseinandersetzung unvermeidlich schien, die um so gefährlicher sein mußte, je später sie erfolgte. Auch waren Anzeichen vorhanden, daß sich ihre Stellung entscheidend zu ändern begann. Wurde zuerst ihr Spiel von der Menge begeistert und mit einer Einmütigkeit gelobt, die gedankenlos gewesen war (sie galt als seine große Entdeckung), so begannen sich nun Stimmen zu regen, die darauf ausgingen, sie zu tadeln und ihr vorzuwerfen, sie sei seiner Regie nicht gewachsen und ferner, es zeuge von seiner seltenen Geduld (und Menschlichkeit), daß er sie noch immer in ihrer führenden Stellung belasse. Doch da besonders ihr Verharren in den Gesetzen der klassischen Schauspielkunst angegriffen wurde, nahmen sie wieder gerade jene in Schutz, welche die wahren Mängel ihrer Kunst erkannt hatten, ein unglücklicher Kampf, der sie leider bestärkte, nicht freiwillig vom Theater zu gehen – sie hätte sich vielleicht so noch retten können, wenn ihm auch unsere Stadt kaum mehr zu entgehen vermocht hätte. Doch trat erst dann die entscheidende Wendung ein, als sich die Tatsache abzuzeichnen begann, daß ihre Kunst bei der Menge eine sonderbare Wirkung auslöste, die für sie peinlich sein mußte und die darin bestand, daß man über sie im geheimen und dann auch während der Vorstellung zu lachen anfing; eine Wirkung, die er natürlich genau berechnet hatte und immer mehr auszubauen versuchte. Wir waren bestürzt und hilflos. Mit der grausamen Waffe des Unfreiwillig-Komischen hatten wir nicht gerechnet. Wenn sie auch weiterspielte, so war es doch gewiß, daß sie es bemerkte, wie ich denn auch vermute, daß sie eher als wir vom Unvermeidlichen ihres Untergangs wußte. Um diese Zeit wurde ein Werk vollendet, worüber in unserer Stadt schon lange gesprochen worden war und das wir mit großer Spannung erwartet hatten. Es ist zwar so, daß sich mit diesem Bau schon viele auseinandergesetzt haben, doch muß ich hier erwähnen, bevor ich zu ihm Stellung nehme, daß es mir noch heute unverständlich wäre, wie er sich die Mittel zu diesem neuen Theater hatte verschaffen können, wenn sich nicht ein Verdacht gezeigt hätte, den ich nicht von der Hand zu weisen vermag. Wir haben aber damals dem Gerücht noch nicht Glauben schenken können, welches diesen Bau mit jenen gewissenlosen Kreisen unserer Stadt in Verbindung brachte, die seit jeher nur auf eine schrankenlose Vermehrung ihrer Reichtümer ausgingen und gegen die sich die Aufstände jener richteten, die er ebenfalls beeinflußte. Wie es nun auch sei, dieser Bau, der heute zerstört sein soll, kam einer Gotteslästerung gleich. Es hält jedoch schwer, über diesen Bau zu reden, der sich äußerlich als eine ungeheuerliche Mischung aller Stile und Formen darbot, ohne daß man ihm etwas Großartiges hätte absprechen können. Es war ein Gebäude, welches nicht das Lebendige offenbarte, das in der starren Materie zum Ausdruck zu kommen vermag, wenn die Kunst sie verwandelt, sondern das bewußt darauf ausging, das Tote hervorzuheben, das ohne Zeit und nur unbewegliche Schwere ist. All dies aber bot sich uns ohne Mäßigung nackt und schamlos dar, ohne jede Schönheit, mit Eisentüren, die oft über allem Maß riesenhaft, bald aber auch geduckt wie Gefängnistore waren. Der Bau schien durch ungefüge Zyklopenhände aufeinandergetürmt worden zu sein, in sinnlosen Marmorblöcken, an die sich schwere Säulen ohne Zweck lehnten, doch war dies nur scheinbar, denn alles an diesem Bau war auf bestimmte Wirkungen hin berechnet, die darauf ausgingen, den Menschen zu vergewaltigen und in den Bann einer reinen Willkür zu ziehen. So standen etwa im Gegensatz zu diesen rohen Massen und brutalen Proportionen einzelne Gegenstände, die handwerklich mit einer Exaktheit ausgearbeitet worden waren, daß sie, wie gerühmt wurde, bis auf einen Zehntausendstel-Millimeter stimmten. Erschreckender noch war das Innere mit dem Theatersaal. Er lehnte sich an das griechische Theater an, seine Form wurde jedoch sinnlos, weil sich über ihn eine seltsam geschwungene Decke spannte, so daß wir nicht zu einem Spiel zu schreiten schienen, als wir diesen Saal betraten, sondern wie zu einem Fest im Bauch der Erde. So kam es zur Katastrophe. Wir erwarteten damals das Spiel mit einer lautlosen Spannung. Wir saßen bleich aneinandergedrängt in immer weiteren Kreisen und starrten nach dem Vorhange, der die Bühne deckte, auf dem eine Kreuzigung als eine höhnische Farce dargestellt war: Auch dies nahm man nicht als Frevel, sondern als Kunst hin. Dann begann das Spiel. Es wurde später davon gesprochen, zuchtlose Mächte der Straße hätten diese Revolution gemacht, damals aber saßen jene unserer Stadt im Saale, die sich ihres Glanzes und ihrer Bildung am meisten gerühmt hatten und im Theaterdirektor den großen Künstler und Revolutionär der Bühne feierten, in seinem Zynismus Geist sahen und ahnungslos waren, wie bald der Bursche sich anschickte, aus dem Ästhetischen heraus, das sie an ihm bewunderten, in Bezirke zu brechen, die nicht mehr ästhetisch waren; wie ihm ja auch zur Eröffnung des neuen Hauses, bevor noch das Spiel begann, unter donnernden Hochrufen der festlichen Gesellschaft vom Staatspräsidenten der Shakespeare-Preis übergeben wurde. Welches Werk der Klassiker zur Einweihung gespielt wurde, ob es sich um Faust oder den Hamlet handelte, entsinne ich mich nicht mehr, doch war die Regie derart, wie der Vorhang mit der Kreuzigung sich nun hob, daß diese

Frage gleichgültig wurde, bevor es möglich war, sie zu stellen: Mit einem Klassiker oder mit dem Werk eines anderen Dichters hatte dies nichts mehr zu tun, was sich jetzt vor unseren Augen ereignete, oft unterbrochen vom begeisterten Beifall der Regierung, der Gesellschaft und der Elite der Universität. Eine fürchterliche Gewalt verfuhr mit den Schauspielern wie ein Wirbelwind, der Häuser und Bäume übereinanderwirft, um sie dann liegen zu lassen. Die Stimmen klangen nicht menschlich, sondern so, wie vielleicht Schatten reden würden, dann aber auch plötzlich und ohne Übergang in einem Tonfall, der dem irren Trommeln wilder Stämme glich. Wir saßen nicht als Menschen, sondern als Götter in seinem Theater. Wir ergötzten uns an einer Tragödie, die in Wirklichkeit unsere eigene war. Dann aber erschien sie, und ich sah sie nie so unbeholfen, wie in jenen Augenblicken, die ihrem Tod vorausgingen, doch auch nie so rein. Brach die Menge zuerst in ein Gelächter aus, als sie die Bühne betrat – so genau berechnet war ihr Auftritt, daß er wie eine obszöne Pointe wirken mußte –, so verwandelte sich dieses Gelächter bald in Wut. Sie erschien als Frevlerin, die sich anmaßte, einer Gewalt entgegenzutreten, die zwar alles zermalmt, aber auch jede Sünde entschuldigt und jede Verantwortung aufhebt, und ich begriff, daß dies der eigentliche Grund war, durch den die Menge verführt wurde, auf die Freiheit zu verzichten und sich dem Bösen zu ergeben, denn Schuld und Sühne gibt es nur in der Freiheit. Sie begann zu sprechen, und ihre Stimme war ihnen eine Lästerung jener grausamen Gesetze, an die der Mensch dann glaubt, wenn er sich zum Gott erheben will, indem er Gut und Böse aufhebt. Ich erkannte seine Absicht und wußte nun, daß er darauf ausgegangen war, ihren Untergang vor aller Augen mit der Zustimmung aller zu vollziehen. Sein Plan war vollkommen. Er hatte einen Abgrund geöffnet, in den sich die Menge stürzte, gierig nach Blut, um immer wieder neuen Mord zu verlangen, weil nur so der besinnungslose Taumel zu finden war, der allein befähigt, nicht in unendlicher Verzweiflung zu erstarren. Sie stand mitten unter den Menschen, die sich in Bestien verwandelten, als eine Verbrecherin. Ich sah, daß es schreckliche Momente gibt, in denen sich eine tödliche Umwälzung vollzieht, wo der Unschuldige den Menschen schuldig erscheinen muß. So war unsere Stadt bereit, jener Tat beizuwohnen, die einem wilden Triumph des Bösen gleichkam. Es senkte sich nämlich von der Decke der Bühne eine Vorrichtung herab. Es mochten leichte Metallstäbe sein und Drähte, an denen Klammern und Messer angebracht waren, sowie Stahlstangen mit seltsamen Gelenken, die auf eine eigentümliche Art miteinander verbunden waren, so daß die Vorrichtung einem ungeheuren und überirdischen Insekt zu gleichen schien, und zwar bemerkten wir sie erst, als sie das Weib erfaßt und in die Höhe gehoben hatte. Kaum war dies geschehen, brach die Menge in ein unermeßliches Beifallklatschen und Bravorufen aus. Als sich nun immer neue Klammern auf die Schauspielerin senkten und sie quer hielten, wälzten sich die Zuschauer vor Lachen. Als die Messer ihre Kleider aufzuschneiden begannen, so daß sie nackt hing, erhob sich aus den ineinandergekeilten Massen ein Rufen, das irgendwo entstanden sein mußte, das sich mit der Geschwindigkeit des Gedankens immer weiter fortpflanzte und sich ins Unendliche hob, immer wieder aufgehoben und weitergegeben, bis alles ein Schrei: Töte sie! war und unter dem Toben der Menge ihr Leib durch die Messer zerteilt wurde, derart, daß ihr Kopf mitten unter die Zuschauer fiel, die sich erhoben hatten, ihn faßten, von seinem Blut besudelt, worauf er wie ein Ball von einem zum andern flog. Und wie sich die Menschen aus dem Theater wälzten, sich stauend, einander niederstampfend, den Kopf vor sich hertreibend, durch die gewundenen Gassen in langen sich schwingenden Ketten, verließ ich die Stadt, in der schon die grellen Fahnen der Revolution flammten und sich die Menschen wie Tiere anfielen, umstellt von *seinem* Gesindel, und wie der neue Tag heraufdämmerte, niedergezwängt von *seiner* Ordnung.

HANS ERICH NOSSACK

Bericht eines fremden Wesens über die Menschen

Den erhaltenen Anweisungen gemäß habe ich mich nicht zu erkennen gegeben, sondern mit ihnen verkehrt, als wäre ich einer der ihren. Es hätte aber solcher Vorsicht gar nicht bedurft, denn diesen Wesen ist die Fähigkeit des gläubigen Staunens versagt. Doch sie müssen sie genau so wie wir einmal besessen haben, wie ich aus den Trümmern ihrer Werke und den Seufzern alter Leute zu schließen wage.

Wollet bitte, was ich Euch hier sage, nur als eine Nachricht aufnehmen, daß ich daran gegangen bin, die Lage dieser Wesen zu erkunden, und nehmt dies nicht etwa als einen endgültigen Bericht, den ich Eurer Weisheit unterbreite, damit Ihr danach Eure Entschlüsse fassen möget. Stolz darüber, daß Ihr mich dieser Sendung für würdig erachtet, bin ich mir erst jetzt der Verantwortung bewußt geworden, die mit dieser Aufgabe verbunden ist. Ich sehe so viel Unglaubhaftes, daß ich zögere, eine Meinung darüber auszusprechen. Meine Anwesenheit hier ist vorläufig nur ein lauschendes Tasten im Nebel. Habt deshalb Geduld.

Denn hier ist nichts so greifbar und wirklich, daß einer sagen könnte: So ist es! Oder: So wollen sie es! Vor allem sind diese Wesen ihrer selbst nicht sicher, und das unterscheidet sie von allem Bekannten. Es ist ein Irrtum, wenn wir als ein Selbstverständliches von ihnen annahmen, daß Menschen zu sein ihnen eine ehrende und endgültige Form des Daseins bedeute. Mit Schaudern empfindet jeder, der mit ihnen umgeht, daß sie sich gleichsam dafür zu verachten scheinen, wachsen zu müssen, zu blühen und Frucht zu tragen, wie es doch allem Lebendigen notwendig ist, um seine Art zu erhalten. Sie aber haben maßlose Wünsche, und indem sie dem Notwendigen auszuweichen trachten, versäumen sie ihre Möglichkeit. Doch was sie zu werden begehren, wenn es ihnen gelänge, ihre Form zu zerbrechen und den Namen

Mensch von sich zu tun, das konnte mir niemand angeben. Dabei kann man nicht sagen, daß sie noch der kindliche Halbschlaf einer Morgendämmerung umfängt. Der Tag liegt hinter ihnen, und das Wissen, daß es umsonst hell war, läßt sie an allem zweifeln. Wie aber darf man von Wesen, die nicht an sich selber glauben, erwarten, daß sie das Dunkel bestehen werden?

Wundert Euch nicht, daß ich von solchen Dingen spreche, denn ich vermute hierin den wahren Ursprung ihres leiblichen Elends. Ja, die Kunde, die davon zu uns drang, hat nicht übertrieben. Sie hausen, wie es ihnen nicht angemessen ist. Sie haben nichts, sich zu wärmen und zu kleiden. Sie ernähren sich von giftigem Abfall. Ihre Körper sind mit Schwären bedeckt, sie taumeln vor Schwäche, und unzählige vergehen vor Hunger. Kein Wesen, das ihre Leiden sieht, kann sich des Erbarmens enthalten. Beobachtete ich doch, wie sich selbst ein Baum ächzend über Flüchtende beugte, um sie in ihrer Not zu verbergen.

Wie aber, wenn Eure Weisheit sich dazu entscheiden sollte, ihnen sofort durch Nahrung und Kleidung zu helfen? Würde dies nicht, so muß ich fragen, nur bewirken, daß die Menschen mit neuer Kraft anhüben, sich selbst zu zerstören? Denn sie haben ja früher von allem im Überfluß gehabt, doch sie konnten ihn nicht meistern, und wer genug hatte, gönnte das, was er nicht brauchte, keinem andern. Lieber erkrankte er am Zu-Vielen.

So haben sie es sich selbst zugefügt, daß all ihre Gewohnheiten, die ihnen lieb und gesund waren, in Trümmern liegen. Doch das vermögen sie nicht einzusehen. Wenn man davon zu ihnen spricht, dann geben sie einander rätselhafte Antworten. Dir ward es bestimmt, so sagen sie, mich zu besiegen, und mir, dies von dir zu erleiden. Dabei lebt der Sieger so kläglich wie der Besiegte, und beide stöhnen, daß sie so handelten, wie sie es taten. Was sie aber mit diesem Dritten meinen, durch welches sie angetrieben wurden, sich zu zerfleischen, habe ich vergeblich zu erforschen versucht. Die alten Leute sprechen von einem Wesen, das sie Gott nennen.

Doch dies Wort hat so wenig Klang in ihrem Munde, daß es mir nicht zur Gestalt wurde. Vielleicht war, was sie so nennen, nur ein Bild ihrer Wünsche, und es ist ihnen zerbrochen wie alles andere; denn wir müßten doch auch von einem solchen Wesen erfahren haben. Die Jüngeren aber kennen dies Wort nicht mehr, und, da sie nicht wissen, an wem sie sich für ihr Unglück rächen sollen, knirschen sie mit den Zähnen gegen sich selbst.

Wollet doch bitte erwägen, ob es nicht gut wäre, ihnen die Erinnerung an ihre Vergangenheit zu nehmen, denn sie liegt wie ein verwesender Leichnam über ihnen und verdirbt ihren Atem. Auch kriechen überall Maden umher. Solche, die sich am Gestorbenen mästeten und nun in Schlupfwinkel eilen, um dort auf eine Auferstehung zu warten. Und solche, die sich erst jetzt aus ihren Schlupfwinkeln neidvoll herandrängen, weil sie bisher an der Mahlzeit nicht teilnehmen durften. Und während sie vom Aas fett zu werden suchen, rühmen sie sich laut: Seht, wir vertilgen den verfluchten Leichnam! Die Menschen aber gleiten auf diesen Maden aus, und so werden ihre Bewegungen mißtrauisch und mutlos.

Doch gibt es auch einige unter ihnen, die sich nicht unangemessenen Wünschen hingeben. Ihren Ärzten habe ich zugesehen und fand sie uns ähnlich, denn obwohl es ihnen an Mitteln fehlt, die Krankheiten zu heilen, tun sie in freundlicher Weise das Mögliche als das Notwendige. Und so mag es auch noch viele unter ihnen geben, die zu durchschauen mir versagt ist, weil sie ihre echte Gesinnung schüchtern verbergen. So darf ich besonders die Frauen nicht zu erwähnen vergessen. Stärker sind sie im Ertragen der Leiden, die ihnen die Männer verursachen, und fragen nicht wie diese bei jedem Schritt: Wozu? Daher ich gern mit ihnen zusammen bin und in ihren Augen nach der Wahrheit forsche. Anders aber und unbegreiflich ist ihre Art, wie sie nach Umarmung trachten, denn ihr Streben ist nicht einfach darauf gerichtet, ein Junges zu erzeugen, wenn ihr Leib dazu reif ist, sondern sie begehren etwas, was sie Liebe nennen. Auch dies ist, so will es mir scheinen, ein Wunsch, sich selbst zu entfliehen. Doch sehe ich, daß sie davon schöner werden, und so mag es auch nur ein anderes Wort für Blühen sein.

Oder sollte man ihnen besser gar nicht zu helfen versuchen? Denn bedenket wohl, daß über andre Wesen Unordnung und Verzweiflung kommen könnte, wenn sie von dieser Sucht der Menschen angesteckt würden, sich selbst zu entwachsen, ohne doch die Kraft zur Verwandlung zu besitzen. Nur ungern frage ich dies, und das Herz bebt mir dabei. Muß es nicht jeden mit Bewunderung erfüllen, daß sie immer noch ausharren und da sind, obgleich sie nicht sein wollen, was sie sind? Welches andre Wesen ertrüge das wohl? Und doch muß ich Euch diese Frage unterbreiten, denn es darf nicht sein, daß alles Lebendige durch die Menschen in Gefahr gebracht werde.

So lebe ich denn unter ihnen und suche sie zu ergründen. Vielleicht werde ich Euch in meinem nächsten Berichte bitten, daß Ihr noch andre auf Kundschaft aussendet. Wählet dann nur solche aus, von denen Ihr sicher seid, daß sie nicht zu vorzeitigem Erbarmen neigen, sondern in nüchterner Güte zu beharren wissen. Denn stark ist trotz allem der Zauber, den die Menschen ausüben, und Eure Weisheit mag aus meiner undeutlichen Erzählung erkennen, daß ich bereits davon befallen bin. Ja, manches Mal schon, wenn ich sie weinen sah, fühlte ich, der ich doch einer von Euch bin, wie ich mich sehnte, mir untreu zu werden und zu sein wie sie.

LEONHARD FRANK

New Yorker Liebesgeschichte

Seine Freunde, ein Ehepaar, hatten gesagt, sie würden für ihn eine Frau einladen, vielleicht gefalle sie ihm. Ihr hatten sie dasselbe gesagt – ein Mann, der ihr vielleicht gefalle.

›Aus Begegnungen, die zu diesem Zweck von Dritten organisiert werden, entsteht selten etwas‹, dachte er, als er im Lift hochfuhr. ›Du siehst dann eine Frau, die dir im Wesen so fremd ist, daß nichts entstehen kann, und wäre sie auch noch so hübsch. Die Wahl kann nicht organisiert werden.‹ Aber er stand allein im Leben, und er war neugierig auf Frauen und suchte, wie jeder, der allein im Leben steht.

Auch sie war allein. ›Wenn er nicht gut aussieht, ist sowieso nichts möglich‹, dachte sie im Lift. Aber noch während sie von den Gastgebern begrüßt wurde, hatte sie nach einem Blick auf ihn schon gedacht: ›Mit ihm könnte ich mich überall zeigen. Wenn es darauf allein ankäme – – –. Er sieht auch viel jünger aus, als er ist.‹ Sie hatte in Who is Who nachgesehen und wußte, wie alt er war.

›Zu dick‹, dachte er. ›Sie sollte fünf Pfund abnehmen. Sieben! Aber diese Haut!‹ Er wußte sofort, daß auch die Haut ihres Körpers makellos weiß war, wie die des Gesichtes. Sie hatte dunkelbraunes Haar. Schon beim ersten Blick waren ihm ihre eigenartigen Brauen aufgefallen – enge, hohe Bögen, die fast senkrecht herunterzogen bis zu den Wänden der Nasenwurzel. An ihrer Unterlippe, ein dünner, rosa Bogen, sah er, daß der kleine Mund weich war.

Es war eine winzige Wohnung, modern möbliert. Sie saß auf der Couch, das Cocktailglas in der Hand – eine überaus gepflegte Frau, an der alles vor Sauberkeit zu blinken schien. Ihr schwarzes Kleid war einfach und teuer.

Er hatte den Eindruck, daß ihre selbstverständlich sichere Haltung auf persönlicher Leistung beruhe und daß materiell in ihrem Leben vollständige Ordnung herrsche. ›Und zwar eine durch Arbeit erkämpfte Ordnung, die sie durch nichts stören läßt‹, dachte er. ›Sie gibt nicht einen Dollar mehr aus, als sie kann. Sie ist eine genaue Frau. Und abends, nach der Tagesarbeit, lehnt sie sich zurück an ihre teuer erkaufte Ordnung. Mir gegenüber sitzt die personifizierte Rechtschaffenheit. Jetzt kann das Leben kommen, wenn es etwas zu bieten hat, sagen ihre bereitwilligen Blicke, das immer wieder schnell entstehende Lächeln, die beweglichen dünnen Finger und die schmalen Füße in Maßschuhen. Ungelackte Nägel! Selbstverständlich ungelackte Nägel!‹

›Man braucht nur seinen Blick zu sehen – abwesend und dennoch im Zimmer‹, dachte sie. ›Er hat Kraft und Hintergründe und hinter jedem Hintergrund noch einen Hintergrund.‹

Über ihren und seinen Gedanken ging das Gespräch über Nebensächlichkeiten weiter. Sie beteiligte sich frisch und führend daran und strahlte den Optimismus der arbeitenden Amerikanerin aus, für die abends nichts anderes als die Stunde der Gegenwart wichtig ist.

›Als hätte sie ihre privaten Lebensprobleme auf die Seite gestellt wie ein Stück Möbel, das im Weg ist, um Platz frei zu machen für einen angenehmen Abend‹, dachte er.

Unversehens – keiner der Anwesenden wußte, durch was – hatte das Gespräch zu der Frage geführt, welche Voraussetzungen nötig seien für eine dauernde Liebesbeziehung.

»Liebe«, sagte die Gastgeberin scherzend, und ihr Mann sagte: »Geld.«

In gehobener Stimmung hörte die Frau zu, interessiert, was der Mann aus Who is Who, der ihretwegen hier war, zu dem Thema zu sagen hatte.

Er sah sie dabei an. »Eine Liebesbeziehung ist ja das verwundbarste Ding im Leben und beständig in Gefahr, zu zerbrechen. Verglichen mit einer Liebesbeziehung ist ein venezianisches Glas ein eiserner Kochtopf.«

Sie sagte heiter und herausfordernd: »Gewiß gibt es tausend und zehn Gründe, durch die eine Beziehung zerbrechen kann. Aber unser Thema ist ja, unter welchen Umständen

sie hält.« Sie lachte grundlos, nur aus reiner Lebensfreude, während sie ihn fragend ansah.
»Eine Voraussetzung, jedenfalls, ist unbedingt und unter allen Umständen nötig – die Frau muß den Kopf an seine Schulter legen können. Wenn er den Kopf an ihre legt, sollte sie am Morgen nach der Hochzeitsnacht zum Scheidungsanwalt gehen.«
Sie hörte einen tiefen Seufzer der Gastgeberin, während sie dachte: ›Mit ihm bestünde nicht die Gefahr, daß er den Kopf an meine Schulter legen und weinen würde.‹
Er blickte an ihr vorbei zum Fenster, als er fortfuhr: »Auch eine starke und geistig selbständige Frau muß sich aus der Gefühlshöhe schluchzend herabfallen lassen können an seine Brust. So muß er sein, der Mann.«
Sie fühlte, daß er das für ihre Ohren gesagt hatte, und senkte die Lider, als er sie ansah und hinzusetzte: »So eine Beziehung spielt sich hoch oben ab, in dünner Luft, wo wenig Auswahl ist, und könnte nur durch beispiellosen Leichtsinn zerstört werden.«
Unter seinem Blick wurde ihr Gesichtsausdruck tief ernst, als hätte sie einstens diesen durch nichts zu entschuldigenden Leichtsinn begangen. Da entdeckte er eine fingerbreite graue Haarsträhne an ihrer linken Schläfe und war plötzlich bewegt. ›Und daß sie die grauen nicht färbt! Wie gut, daß sie nicht färbt!‹ dachte er und sagte unwillkürlich: »Ein harter Mann, der nicht auch weich sein kann, ist ebenfalls nicht tauglich für das Spiel da oben.«
›Er weiß alles‹, dachte sie. ›Es fragt sich nur, ob er auch fähig ist, zu tun, was er weiß.‹
»Jetzt wollen wir essen«, sagte die Gastgeberin tief seufzend und ging aus dem Gespräch heraus.

Sie hatten im Laufe der folgenden Woche einige Abende in ihrem Wohnzimmer vor dem Kaminfeuer gesessen, auf einem großen Kanapee, jeder in seiner Ecke, und unter langen Gesprächen über Gott und die Welt das Grundgewebe einer Beziehung entstehen lassen und hin und wieder durch einen

Blick, ein Lächeln, eine inhaltsvolle Pause einander eingestanden, daß sie sich des heimlichen Vorganges bewußt waren. Jeder kannte jetzt die äußeren Lebensumstände des andern und auch Dinge, die man nur dem anvertraut, dem man vertraut.

Ihr Wohnzimmer war persönlich eingerichtet, weder männlich noch ausgesprochen weiblich. Links und rechts vom Kamin standen Majolikafiguren, auf Säulen, ein fast lebensgroßer Knabe und ein Mädchen, mit hohen buschigen Blätterstauden in den Gärtnerkörbchen. Auf den Möbeln, alten und modernen, lagen kuriose Schmucksachen, auch vergoldete Meermuscheln, und in den Regalen standen die großen Werke der Weltliteratur und ein Brett voll Detektivromanen. Ein paar sehr gute Bilder, französische Impressionisten, fügten sich ganz selbstverständlich in das Gesamtbild. Sie verstand von Malerei alles, was ein Laie noch verstehen kann, und viel mehr, als ein durch Routine abgehärteter Kunstkritiker und ein schlechter Maler verstehen. Er hatte zu ihr gesagt: »Kein Innenarchitekt würde imstande sein, aus diesen verschiedenartigsten Sachen eine so wohltuende lebendige Einheit zu schaffen.«

Sie hatte ihn eingeladen, das Weekend in ihrem Landhaus zu verbringen. Im Taxi bat er sie, bevor es anfuhr, Platz mit ihm zu wechseln, und erklärte scherzend und meinte es ernst: »Meine männliche Seite ist rechts. Wenn Sie links von mir sitzen würden, wäre alles unterbrochen.«

Sie dachte: ›Ist das schon eine Liebeserklärung?‹

Es war eine. Als das Taxi fuhr, Richtung Grand Central, fühlten beide, daß nichts unterbrochen war. ›Es täte gut, den Arm um ihre Schultern zu legen. Und welch großes Zugeständnis es wäre, wenn sie es erlauben würde‹, dachte er noch. Da hatte er es schon getan, unwillkürlich, aus dem Gefühl heraus, und es ergab sich von selbst, daß ihr Kopf an seine Schulter zu liegen kam. ›Irgendwo muß man daheim sein‹, dachte er.

Im Zug reichte sie ihm eine Anthologie englischer Gedichte und begann einen Detektivroman zu lesen, den sie im Bahnhof gekauft hatten. Als er sie nach einer Weile fragte, ob sie schon wisse, wer der Mörder sei, schüttelte sie den Kopf und sagte im Ton des Kenners: »Es ist gut gemacht.« Sie lächelte ihn an, strahlend, weil es für ihn so selbstverständlich war, daß sie auch Detektivromane las.

Er sagte: »Der beste Detektivroman, der je geschrieben wurde, ist DER MANN, DER DONNERSTAG WAR.«

»Von Chesterton«, sagte sie ohne Besinnen. »Oh, ich kenne ihn.«

Der Zug fuhr den Hudson entlang. Sie deutete auf ein holzgraues Giebelhäuschen auf dem Abhang und sagte: »Schön, nicht wahr? Dieses Häuschen liebe ich.«

Er fragte sich, warum es so bezaubernd sei, daß sie dieses bescheidene kleine Haus am großen Strom liebte.

Ihr Landhaus, weiß mit Giebeldach, stand unter alten Bäumen, von der Straße und anderen Besitzungen weit genug entfernt für Stille und Alleinsein. Während sie vor ihm darauf zuging, plötzlich viel schneller, sah er, daß durch ihren ganzen Körper eine wellenartige Bewegung lief, vor Freude, ihm ihr Landhaus zeigen zu können, das sie durch jahrelange schwere Arbeit erkämpft hatte. ›Ein bißchen mehr Weichheit sollte in ihrem Leben sein‹, dachte er. ›Man sollte sie ein wenig in den Armen halten. Sie braucht es.‹

Es war sechs Uhr, als sie das Haus betraten. Ein paar Minuten später nahm er in der Küche ein Huhn aus ihren Händen und fragte sie, ob er es braten dürfe. In seinem Haus in London habe er für Freunde, die gutes Essen zu würdigen wüßten, immer selbst gekocht. »Auch bei uns in England gibt es Leute, die gerne gut essen.« Er sei ein berühmter Koch. Die Welt wisse es. Selbstverständlich brauche er ein Küchenmädchen. Salat waschen, Gemüse putzen und so weiter sei nicht seine Sache. Er sei der Chef und sie sein Küchenmädchen.

Angesteckt durch seinen Übermut, küßte sie ihn flüchtig auf die Wange und mixte dann die Cocktails, während er auf übertrieben fachmännische Weise das Huhn zusetzte. Der Topf dürfe nicht zu groß sein, sonst trockne das Huhn aus, und der Geschmack der Sauce hänge davon ab, wie hell oder wie dunkel die Butter sei, in der man das Huhn anbrate.

»Bitte erklären Sie mir alles. Ich möchte kochen lernen, ich meine, besser, als ich kann.« Sie hatte Vielerlei gelernt, auf verschiedensten Gebieten, und war immer begierig, etwas Neues hinzuzulernen.

Sie trugen die Cocktails ins Wohnzimmer. Sooft er in die Küche ging, begleitete sie ihn und beobachtete, was er tat und wie er es tat.

»Viel Wasser auf einmal darf man nicht zugießen. Nur einen Eßlöffel voll! Sonst hat man am Ende eine gekochte Leiche.«

Er legte den Arm in ihre Taille und führte sie zurück ins Zimmer. Er nahm ihr Gesicht behutsam in die Hände. Er sah sie wortlos an und las in ihren Augen die Antwort auf seine Frage.

Als sie zurückkehrte aus der Erschütterung und sich schluchzend an ihn hinwarf, Kopf an seine Brust, strich er ihr immerzu über Schläfe und Haar und flüsterte: »Weine nur, weine nur, das ist gut. Jetzt ist überhaupt alles gut. Weine nur.«

Sie rührten sich nicht mehr. Es war schon dunkel geworden. Ein scharfer Geruch von verbranntem Fleisch strömte herein.

»Das Huhn! Mein Gott, das Huhn!« Schließlich sprang er auf und rannte in die Küche, wo dicker Rauch aufstieg von dem Huhn, das viel kleiner und schwarz geworden war. Es sah aus wie ein Stück Kohle.

Er ging zurück und blieb vor ihr stehen. »Das Huhn ist verbrannt. Viel hast du diesmal nicht von mir gelernt.«

Sie streckte die Arme nach ihm aus und ließ ungeduldig die Finger zappeln, bis sie seinen Kopf zwischen den Händen hatte. »Oh, sehr viel!« flüsterte sie an seiner Wange. »Sehr, sehr viel!«

Aus der Begegnung in der kleinen Wohnung, von Dritten organisiert, entstand eine Beziehung mit allen beglückenden Merkmalen der Wahl, die ein nie ganz zu ergründendes Geheimnis ist. Beiderseitiges Verstehen der unausgesprochenen Dinge nährte beständig das Grundgefühl und bestätigte den hohen Grad der Beziehung. Sie erinnerte sich oftmals an sein Wort, daß so eine Beziehung nur durch beispiellosen Leichtsinn zerstört werden könne. Sie waren nicht leichtsinnig.

Nach fünfzehn Monaten mit vielen seltenen Minuten, aus dem Ablauf der Zeit herausgehoben durch ihre Einzigartigkeit, kam plötzlich das Ende. Seine Regierung hatte ihn beauftragt, nach Indien zu gehen. Es werde mindestens zwei Jahre dauern und unter Umständen viel länger. Er wisse es nicht. Niemand wisse zur Zeit, auf welche Weise und wann die Loslösung Indiens von England sich vollziehen werde.

Sie war jetzt siebenunddreißig. Es war die Trennung für immer, durch einen Beilhieb. Sie saßen in ihrem Wohnzimmer auf dem langen Kanapee, jeder in seiner Ecke, verstummt wie ein durch eigenes Verschulden zutiefst entzweites Liebespaar. Nichts als kalte Qual war geblieben.

Die Trennung Indiens von England war schneller vollzogen worden, als die Engländer, die Inder und die Welt geglaubt hatten. Nach einem Jahr telegrafierte er ihr, vom Flugzeug aus, wann er bei ihr sein werde.

Versunken in Gedanken an sie, fuhr er im Taxi zu ihrer Wohnung. Das Endresultat seiner Gedanken war: ›Selbstverständlich konnte sie tun, was sie wollte, sie war frei. Sie hat während dieses Jahres wahrscheinlich nicht wie eine Nonne gelebt. Allright. Das würde kein Gewicht haben. Daß ihr ein Mann begegnete, zu dem sie gehört, ist nicht anzunehmen. Sie ist eine besondere Frau und hat es in dieser Hinsicht nicht leicht.‹

Da sie wußte, daß er lieber bei ihr als in einem überfüllten Restaurant aß, hatte sie eingekauft, ein Huhn und was dazu gehört, und eine Flasche Mosel kaltgestellt, einen großen Wein, der zehn Jahre vor dem Krieg gewachsen war.

Als er ihr weißes Gesicht sah, war er daheim. Sie waren nicht getrennt gewesen. In dieser Sekunde des Wiedersehens erinnerte er sich, daß er einmal zu ihr gesagt hatte, sie sei für ihn nicht nur sie, sie sei für ihn Amerika. Sie küßte ihn auf die Wange wie einen guten Freund, und er tat desgleichen.
Er hatte das Huhn angebraten. Sie saßen auf dem langen Kanapee, jeder in seiner Ecke. Er sah an ihrem weichen, leidenden Gesichtsausdruck, daß sie über etwas unglücklich war. ›Es muß ihr sehr weh tun, da sie sogar in dieser Stunde des Wiedersehens daran denkt‹, dachte er. »Was ist mit dir? Was ist dir geschehen? Kannst du es mir sagen?«
Sie bewegte sich nicht, sie hob nur die Lider. »Ich erzählte dir, als wir einander kennenlernten, daß ich zwölf Jahre vorher eine kurze Liebesaffäre hatte« (›da war sie dreiundzwanzig‹, dachte er), »die einzige in meinem Leben, die vollständig schmerzlos endete und keinerlei bitteren Nachgeschmack hinterließ . . . Jetzt war er wieder hier.«
Er dachte: ›Man soll so etwas nicht wiederholen mit achtunddreißig.‹
Sie sagte in einem Ton, als setze sie sein Verständnis voraus: »Du weißt ja, daß in so einem Fall keine lange Ouvertüre nötig ist.«
»Allright! Und?«
»Er ist wieder zurückgefahren nach Paris.« Sie zögerte eine Sekunde. »Ich bin unglücklich. Ich vermisse ihn. Wenn ich abends heimkam, war jemand da, für den ich etwas tun konnte.«
Das tat ihm weh. Es war ihm plötzlich schwer zumut. Zur gleichen Zeit wußte er, daß sie als Frau nicht einmal mehr die Spur eines Gefühles für ihn hatte. Er fragte so ruhig, wie er konnte: »So nah' ist er dir? So nah'? Ist er ein Mann, den du lieben könntest? Ein guter Mann, wie man so sagt?«
Sie lächelte, trotz ihres Kummers. »Gezeigt habe ich mich nicht mit ihm.«
›Sie ist unglücklich eines Mannes wegen, mit dem sie sich nicht zeigen möchte?‹ Er verstand nichts mehr. Er erinnerte sich, daß er immer wieder amüsiert gewesen war und

zugleich gerührt, weil sie ihn mit mühsam verborgenem Stolz allen ihren Freunden vorgestellt hatte. »Wie ist er denn? Was denkt er über die Welt und das Leben?«
»Oh, gar nichts! Er ist Maler. Gute französische Familie. Du weißt, daß ich dafür viel übrig habe«, sagte sie mit Wärme, die dem Mann galt, nach dem sie sich sehnte. »Er kümmert sich um nichts. Er sagt, wenn die Russen Frankreich besetzen, geht er nach Afrika und malt dort.« Das hatte sie strahlend gesagt, als ob es ein Grund wäre, ihn zu bewundern. »Wir hatten gar keine Zeit für Gespräche«, sagte sie plötzlich noch und errötete.
›Daß sie so etwas ausspricht. Das ist nicht sie. Sie muß in einem desolaten Zustand sein‹, dachte er und bemühte sich wieder, ruhiger zu erscheinen, als er war. Er sah, daß sie die brutale Äußerung bereute, und fragte, ob sie eine Photographie von ihm habe.
»Es ist eine Photographie nach einem Selbstporträt«, sagte sie, als sie ihm das Bild reichte. »Zu eitel!«
Es war das akademisch gemalte Porträt eines Mannes mit Palette und einem halben Dutzend exakt gemalter Pinsel, wie es im Kleinkinderbilderbuch abgedruckt ist unter dem Titel ›Der Maler‹. Er traute seinen Augen nicht. Was ihm die Fassung nahm, war die vollständige Leere des Gesichtes, das falsch-kühne Profil eines eitlen Schmierenschauspielers. Er legte das Bild wortlos auf das Kanapee, zwischen sich und sie. ›Wie ist das möglich?‹ dachte er. ›Alterspanik?‹
Sie sagte: »Ich habe sehr gezögert, es dir zu zeigen.«
»Dieses Bild würdest du also nicht in dein Zimmer hängen«, sagte er, schwach lächelnd.
Die Kennerin schüttelte den Kopf. »Oh, er weiß, daß er kein guter Maler ist. Aber er hat eine glänzende Technik. Fabelhaft! Er war hier, um Porträtaufträge auszuführen. Hoch bezahlt! Sehr hoch! Außerdem malt er auch für sich selbst«, sagte sie, wie zu seiner Entschuldigung.
›Wenn dabei Bilder entstehen wie sein Selbstporträt, das er ja wohl nicht für Geld, sondern für sich selbst gemalt hat, braucht er nicht nach Afrika zu gehen, falls die Russen

Frankreich besetzen‹, dachte er und sagte, als hätte er seinen Gedanken ausgesprochen: »Aber darum geht es ja nicht. Jemand kann ein schlechter Maler sein und doch ein liebenswerter Mensch. Nach dem, was du selbst von ihm gesagt hast, und nach seinem Porträt zu urteilen, scheint er, verzeih mir, auch als Mensch ein Niemand zu sein. Was übrig bleibt, ist der Mann im Bett. Das ist allerdings nicht zu verachten.«

›Wie ekelhaft von mir‹, dachte er, gequält und zornig auf sich selbst. Trotzdem sagte er noch: »Ich kann nicht stolz sein auf meinen Nachfolger.«

»Er ist nicht dein Nachfolger«, sagte sie aufs Kinn hinunter und warf plötzlich den Kopf in den Nacken. »Aber du wirst mich nicht dazu bringen, ihn herabzusetzen. O nein!«

›Es kann zu nichts mehr führen. Alles ist kalt‹, dachte er hoffnungslos und kämpfte dennoch weiter: »Ich erwarte nicht von dir, daß du einen Mann, mit dem du warst, herabsetzt. Aber da ich nicht unbeteiligt bin, möchte ich dich etwas fragen, obwohl ich weiß, daß es keine größere Dummheit gibt, als den Mann zu kritisieren, nach dem die Frau sich sehnt. Glaubst du nicht selbst, daß du ein bißchen zu tief heruntergestiegen bist? Daß du eine Art Verrat an dir selbst begangen hast? Nicht weil du mit ihm warst, das ist nicht so wichtig, sondern weil du dich durch dieses Erlebnis so weit von dir selbst entfernt hast, daß du jetzt auch dein Gefühl, dein bestes Gefühl verschwendest an einen Mann, der es offenbar nicht verdient.«

Sie ging entschlossen zum Gegenangriff über und lachte, während sie sprach, zwischendurch das grundlose Lachen, das er so sehr an ihr geliebt hatte: »Was heißt denn Verrat an mir selbst! Ich bin gar nicht die Persönlichkeit, hochgeistig und all das, wie du glaubst. Ich habe tausend Dinge gern. Ich hatte eine wundervolle Zeit mit ihm. Alles, was eine Frau sich wünschen kann, Leichtigkeit, jedes Vergnügen, Luxus! Ich genoß es einfach. Er ist elegant und sehr liebenswürdig und kultiviert. Und er ist ein Mann. O ja! Die Frauen reißen sich um ihn.«

›Und sie war die Siegerin‹, dachte er und hatte das Gefühl, ein lächerlicher Clown zu sein, weil er immer noch um sie kämpfte.
»Er hat Geschmack, oh, und er versteht allerhand. Von französischen Stilmöbeln versteht er viel mehr als ich.«
›Ist auch das ein Grund für eine Frau, einem Mann nachzutrauern? Weil er ein Experte in französischen Stilmöbeln ist? Mein Gott, mit welchen Lappalien sie ihn vor sich selbst verteidigt!‹ Er fragte: »Liebst du ihn denn?«
Alles wurde durch eine Pause unterbrochen. Schließlich sagte sie leise und in einem Ton, als fühlte sie den Reflex des Schmerzes, den sie ein Jahr vorher durch die plötzliche Trennung von ihm erlitten hatte: »Dich liebte ich mehr.«
Sie legte die Photographie auf das Tischchen, mit der Bildseite nach unten, und sagte: »Er kommt wieder.«
»Du wirst wieder mit ihm sein.«
Sie sagte überzeugt: »Nein.«
›Sie weiß nicht, daß sie lügt. Hier sitzt sie und sehnt sich nach ihm. In diesen Fällen belügt auch die wahrheitsliebende Frau sich selbst ... Warum bin ich noch hier?‹
Da spürte er eine lähmende Kälte in der Gegend des Herzmuskels und hatte, ohne es sich klar bewußt zu sein, unversehens gefragt: »Willst du wieder mit mir sein?«
Sie lächelte erregt und sagte schnell, als hätte sie seine Frage nicht gehört: »Ich habe einen charmanten Brief von ihm bekommen. So etwas freut eine Frau natürlich.«
»Willst du?«
Sie senkte die Lider und sagte erst nach einer Pause ernst und kaum vernehmbar leise: »Es müßte Zeit vergehen. Auf jeden Fall! Sein Brief hat wieder alles aufgewühlt.«
Er dachte erschüttert: ›Auch darin ist sie sauber und rechtschaffen. Wie in allem!‹ Er fühlte keinerlei Eifersucht. Er war viel tiefer verwundet, als Eifersucht ihn hätte verwunden können. Sie hat zu ihm gehört wie er zu ihr. Er sagte mit der Ruhe, die durch den teuer erkauften Entschluß, zu verzichten, in ihm entstanden war: »Jetzt muß ich mein Gefühl für dich zerstören.« Zynismus war seine Medizin. Er

dachte: ›Die Moral von der Geschichte ist – geh nicht nach Indien.‹

Als er aufstand, warf sie sich mit dem Gesicht schluchzend in die Kanapee-Ecke. »Du bist grausam.« Ihr Körper zuckte.

Er sagte zu sich: ›Es gilt dem andern!‹ Als verstünde es sich von selbst, ging er zuerst in die Küche und hob den Topf vom Feuer herunter, damit das Huhn nicht verbrenne, wie jenes in ihrem Landhaus. ›Auch ihr Huhn soll sie haben‹, dachte er und ging langsam an ihr vorüber und langsam zur Tür und hinaus.

›Ich habe mich falsch benommen‹, dachte er. ›Weiß Gott! Ich hätte überhaupt nicht argumentieren sollen. Gegen ein Gefühl gibt es kein Argument und keinen Richter und kein Recht. Ihr Gefühl ist ihr Richter und ihr Recht.‹

Er trat auf die Straße und wurde verschluckt von New York, wo die Menschen einsamer sind als überall auf der Welt.

FELIX HARTLAUB

[Mond und Pferde]

Nachts ist das Wehen viel stärker als am Tage. Wenigstens in den Bäumen ist es dann immer noch lauter, namentlich während der zweiten Wache, der Zähneklapperwache, eiskalten Hundepfotenwache. Manchmal kaum auszuhalten; am schlimmsten sind die Pappeln, obwohl die doch gut sechzig Meter ab stehen. Und je weniger Blätter dran sind, desto größer der Lärm, desto aufgeregter, rabiater. In Wirklichkeit sind es lauter kleine Bleche, die fortwährend aneinanderschlagen; mit jeder Woche wird der Ton höher, dünner, schärfer, man muß nur das Ohr genau einstellen. Das sind die Mondstrahlen, die haben sie geplättet und geschmiedet, da muß ja auch etwas vorgehen, wenn diese hunderttausend Blätter nächtelang dem lautlosen Mondbeschuß ausgesetzt sind. Die große Eiche, wo sie jetzt den Hochstand drin zu bauen angefangen haben, die verschluckt das Rascheln und Schubbern zum großen Teil selber, sammelt es in ein dichtes Nest; da raspelt es sich bald in Schlaf. Von den Ästen, die sie heruntergehauen haben, sieht man undeutlich die Schnittflächen glimmen. Dieser einzelne große Baum auf der Koppel ist überhaupt komisch, das werden, sagt der Stabsgefreite, die Spähpanzer auch finden und gleich die Krone mit dem Maschinengewehr abstreuen. Aus solchen Baumkronen fällt immer irgend etwas heraus.

Wie viele Wochen geht das nun schon mit dem Wehen und der milden trockenen September-Oktober-Sonne? Die haben einen Vertrag miteinander geschlossen zur Gründung einer neuen Jahreszeit, das Wehen hält die Sonne frisch und immer in derselben Entfernung, und die Sonne wärmt und siebt den Wind, damit er nicht zum Herbststurm anschwillt. Daß einem schönes Wetter so auf die Nerven fallen kann, das war 1939 genauso, als er zum ersten Mal eingezogen wurde. Von dem feinverteilten Wind kommt auch, daß man nicht mehr schlafen kann. Vorvorige Nacht war es beinahe soweit, stundenlang hat es an einer großen Wolke geformt, die reichte dem Mond schon bis ans Kinn. Aber als es hell wurde, sah man, es war nicht die richtige Hefe drin gewesen, der Morgenwind flockte sie wieder spielend auseinander. Die Altweibersonne, schon beim Aufgehen gelb, steckte ihr noch die Säume in Brand.

Halt, da steht einer in der Wiese, wie angewachsen, schon ganz eingemeindet vom Mondlicht, und ist doch erst in dieser Sekunde aufgeschossen. Breite lichtsprühende Schultern, der Kopf klein, dunkel, abgewandt. Jetzt scheint es ihn schräg seitwärts zu versetzen, wie die Strömung eine Boje, das ist diese kniehohe Dunstschicht über dem Boden, man kann seine Füße nicht erkennen. Fühlt sich scheint's ganz unbeobachtet, brütet im Stehen, ob er die verlorene Kombizange aus dem Werkzeugkasten oder das silberne Hufeisen

suchen soll. Aber jetzt ist er schon wieder nach der anderen Seite geglitten. Hat der Mann denn Gleitflächen? Er bückt sich zum Zelteingang, man müßte ihn anrufen, das geht natürlich nicht, steckt den Kopf hinein. Auf, Muggi, da ist der Nachtmarder, der uns die Karbidlampe und die Kombizange gestohlen hat! Wach auf, Muggi, faß ihn! Die beiden Knöpfe auf seinem Rücken, einen Offiziersmantel hat er auch, den Mantel vom Zugführer. Aber das ist ja der neue Zugführer selbst, der die Posten kontrolliert, und hier hat er keinen Posten gefunden, weil ich in diesem Baumschatten klebte, dieser tiefschwarze Schattensee verschluckt einen ja völlig. Da schaut auch schon Muggi seine bleiche gedunsene Birne aus dem Zelt, wo der doch sonst nie wachzukriegen ist; er zieht sich die Hose hoch, meldet dann, mit einem ulkig aufwärts gebogenen Arm, ganz offiziersmäßig, wie es sich nur so ein Stabsgefreiter erlauben kann.
»Halt, wer da, Parole?« Endlich ist es heraus, natürlich viel zu spät jetzt. Der Chef beachtet es auch gar nicht. War das überhaupt meine Stimme? Es klang wie ein heiser flüchtender Vogelschrei, vielleicht haben sie es gar nicht gehört. Und jetzt schon wieder dies Gähnen, es quetscht einem die Kiefer auseinander, der Hohlraum greift in den Hals hinein, bis ans Herz, der Mondnebel stülpt sich über das Herz. Jetzt kommen sie gemeinsam mit großen Schritten heran, unterhalten sich, scheint's, ganz gemütlich. Muggi hat sogar einen Augenblick die Hände in der Tasche. Die Meldung erst, wenn sie drei Schritte heran sind – nein, man muß ihnen auf kürzestem Weg entgegengehen.
»Posten drei, Kanonier . . . auf Posten keine besonderen Vorkommnisse.«
»Außer daß der Posten schläft, Mann, ich habe Sie eine gute Viertelstunde lang beobachtet. Sie hatten total abgedreht, einsperren müßte man Sie, das ist Wachvergehen vor dem Feind, eine kolossale Schweinerei. Wie lange sind Sie überhaupt Soldat?«
»Im sechsten Jahr, Herr Oberleutnant, das heißt Weihnachten 1939 wurde ich wieder aus der Wehrmacht entlassen,

war auf einer Behörde tätig, 1941 wieder eingezogen, zu einer Luftwaffenbaukompanie, aber dann zu einer Feldbäkkerei versetzt. Dann war ich ein halbes Jahr, nein vielmehr achteinhalb Monate . . .«

»Danke, danke, ich sehe schon. Und jetzt sollen Sie Ostpreußen verteidigen, haben sich dem Vaterland wieder zur Verfügung gestellt in den Stunden der höchsten Bedrohung. Na, prost Mahlzeit. Stabsgefreiter, was machen wir bloß? Und der Anzug von dem Kerl . . .«

»Herr Oberleutnant, mit ärztlicher Genehmigung soll ich den Stahlhelm nur bei unmittelbarer Feindeinwirkung . . .«

»Das stimmt, Herr Oberleutnant, die Bescheinigung hat er.«

Muggi kratzt sich am Kinn, man hört den roten Stachelbart, Rasierklingen hat die Marketenderei noch keine.

»Und die Berechtigung zu einer täglichen einstündigen Mittagspause, wenn es die Dienstverhältnisse gestatten, sowie zum häufigen Genuß von Buttermilch und bis zu drei Spiegeleiern in der Woche, weiterhin zum häufigen Besuch von Orgelkonzerten . . . Aber wer hat Ihnen gestattet, den Übermantel anzuziehen? Und die Mütze über die Ohren zu klappen, Sie Clown? Von Kopfschützer ist auch noch nichts befohlen. Sie sehen ja aus wie der Dalai Lama im Wochenbett, wie die heilige Therese mit Ziegenpeter . . .«

»Herr Oberleutnant, es ist nur wegen der Blätter. Diese Pappeln erzeugen infolge der Mondbestrahlung einen ohrenbetäubenden . . .«

»Und der Ultraschock, der neuerdings erstmalig nachgewiesen ist, bewirkt eine Schälung der Hirnhaut, weiß ich, weiß ich alles. Menschenskind, sind Sie bloß still, Sie haben ja eine ausgewachsene Spinneritis, alles was recht ist. Verschwinden Sie bloß im Zelt, am besten verschwinden Sie ganz. Ihr Kamerad wird Ihre restliche Wache übernehmen, der Kommandeur soll nämlich im Gelände sein. Wenn der diesen ultravioletten Vorkämpfer trifft, die Folgen sind nicht abzusehen und jedenfalls kriegsentscheidend. Mann, klappern Sie doch nicht so mit den Zähnen, verrenken Sie den Hals nicht so, oder gehören Sie zur Clique? Das hat hier doch nichts mit Krieg zu tun, eure Mondscheinwache, das haben wir früher freiwillig gemacht und gegen hohe Mitgliedsbeiträge . . .«

Eine Kälte in dem Zelt, eine qualmende Nässe, das müßte ja längst gefroren sein. Wenn nicht der Dunst drin hinge, Muggi sein Gaulsgeruch, wäre es auch längst gefroren. Die Zähne trommeln hart auf hart, draußen war es nur dies leise Schubbern, lautloses Zerkleinern von Silbersand. Draußen war es viel wärmer, im Mondlicht muß ein Anteil Wärme sein, jeder fünfte Mondstrahl ist lauwarm, viel erfrieren kann man da nie. Was die Sonne macht, kann der Mond noch lange, das macht er mit der linken Hand dazu. Wenn der wollte, wogten hier Wälder aus Zuckerrohr, da hingen die Klapperbäume voll Wein und Glyzinien, wenn er dürfte! Aber das hier drin ist die Nacht der Nacht, ihr stehender Satz, ihre stinkende Sohle, Nachtjauchezelt. Und ich rutsche auf den Knien hindurch, auf den Händen geh ich im Kreis drin herum, die Taschenlampe im Mund. Da ist Muggis Uhr, Muggis Altsilberei, noch gerade hab ich's erwischt. Auswandern wollte es, unterm Zeltdach durch, sich eine Bruthenne suchen. Die Stirn ist aus Hornglas, gibt nach wie Wachs, wachsweiches Ei; vor den Zahlen ist lauter Rauch. Rauch oder Locken aus Pferdehaar, Muggi versteht viel von Pferden. Erst den Rauch abzapfen, dann wollen Sie bitte die Zeit vergleichen, Muggi, die Wache gehört noch zu mir. Aber in der Uhr ist ein wüster Krach, wie wenn Käfer kämpfen, wie wenn man Mistkäfer auf den Rücken legt. Muggi, schlaf du hier, ich muß wieder raus, meine Wache zu Ende stehen. Es wird noch ein wichtiger Funkspruch erwartet, den verstehst du nicht trotz dem gespaltenen Ohr.

Vielleicht ist der Sondergesandte schon da, da steht er bloßfüßig am Graben. Vom langen Tautreten ganz erschöpft, vom Durchwaten gemuldeter Wiesen. Mit bloßen, hohlen, zitternden Knien, aber herrlichem Federmantel. Federn von Reihern, schwarzsilbernen Störchen, und auch die vielen kleinen Pusteflaum-Federn, die in der Hecke hängengeblieben sind, die bekleiden die Brust, die geben gut warm, unter der Hecke von Hagebutten. Hol Planken, Muggi, vom Zaun am Taglöhnerhaus, daß er über den Graben kann. Dort wachen sie auch noch, das niedrige Licht, unter die Fensterbank gebeugt. Oder haben sie Kohlen im Blumentopf? Sie müssen viel hauchen, mit knisterndem Salz nähren sie das Licht. Aber jetzt hat ihn ja schon das Pferd geholt, jetzt ist er wieder ganz weit. Wenn du ganz scharf hinsiehst, weit draußen im Feld, an der blendenden Nebelschwelle, man könnte meinen, da liegt ein See: da macht er Reiterkunststückchen.

Drinnen bleiben soll ich, Muggi ist bös, er hat einen Grashalm im Mund. Wie tief der Mond schon herunter ist, Muggi, wie hast du das bloß geschafft! Da, wo das Land einen Buckel macht und der Bunker hin soll, wo der umgestürzte Schubkarren liegt, da hängt er wie ein abgeschossener Ballon, einen Spatenstich vor dem Gesicht. Auseinandergelaufenes blindes Gesicht, nur der oberste Rand ist noch blank, wischt ein trübes Funzellicht über dem Nebelsumpf, gut zum Kartoffelklauen, gerade in der Höhe von Muggis Glatzenstirn.

Ich soll schlafen, und wenn der Oberleutnant nicht so ein patenter Kerl wäre, so ein feiner anständiger Junge – ein anderer hätte bestimmt Tatbericht eingereicht, da kannste dich drauf verlassen, ein Schweineglück haste gehabt. Aber mit dem Schlafen wird es bestimmt nichts mehr, jetzt schon gar nicht. Das ist immer so. In der Scheune in unserem Massenquartier, wenn ich da nicht einschlafen kann, stelle ich mir immer was mit Weibern vor, aber hier draußen macht sich das schlecht. Ich sehe sie schon, aber sie halten nicht still, es ist, wie wenn man ein Fernglas verstellt. Mal diesseits der Stirn und riesengroß, man kann sie nicht umfassen, ihr Auge allein schon weit wie ein See, es spiegelt mich, meine ganze Gestalt, wie ein verpupptes Insekt, wie die Fliege im Tintenspiegel. Oder ganz klein, man muß sie im

Grase suchen, nasse Spinnweben überm Puls. Sie zerbröseln zwischen den Fingern, noch der feinste Kamm läßt sie durch. Nein, Muggi, das ist kein reelles Geschäft, behalt den Grashalm im Mund. Zum Beispiel die rothaarige Tischlersfrau, die rossige Stute, mannstoll. Der halbe Zug hat sie schon gehabt, über Kohlenkasten und Bügelbrett. Die uns gestern den Eimer Fallobst geschenkt hat, jetzt ist sie ganz anders, steht wartend am Zaun. Alles Haar hat sie vom Ohr weggekämmt, hält die blanken Schultern versteckt. Daneben die Kleine, Kaulquappe sagt Muggi, die kesse Arbeitsmaid aus der Stadt, ohne Waden, das bißchen Brust. Schon zweimal hat sie Muggi versetzt, er läßt sich nichts merken, ist immer freundlich, einmal kommt sie ja doch. Dann nimmt er sie in die Scheune herauf, die ist groß, verschluckt jedes Geschrei, macht sie fix und fertig, sei ganz beruhigt, nach allen Regeln der Kunst. Auch die Kleine ist anders, über Kopf und Schultern ein Schürzentuch, oft hebt sie sich auf die Zehen. Jetzt sammeln beide am Zaun entlang, sie sprechen wohl auch miteinander, sammeln Blätter, geschmiedete Pappelblätter, und manchmal werfen sie was über den Zaun. Jetzt über die Wiese Arm in Arm, mit langen langgreifenden Schritten, die Wiese saugt alles von uns weg, bannt es bis an ihren äußersten Rand. Wo vorhin das Pferd war, reglosen Stands, nur der Schweif fegte lautlos die Flanken, sind jetzt die beiden, sie lassen sich los, es scheint, sie nesteln die Schuhe auf. Da wieder nur Pferde, diesmal zwei, und jetzt wie aufs Stichwort, mit einem Rutsch, ist der Mond hinterm Hügel versackt. Nur noch Nebel, er steigt vom Kreuz bis zur Brust, die Flut kehrt ins Wattenmeer, Nebel den Pferden an die Brust, Nebelmeer spült am Bug.
Siehst du, Muggi, ich habe immer gesagt, die beiden hängen zusammen, das Pferd und die Tischlersfrau. Von der Kleinen hätte ich nicht gedacht, daß die auch ein ganzes Pferd abgibt, dies schwirrende Heupferd, der Distelspring, immer Kletten in ihren Haaren. Aber jetzt, wo der Nebel immer dicker wird, vielleicht holen wir sie ein, bekommen sie endlich Brust gegen Brust, in ihrer richtigen Größe. Die

Fernrohrlinse bleibt stehen im Nebel, läßt sich nicht weiter verstellen. Wie langsam die Pferde im Nebelmeer schwimmen, mit bleiernen Hufen, gegen den Strom, das Tischlerpferd spitzt schon die Ohren. Muggi, seit wann kannst du Wasser treten? Freihändig fährt er im Wasser Rad, klatscht sich die Schenkel, schon bricht er ein, blas die Backen auf, das trägt! Paß auf, daß du sie nicht unter Wasser drückst, die Kleine schwimmt heute zum erstenmal. Er will schon im Wasser reiten, hält die Hände vor ihre Nüstern, hat immer noch Gras in den Zähnen. Aber wir haben schon Grund, schönen festen Sand, meist sind hier die Ufer so schlammig, klaren, wellengebackenen Sand, eine runde Schwelle. Muggi halt an, hier wollen wir uns jetzt trennen. Geh du hier geradeaus mit dem kleinen Pferd, da sind viele Gebüsche wie Inseln, goldenes Laub und silberne Birken, hohes Riedgras. Ihr dürft euch nicht schneiden. Laß sie vorn gehen, die Wege sind schmal, die Gänge zwischen den Inseln. Aber meins ist weg, mein Pferd ist weg, die Tischlerin kommt es schon suchen. Sie bückt sich, kauert sich vor dem Gebüsch, nichts ist von dem Pferd zu sehen. Sie kauert vor dem Schneebeerenstrauch, als wäre das Pferd ein Schimmel. Jetzt trägt mich die Tischlerin Huckepack. Von mir aus, ich hab nichts dagegen. Aber nicht an der Zugbefehlsstelle vorbei, lieber den Aschenweg. Die Haare soll ich ihr trocknen, soviel habe ich nicht in den Lungen. Was ist, ich glaube, sie leckt mir die Knie, die Meisterin spricht mir gegen die Knie mit glühenden Wangen, ich will herunter.

Wir sind schon zu Hause, da steht ihr Mann, hemdsärmelig, er putzt seine Brille, hat den Theodoliten in Stellung gebracht, sie vermessen den Panzergraben. Merkwürdig, daß die Stiege nicht knarrt, heut kann ich drei Stufen auf einmal nehmen. Hier sind Säcke voll Laub, ein Korb ohne Boden, ein alter Strohhut hängt an der Wand. Ich soll ein Kleid von der Kleinen anziehen, sie will mir die Uniform schnell waschen, waschen und kochen, das geht ganz schnell, der Kessel ist schon überm Feuer. Aber bleib nicht so lange weg, Meisterin, ich kriege das Kleid nicht über den

Kopf. Hin und her in der Küche; das Kind hat viel zu erzählen, es häkelt sich fest, Klettenkopfkind. Und das andere Kind fängt zu schreien an, die Ketten klirren im Stall. Laub habt ihr viel gesammelt, und der große Zwiebelzopf, in der Ecke den Kürbis seh ich erst jetzt, den löffeln wir später aus. Wie habt ihr das Riesending raufgeschafft, ohne Flaschenzug? Und die Wand aus Lehm, handgeknetete Wand, und die Decke mit Knien und Sohlen gewalkt, die Decke war früher Boden. Eine Kammer mit Muskeln, sie atmet und schafft, die Kammer reift Riesenglieder. Auch die Luft hat Kraft, nicht jeder kommt durch, man greift wie in einen Kornsack hinein. Jeder Finger stark wie ein Mann, zwischen den Schultern hab ich ein Land, ungepflügt, unvermessen. Und der Bauch wie ein Flußbett mit vielen Armen, reißenden Armen und greifenden Brücken, viele Pfeiler stehen im Strom, und Wasserrosen decken die Bucht mit unbetretenen Blättern. Riesen, Riesen sind wir geworden, kein Wunder, daß mir das Kleidchen nicht paßt. Soll ich es vor das Fenster hängen, ich reiche von hier aus hin. Blau war das Kleid, jetzt am Fenster goldbraun, wie geöltes Papier, mit dunkelroten Nähten. Nur den richtigen Atem hab ich noch nicht, der ist gedrosselt, nach der Brust zu wird alles eng. Unter die Rippen müßte man greifen. Wenn du das könntest, Meisterin, sie von unten aufwölben und statt dem Brustbein, dem morschen Steg, eine breite vielgleisige Bahn. Alles grenzt so hart an den Knochenkorb, bei dir lehnt sich alles ans Weiche, alles fühlt sich anders mit deiner Brust, merkst du denn nicht, daß wir schon fliegen?

Aufstehen, was ist denn, die Ablösung, mich brauchst du nicht zu rütteln, wo ist denn Muggi? Ich war nur einen Augenblick weg, was sagst du, Muggi ist schon abgehauen, Muggi hat Kaffeedurst gehabt. Nur einen Augenblick war ich weg, red doch nicht von zwei Stunden. Ich hatte ja das Kleid noch nicht über den Kopf gestreift, eben erst das Fenster verhängt. Was für ein Kleid, das spielt keine Rolle, ein Leibchenkleid, Rock mit Leibchen. Ich meine ja das

Taschentuch, über die Karbidlampe gehängt, nicht doch, die Lampe hat sich nicht angefunden. Warum wartet Muggi denn nicht? Ich komme ja schon, wo hab ich bloß wieder die Mütze? Den Eimer müßt ihr drüben abgeben, beim Tischler, vielleicht krieg ich wieder Obst, aber laßt die Kleine in Ruhe, die vom Arbeitsdienst, Muggi ist hinter ihr her, und mit Muggi ist nicht zu spaßen. Gewiß, die gutmütigste Sau von der Welt, dieser Muggi, aber er kann gemein sein, versucht mal, ihm in die Augen zu sehen, die kleinen verpennten Augen. Warum löst ihr denn heute zu drei Mann ab, zwei stehen schon am Geschütz, sie rollen die klamme Plane hoch, klamm und bereift, es hat ja gereift. Reif auf der ganzen Koppel. Dort glüht es schon grün von der Sonne her, zwei volle gestrichene Stunden geschlafen, schön wär's ja! Der Fuß hat geschlafen, das ist wahr, ich krieg ihn kaum hinter mir her, wie ein Sack, vollgestopft mit Mücken und Stachelkastanien, ein zugebundener Sack. Die Tauben fliegen die erste Runde. Vergeßt bitte das mit dem Eimer nicht . . .

WOLFGANG BORCHERT

Mein bleicher Bruder

Noch nie war etwas so weiß wie dieser Schnee. Er war beinah blau davon. Blaugrün. So fürchterlich weiß. Die Sonne wagte kaum gelb zu sein vor diesem Schnee. Kein Sonntagmorgen war jemals so sauber gewesen wie dieser. Nur hinten stand ein dunkelblauer Wald. Aber der Schnee war neu und sauber wie ein Tierauge. Kein Schnee war jemals so weiß wie dieser an diesem Sonntagmorgen. Kein Sonntagmorgen war jemals so sauber. Die Welt, diese schneeige Sonntagswelt, lachte.

Aber irgendwo gab es dann doch einen Fleck. Das war ein Mensch, der im Schnee lag, verkrümmt, bäuchlings, uniformiert. Ein Bündel Lumpen. Ein lumpiges Bündel von Häutchen und Knöchelchen und Leder und Stoff. Schwarzrot überrieselt von angetrocknetem Blut. Sehr tote Haare, perückenartig tot. Verkrümmt, den letzten Schrei in den Schnee geschrien, gebellt oder gebetet vielleicht: Ein Soldat. Fleck in dem niegesehenen Schneeweiß der saubersten aller Sonntagmorgende. Stimmungsvolles Kriegsgemälde, nuancenreich, verlockender Vorwurf für Aquarellfarben: Blut und Schnee und Sonne. Kalter kalter Schnee mit warmem dampfendem Blut drin. Und über allem die liebe Sonne. Unsere liebe Sonne. Alle Kinder auf der Welt sagen: die liebe liebe Sonne. Und die bescheint einen Toten, der den unerhörten Schrei aller toten Marionetten schreit: Den stummen fürchterlichen stummen Schrei! Wer unter uns, steh auf, bleicher Bruder, oh, wer unter uns hält die stummen Schreie der Marionetten aus, wenn sie von den Drähten abgerissen so blöde verrenkt auf der Bühne rumliegen? Wer, oh, wer unter uns erträgt die stummen Schreie der Toten? Nur der Schnee hält das aus, der eisige. Und die Sonne. Unsere liebe Sonne.

Vor der abgerissenen Marionette stand eine, die noch intakt war. Noch funktionierte. Vor dem toten Soldaten stand ein lebendiger. An diesem sauberen Sonntagmorgen im niegesehnen weißen Schnee hielt der Stehende an den Liegenden folgende fürchterlich stumme Rede:

Ja. Ja ja. Ja ja ja. Jetzt ist es aus mit deiner guten Laune, mein Lieber. Mit deiner ewigen guten Laune. Jetzt sagst du gar nichts mehr, wie? Jetzt lachst du wohl nicht mehr, wie? Wenn deine Weiber das wüßten, wie erbärmlich du jetzt aussiehst, mein Lieber. Ganz erbärmlich siehst du ohne deine gute Laune aus. Und in dieser blöden Stellung. Warum hast du denn die Beine so ängstlich an den Bauch rangezogen? Ach so, hast einen in die Eingeweide gekriegt. Hast dich mit Blut besudelt. Sieht unappetitlich aus, mein Lieber. Hast dir die ganze Uniform damit bekleckert. Sieht

aus wie schwarze Tintenflecke. Man gut, daß deine Weiber das nicht sehn. Du hattest dich doch immer so mit deiner Uniform. Saß alles auf Taille. Als du Korporal wurdest, gingst du nur noch mit Lackstiefeletten. Und die wurden stundenlang gebohnert, wenn es abends in die Stadt ging. Aber jetzt gehst du nicht mehr in die Stadt. Deine Weiber lassen sich jetzt von den andern. Denn du gehst jetzt überhaupt nicht mehr, verstehst du? Nie mehr, mein Lieber. Nie nie mehr. Jetzt lachst du auch nicht mehr mit deiner ewig guten Laune. Jetzt liegst du da, als ob du nicht bis drei zählen kannst. Kannst du auch nicht. Kannst nicht mal mehr bis drei zählen. Das ist dünn, mein Lieber, äußerst dünn. Aber das ist gut so, sehr gut so. Denn du wirst nie mehr »Mein bleicher Bruder Hängendes Lid« zu mir sagen. Jetzt nicht mehr, mein Lieber. Von jetzt ab nicht mehr. Nie mehr, du. Und die andern werden dich nie mehr dafür feiern. Die andern werden nie mehr über mich lachen, wenn du »Mein bleicher Bruder Hängendes Lid« zu mir sagst. Das ist viel wert, weißt du? Das ist eine ganze Masse wert für mich, das kann ich dir sagen. Sie haben mich nämlich schon in der Schule gequält. Wie die Läuse haben sie auf mir herumgesessen. Weil mein Auge den kleinen Defekt hat und weil das Lid runterhängt. Und weil meine Haut so weiß ist. So käsig. Unser Bläßling sieht schon wieder so müde aus, haben sie immer gesagt. Und die Mädchen haben immer gefragt, ob ich schon schliefe. Mein eines Auge wär ja schon halb zu. Schläfrig, haben sie gesagt, du, ich wär schläfrig. Ich möchte mal wissen, wer von uns beiden jetzt schläfrig ist. Du oder ich, wie? Du oder ich? Wer ist jetzt »Mein bleicher Bruder Hängendes Lid«? Wie? Wer denn, mein Lieber, du oder ich? Ich etwa?
Als er die Bunkertür hinter sich zumachte, kamen ein Dutzend graue Gesichter aus den Ecken auf ihn zu. Eins davon gehörte dem Feldwebel. Haben Sie ihn gefunden, Herr Leutnant? fragte das graue Gesicht und war fürchterlich grau dabei.
Ja. Bei den Tannen. Bauchschuß. Sollen wir ihn holen?

Ja. Bei den Tannen. Ja, natürlich. Er muß geholt werden. Bei den Tannen.
Das Dutzend grauer Gesichter verschwand. Der Leutnant saß am Blechofen und lauste sich. Genau wie gestern. Gestern hatte er sich auch gelaust. Da sollte einer zum Bataillon kommen. Am besten der Leutnant, er selbst. Während er dann das Hemd anzog, horchte er. Es schoß. Es hatte noch nie so geschossen. Und als der Melder die Tür wieder aufriß, sah er die Nacht. Noch nie war eine Nacht so schwarz, fand er. Unteroffizier Heller, der sang. Der erzählte in einer Tour von seinen Weibern. Und dann hatte dieser Heller mit seiner ewig guten Laune gesagt: Herr Leutnant, ich würde nicht zum Bataillon gehn. Ich würde erst mal doppelte Ration beantragen. Auf Ihren Rippen kann man ja Xylophon spielen. Das ist ja ein Jammer, wie Sie aussehn. Das hatte Heller gesagt. Und im Dunkeln hatten sie wohl alle gegrinst. Und einer mußte zum Bataillon. Da hatte er gesagt: Na, Heller, dann kühlen Sie Ihre gute Laune mal ein bißchen ab. Und Heller sagte: Jawohl. Das war alles. Mehr sagte man nie. Einfach: Jawohl. Und dann war Heller gegangen. Und dann kam Heller nicht wieder.
Der Leutnant zog sein Hemd über den Kopf. Er hörte, wie sie draußen zurückkamen. Die andern. Mit Heller. Er wird nie mehr »Mein bleicher Bruder Hängendes Lid« zu mir sagen, flüsterte der Leutnant. Das wird er von nun an nie mehr zu mir sagen.
Eine Laus geriet zwischen seine Daumennägel. Es knackte. Die Laus war tot. Auf der Stirn – hatte er einen kleinen Blutspritzer.

HEINRICH BÖLL

Die Botschaft

Kennen Sie jene Drecknester, wo man sich vergebens fragt, warum die Eisenbahn dort eine Station errichtet hat; wo die Unendlichkeit über ein paar schmutzigen Häusern und einer halbverfallenen Fabrik erstarrt scheint; ringsum Felder, die zur ewigen Unfruchtbarkeit verdammt sind; wo man mit einem Male spürt, daß sie trostlos sind, weil kein Baum und nicht einmal ein Kirchturm zu sehen ist? Der Mann mit der roten Mütze, der den Zug endlich, endlich wieder abfahren läßt, verschwindet unter einem großen Schild mit hochtönendem Namen, und man glaubt, daß er nur bezahlt wird, um zwölf Stunden am Tage mit Langeweile zugedeckt zu schlafen. Ein grauverhangener Horizont über öden Äckern, die niemand bestellt.

Trotzdem war ich nicht der einzige, der ausstieg; eine alte Frau mit einem großen braunen Paket entstieg dem Abteil neben mir, aber als ich den kleinen schmuddeligen Bahnhof verlassen hatte, war sie wie von der Erde verschluckt, und ich war einen Augenblick ratlos, denn ich wußte nun nicht, wen ich nach dem Wege fragen sollte. Die wenigen Backsteinhäuser mit ihren toten Fenstern und gelblichgrünen Gardinen sahen aus, als könnten sie unmöglich bewohnt sein, und quer zu dieser Andeutung einer Straße verlief eine schwarze Mauer, die zusammenzubrechen schien. Ich ging auf die finstere Mauer zu, denn ich fürchtete mich, an eins dieser Totenhäuser zu klopfen. Dann bog ich um die Ecke und las gleich neben dem schmierigen und kaum lesbaren Schild »Wirtschaft« deutlich und klar mit weißen Buchstaben auf blauem Grund »Hauptstraße«. Wieder ein paar Häuser, die eine schiefe Front bildeten, zerbröckelnder Verputz, und gegenüber, lang und fensterlos, die düstere Fabrikmauer wie eine Barriere ins Reich der Trostlosigkeit. Einfach meinem Gefühl nach ging ich links herum, aber da war der Ort plötzlich zu Ende; etwa zehn Meter weit lief noch die Mauer, dann begann ein flaches, grauschwarzes Feld mit einem kaum sichtbaren grünen Schimmer, das irgendwo mit dem grauen himmelhohen Horizont zusammenlief, und ich hatte das schreckliche Gefühl, am Ende der Welt wie vor einem unendlichen Abgrund zu stehen, als sei ich verdammt, hineingezogen zu werden in diese unheimlich lockende, schweigende Brandung der völligen Hoffnungslosigkeit.

Links stand ein kleines, wie plattgedrücktes Haus, wie es sich Arbeiter nach Feierabend bauen; wankend, fast taumelnd bewegte ich mich darauf zu. Nachdem ich eine ärmliche und rührende Pforte durchschritten hatte, die von einem kahlen Heckenrosenstrauch überwachsen war, sah ich die Nummer, und ich wußte, daß ich am rechten Haus war.

Die grünlichen Läden, deren Anstrich längst verwaschen war, waren fest geschlossen, wie zugeklebt; das niedrige Dach, dessen Traufe ich mit der Hand erreichen konnte, war mit rostigen Blechplatten geflickt. Es war unsagbar still, jene Stunde, wo die Dämmerung noch eine Atempause macht, ehe sie grau und unaufhaltsam über den Rand der Ferne quillt. Ich stockte einen Augenblick lang vor der Haustür, und ich wünschte mir, ich wäre gestorben, damals ... anstatt nun hier zu stehen, um in dieses Haus zu treten. Als ich dann die Hand heben wollte, um zu klopfen, hörte ich drinnen ein girrendes Frauenlachen; dieses rätselhafte Lachen, das ungreifbar ist und je nach unserer Stimmung uns erleichtert oder uns das Herz zuschnürt. Jedenfalls konnte so nur eine Frau lachen, die nicht allein war, und wieder stockte ich, und das brennende, zerreißende Verlangen quoll in mir auf, mich hineinstürzen zu lassen in die graue Unendlichkeit des sinkenden Dämmers, die nun über dem weiten Feld hing und mich lockte, lockte ... und mit meiner allerletzten Kraft pochte ich heftig gegen die Tür.

Erst war Schweigen, dann Flüstern – und Schritte, leise Schritte von Pantoffeln, und dann öffnete sich die Tür, und ich sah eine blonde, rosige Frau, die auf mich wirkte wie eins jener unbeschreiblichen Lichter, die die düsteren Bilder Rembrandts erhellen bis in den letzten Winkel. Goldenrötlich brannte sie wie ein Licht vor mir auf in dieser Ewigkeit von Grau und Schwarz. Sie wich mit einem leisen Schrei zurück und hielt mit zitternden Händen die Tür, aber als ich meine Soldatenmütze abgenommen und mit heiserer Stimme gesagt hatte: »'n Abend«, löste sich der Krampf des Schreckens aus diesem merkwürdig formlosen Gesicht, und sie lächelte beklommen und sagte »Ja«. Im Hintergrund tauchte eine muskulöse, im Dämmer des kleinen Flures verschwimmende Männergestalt auf. »Ich möchte zu Frau Brink«, sagte ich leise. »Ja«, sagte wieder diese tonlose Stimme, die Frau stieß nervös eine Tür auf. Die Männergestalt verschwand im Dunkeln. Ich betrat eine enge Stube, die mit ärmlichen Möbeln vollgepfropft war und worin der Geruch von schlechtem Essen und sehr guten Zigaretten sich festgesetzt hatte. Ihre weiße Hand huschte zum Schalter, und als nun das Licht auf sie fiel, wirkte sie bleich und zerflossen, fast leichenhaft, nur das helle rötliche Haar war lebendig und warm. Mit immer noch zitternden Händen hielt sie das dunkelrote Kleid über den schweren Brüsten krampfhaft zusammen, obwohl es fest zugeknöpft war – fast als fürchte sie, ich könne sie erdolchen. Der Blick ihrer wäßrigen blauen Augen war ängstlich und schreckhaft, als stehe sie, eines furchtbaren Urteils gewiß, vor Gericht. Selbst die billigen Drucke an den Wänden, diese süßlichen Bilder, waren wie ausgehängte Anklagen.

»Erschrecken Sie nicht«, sagte ich gepreßt, und ich wußte im gleichen Augenblick, daß das der schlechteste Anfang war, den ich hatte wählen können, aber bevor ich fortfahren konnte, sagte sie seltsam ruhig: »Ich weiß alles, er ist tot ... tot.« Ich konnte nur nicken. Dann griff ich in meine Tasche, um ihr die letzten Habseligkeiten zu überreichen, aber im Flur rief eine brutale Stimme »Gitta!« Sie blickte mich verzweifelt an, dann riß sie die Tür auf und rief kreischend: »Warte fünf Minuten – verdammt –«, und krachend schlug

die Tür wieder zu, und ich glaubte mir vorstellen zu können, wie sich der Mann feige hinter dem Ofen verkroch. Ihre Augen sahen trotzig, fast triumphierend zu mir auf.
Ich legte langsam den Trauring, die Uhr und das Soldbuch mit den verschlissenen Fotos auf die grüne, samtene Tischdecke. Da schluchzte sie plötzlich wild und schrecklich wie ein Tier. Die Linien ihres Gesichtes waren völlig verwischt, schneckenhaft weich und formlos, und helle, kleine Tränen purzelten zwischen ihren kurzen, fleischigen Fingern hervor. Sie rutschte auf das Sofa und stützte sich mit der Rechten auf den Tisch, während ihre Linke mit den ärmlichen Dingen spielte. Die Erinnerung schien sie wie mit tausend Schwertern zu durchschneiden. Da wußte ich, daß der Krieg niemals zu Ende sein würde, niemals, solange noch irgendwo eine Wunde blutete, die er geschlagen hat.
Ich warf alles, Ekel, Furcht und Trostlosigkeit, von mir ab wie eine lächerliche Bürde und legte meine Hand auf die zuckende üppige Schulter, und als sie nun das erstaunte Gesicht zu mir wandte, sah ich zum ersten Male in ihren Zügen Ähnlichkeit mit jenem Foto eines hübschen, liebevollen Mädchens, das ich wohl viele hundert Male hatte ansehen müssen, damals . . .
»Wo war es – setzen Sie sich doch –, im Osten?« Ich sah es ihr an, daß sie jeden Augenblick wieder in Tränen ausbrechen würde. »Nein . . . im Westen, in der Gefangenschaft . . . wir waren mehr als hunderttausend . . .«
»Und wann?« Ihr Blick war gespannt und wach und unheimlich lebendig, und ihr ganzes Gesicht war gestrafft und jung – als hinge ihr Leben an meiner Antwort. »Im Juli fünfundvierzig«, sagte ich leise.
Sie schien einen Augenblick zu überlegen, und dann lächelte sie – ganz rein und unschuldig, und ich erriet, warum sie lächelte. Aber plötzlich war mir, als drohe das Haus über mir zusammenzubrechen, ich stand auf. Sie öffnete mir, ohne ein Wort zu sagen, die Tür und wollte sie mir aufhalten, aber ich wartete beharrlich, bis sie vor mir hinausgegangen war; und als sie mir ihre kleine, etwas feiste Hand gab,

sagte sie mit einem trockenen Schluchzen: »Ich wußte es, ich wußte es, als ich ihn damals – es ist fast drei Jahre her – zum Bahnhof brachte«, und dann setzte sie ganz leise hinzu: »Verachten Sie mich nicht.«

Ich erschrak vor diesen Worten bis ins Herz – mein Gott, sah ich denn wie ein Richter aus? Und ehe sie es verhindern konnte, hatte ich diese kleine, weiche Hand geküßt, und es war das erste Mal in meinem Leben, daß ich einer Frau die Hand küßte.

Draußen war es dunkel geworden, und wie in Angst gebannt wartete ich noch einen Augenblick vor der verschlossenen Tür. Da hörte ich sie drinnen schluchzen, laut und wild, sie war an die Haustür gelehnt, nur durch die Dicke des Holzes von mir getrennt, und in diesem Augenblick wünschte ich wirklich, daß das Haus über ihr zusammenbrechen und sie begraben möchte.

Dann tastete ich mich langsam und unheimlich vorsichtig, denn ich fürchtete jeden Augenblick in einem Abgrund zu versinken, bis zum Bahnhof zurück. Kleine Lichter brannten in den Totenhäusern, und das ganze Nest schien weit, weit vergrößert. Selbst hinter der schwarzen Mauer sah ich kleine Lampen, die unendlich große Höfe zu beleuchten schienen. Dicht und schwer war der Dämmer geworden, nebelhaft dunstig und undurchdringlich.

In der zugigen, winzigen Wartehalle stand außer mir noch ein älteres Paar, fröstelnd in eine Ecke gedrückt. Ich wartete lange, die Hände in den Taschen und die Mütze über die Ohren gezogen, denn es zog kalt von den Schienen her, und immer, immer tiefer sank die Nacht wie ein ungeheures Gewicht.

»Hätte man nur etwas mehr Brot und ein bißchen Tabak«, murmelte hinter mir der Mann. Und immer wieder beugte ich mich vor, um in die sich ferne zwischen matten Lichtern verengende Parallele der Schienen zu blicken.

Aber dann wurde die Tür jäh aufgerissen, und der Mann mit der roten Mütze, diensteifrigen Gesichts, schrie, als ob er es in die Wartehalle eines großen Bahnhofs rufen müsse: »Per-

sonenzug nach Köln fünfundneunzig Minuten Verspätung!«
Da war mir, als sei ich für mein ganzes Leben in Gefangenschaft geraten.

ERNST SCHNABEL

Sie sehen den Marmor nicht

Die Straßenjungen in Rom und Carrara sehen den Marmor nicht. Es gibt dort ein helles Gestein, weiß und grau, mit einem samtenen Widerschein unter der Haut. Es kommt aus den Bergen, und man macht Häuser und Treppen, Säulen und Menschenfiguren daraus. Keiner wundert sich darüber, aber anderenorts nimmt man Granit dazu.
Die Jungen bei uns sehen den Schutt nicht. Früher waren die Häuser, Treppen und Säulen daraus gemacht, aber seit die Häuser zusammengebrochen, die Treppen und Säulen umgestürzt sind, sieht man, daß dieses Gestein aus Ziegeln bestand. Der graue Putz ist weggeplatzt, darunter leuchtet es rot. Keiner wundert sich darüber, aber anderenorts stehen die Häuser noch aufrecht am Straßenrand.
Sie sehen es nicht. Die Alten haben gesagt, die Luft sei voll von Sphärenmusik, doch höre man sie nicht, weil man sie immer höre.
An manchen Tagen aber sieht der Schutt aus wie Marmor, wie das geborstene Geleucht vom Kapitol, im Februar zum Beispiel, im Sommer auch, aber im Februar vor allem, bei großer Kälte, klarer Luft und rosavioletter Sonne am Himmel. Dann sind die Schatten blau, die Ziegelbrocken glühen, in den Fugen liegt durchsichtiger Zuckerschnee. Die ganze Stadt mit ihren geborstenen Mauern und einsam ragenden Ziegelschloten sieht aus wie die alten Städte Griechenlands,

von denen man sagt, sie seien niedergesunken. Hier sagt das keiner. Zwischen den Trümmern liegt eine der beiden Karyatiden, die einen Hauseingang flankierten. Sie liegt auf dem Rücken und hat Schnee im Mund, in den Augenhöhlen und zwischen den Brüsten. Die zweite ist verschwunden. In halber Höhe ist ein Stück der inneren Hauswand, die noch steht, mit weißen Kacheln belegt. Eine Badewanne hängt schräg über den abgebrochenen Fußboden herab, und ein Heizkörper klebt verschneit an der Mauer. Aber die bloßen Ziegel dazwischen und überall im Trümmerfeld glühen samten und weich im frostig-violetten Licht und sehen wie Marmor aus.

Er sah es nicht. Er stieg mit langen Schritten quer durch den Schutt, weil er zum Deich wollte. Seit die Häuser eingestürzt sind, kann man den Weg abkürzen, indem man quer durch den Schutt steigt. Die Ziegel liegen ausgesät auf dem Boden. So stieg und sprang er von Mauerklotz zu Mauerklotz, lief dann quer über die Straße und die Deichböschung hinauf und blieb eine Zeitlang oben stehen. In der Hand hielt er eine Fahrradpumpe. Er trug sie, wie die englischen Offiziere, die zuerst dagewesen waren, ihre Stöckchen getragen hatten, wippend in der Rechten. Als er stille stand, wippte er die Luftpumpe leicht gegen den Handteller seiner Linken. So hatte er es bei ihnen gesehen, ehe sie wieder abzogen. Dann waren die Amerikaner eingerückt.

Auf dem Deich war nichts zu sehen, nur die Schleusen, die Weser und die Marsch auf der anderen Seite. Flußabwärts ein ankerndes Libertyschiff im Strom, nichts. Es waren auch nur wenige Menschen da. Ein Jeep unten auf der Straße, zwei Soldaten und zwei Mädchen auf dem Deich. Die Leute, die in den Trümmern gewohnt hatten, hatten sich verzogen, nach dem nördlichen Stadtrand hin, wo die Häuser stehengeblieben waren.

Es war ihm zu kalt auf dem Deich, er rannte die Böschung hinab und stieg wieder im marmorschimmernden Ziegelschutt umher, stocherte mit seiner Luftpumpe zwischen den Steinen herum, blieb dann plötzlich stehen und hob die

Pumpe an den Mund. Er hatte sie im Herbst in den Trümmern gefunden. Sie war beim Brand nicht ausgeglüht und hatte noch einen weichen Lederpfropfen am Kolben, den man leicht und lautlos hin und her schieben konnte. Zischend fuhr die Luft durch das Anschlußloch. Hier fehlte die Gummidichtung. Sie war nicht mehr zu gebrauchen, die Pumpe, zum Pumpen nicht, aber Musik konnte man auf ihr machen. Der Junge spitzte seinen Mund und legte die Pumpe an, und wie er Luft über das Anschlußloch blies, entstand ein lauter, kräftig schwingender Pfiff. Er zog den Kolben sacht heraus, und der Pfiff wurde zu einem vollen Flötenton. So probierte er eine Weile, laute Pfiffe und leise, dunklere, weiche. Dann pfiff er ein Lied. Er hatte seit dem Herbst geübt. Er verstand sich auf eine ganze Reihe von Liedern. Sah ein Knab' und Ein Schifflein sah ich fahren, Kapitän und Leutenant. Auch einige Schlager aus dem Kino pfiff er, und der laute, weich tremulierende Ton hallte in den Mauern wider, brach sich an ihnen und flog weiter über das ganze Trümmerfeld.

Ein paar Soldaten trotteten eine abgelegene Straße entlang. Sie gingen mitten auf dem Fahrdamm, die Hände in den Taschen, die Schultern frierend hochgezogen, die Gesichter schwermütig und grau vor Kälte. Es waren Neger. Sie redeten nicht. Als sie die Musik hörten, fuhren ihre Köpfe hoch. Sie blieben stehen, starrten einander lange an, dann riß einer sich los und begann zu laufen. Die anderen trabten hinter ihm her. Alle hundert Meter blieben sie stehen und horchten. An einer Straßenecke änderten sie die Richtung, sie suchten, sie durchquerten ein Trümmerfeld. Der als erster lief, begann mitzusingen, laut, mit wiegendem Kopfe und klein zusammengekniffenen Augen. Schließlich fanden sie den Jungen. Sie umringten ihn und starrten ihn an.

Der Junge blies. Er stand, ein wenig vorgeneigt, einen Fuß auf der Brust der gestürzten Karyatide. Die Soldaten staunten. Einer nahm ihm die Luftpumpe weg und prüfte sie genau. Dann pfiff er selbst über das Loch hin, wie er es bei dem Jungen gesehen hatte. Das gab zuerst nur ein zischendes Geräusch, dann aber plötzlich einen grellen Ton. Schnell zog er den Kolben heraus, der Ton sank in die Tiefe. Ein anderer wollte ihm die Pumpe entreißen, aber der Soldat tänzelte über die Trümmer hin, blies und floh. Die anderen lachten und steckten sich Zigaretten an. Der Junge sah ihnen stumm zu. Er sah ihnen auf den Mund, auf diese frostgrauen Lippen in ihren dunklen Gesichtern, auf die schwarzen Pupillen in dem grellen Weiß ihrer Augen, und schwieg. Er verstand ihre Sprache nicht. Das einzige, was er in diesem Jahr gelernt hatte, war: Uncle, give me a gum. Das hatte er gelernt, aber man konnte es nicht immer sagen. Die Soldaten hatten nicht immer Kaugummi bei sich, wenn er auch oft welchen von ihnen bekommen hatte. Einige Male waren es auch Schokoladestangen gewesen, die sie Candy nannten.

Sie gaben ihm seine Luftpumpe zurück, und er blies. Sie klopften ihm auf die Schulter und lachten und schlugen sich voll Bewunderung mit den flachen Händen auf die Oberschenkel. Sie vergaßen, wo sie waren, sie vergaßen den Februar, die violette Sonne, sie sangen mit. Sie hatten runde, kehlig gurgelnde Stimmen, die dennoch seidig klangen, und lachten und stießen einander mit den Ellenbogen in die Seiten.

Er blies.

Sie nannten ihn Kid und Guy und steckten ihm ein Päckchen Kaugummi in die Tasche, obgleich er sie noch nicht darum gebeten hatte.

Er blies, Kapitän und Leutenant.

Sie wurden nicht satt, ihm zuzuhören, und er blies die Schlager und Sah ein Knab' noch einmal und auch noch einmal Kapitän und Leutenant und blies und schaute beim Blasen mit starren, festen Augen über ihre Köpfe hinweg auf einen Punkt in der Luft, nahe bei der Badewanne, die schräg an der Mauer hing, und hinter dem Deich war Sonnenuntergang. Das ging sehr schnell. Das rosa Licht verschwand zuerst, dann wurde aus dem lila Licht ein stumpfes Grau. Der Ziegelschutt verlor seinen Marmorschein, der Schnee in den Ritzen sah kälter aus.

Einen Fuß auf der Brust der Karyatide, stand er und blies und starrte auf den Punkt in der Luft, und die fremden Soldaten lachten noch immer und steckten ihm ein zweites Päckchen Kaugummi in die Jackentasche.

ELISABETH LANGGÄSSER

Der Torso

Als die drei Männer mit ihrem Holzpflug aus der Blockhütte in das Freie kamen, merkte man erst, wie tüchtig sie zugerichtet waren. Vor allem das Gesicht des Japaners war vollkommen platt geschlagen, es glich einer scharf geräucherten Flunder mit runzeliger Haut. Auch Johnny hatte ganz ordentlich bei der Sache was abbekommen; er schleifte das linke Bein ziemlich deutlich unter dem Körper her, der linke Arm war gleichfalls gelähmt, und wenn er lachte, verzog sich der Mund zu einer Diagonale in seinem Vollmondgesicht. Habakuk war noch am besten erhalten, obwohl ihm eigentlich durch den Luftdruck am schlimmsten mitgespielt worden sein mußte, doch waren seine Verletzungen nicht äußerlicher Art: er würde wohl für die Zeit seines Lebens eine losgerissene Niere und Gallenstörungen haben.

Im übrigen waren alle drei froh, davongekommen zu sein. Evelyne, Johnnys Frau, meinte das übrigens auch. Freilich war ihre Stellung zwischen den übrig gebliebenen Männern noch ziemlich ungeklärt und jedenfalls ohne Vorbild – aber schon jetzt schien es ziemlich sicher, daß jeder von ihnen ein Recht auf sie hatte, von dem er übrigens noch nicht wußte, ob er Gebrauch davon machen würde, denn keiner hatte schon wieder Lust, sich zufällig zu vermehren. Weil Evelyne, wie sie behauptete, sich über alles erst klar werden mußte, war sie zu Hause geblieben. Johnny war einverstanden damit, denn sie störte ihn bloß beim Denken, und Denken – oder vielmehr Erfinden – war jetzt die Hauptarbeit, die er zu leisten hatte.

»Good bye, Evelyne!«

»Good bye. Kommt bald wieder, sonst wird das Irish stew kalt. Und gibt schön acht auf ihn, Habakuk, wenn er wieder das Bein zu rasch vorwärts zieht und über die Pflugschar fällt.«

»Okay.« Und nun waren sie hier. Sie standen auf einer sandigen Fläche, die gegen den zweiten Abhang hin von Kiefern abgegrenzt wurde, und, wie Johnny behauptete, wie geschaffen für ihren Holzpflug war.

»Los, Habakuk, singe!« sagte er, während er den Japaner vor seine Erfindung spannte. Sie setzten sich alle drei in Bewegung, das neue Gestell, wie ein kleines Kind, das eben erst gehen gelernt hat, schwankte unsicher hin und her und holperte über jede Scholle, die es zur Seite legte. Johnny runzelte seine Stirn und dachte angestrengt nach. Er war durchaus noch nicht von der Sache und ihrer Leistung befriedigt, aber er wußte, es würde schon kommen, wie alles nach und nach kam. Darum war es vielleicht auch nicht richtig, von einer ›Erfindung‹ zu sprechen; man hätte ›Erinnerung‹ sagen müssen, denn Johnny und auch die beiden andern wußten natürlich genau, daß dies alles schon früher einmal vorhanden gewesen war – früher, vor dieser letzten und tollen Katastrophe, von der sie beim Sprechen zu sagen pflegten, daß sie wirklich ›ganz anständig‹ war. Jeder von ihnen hatte noch immer einen ziemlichen Vorstellungsschatz; einen Schatz von Gefühlen, Erinnerungen und genau begrenzten Kategorien, die er heraufholen mußte, um sie den anderen mitzuteilen; doch das Heraufholen war nicht leicht, weil ihre Seelen wie Siebe gelöchert worden waren und vieles unterwegs fallen ließen, bevor es ans Tageslicht kam. Am meisten hatte noch Habakuk von den früheren Zeiten behalten: sein Gehirn war auf Katastrophen trainiert, denn seine Vorfahren hießen Mendel, Baruch und Rubinstein. Auch der Japaner litt nicht zu sehr unter dem allgemeinen Kopf- und Erinnerungsschwund. Er war sogar ziemlich glücklich darüber, sich endlich wieder mit einem Tonkrug und einer Matte begnügen zu können, die er aus Schilfrohr geflochten hatte, denn seine Fähigkeit, sich Amerika anzugleichen, war überstrapaziert. Am ärgerlichsten war es für Johnny, welcher ein Mann des Fortschritts gewesen und jetzt auf den nackten Anfang zurückgeworfen war. Ihn peinigte vor allem ein Wort, das so ähnlich wie ›Ferrum‹ hieß; er fühlte, daß er am Ende nicht weiterkommen würde, wenn diese Sache ihm fehlte; doch gleichzeitig hatte er das verdammte und unangenehme Bewußtsein, daß es das Wort überhaupt nicht mehr gab, vielmehr die Sache nicht, die das Wort einmal bezeichnet hatte. Sie fehlte von jetzt ab, wie manches fehlte und nicht mehr zu beschaffen sein würde, weil es in seine Atome zerfallen oder verwandelt war ...

Als der Pflug seine dritte Furche gezogen, und Habakuk bei der Stelle des einhundertzweiten Psalmes, wo des Menschen Tage mit Gras und er selbst mit einer Blume des Feldes verglichen wird, angelangt war, wußte Johnny schon ziemlich genau, was seiner Erfindung noch fehlte; nach der sechsten Furche blieb Johnny stehen und blickte nach der Sonne, die nun bedeutend niedriger stand als vor dem Beginn seiner Arbeit: die Erde mußte ›seit damals‹, wie die Männer in schweigender Übereinkunft sich zartfühlend auszudrücken pflegten, ihre Umdrehungsdauer bedeutend verkürzt und den Ablauf der Zeit, ohne Evelyne um ihre Meinung zu fragen, entsetzlich beschleunigt haben.

»Noch eine Furche und dann ist Schluß!« rief Johnny den beiden anderen zu und setzte von neuem den Pflug auf die Erde; der Japaner ging vorwärts, und Habakuk sang den Psalm im Vesperton aus. In diesem Augenblick bockte die Pflugschar und stieß an etwas an; sie stieg wie ein scheuendes Pferd in die Höhe und legte sich seitwärts um. »Verflucht noch mal«, rief Johnny verärgert – dann gruben sie gemeinsam einen mächtigen Torso aus. »Was is'n das,

Habakuk?« fragte Johnny. »Wo kommt dieser Kerl denn her?« Die letzte Frage war ganz idiotisch, denn damals waren die Dinge aus aller Welt durcheinander gewirbelt und irgendwo abgesetzt worden; auch Habakuks Wanderniere ging wahrscheinlich darauf zurück.

»Woher soll ich ihn kennen, Gott der Gerechte? Zwei Mark und fünfzig, kein Pfennig mehr, denn es ist bloß ein Gipsabguß«, erwiderte Habakuk.

Sie hockten jetzt um den Torso herum, der Japaner befühlte die Muskeln des kopf- und beinlosen Mannes; den Bizeps der beiden Oberarme und den mächtigen Brustkorb, die schöne flache und doch kräftige Bauchdecke, die sich zum Ansatz der Schenkel hin verjüngte. Endlich blickten die Männer einander prüfend an und dann wieder auf den Torso. »Ich finde, er sieht dir ähnlich, Johnny«, sagte Habakuk schließlich und fügte hinzu: »Ich meine das natürlich nicht deshalb, weil einiges an ihm fehlt.«

»Ich finde, er sieht uns allen ähnlich«, gab Johnny unbeleidigt zurück und starrte mit versunkenem Ausdruck auf den verstümmelten Mann. »Übrigens kommt es mir immer mehr vor, als ob ich ihm schon früher einmal begegnet wäre. Es wird wahrscheinlich im Omnibus von Cook gewesen sein. Die Stadt fing mit A an –«

»Akropolis«, sagte Habakuk wie aus der Pistole geschossen. »Aber das war dann der richtige Mann und nicht sein Gipsabguß.«

»Ich find' auch den sehr hübsch«, meinte Johnny, von Andenkenwut gepackt. »Auf jeden Fall wird sich Evelyne freuen, denn er paßt auf ihr Vertiko. Oder will ihn ein anderer haben?«

Es stellte sich heraus, daß die andern den Mann nicht haben wollten – Habakuk nicht, weil ihm eine Kopie, wie er sagte, gegen den Strich ging; der Japaner nicht, weil er nicht wußte, wohin er ihn stellen sollte. Sie pflügten dann ihre letzte Furche und gruben noch etwas Zweites aus, das weniger wirkungsvoll war. Trotzdem freuten sich alle sehr, denn das Ding war aus Holz und war deshalb ganz unbeschädigt geblieben: ein Autoschild mit zwei gekreuzten Knochen und großer lateinischer Schrift.

»Kannst du lesen, Habakuk?« fragte Johnny. Habakuk meinte, das wäre gelacht, und buchstabierte den Text. »Achtung! Fahrt langsam an dieser Biegung! Der Tod ist dauerhaft.«

»Aha«, sagte Johnny erleichtert. »Jetzt wissen wir wenigstens wieder, wo wir eigentlich sind.«

HERMANN KESTEN

Musik

Die Musik war schuld. Er hörte das Musikstück, eine arme Melodie von geringer Erfindung, in einem Biergarten. Eine Träne kollerte in sein Bierglas.

Er war dreißig Jahre alt. Er fühlte sein halbes Leben vertan. Die Krise schüttelte ihn wie ein Fieber. Er war der eleganteste kleine Bankbeamte der Stadt, obwohl er einen Anzug zwei Jahre trug. Er hieß Franz Niedermaier. Er haßte seinen Namen. Hatte sein gewöhnlicher Name sein Leben gewöhnlich gemacht? Er war verheiratet und Vater zweier Kinder. An manchen Tagen hatte er sich der Welt ebenbürtig gefühlt. Mochte die Großbank, der er Dienste leistete, gewaltige Unternehmungen schaffen, er hatte mehr getan, er hatte Menschen geschaffen. Es gibt kein innigeres Gefühl, als Mutter zu sein, keine erhabenere Vorstellung, als Vater zu sein. Niedermaier genoß sie. Als aber beide Kinder infolge der Englischen Krankheit krummbeinig an den Sonntagnachmittagen vor ihm herwatschelten, ward sein Stolz bitter. Die Misere kleinbürgerlichen Lebens engte den kleinen Beamten ein, den die Weitspurigkeit seiner Bank aufgerührt hatte; es schnürte ihm den Hals zu wie mit der mittelalterlichen Tortur eines »Halskragens«. Er litt und war »elegant«, hungerte nicht und hielt aus.

Da lauschte er dieser Musik und fühlte sich verloren. Er erhob sich, ohne zu zahlen, sein Hut blieb liegen. Er kam an den Bahnhof, stieg in den Zug, fuhr zur Hauptstadt des Landes. Er ergriff im Gedränge der aussteigenden Reisenden einen eleganten Lederkoffer, der ihm nicht gehörte und mit den Reklamezetteln internationaler Hotels von Nizza, Santander, Kairo und Athen beklebt war. Er verließ die Bahnhofshalle, gefolgt von einem Dienstmann, der seinen Koffer ins erste Hotel der Stadt trug. Er gab vor dem Portier dem Dienstmann fünf Mark. Er schrieb auf den Meldezettel: Dr. Hans von Bülow. So stand es auf dem Namenstäfelchen des Koffers.

Im Zimmer öffnete er mit Hilfe seines sinnreichen Taschenmessers den Koffer und war nicht enttäuscht. Er fand die Sachen eines Kavaliers und eine Brieftasche mit siebzig englischen Pfund.

Er kleidete sich um, er sah mit Vergnügen, er hatte die Statur des Herrn von Bülow. Sein erster Gang war zur Bank, wo er die Pfunde wechselte. Dann kaufte er sich einen Hut. Er ging durch die eleganten Straßen, lässig, mit den Mienen und Gesten eines reichen Herrn von Adel; er agierte nicht einen Dr. von Bülow im Gefühl dieser Stunde, er war es.

Als der Abend golden und purpurn hinschmolz, fuhr er im Taxi in ein teures Restaurant, speiste vorzüglich und trank Burgunder. Er fuhr in ein Kabarett. Er tanzte. Eine Tänzerin folgte ihm ins Hotel. Am andern Morgen erwachte er allein und ohne Geld. Lächelnd ging er zum Frühstück.

Er handelte nicht nach einem Plan. Sonst hätte er sich nicht unter dem Namen des Bestohlenen im Hotel eingeschrieben. Er war kein Hochstapler. Er war entlaufen, losgelassen. Es handelte sich um Tage. Er dachte gar nicht daran, sich ein »neues Leben« zu bauen. Dafür war seine Energie schon längst verbraucht. Er wollte nur einmal, acht Tage nur, das Leben führen, das ihm seiner Meinung nach zukam. Die Idee der Gleichheit aller Menschen hatte ihn verwirrt. Er ging nach dem Frühstück zur Bank, ließ sich beim Direktor melden. Visitenkarten des aimablen Dr. Bülow lagen in der Brieftasche. In der Unterredung mit dem Direktor benutzte er Kenntnisse, die er in seiner Bankfiliale erworben hatte. Er war klug genug, vom Direktor selbst keine Gelder herauslocken zu wollen. Der Direktor, bestochen von Eleganz, Weltgewandtheit und Wirtschaftskenntnis des Barons, ging lebhaft interessiert auf dessen Gründungspläne ein. Er gab dem Baron Empfehlungen an bedeutende Interessenten. Mehr brauchte der neue Baron vorläufig nicht. Er handelte fast ohne Überlegung wie nach einem eingeborenen Plan.

Er speiste in seinem Hotel. Da er in seiner Westentasche noch einige Mark fand, besuchte er ein Café am Korso. Er las eine Mittagszeitung, unter anderm die scharfsinnige Entdeckung eines raffinierten Scheckschwindels durch den bekannten Kriminalisten Hans von Below. Der fast gleichlautende Name machte ihn stutzig.

Plötzlich hatte er eine Empfindung des Unbehagens und schaute auf. Da sah er in den Blick eines eleganten Herrn, drei Tische weiter, der ihn schärfer studierte, als höflich war. Er erbleichte. Da erhob sich der Herr und ging auf ihn zu. Niedermaiers Gedanken verwirrten sich. Sie liefen wie von einer rasenden Spule ab. Er wollte nach rückwärts laufen, durchs Fenster springen, die Straßen dahin; er wollte einen Stuhl ergreifen, den Herrn, der sicherlich ein Kriminalkommissar war, mit dem Stuhl niederschlagen, er dachte, könnte ich doch in meine Filiale zurück, zu meiner Frau zurück, zu meinen Kindern, sie haben die Englische Krankheit, bin ich wahnsinnig, wie kam ich zu allem, ich war immer ein ehrlicher Mensch, nur einmal in der Schule, da habe ich gelogen, Englische Krankheit, dachte er, da stand der Herr vor ihm, lächelte ihn an und verbeugte sich. Auch er sah auf, verbeugte sich, lächelte.

»Sind Sie nicht . . .?« fragte der Herr.

»Nein«, unterbrach der lächelnde Hochstapler, »das heißt, ja, ich . . .«

»Natürlich«, sagte der fremde Herr. »Sie gestatten?«

Er setzte sich zu Niedermaier. »Wir fuhren zusammen im Zug hierher. Sie erinnern sich?« Und er stellte sich vor: »Dr. von Bülow.«
Niedermaier, seiner kaum bewußt, aber nach außen ruhig, sagte: »Gewiß« und »Hans von Below.«
»Ah, der berühmte Kriminalist . . .« Der Herr von Bülow wies auf die Mittagszeitung. »Ein ausgezeichnetes Zusammentreffen! Gestatten Sie, daß ich Ihnen alles erkläre. Mir wurde kurz vor der Ankunft mein Koffer gestohlen. Nun sind neben einem kleineren Geldbetrag in englischen Pfunden sehr wichtige Papiere darin, die ich gern wiedererlangt hätte. Die Polizei, der ich den Vorfall meldete, machte mir wenig Hoffnung. Sie glaubt, ich sei das Opfer einer internationalen Diebsgesellschaft geworden. Um so mehr freut es mich, in Ihnen unseren berühmten Kriminalisten zu entdekken. Helfen Sie mir. Ich bin gern bereit, den Geldbetrag, etwa siebzig Pfund, nochmals daranzuwenden, könnte ich meine Papiere wiedererlangen.«
Niedermaier erklärte sich bereit. Er bat um Details. Er fühlte sich gerettet. Plötzlich kam ihm der Gedanke: Dieser Bülow ist gar nicht Bülow, es ist doch ein Kommissar; diese ganze alberne Geschichte, die er vorträgt, ist erlogen, erfunden, er posiert, er macht sich lustig über dich, er spielt Katz und Maus mit dir, der Hund, der Hund, ihn töten . . . Er lächelte dem plaudernden Herrn zu. Er sprach zu ihm. Er dachte: Ich bin toll. Was für einen Grund hätte solch ein Spiel, was für einen Sinn? Er braucht mich ja nur zu verhaften. Er lächelte. Der Herr, der sich Bülow nannte, bat um seine Adresse. Niedermaier gab an, aus beruflichen Gründen wohne er augenblicklich im Hotel Exzelsior. Er war so übermütig, daß er das wahre Hotel nannte. Der angebliche von Bülow gab dem angeblichen von Below seine Adresse und Telefonnummer. Von Bülow ließ es sich nicht nehmen, von Below eine sofortige Anzahlung von fünfhundert Mark zu überreichen. Von Below wehrte erst ab, strich dann das Geld lässig ein. Beide trennten sich vor dem Café.

Da von Bülow außer Sicht war, packte Herrn von Below, alias Franz Niedermaier, ein unwiderstehlicher Kitzel, er lachte laut und schallend, mitten auf der belebten Straße, bis die Leute sich nach ihm umdrehten, als sei er verrückt. Da erbleichte er und fuhr in einem Taxi ins Hotel; unterwegs zog er mehrmals und unter erneuten Lachausbrüchen die fünf Hundertmarkscheine hervor und betrachtete sie.

Er zog einen Smoking, Lackschuhe und das feinste Hemd an, ging in verschiedene Lokale, landete in einem Nachtlokal, fand wieder Damen oder Weiber; er konnte die Sorten nicht unterscheiden. Es wurde Mitternacht. Seine Damen, elegant, witzig, schön, schlugen ihm vor, noch einen Spielklub zu besuchen. Sie fuhren im Taxi durch die nächtlichen Straßen. Ihm kam das Leben sehr einfach vor. Warum tun nicht alle wie ich? Wie schön ist das Leben. Man muß nur Geld haben. Doch das ist einfach zu erwerben. Man muß nur nicht arbeiten und ehrlich sein wollen. Das führt zu nichts.

Sie kamen in den Spielklub. Seine Dame setzte für ihn einen Hundertmarkschein. Sie verlor. Er hatte nur noch einen. Er setzte ihn. Er gewann. Das Spiel riß ihn fort. Er spielte zwei Stunden. Er hatte einen Haufen Geld in allen Taschen. Nach seiner Schätzung mußten es mehr als zwanzigtausend Mark sein. Sie verließen den Klub. Ein fahles Licht hing um die Häuser, noch ohne jede Frische des Morgens, dämmerig wie aus der Erde heraus.

Er reichte der Dame, die ihm gefolgt war, einen Tausendmarkschein, winkte einem Auto, setzte sie hinein. Sie fuhr fort. Welche Sorte war es also? Ihn fröstelte. Er schlug seinen Rockkragen auf. Er ging einige Straßen entlang. Er erinnerte sich seiner Kinder. Die Englische Krankheit. Sie werden gesund werden. Sie werden schön werden. Ich habe Geld. Ein Bankbeamter weiß, was das heißt: Geld haben.

Er spürte seine Müdigkeit. Der Portier öffnete ihm. Niedermaier steckte sich eine Zigarette in der halbdunklen Hotelhalle an und reichte dem Nachtportier einen Hundertmarkschein als Trinkgeld. Der Portier streckte die Hand nicht aus, um den Schein zu nehmen. Da erschrak Niedermaier, er fühlte eine Hand auf seiner Schulter. Er wollte sich herumwerfen, schon ward er gefesselt. Er wollte schreien oder beißen, da sagte eine Stimme neben ihm: »Machen Sie kein Aufsehen. Kriminalpolizei. Lassen Sie die Hotelgäste schlafen!«

Da brach er in die Knie. Er ward aufgerichtet. Man brachte ihn ins Gefängnis. Er erhielt drei Jahre. Seine Kinder starben in der Zwischenzeit, an Hunger oder Tuberkulose.

Die Frau war fortgezogen. Niemand wußte wohin. Er ward entlassen, wurde ein Vagabund, ein Bettler. Er kam wieder ins Gefängnis, ward wieder Landstreicher, ward in eine Mordgeschichte verwickelt, starb im Zuchthaus. Die Musik war schuld, jene arme Melodie damals im Biergarten.

In seiner ersten Gerichtsverhandlung erfuhr er übrigens die Art seiner Entdeckung. Herr von Bülow hatte wegen irgendeines Details, das er dem angeblichen Below zu sagen vergessen, diesen im Hotel angerufen und vom Portier erfahren, es wohne da gar kein Herr von Below, nur ein Herr Dr. Hans von Bülow. Der betroffene Herr von Bülow war daraufhin ins Hotel gefahren, hatte sich vor dem Hoteldirektor mit seinem Paß ausgewiesen, seinen Koffer, den man ihm zeigte, als sein Eigentum erkannt. Daraufhin erwarteten einige Kriminalbeamte den falschen Baron.

Niedermaier kam und war verloren. Seine Erzählung von seinem hohen Gewinst in einem Spielklub ward für ein dummes Märchen erklärt, und das Geld, das man bei ihm fand, vom Gericht eingezogen. Man sieht, selbst das Glück nützt nicht immer.

ALFRED ANDERSCH

Blaue Rosen

Als sie in das Palmenhaus eintraten, wußte Joachim immer noch nicht, wann das Fräulein von Demski nach Berlin zurückfliegen würde. Die Flugzeuge waren immer überfüllt, und die Berliner liefen in Frankfurt herum, besorgten sich Bescheinigungen und verhandelten auf dem Flugbüro. Joachim hatte keinen Sinn für Improvisationen; er war an Pläne gewöhnt. Aber Bettina schwieg sich wieder einmal gründlich aus.

Mit dem Palmenhaus hatte er offensichtlich Eindruck auf sie gemacht. Sie blieb überrascht stehen und sagte: »Joachim – das Leben!« Das war wieder so eine Bemerkung von ihr, mit der er nichts anfangen konnte.

Nebenan, im Palmgarden-Club, übte jemand auf dem Klavier ›In the mood‹. In der lauwarmen Stille hörte man das Geplätscher eines spinnwebdünnen Springbrunnens. Joachim zündete sich eine Zigarette an; er holte das Päckchen aus den Tiefen seiner viel zu weit geschnittenen Tweedjacke. Es war angenehm, ein Päckchen Zigaretten aus einer Jacke zu holen, in der man sich so in Sicherheit und zu Hause fühlte. Auch die bewegungslose Schwüle im Palmenhaus war sympathisch, nach dem kühlen Märzwind draußen. Das mexikanische Mooskraut, das den Boden bedeckte, wirkte plüschgrün und beruhigend auf ihn. Wie das Fräulein von Demski darauf reagierte, konnte er nicht genau feststellen. Die meisten Besucher waren fotografierende Amerikaner mit hessischen Mädchen in Times-

Square-Aufmachung. Giftgrüne Mäntel unter Lord-Howe-Palmen, hohe schwarze Stöckelschuhe mit Sklavinnenbändern um die Frankfurter Fußgelenke, Nylonstrümpfe neben Flamingoblumen, Kopftücher. Bettina versank in die Betrachtung einer Chusan-Palme. Vielleicht war sie aber auch mit ihren Gedanken ganz woanders.
»Berlin ist etwas enger geworden, wissen Sie! Ängstlicher und enger«, sagte sie. »Aber Platz und Leute zum Spielen sind immer noch da.«
»Sie!« sagte Joachim vorwurfsvoll. »Sie! Warum kannst du dir nicht angewöhnen, du zu sagen?«
Er fand den Geschmack der Zigarette fad.
»Ach!« sagte sie. Sie ging wie gewöhnlich einen halben Schritt hinter ihm. Sie hatte eine kreiselnde, zögernde Art zu gehen, mit Schritten zur Seite, die Joachim zwangen, aufzupassen, wo sie sich gerade befand, damit seine Worte nicht ins Leere verflogen.
»Was für Leute übrigens?« fragte er.
»Oh, viele Leute! Ich sehe sie selten, aber manchmal rufen sie mich an und fragen: ›Wie geht es dir, Herzchen?‹«
»Herzchen!« äffte er sie nach.
»Das hat doch nichts zu bedeuten«, erwiderte sie.
»Herzchen«, sagte Joachim. »Ich liebe dich!«
»Freundlich, freundlich«, meinte sie. »So aus der Hand . . .«
Der Goldfischteich war von australischen Baumfarnen und Fieberbäumen umstanden. Man konnte auf einzelnen Steinen über ihn hinweggehen. Die Amerikaner fotografierten die Fische. Der Klavierspieler übte weiter Boogie-Woogie-Rhythmen. Das Fräulein von Demski hatte den Mantel abgelegt. Es trug eine gelbe Bluse, einfach ein gelbes Stück Stoff, das vorne zu einem Knoten verschlungen war, und darunter einen braungebrannten, schlanken Hals. Joachim hatte die Bluse ›Sonnengeflecht‹ getauft. Er war sehr stolz darauf, einen so passenden Namen gefunden zu haben. Er hatte den Eindruck, daß er auf irgend etwas, was sie beschäftigte, nicht eingegangen war.

»Wie ist es in Berlin?« fragte er. »Wolltest du nicht davon erzählen?«
»Sicher«, sagte Bettina, »wir müssen uns einmal zusammensetzen und alles ganz gründlich besprechen.«
»Danke«, antwortete Joachim. »Ich bin ein Elefant.«
»Ihr habt etwas Parsivaleskes an Euch«, sagte sie. »Sehr hübsch ist das.«
»Der Elefant Parsival«, sagte er vergnügt und bitter.
»Das Licht geht immer schon so früh aus«, erzählte Bettina. »Mit der Heizung ist es auch nicht berühmt. Gut, daß irgendwo noch Palmen gewärmt werden. Es gibt so eine Art Nährmittelersatz. Mit Mandelgeschmack. Und Kartoffelpuder. Ihr solltet Euch das einmal ansehen!«
Er schmiß seine Zigarette weg und ärgerte sich. Sein großer, etwas gestaltloser Körper spielte pathetische Schlaksigkeit.
»Ihr!« sagte er. »Euch!«
War er ihr nicht in den zwei Tagen sehr nahegekommen? Vor einer Stunde hatte sie noch ganz still und schlank in der Mitte des Zimmers gestanden und sich zum erstenmal von ihm küssen lassen – eine plötzlich in Regungslosigkeit gebannte Gazelle. Eine etwas abgemagerte Berliner Gazelle. Es war ihm entgangen, daß er nur die Worte gehört hatte, die ihn betrafen.
»Das war doch kein Anlaß zu besonderer Herzlichkeit«, meinte sie deshalb, aber begütigend.
Er steckte es ein. Sie warfen einen Abschiedsblick auf das grüne Gewucher. Droben, über den riesigen Lanzenschäften der Bananenblätter, sah man durch das trübe Glas den Märzhimmel. In der Vorhalle, wo die tropische Trockenflora wuchs, Agaven, Yuccas und Araucarien, gefiel es Bettina gleich besser. Es war nicht mehr so heiß. Sie setzten sich auf eine Bank neben einen stark duftenden, gelben Blütenstrauch. Ein älterer amerikanischer Offizier kam vorbei und roch an den Blüten. »It's a relief«, seufzte er und sog tief den Duft ein. Seine Begleiterin, eine elegante Matrone, erinnerte ihn daran, daß diese Sträucher jetzt in Georgia im Freien blühten. Auf die Bank gegenüber setzten sich ein

Corporal und eine Dame. Beide waren jung, schwarz, rassig, Halbweltjugend aus guten Familien. Mit spanischen Brocken in seinem Englisch schilderte der Soldat einen botanischen Park in Kalifornien.

»There we have roses«, sagte er. »Acres of acres!«

»Oh, roses!« meinte sie bewundernd. Deutscher Akzent.

»Just roses«, sagte er freudig. »White roses, red roses, yellow roses, blue roses . . .«

»Blue roses?« unterbrach sie ihn, ungläubig lächelnd.

»Ye-ah!« erwiderte er gereizt. »Blue roses!«

Sie brachen beide in ein Gelächter aus. Dann gähnte er laut. Als sie vor sich hinsah, entschuldigte er sich, und sie lachten wieder, über seine Entschuldigung.

»Sie wollen Dollars haben«, sagte Bettina plötzlich.

Joachim schrak auf. »Wer will Dollars haben?« fragte er.

»Diese Leute mit den Dakotas. Man kann den Flugplatz nach Berlin jetzt nicht mehr mit D-Mark bezahlen. Man muß Dollars haben.«

»Mhm«, machte Joachim. »Wir sind beim Thema.«

»Aber die gute Miss Webster auf dem AOA-Büro hat mich gerade noch hineingeschmuggelt. Ich fliege morgen früh.«

Er sagte nichts.

»Etlicher Feinsinn wird durch Pünktchen angedeutet«, bemerkte Bettina.

»Ich liebe dich!« sagte Joachim.

»Sie sollten wirklich mal nach Berlin kommen«, meinte Bettina. »Solche Herren aus der Luft erfahren gleich viel mehr als das Volk am Boden.«

Er gab den Kampf um die Anrede auf. »Wollen Sie noch in die Gewächshäuser gehen?« fragte er. »Dort wachsen meine Lieblingspflanzen. Westindische Passifloren – das ist nichts als ein gelbliches Stengelgeäst mit ein paar Blättern dran. Und Coelogynen, winzige Orchideen aus dem Himalaya.«

Nervös und verloren fühlte er am weichen blauen Tuch ihres Mantels, der neben ihm auf der Bank lag, wie die Zeit

verströmte. Er wußte, daß er Bettina nicht mit Coelogynen und Dendrobium halten konnte.
»Werden Sie schreiben?« fragte er.
»Ich fürchte, es wird eine Art Feldpostkult werden«, erwiderte sie. »Und außerdem habe ich Angst. Ich habe Angst vor Ihren großen und runden Vokabeln.«
Er dachte angestrengt nach. Diese Blockade! Bettina flog nach Berlin und war weg. Die zwei schönsten Tage seines Lebens waren vorbei. Mozartisch schwereloses Passiflorengerank eines Flirts. Eine Liebe im Glashaus. Draußen war es anders. Draußen war Berlin. Kälte und Kartoffelpuder. Dort mußte sich das ›Ich liebe dich‹ anders anhören. Radikaler. Seltener.
»Eine Riesenschweinerei, diese Blockade!« sagte er. Er überlegte. Auch das war noch falsch. Es war nicht die Blockade. Es waren die Vokabeln. Sie hatte recht. ›Blaue Rosen‹ und ›Ich liebe dich‹ – wenn man Dingen, die es nicht gibt, einen Namen verlieh, war man schlicht und einfach ein Lugner.
Sie nahm ihm die Worte aus den Gedanken. »Joachim«, sagte sie und faßte mit der Hand nach seinem Arm. »Du mußt nur bedenken, daß nicht alles Unglück in der Liebe durch die Blockade kommt.« Das war der Preis, den er für das ›Du‹ zahlen mußte. Das Fräulein von Demski war nicht billig zu haben. Es kostete eine runde Summe: die Wahrheit.
Im Freien sah man nur wenige Leute. Es war noch kühl. Eine etwas üppig geratene Dame trug ihr neues purpurnes Corduroy-Cape spazieren. Ihr Hund rannte ihr nach, ein Mops, ein wirklicher Mops. Bettina lachte.
»Ein Palmenmops!« sagte sie.
Morgen ist sie nicht mehr da, dachte Joachim. Zu blöd.

Die Hostie

Warum hat sie kein anderer gefunden? Warum gerade ich, der ihren Wert weiß, der sich von diesen Dingen so weit entfernt hat?
Ich konnte nicht ahnen, was die Kapsel enthielt. Ich tippte auf ein Geldstück, eine Dose, die einem der Dämchen, die die Straße bevölkern, aus der Handtasche gefallen war. Ich dachte an ihren Preis, blieb stehen, sah mich um, ob man mich beobachtete, bückte mich rasch, hob sie auf und steckte sie in die Tasche.
Ich fand sie etwa hundert Meter vor dem Blumengeschäft. Das Schaufenster war erleuchtet. Orchideen standen hinter der Scheibe, Kamelien und fremde Gewächse, deren Namen ich nicht weiß. Vor dem hellen Fenster nahm ich sie aus der Tasche, gelangweilt, selbstverständlich, wie man Zigaretten aus der Tasche holt. Es war eine goldene Kapsel. Ein Kreuz war eingraviert, ein schlankes, hohes Kreuz, dessen Längsbalken einen gravierten Fisch durchschnitt. Ich öffnete die Dose und sah die Hostie. Wer einmal glaubte, daß Christus darin -- ich erschrak, schloß die Kapsel, behielt sie in der Hand, weil ich nicht wagte, sie in die Tasche zurückzustecken. Sie sollte nicht zwischen dem Feuerzeug, dem Schlüssel und dem schmutzigen Taschentuch liegen. Die Pfarrer, wußte ich, trugen sie auf der Brust, in einem seidenen Futteral, an einer violetten Kordel. Ich hatte eine Tasche auf der linken Seite meiner dünnen Jacke – über dem Herzen, dachte ich –, dorthin wollte ich sie nehmen.
Aus den Blumen und Gewächsen hinter der Scheibe tauchte das Gesicht eines Herrn auf. Es trug eine Brille, in deren Gläsern sich das Licht brach zu scharfen, halben Monden. Sein Arm griff durch die Blätter, die Hand hielt eine Schere, schnitt eine Kamelie vom Stock. Ihre Blüte fiel nach vorn,

fiel zur Scheibe, zu mir. Seine Hand griff danach. Ich lief davon.
Eigentlich wollte ich nach rechts weitergehen, wo die Straße zum Bahnhof führt. Ich ging, ohne nachzudenken, nach links, weil ich immer links ging, weil ich in dieser Straße so etwas wie zu Hause war. Eine Straße, traurig wie die Welt. Auf der rechten Seite standen vier oder fünf Häuser mit Ladengeschäften, einer Obstweingaststätte und einer Bar im zweiten Stock. Dann folgten Trümmer, bis zum Ende der Straße. Die Trümmer wurden nur belebt von einem Kiosk, der in die Steinhaufen geschoben war. Elisa, die Besitzerin, blieb die Nacht über drinnen, und wenn man dreimal klopfte, öffnete sie.
Nun durfte ich nicht hineingehen. Ich hatte die Hostie. Ich mußte eine Kirche suchen, mit einem Pfarrhaus daneben, und die Kapsel mit der Hostie einem Priester zurückgeben.
Aber wo war eine Kirche? Ich wußte keine. Vier Jahre wohnte ich in der Stadt, aber ich wußte keine Kirche. Als ich aus der Gefangenschaft kam, fand ich keine Angehörigen mehr. Es war gleichgültig, wo ich blieb. Eine Stadt war besser als ein Dorf. Eine Million Einwohner ergeben eine Million Möglichkeiten, kalkulierte ich. Und wenn man vor nichts zurückschreckte und jung war, gab es viele, viele Möglichkeiten, an Geld zu kommen. Es war nur schwer, in der Stadt ein Zimmer zu finden. Drei Monate suchte ich. Eine Schlafstelle war mir angeboten worden, in einem Wohnzimmer, wo noch einer schlief. Da wollte ich vorübergehend wohnen. Nun wohne ich noch heute da. Vielleicht ist diese Schlafstelle schuld, daß ich vier Jahre in einer Stadt wohne und nicht weiß, wo eine Kirche ist, daß ich Nacht für Nacht durch die Lokale streune. Schlafen kann man dort, aber nicht in Ruhe sitzen, kein Buch lesen oder eine Sprache lernen. Wasinski, der andere, der da schlief, auf dem Sofa, während ich einen Federrost mit drei dünngewälzten Matratzen zum Bett hatte, war in der Nacht nie da. Er kam am Morgen, rauchte eine Zigarette, drehte sich zur Wand und schnarchte. Als ich keine Unterstützung mehr bekam,

half er mir. Er gab mir Zigaretten, Geld, und eines Abends nahm er mich mit. Seitdem gingen wir zur gleichen Stunde schlafen.

Ich dachte gerade an ihn, nun stand er da, stand vor Elisas Kiosk und grinste.

»Ich hab gewartet«, sagte er.

»Warum?«

»Das wirst du schon sehn. Aber vorerst hab ich Hunger. Gehst du mit rein?«

»Warum nicht«, sagte ich.

Ich durfte mir nichts anmerken lassen. Wasinski klopfte dreimal an den Bretterladen, gleich darauf hörten wir Elisas Stimme, die resolut sagte: »Es ist bereits geschlossen!«

»Mach keinen Quatsch«, sagte Wasinski.

»Ach du!« rief Elisa. Sie drehte den Schlüssel, öffnete die Tür und lachte.

In der dunklen Ecke standen die beiden Rumänen oder Ungarn. Man wußte es nicht genau. Sie kannten Wasinski und mich, aber sie beachteten uns heute nicht, sondern redeten aufeinander ein in ihrem gräßlichen Kauderwelsch. Elisa schrie dazwischen und kniff Janos, den Jüngeren der beiden, in die Hüfte.

»Die Polizei kommt, wenn ihr so blöde schreit!«

»Zwomal«, sagte Wasinski. Und zu mir: »Du doch auch?«

Ich sagte: »Eigentlich hab ich keinen Hunger. Ich hab auch nicht soviel Geld bei mir.«

»Nicht soviel Geld! Nicht soviel Geld! Du spinnst wohl! Du hast doch gestern den ganzen Rahm abgeschöpft!«

Ja, ich hatte kein Geld mehr. Ich hatte den Gewinn der vergangenen Nacht Frau Röser gegeben und die Wäsche bezahlt, weil ich nicht gern Schulden hatte, weil ich ihr vorwurfsvolles Gesicht nicht mehr sehen konnte, weil ich endlich wieder einmal ein frisches Hemd auf dem Leib haben wollte. Ich hatte vier Zehnpfennigstücke in der Tasche und hatte – die Kapsel. Wenn ich wollte, konnte ich sie verkaufen. Die beiden Gauner neben mir handelten mit so was. Aus ihren Taschen quollen die Uhren, die Ringe, die Schmucksachen. Ihre Brieftaschen platzten vor Geldscheinen. Wenn etwas blinkte, fielen sie darüber her wie die Elstern.

Elisa schob die Würstchen auf die Theke. Sie lagen heiß auf Kartontellerchen mit einer Scheibe Brot und einem Klacks Senf.

»Hier, ihr Brüder«, sagte sie.

Wasinski steckte gleich beide Würstchen ins Maul.

»Na, keinen Appetit?« fragte er.

»Doch.«

»Wenn es wegen des Geldes ist, kannst du gleich mitkommen!« sagte er.

»Nein, es geht nicht.«

»Warum nicht?«

»Nein, nein, bestimmt nicht! Nicht jetzt. Nicht gleich!«

»Gut«, sagte Wasinski, »dann kommst du eben später. Sagen wir um elf. Hörst du, um elf bei den Taxis.«

»Ja, um elf bei den Taxis.«

Ich biß in meine zweite Wurst. Wasinski musterte mich von oben bis unten.

Ich faßte nach meiner Brusttasche. Da war die Kapsel und zeichnete sich ab im Stoff der Tasche.

»Also gut, um elf bei den Taxis.« Er zahlte und ging.

Die Rumänen oder Ungarn redeten noch immer aufeinander ein. Elisa zerknüllte die Kartons und warf sie unter die Theke.

Ich sagte: »Gib mir noch Zigaretten. Vier Stück. Zu mehr reicht es nicht.«

»Brüder seid ihr!« kreischte sie wieder und zählte vier Zigaretten aus der Packung. Ich wollte Zeit gewinnen, zwei, drei Minuten, bis Wasinski fort war.

Aus der Bar nebenan hörte man die Tanzmusik. Vor dem Eingang stand Brigitte, die kleine, schwächliche Brigitte, die mir immer leid tat, wenn ich sie mit einem Amerikaner sah. Gern wäre ich öfter mit ihr zusammen gewesen, doch sie nahm mich nicht ernst. Jetzt stand sie allein drüben. Ich ging vorbei. Ich tat, als sehe ich sie nicht. Sie rief: »Hallo! Hallo!« Zwei-, dreimal. Ich ging weiter, als höre ich sie nicht. Ihre klopfenden Absätze liefen über den Asphalt, kamen näher, holten mich ein. Sie packte mich am Arm und drehte mich auf der Stelle um.

»Hörst du nicht mehr?«

Ich tat erstaunt: »Brigitte, wie geht's?«

»Danke, ich warte mal wieder«, sagte sie.

»Und es lohnt sich?«

»Das stellt sich später heraus. Mein William ist nochmals nach oben, ich habe meine Puderdose liegen lassen, aber ich weiß nicht mehr genau, in welchem Lokal. Das ist das dritte, in dem wir suchen. Wenn sie da nicht ist, kann sie mir gestohlen bleiben.«

»Puderdose brauchst du nicht.«

»Soll das ein Kompliment sein?«

»Vielleicht.«

»Weißt du was«, sagte sie unvermittelt, »du gehst mit mir nach oben. Du tanzt mit mir, und bei der Gelegenheit kann ich sehen, ob William –«

»Nein, das geht nicht. Ich habe keine Zeit. Wasinski wartet.«

»Ach, der!«

Sie zog mich an der Hand unter den Eingang, die schmutzige Holzstiege hoch. Auf dem Parkett drängten sich die Tänzer, ganz eng. Die Kapelle spielte einen Boogie-Woogie.

»O Boogie!« stieß Brigitte hervor.

»Ja, Boogie!« Mir fuhr der Rhythmus in die Glieder. Ich verdiente mir manchmal das Essen mit Tanzen. Der Wirt gab mir an Abenden, wenn nicht viel los war, freie Zeche und nach Mitternacht in der Küche ein Rumpsteak, wenn ich nur dablieb, engagierte und tanzte. Ich habe ganze Nächte durchtanzt, mit Frauen, die mir gleichgültig waren. Nun tanzte ich mit Brigitte. Ich vergaß die Hostie. Alles

vergißt man beim Tanz. Die Kreppsohlen treten die Widerstände nieder. Auch Brigitte tanzte gut. Ihr Gesicht glühte. Ich riß sie an mich.
»Was hast du da?«
»Wo? Was?«
Ihre Hand fuhr nach meiner Brusttasche: »Hier!«
»Nichts!«
»Gib sie her, du Schuft!«
»Was denn, Brigitte, ich weiß ja gar nicht –«
»Das ist meine Puderdose, du Schuft, du gemeiner, dreckiger Schuft!«
Sie wollte die Tasche aufreißen. Der Knopf sprang ab. Ich stieß sie weg und drängte zur Tür.
Brigitte schrie: »Haltet ihn! Dieb! Dieb!«
Sie fielen über mich her. Wie roh sie sein konnten, die Kavaliere, die Leisetreter mit den seidenen Hemden, den bunten Socken und den Gabardinehosen. Sie traten mir in die Hüfte, schlugen mir ins Gesicht. Ich wehrte mich, so gut es ging, ohne meine linke Hand von der Brusttasche zu lassen. Zwei Burschen waren da, die zu mir hielten. Auch Wasinski kam dazu. Wir boxten uns zum Ausgang.
Auf der Straße fragte Wasinski: »Was machst du für Geschichten?«
»Eifersucht«, sagte ich, »pure Eifersucht.«
»Du bist schön dumm.«
»Saudumm.«
»Weißt du übrigens, wie spät es ist?«
»Keine Ahnung.«
»Elf Uhr. Ich hatte dich bestellt, nicht wahr?«
»Ich sagte dir doch –«
»Du mußt dich entscheiden: entweder so 'n Mensch oder einen Job.«
»Ich geh ja mit.«
Wir gingen das rechte Trottoir hinunter bis zur Kneipe der Taxichauffeure. Ihre Autos standen vor dem Eingang. Sie selber standen drinnen in ihren Lederjacken und Trench-

coats. Hinter dem Büfett das speckige Gesicht von Blaschke. An einem der Tische vor den geschlossenen Vorhängen saßen Pschorrn, Kremer und Richard.

Pschorrn sagte: »Ihr bequemt euch auch zu kommen.«

Kremer sagte: »Die Herren!«

Richard sagte: »Du blutest ja.«

Ich sagte: »Kleinen Zwischenfall gehabt – wegen Weibern.« Das war plausibel für sie. Wir setzten uns, Richard schob mir seine Packung Lucky Strike über den Tisch, Pschorrn beugte sich zu Wasinski und tuschelte ihm ins Ohr.

Die Chauffeure waren sehr vergnügt. Auch der, den sie »Lohengrin« nannten, ein versackter Opernsänger, war da. Wenn er betrunken war, erinnerte er sich seiner früheren Erfolge. Er hob das Glas und sang mit schmelzender Kopfstimme: »In fernem Land, unnahbar euren Schritten, liegt eine Burg, die Monsalvat genannt –« Er sang nicht schlecht. Man wurde gepackt davon, ob man wollte oder nicht. Es wurde ruhiger in der Kneipe. Seine Kollegen stellten den Daumen und sagten zu fremden Gästen: »Lohengrin!« Er sang immer nur den einen Satz, brach ab und schüttete einen Schnaps nach. Manchmal kam es vor, daß einer rief: »Sing was Gescheites! Einen Schlager!« Dann blies er die Backen auf, stieß die Luft aus und sagte: »Bäh, einen ordinären Schlager. Lo-hen-grin! Wissen Sie, was das ist? Ich sang den Lo-hen-grin in Zürich, in Elberfeld, in Meiningen, in Kiel!«, und seine Worte gingen über in Gesang: »In fernem Land –«

»Mensch, hör hierher!« Wasinski stieß mir in die Seite. Pschorrn sagte: »Ihr beide übernehmt die Ware und bringt sie in die Albrechtstraße, weiter nichts. Ihr macht ein Dutzend kleine Packen daraus, dann habt ihr sechsmal zu gehen. Klappt die Geschichte, wiederholen wir morgen. Kapiert?«

»Ja«, sagte Wasinski.

»Du auch?« fragte er mich.

»Ja«, sagte ich, obwohl ich nicht wußte, um was es ging und was in den Paketen transportiert werden sollte. Wasinski hatte zwei Bier bestellt. Wir tranken aus und gingen aus der Kneipe. Als wir unter der Tür im Freien standen, kamen vier oder fünf Autos die Straße vom Bahnhof herunter. Es waren diese klotzigen, milchweißen Wagen der Militärpolizei. Wasinski hielt mich am Ärmel, stutzte und sagte: »Hau ab.« Da lief er auch schon. Auch ich lief, in entgegengesetzter Richtung, so schnell ich konnte. Wasinski lief zu den Trümmern, ich lief die Straße hinunter, um nicht den gleichen Weg zu haben. Ich sah mich nicht um, ich lief, ich lief. Ich griff nach der Brusttasche und fühlte die Kapsel. Ich lief um meine Freiheit, ich lief, die Hostie zu retten.

Sie waren hinter mir her. Die Sirene heulte. Die Straße teilte sich in zwei Straßen, die ein Rondell umschlossen. Auf dem Rondell stand eine Kirche, hohe, graue Mauern, mit dem schwarzen Loch eines Portals. Ich sprang über die Straße. Der Kühler streifte mich fast, doch ich entkam ins Portal.

Die Kirche war zerstört. Vier Mauern, darüber der Nachthimmel. Ich stolperte über Steine, stieß an Blöcke und Säulen, stürzte in eine Grube. Die Strahlen ihrer Taschenlampen kreuzten sich über mir. Ihre Stimmen riefen: »Stehenbleiben! Stehenbleiben!« Es widerhallte. Mein Kinn war aufgerissen. Blut tropfte in den Halsausschnitt. Schnell nahm ich die Kapsel aus der Tasche und schob sie unter einen Stein. Dann gab ich auf.

Sie zerrten mich herauf und setzten mich in eines ihrer Autos. Wir fuhren zur Taxikneipe. Sie war umstellt. Ein Menschenknäuel. Bekannte waren darunter, Pschorrn, Kremer, Richard. Wasinski nicht. Sie lieferten uns im Revier XIV ab, und das Verhör begann, ein langweiliges, uninteressantes Verhör. Die Polizisten tranken Kaffee aus dicken Porzellantassen. Sie packten Brötchen aus und strichen Leberwurst darauf.

Wenn ich freikomme, dachte ich, dann mache ich Schluß und beginne von vorn. Aber ich wußte auch, wie lange solche Vorsätze anhielten.

Ich kam frei. Warum, weiß ich nicht. Ihre Fragen und meine

Antworten waren so gewesen, daß ich nicht erwartete, freigelassen zu werden.
»Sie können gehen«, sagte der Polizeirat.
»Wohin?« wollte ich fragen, aber ich fragte nicht und ging rasch zur Tür. Die andern schwiegen, nur Richard rief nach: »Mach's gut!«
»Du auch.«
Ich ging aus dem Gebäude, die Treppe hinab, auf die Straße. Es war ein Sonntagmorgen. Wenige Autos fuhren. Die Straßenbahnen waren fast leer. Der Himmel war blau, klar, kühl. Ich hätte mich gern gewaschen, rasiert, die Schuhe geputzt, aber ich wollte nicht zur Schlafstelle zurück. Zuerst mußte ich die Kirche wiederfinden. Ich ging zur Florinstraße, von dort wußte ich den Weg.
Ich ging an der Taxikneipe vorbei. Das Rondell kam, die Kirche. Bei Tag war es gleich zu erkennen, daß sie zerstört war. Ich holte die Kapsel aus der Grube, stieg heraus, und hinter der Kirche ging ich weiter in ein Viertel, in dem ich noch nie gewesen war. Eine schwarzgekleidete Frau mit einem Stock und einem Pekineserhündchen kam daher. Ich fragte nach einer Kirche, nach einer, die nicht zerstört sei.
»Oh, Sie wußten nicht, daß St. Johannis zerstört ist?«
»Nein, ich wußte es nicht.«
»Ach, Sie sind fremd.«
»Ja, ich bin fremd.«
»Und eben erst angekommen?«
»Ja, eben.«
Sie musterte mich von Kopf bis Fuß und sagte: »Passen Sie auf: Sie gehen diese Straße einfach weiter, bis zur vierten Querstraße nach rechts, und dann – was machst du, Fifi? – dann gehen Sie noch etwa zweihundert Meter geradeaus, und Sie stehen direkt – kommst du her, Fifi! –«
Ich sagte »danke«, um ihre Erklärungen abzubrechen. Sie faßte mich am Ärmel und sagte: »Sie können es nicht übersehen. Man sieht die Kirche schon von weitem. Es ist die Kirche vom Heiligsten Herzen Jesu.«

Sie formte den Mund zu einer Röhre, wenn sie sprach. Rasch ging ich weg. Rechts und links lagen Wohnhäuser mit Gärten davor. Lackierte Gattertüren mit Emaille- und Messingschildern. Die Namen von Direktoren und amerikanischen Offizieren. »Achtung vor dem Hund« und »Beware of the dog«.

Die vierte Querstraße rechts kam. Ich bog um die Ecke und sah die Kirche. Ihre Fassade riegelte die Straße ab.

Als ich die Stufen hochstieg, öffneten sich oben die Türen. Die Orgel dröhnte einen Choral, und es war, als drücke er die Menschen, die in der Kirche waren, heraus. Eine Prozession. Voraus gingen Mädchen in weißen Kleidern, die Haare offen. Ihre Händchen griffen in kleine Körbe und streuten Rosenblätter und die Blütenköpfe von Margueriten und Kornblumen. Jungen folgten den Mädchen, in blauen Anzügen, mit Auslegekragen, einen Scheitel durch das wassernasse Haar gezogen. Eine Schar Nonnen, die Köpfe geneigt. Eine Gruppe Mönche. Der Chor kam, Männer und Frauen, die die Melodie der Orgel in voller Harmonie mitsangen. Die Meßbuben, in roten Röcken und spitzendurchbrochenen Hemden, schwangen – wie ich einmal – die goldenen Fässer, aus denen Weihrauch stieg. Ein Baldachin füllte das Portal. Die Seide war bestickt mit Edelsteinen. Der Wind bauschte die Seide. Darunter gingen drei Priester, der in der Mitte trug die Monstranz. In einem Bündel goldener Strahlen, in einen silbernen Halbmond gesetzt, die Hostie.

Ich kniete nieder, obgleich ich nicht wollte. Die Prozession zog an mir vorbei. Sie sangen, beteten, murmelten. Schuhe traten mich. Ellenbogen stießen. Mäntel und Gehröcke voller Mottengeruch streiften mich.

Ich haßte diese Prozession. Die da vorbeigingen, hatten nichts mit mir zu tun. Sie waren so ruhig, ich so unruhig. Sie waren mir fremd mit ihrem Singsang, ihren verdrehten Augen, ihrer eingelernten Frömmigkeit. Wie aus dem Polizeirevier ging ich auch hier weg, um allein zu sein. War ich allein? Ich hatte die Hostie. Ich nahm sie mit in mein unruhiges Leben.

HERMANN LENZ

Das Oleanderblatt

Lothar Jordan, ein Mann in mittleren Jahren, ging zum Hotel Royal, wo er wohnte. Es war hell und warm, hinter ihm dröhnten die Militärkapellen einer amerikanischen Parade, und das Aufheulen von Panzermotoren mischte sich in die schwerfällige Musik. Die Straße war fast leer. Es roch nach Benzindunst und Asphalt, und überm Seitenflügel des zerstörten Schlosses, wo hinter leeren Fensterlöchern da und dort Goldspuren an den Mauern blitzten, kreiste ein Falke; wenn er sich zur Seite neigte, sah man die rostbraune Unterseite seiner Flügel.

Es war viertel nach zwei. Um vier war die Feier im Krematorium, und Jordan konnte sich Zeit lassen. Er bog in die Rosengasse ein, wo es heute, der Parade wegen, sehr still war. Ein offener Wagen fuhr vorbei, und seine Tochter Else, die Filmschauspielerin, winkte heraus; ihre metallisch blonden Haare flatterten im Wind.

Dann kam er zum Schottentor, das früher zur Stadtmauer gehört hatte. Eine alte Brücke führte über einen braun vorbeischäumenden Bach, und dahinter lag das Café Sela.

Hier war er anno 41 Kläre begegnet. Er hatte Urlaub gehabt, war aus dem Café gekommen, und vorne an der Ecke, wo der verschlafene Jakobsplatz begann, hatte er sie getroffen. Es war mild und lau gewesen, und in der dunstigen Luft hatte es nach faulendem Laub gerochen. Angegilbte Blätter huschten über das Trottoir, und die Bäume waren grün, aber schon schlaff.

Kläre sagte, indem sie aufs Trottoir zeigte: »Schau, lauter leere Hülsen . . .«

»Ja«, sagte Jordan, »unsere Vergangenheit.«

Wie Vogelspuren hatten sich die Fältchen in ihrem Gesicht vermehrt, nur das Haar war gleichgeblieben: Blond, mit grauen Fäden dazwischen. Sie sah ihn an und fragte:

»Du kommst aus Frankreich? Man sagt, du hättest dich freiwillig gemeldet. Norbert ist u. k. gestellt. Weißt du übrigens noch, wer Norbert ist? Mein Mann.«
»Freiwillig ist nicht ganz das richtige Wort. Aber lassen wir es gut sein, Kläre.«
»Bist du meinetwegen weggegangen?«
»Es ist mehreres zusammengekommen, weißt du.«
»Du, ich bin krank. Bei mir dauert es nimmer lange«, sagte sie.
Jordan nahm ihre Hand, und sie gingen unter den Bäumen weiter. Es war ihm unbehaglich, weil jetzt eine sentimentale Stimmung zwischen ihnen aufkam, und drum zeigte er Kläre einen Raben, der vor ihnen auf dem Pflaster zwischen hüpfenden Spatzen stolzierte und in Abfällen herumpickte. »Ein alter Knabe«, sagte er, »aber der überlebt uns alle . . .«
Und sie schauten dem Vogel zu, der unter den Spatzen besonders groß erschien; sein blauschwarzes Gefieder glänzte, und am Schnabel hatte er weißlichen Flaum. Manchmal zuckte er mit dem Schnabel gegen einen Spatzen und scheuchte ihn beiseite.
»Er gefällt dir«, sagte Kläre.
»Ach, der ist nur in die Stadt geflogen, weil es ihm auf seine alten Tage im Wald zu mühselig ist. Hier kriegt er sein bißchen Fressen bequemer zusammen. Übrigens: brauchst du französisches Parfüm? Ich habe zufällig davon bei mir.«
Und Jordan nahm ein violettes Fläschchen aus der Tasche.
Kläre blieb stehen und drehte es in den Fingern. Sie las das silberne Etikett und sagte: »›Passionément‹ . . . Das klingt ja fast kitschig. Du, ist das dein neuer Stil?«
»Es hat dieselbe Farbe wie der Rabe«, sagte Jordan und lächelte.
»Der Totenvogel?« fragte Kläre. »Ein passendes Geschenk. Damit werde ich mich noch einmal aufmöbeln.« Und sie steckte es in ihre Handtasche und ging weg. –
Das war vor zehn Jahren gewesen. Kläre war einundfünfzig Jahre alt geworden. Vorwürfe brauchte er sich keine zu machen, denn er hatte sich ihr gegenüber immer sehr kor-

rekt verhalten: er hatte ihr das Unsinnige ihrer Empfindungen klargemacht, aber heute spürte er ein schales Gefühl. Es gehörte nicht viel dazu, eine Frau abzuwehren, und wenn man die eigenen Empfindungen erstickte, so tat man es meistens nur aus Feigheit. Aber er hatte in der Liebe schon einmal ein hohes Lehrgeld zahlen müssen, und wenn sich die eigene Frau vergiftet hatte, konnte niemand verlangen, daß man freudig überrascht war, wenn man von neuem zu dem altbekannten zerstörerischen Kampf aufgefordert wurde. Man hatte sich deshalb zurückgehalten, obwohl man heute zu sich selber sagen mußte, es sei falsch gewesen. Hatte er ihren Tod verschuldet?
Wer weiß, vielleicht hat es sie ausgezehrt, daß ich kalt geblieben bin, dachte er, als er dann zum Hotel Royal zurückging. Er fühlte sich unsicher und dachte in seinem Zimmer, während er die Kleider wechselte und die Teppiche auf den gelbglänzenden Dielen anschaute, über die Fehler nach, die er gemacht hatte. Freilich, es war alles falsch gewesen, und sie hatte das richtige Gefühl gehabt. Aber sein Fehler saß tiefer, weil er in seiner Natur begründet und es ihm schon immer versagt geblieben war, sich hinzugeben. Der Schock, der ihm durch den Tod seiner Frau zugefügt wurde, hatte ihm Furcht eingejagt.
Aber nun war es Zeit, um zum Krematorium zu fahren. Er bestellte sich durchs Telefon ein Taxi und verließ das Hotel.
Auf dem Weg zum Friedhof waren die Straßen von Wagen und Menschen überflutet, und sein Auto mußte einen Umweg fahren. Er saß hinter dem Chauffeur, dessen breiter Rücken schwer war wie ein Klumpen feuchter Erde, während die Scheibe vor ihm einen weiten Blick auf eine helle Straße freigab, wo hohe Neubauten mit gläsernen Wänden aufstiegen. In der Mitte der Scheibe steckte eine Photographie der Filmschauspielerin Else Jordan, die eine Art Faschingskostüm mit kurzem, silberglänzendem Zylinderhut trug; sie lächelte verschleiert, stützte sich auf einen Stock und zeigte ihre nackten Beine. Vor der Scheibe flog eine

Taube vorbei, und ihre Flügel streiften fast das Glas. Der Chauffeur fluchte. Dann glitt die Mauer des Zentralfriedhofs vorüber, und man hielt vor dem Eingang, wo zwei Türme aus Backstein emporragten, von denen einer nur noch ein ruinöser Mauerstumpf war.

»Wissen Sie, wen Sie gefahren haben?« fragte Jordan den Chauffeur. »Den Vater dieser Dame.« Und er deutete auf die Photographie der Filmdiva.

Der Chauffeur überhörte es, Jordan bezahlte ihn und ging in den Friedhof hinein, wo da und dort Kinder zwischen den Grabsteinen herumliefen. Einige Autos fuhren vorbei, und es kam Jordan vor, als habe er in einem von ihnen Norberts schmales und bleiches Gesicht gesehen. Dabei erinnerte er sich daran, daß Kläre nicht begraben, sondern verbrannt wurde, und dachte an einen Ausspruch von ihr, als man über den Nachlaß eines toten Dichters sprach; sie sagte damals: »Bevor man stirbt, soll man alles verbrennen und nichts zurücklassen.«

Vor der Kapelle standen viele Wagen, und aus den Baumkronen wehte Kühle her. Die Steinstufen der Kapelle strömten Hitze aus, und als Jordan hineinging, war die Trauergesellschaft schon versammelt. Der Sarg ragte in der Mitte auf, er war mit Blumen zugedeckt, und auf den Stühlen in der ersten Reihe saß Norbert zwischen seiner Tochter und einem jüngeren Mann. »Der Sohn ist in Rußland gefallen«, hörte Jordan neben sich eine Stimme sagen, und er wich etwas zur Seite, weil er nicht wollte, daß man ihn erkannte.

Während der Pfarrer redete, dachte er an Kläre und fragte sich, ob ihr nun drüben alles, was sie hier außerhalb ihres geregelten Daseins durchlebt hatte, vielleicht sogar zu ihren Gunsten angerechnet wurde. Denn es war möglich, daß drüben andere Maßstäbe als hier galten und alle regelwidrigen Erlebnisse nach einem anderen System bewertet wurden. Was sie bewegt hatte, war nie offenbar geworden, und er selbst hatte auch nur das Äußere gesehen, ihr erstarrendes Lächeln, wie sie sich auf dem Boden festsah, oder daß sie ihm nach längerer Zeit, da er sie nicht gesehen hatte, plötzlich grau im Gesicht vorgekommen war, später dann schmal, eingefallen und mit jener spitzen Schärfe um die Nasenflügel, die bei alternden Frauen, die blonde Haare haben, oft die Gesichtszüge verändern. Aber all dies verriet nichts von ihr. Man hätte wissen müssen, was sie gedacht hatte, aber das war nun nicht mehr zu ergründen. Übrigens war es klug von ihr, daß sie sich verbrennen ließ, weil sie dann im Unsichtbaren blieb, dünn wie Luft und heiß wie das Feuer, von dem nur ein Schein die Erinnerung belebte.

Ja, er wußte nichts von ihr. Am Ende eines langen Trottoirs, das den Platz hinterm Café Sela einsäumte, sah er sie stehen, und das Trottoir war ein schmales Band von seinen Füßen bis zu ihr. Als schlankes Figürchen stand sie vorne in ihrem grünen Kostüm und hatte zerzaustes Haar. Sie schaute noch einmal zurück, ging dann über die Straße und verlor sich im Gewühl . . .

Nun senkte sich der Sarg zwischen den Oleanderbüschen, die ringsum aufgestellt waren, in die Tiefe, und die Trauergäste verließen langsam die Kapelle. Jordan hatte immer noch eine Redewendung des Pfarrers im Ohr, und während er wartete, um die andern hinauszulassen, hörte er: »Dem Herrn hat es gefallen, ein Leben zu beenden, das sich im Muttertum erfüllt hat«; er fragte sich, ob Kläre mit ihrem Leben zufrieden gewesen sei. Dann riß er eines der kühlen und glatten Oleanderblätter ab und steckte es in seine Tasche.

Als er ins Freie trat, war der Platz leer, und er ging die lange und breite Straße hinunter. An ihrem Ende ragten die beiden Türme, von denen der eine zerstört war, neben dem Tor auf. Ein Taubenschwarm löste sich vom gezackten Mauerstumpf und verschwand im Nachmittagshimmel, der einen lilafarbenen Hauch angenommen hatte und durchsichtig geworden war. Als Jordan sich umwandte, stieg aus dem Krematorium, das wie ein altertümlicher Festungsbau aufragte, eine bräunlich gelbe Rauchwolke empor.

Er ging durchs Tor und stand Norbert gegenüber, der sich in der Eingangshalle eine Zigarette anzündete. Norbert war etwas größer als er, und in seinem bleichen Gesicht, das vom Schmerz verfeinert war, leuchteten rote Äderchen, als seien sie ins Fleisch hineingeritzt. Seine großen blauen Augen waren ungetrübt, nur das kurze und dünne Haar über der hohen Stirn schien weißer geworden zu sein. Der schwarze Anzug machte ihn noch blässer. Er lud Jordan ein, mitzufahren, und sagte, seine Tochter und sein Schwiegersohn wohnten auch im Hotel Royal.
Jordan wurde dem Schwiegersohn, einem Museumsdirektor in einer mittleren Stadt, vorgestellt. Die Tochter, jetzt etwa dreißigjährig, sagte, als ihr Jordan die Hand gab: »Ich erinnere mich noch an Sie, aber ganz vage. Allerdings, die Mutter hat von Ihnen nie etwas erzählt. Sie wissen doch, daß mein Bruder in Rußland gefallen ist?«
Jordan sagte, er habe erst kürzlich davon gehört, aber wer's ihm erzählt habe, wisse er nicht mehr. Die junge Frau hatte grobe Gesichtszüge, weil sie schwanger war. »Wollen wir nicht einsteigen?« fragte Norbert, als die Unterhaltung für einen Augenblick stockte.
Im Fahren – er saß neben Norbert im hinteren Teil des Wagens – redete man kaum etwas, und Jordan huschten Erinnerungen an Kläre durch die Sinne. Er hörte ihre Stimme ganz nahe, als dringe sie aus der Ohrmuschel eines Telephonhörers, denn vor Zeiten hatte er öfters mit ihr telephoniert. Und nun führten sie wiederum ihr erstes Telephongespräch, und sie sagte: »Ich arbeite doch für Norbert: für seine Mikrobenuntersuchungen aus den Abwässern, da lese ich ihm die schwierigen Korrekturen. Lange Seiten mit Tabellen, wo man jede Zahl genau nachprüfen muß, und das geht jetzt sehr rasch bei mir. Schrecklich sind nur die öden Zwischenzeiten, wo nichts los ist. Da ist's, als gehe man durch eine Wüste ... Ja, Sie haben recht, Lothar: im Augenblick lasse ich es mir in einer Oase wohl sein und lebe auf. Allerdings, wie das bei Ihnen ist, weiß ich natürlich nicht, denn manche halten solch eine Sympathie – oder wie

Sie es nennen wollen – für eine Geißel Gottes. Was sagen Sie? So ähnlich komme Ihnen das auch vor? Na, sehen Sie ... Nein, ich werde nicht von meinem Gewissen gepeinigt, obwohl ich es bei Ihnen schon verstehen kann: die Sache mit Ihrer Frau geht Ihnen immer noch nach, wie? Ja, so ganz tumb bin ich auch nicht. Und Sie denken: wir beide haben noch ein ganzes Leben Zeit ... Habe ich Sie noch nicht deutlich genug merken lassen, wie es mit mir steht? Auf Wiedersehen, Lothar. Und ein bißchen Feigheit spielt auch bei Ihnen eine Rolle.«

»Das stimmt: die Feigheit ist eine starke Macht. Freilich, es gibt Leute, die alle Hindernisse vor sich in die Luft sprengen und brutal ihren Weg gehen.«

»Man kann auch um die Hindernisse herumgehen.« –

Nun sagte der Mann hinterm Steuer: »Hier darf ich nicht fahren, es ist eine Einbahnstraße«, und lenkte den Wagen in eine andere Richtung.

So kam man auf Umwegen zum Hotel. Jordan führte Norbert in sein Zimmer hinauf, und als man in der Leseecke am Fenster saß, fragte er:

»Wenn ich mich recht erinnere, so hast du damals gerade eine umfangreiche Arbeit über einen bestimmten Bazillus geschrieben, der nur in unseren Abwässern gefunden wurde?«

»Ach ja ... Das ist lange her. Weißt du, Lothar: in den Abwässern hab' ich den Bazillus schon gefunden und ihn auch genau klassifizieren können. Nur im Leben nicht ... Ich meine jetzt, daß ich oft darüber nachgedacht habe, was Kläre so gequält hat. Aber dahintergekommen bin ich nicht. Wahrscheinlich rührt es daher, daß ich mit ihr glücklich war. Ich bin eine einfache Natur.«

Jordan legte die Fingerspitzen aufeinander und schaute an Norbert vorbei auf den hellen Vorhang, über den Schwalbenschatten hinhuschten: sichelflüglige Mauersegler, deren Schreie die Abendluft durchstießen, flatterten gegen das Dachgebälk, wo sie überm Fenster nisteten. Er sagte: »Genau läßt es sich nicht erklären. Und aus eigener Erfahrung kann ich dir auch keine Antwort geben. Die Sympathie – oder die Liebe – die die Menschen zusammentreibt, kann man ja auch für eine Geißel Gottes halten. Jedenfalls gibt's Menschen, die werden gequält, wenn sie lieben, und wenn sie nicht lieben, ist es ihnen auch nicht wohl. Die Unruhe ...«

Er schwieg, und Norbert erzählte von seinem gefallenen Sohn. Nach dem Abitur hatte er eine Stelle als Mechanikerlehrling angenommen, denn er wollte nicht studieren. »Das hat doch heutzutage keinen Sinn mehr«, pflegte er zu sagen. Auf seiner Stirn, dicht über der Nasenwurzel, hatte immer etwas Düsteres, Finsteres genistet wie bei jungen Arbeitern oder Arbeiterinnen. War es wirklich nur eine dumpfe, pubertäthafte Unzufriedenheit gewesen! Wahrscheinlich nicht. Er verkehrte nur mit seinen Freunden aus der Werkstatt und drückte sich beiseite, wenn Besuch ins Haus kam. »Die kenne ich. Die sind nur so wie du und Mutter«, sagte er, ging auf die Straße, holte sein Motorrad aus der Garage und fuhr in die Vorstädte hinaus.

»Er hatte eben genug von den Bürgern«, sagte Jordan. »Das imponiert mir. Im Grunde bin ich genauso. Mir gefällt auch nichts, was zum Beispiel meine Kollegen im Ministerium freut. Nirgends fühle ich mich zugehörig. Und so war Kläre auch. Sie hat etwas anderes gesucht.«

»Ja, aber was ist dieses Andere?«

Jordan zuckte mit den Schultern und krampfte seine Finger ineinander: »Für mich ist der Mensch immer noch das anziehendste Abenteuer. Jede neue Begegnung lockt mich. Festsitzen mag ich nicht. Meine Tochter Else ...«

»Sie ist hier, hab' ich gehört?«

»Ja, aber nicht mehr lange. Sie könnte einen Amerikaner haben, einen Journalisten. Sie mag ihn auch. Aber sie muß wieder weg. Als Achtzehnjährige hat sie wie dein Sohn ein Motorrad gehabt. Und damals hat sie oft gesagt: am wohlsten fühle ich mich, wenn mir mein Karren mitten auf der Landstraße verreckt und ich dahocken und warten muß, bis mich einer abschleppt. Was jetzt kommt, das ist interessant.

Und dabei mußt du so richtig dreckig und bis auf die Haut durchnäßt sein, Vater.«
Norbert nickte: »Als er am Wolchow in den schlimmsten Kämpfen als gewöhnlicher Soldat dabei war, hat er mir geschrieben: ›Jetzt bin ich endlich dort, wo ich hingehöre. Das ist das Richtige für mich.‹ Er deutete auch einmal flüchtig an, daß er ein russisches Mädchen kennengelernt habe. Kurz darauf ist er gefallen.«
»Mit diesem Mädchen hättest du sprechen sollen. Sie hätte dir sagen können, wie er wirklich war. Und von ihr hättest du auch über Kläre was erfahren, indirekt natürlich, denn was für ihn gegolten hat, das hat auch auf sie zugetroffen. Ich weiß nicht recht, was ich sagen soll, denn ich tappe auch im Dunkeln. Oder glaubst du, ich wisse mehr von ihr etwa so, wie das Russenmädchen mehr als du von deinem Sohn gewußt hat?«
»Ich habe gehofft, du würdest mir heut eine Antwort geben.«
»Ach so, ich soll den Bazillus klassifizieren und genau beschreiben? Du verlangst viel, Norbert. Glaubst du, ich müsse etwas sagen können, weil ich den Bazillus auch im Blut habe? Aber ein Kranker weiß doch nie etwas von seiner Krankheit.«
Sie schwiegen eine Weile, und Jordan nahm das Oleanderblatt, das er im Krematorium mitgenommen hatte, aus seiner Rocktasche. Es war noch frisch, aber etwas zerknittert. Er legte es in seine linke Hand und betrachtete es, während vor dem Fenster die Schreie der Mauersegler immer lauter wurden. Flüchtig sah er auf und sagte: »Heute gibt's noch ein Gewitter. Immer wenn sie so wild sind, gibt es ein Gewitter.« Und zögernd versuchte er, Norbert klarzumachen, was es gewesen sei, das Kläre zerstört habe. Dabei schaute er in seine Hand und betrachtete das Oleanderblatt.
»Ein Sinnbild hat sie beunruhigt, das wertvoller ist als jeder wirkliche Besitz: du hast eine Lebendige und sehnst dich nach einer Verewigten, einem Marmorbild, das aus einem schleierigen Nebel aufragt. Es steht in einem verwilderten

Garten, der sich in dir selber ausdehnt, und du siehst es manchmal, aber immer wieder verschwimmt es dir. Es bewegt sich nämlich und verändert sich auch, ist aber trotzdem immer dasselbe. Ihm gehst du nach. Ein peinlich beunruhigender Zustand, du kannst es mir glauben. Natürlich wäre es angenehm, wenn man ihm nicht ausgeliefert wäre.«

Nun war das Licht, das den Vorhang erhellt hatte, erloschen, und die Mauersegler schrieen in der Ferne. Jordan trat ans Fenster. Er sah auf den Schottenplatz hinunter, dessen Pflaster wie schwarz gewordenes Silber schimmerte. Der Brunnen in der Mitte zeigte seine beiden dünnen, gebogenen Wasserstrahlen, und das Innenministerium auf der anderen Seite streckte sich schwarz aus. Aus der Schottenkirche drang Orgelspiel herüber, und am Himmel näherte sich ein violetter, goldumränderter Wolkenfisch, zu dem gelbliche Staubwirbel aus der Stadt aufzüngelten.

»Siehst du, ich habe gewußt, daß ein Gewitter kommt«, sagte Jordan; er betrachtete wiederum das Oleanderblatt. Dann meinte er: »Unser Gespräch ist unklar geworden. Solch vage Vermutungen stimmen nie genau, und besonders tiefsinnig sind sie auch nicht von mir gemeint.«

Er lächelte und ließ das Oleanderblatt aus dem Fenster fallen.

FRANZ FÜHMANN

Grenzstation

Felsen, fast senkrecht vom Bahndamm aufragend, von Fichten bewachsen und von Bächen durchstürzt, das war die Landschaft. Dr. L. betrachtete sie voll Spannung. Er war allein im Abteil, und der Zug, im Streifen zwischen der tschechoslowakischen und der deutschen Grenzstation, fuhr ganz langsam. Damals, vor zwölf Jahren, als L., zweiundzwanzigjährig, schon einmal aus Böhmen nach Deutschland gefahren war, war der Zug gerast, und der Zug hatte aus Viehwaggons bestanden; Viehwaggons, deren Fensterluken vernagelt gewesen waren. Nicht daran denken! dachte Dr. L. Er sah aus dem Fenster: Fast berührten die schwarzen, von Meißelschlägen roh geglätteten Wände den Zug. Es war finster, und Dr. L. kam wieder der Viehwaggon in den Sinn. Der Zug fuhr Schritt; Signalscheiben tauchten auf; Drähte ruckten über Rollen. Die Lokomotive pfiff und schnaubte Dampf. Die deutsche Grenzstation, dachte Dr. L. Plötzlich empfand er Unruhe, ja Angst. Unsinn! dachte er sich; allein die Angst blieb: das Drücken in der Magengrube, das Stechen zwischen den Augenwinkeln und Ahnung von Lauten im Ohr. Unsinn! sagte sich Dr. L. nochmals; und er dachte an all das, was er, Historiker und nicht gewohnt, Berichte wahllos hinzunehmen, über dieses andere Deutschland, diese schier sagenhafte Demokratische Republik aus den Zeitungen seines Landes und aus den Augenzeugenberichten von Bekannten wußte. Er dachte an sein Reiseziel Berlin; graue Häuser tauchten in seiner Erinnerung auf und riesenhaft wehende Fahnen von Rauch und die Baracken und die Fabrik, und da waren auch schon die marschierenden Kolonnen, die brüllten, daß ihnen morgen die Welt gehören würde. Ich weiß es, aber ich kann es mir nicht vorstellen, gestand sich Dr. L., ich kann es mir nicht vorstellen: ein Deutschland ohne diese Kolonnen und ohne dies Lied und ohne die feisten Fratzen der Herren mit dem Gamsbarthut und ohne brüllende Aufseher ... Wieder tauchten vor seinen Augen die Baracken auf und die große soldatenumzogene Fabrik. Der Schlimmste von allen trug ein Bärtchen wie Hitler, dachte Dr. L., da hörte er plötzlich die Stimme: »Ich mach dir Beene, schechisches Aast!« Dr. L. schreckte auf; das Abteil war leer. Ich phantasiere ja! dachte er ärgerlich; aber während er dies dachte, schwebte für einen Augenblick das Schnurrbartgesicht jenes Aufsehers vorüber, und

Dr. L.s Hände verkrampften sich. Räder stampften, schier wie in der Werkhalle; ein stetiges Vibrieren erschütterte den Körper; graue Wände ringsum; eine Dampfpfeife gellte; Rauch trieb vorbei; die Luft schmeckte nach Kohle und Ruß; Eisen kreischte auf Eisen; Glas klirrte hart; rote und grüne Signale blitzten; Räder ratterten; Funkengestieb; Stimmen, verworrene, brausten; Menschen drängten zwischen rußigen Tragepfeilern. »Ich schlag dich dod, schechisches Aast!« klang es Dr. L. wieder im Ohr; es klang mit jenem hektisch-schrillen Akzent, der immer darauf schließen ließ, daß der inspizierende Hauptmann in der Nähe war. Unwillkürlich wandte Dr. L. sich um, da flog eine Tür auf, und der Hauptmann kam herein. Dr. L. schwankte kreidebleich auf seinem Sitz. Er wollte aufspringen, doch seine Beine waren plötzlich schwach, und seine Stirne war plötzlich kalt, und alles um ihn drehte sich im Wirbel, nur diese Uniform stand groß da und grau und regungslos. Jetzt holt er dich ab, dachte Dr. L., da sahen seine Augen plötzlich das Abteil wieder, und er zog seinen Paß und antwortete, noch stockend, auf die üblichen Fragen der Zollabfertigung, und: Dieses Grau, so schoß es ihm dabei durch den Kopf, dieses Grau, dieses grüne Grau wie von Spinnen und diese Silberschnüre wie glatte Schlangen darauf und dieses Koppel wie Nilpferdkarbatschen und ... Er brach, verstört, ab. »Ist Ihnen schlecht, kann ich etwas für Sie tun?« fragte der Angestellte vom Zolldienst. »Danke«, sagte Dr. L. mühsam, »es ist schon vorüber!« Sein Blick suchte den Hauptmann; er fand ihn nicht mehr. Der Zollangestellte ging weiter. Dr. L. wischte sich über die Stirn. Er sah durchs Fenster. Draußen stand der Hauptmann und sprach lebhaft mit einigen Reisenden. Um sie brauste das Leben der kleinen Grenzstation: die Zeitungsfrau rollte und rief ihre Ware aus; Kellner boten Kekse und Zigaretten an; eine Gruppe Kinder in weißen Blusen und mit blauen Halstüchern eilte vorbei; zwei behäbige Männer stemmten ihre Rucksäcke in den Zug; eine Nonne blätterte in einem Fahrplan; ein Schaffner wechselte ein Schild aus; aus dem Restaurant klang ein Foxtrott; die Wimpel der deutschen und der tschechoslowakischen Republik flatterten, von roten Fähnchen umweht, unter dem Hallendach; Gepäckkarren töfften; Heizer tranken Bier; ein junges Mädchen, Papiere in der Hand, lief geschäftig über den Perron; ein junger Mann in Campingtracht sah dem jungen Mädchen nach; ein Kind zeigte auf die Lokomotive; auf einem Transparent war »Friede!« und auf einem zweiten war »Freundschaft mit allen Völkern!« zu lesen; ein Zollangestellter trat aus dem Zug und reckte sich; Soldaten grüßten, der Hauptmann dankte; ein Mann, seine riesenbauchige Aktentasche zwischen die Beine geklemmt, kaufte einen Kriminalroman; Spatzen schilpten; ein Feldwebel kaute eine Wurst und las dabei den Leitartikel einer Zeitung: »Goa gehört zu Indien!«; ein Baby heulte, und seine Mutter zupfte es an der Nase; ein schmächtiger Mann stieß in eiligem Lauf gegen einen Bahnpolizisten; eine alte Frau rückte ihren Rock zurecht; ein Halbwüchsiger zündete sich eine Zigarette an; eine hagere Frau redete aufgeregt auf einen Schaffner ein; ein Dampfer tutete von der Elbe her; die Lokomotive antwortete. Dr. L. überflog die Szenerie mit eifrigem Blick, so, als erforsche er ein noch nie gesehenes exotisches Land, und er musterte den ihm unbekannten Hauptmann, als könne er dessen Lebensgeschichte aus den Nackenfalten und der Bewegung der Hände lesen. Lange betrachtete Dr. L. den Hauptmann, und schließlich schien der die Augen, die ihn abtasteten, zu spüren, denn er wandte sich um, und sein Blick streifte Dr. L., und der, verlegen, als wolle er etwas abbitten, lächelte und bewegte ein wenig, fast wie zum Gruß, den Kopf, und der Hauptmann, nun den Fremden voll ansehend und nicht minder verlegen, lächelte auch . . .

WOLFDIETRICH SCHNURRE

Das Manöver

In Kürze schon konnte der Ordonnanzoffizier der Manöverleitung melden, daß sich kein menschliches Wesen mehr innerhalb der Sperrzone befand. Der General ordnete zwar noch einige Stichproben an, doch seine Sorge erwies sich als unbegründet: jedes der untersuchten Gehöfte war leer; die Übung konnte beginnen.

Zuerst setzten sich die Geländewagen der Manöverleitung in Marsch, gefolgt von der Jeepkette der Militärdelegationen. Den Abschluß bildete ein Sanitätsfahrzeug. Es herrschte strahlendes Wetter; ein Bussardpaar kreiste vor der Sonne, Lerchen hingen über der Heide, und alle paar hundert Meter saß in den Büschen am Weg ein Raubwürger oder stob leuchtend ein Goldammernschwarm ab.

Die Herren waren blendender Laune. Sie hatten nicht mehr lange zu fahren, eine dreiviertel Stunde vielleicht; dann bog das Fahrzeug des Generals, langsam von den anderen gefolgt, vom Feldweg ab und hielt am Rand eines kurzen, mit Ginster bestandenen Höhenzugs. Hier war schon alles vorbereitet. Eine Goulaschkanone dampfte. Marketenderware lag aus, Feldkabelleitungen wurden gezogen, Klappstühle standen herum, und durch die bereitgehaltenen Ferngläser konnte man weithin über die Ebene sehen.

Der General gab zunächst einen kurzen Aufriß der geplanten Gefechtsübungen; sie sollten vornehmlich von Panzern und Infanterieeinheiten bestritten werden. Der General sprach abgehackt, wegwerfend und in leicht ironischem Tonfall; er wünschte, man möchte ihm anmerken, daß er dieses Manöver für eine Farce hielt, denn es fehlte die Luftwaffe.

Das Manövergelände wurde im Norden von einer ausgedehnten Kusselkiefernschonung und im Süden von einem verlandeten Luch abgegrenzt. Nach Osten zu ging es in eine dunstflimmernde Heidelandschaft über. Es war schwer zu übersehen, zahlreiche Wacholdergruppen und allerlei mit Heide oder Ginster bewachsene Hügel und Bodensenken würden es den Panzern nicht leicht machen; zudem waren die dazwischen verstreuten Gehöfte, wie sich der Adjutant ausgedrückt hatte, für PAK- und IG-Nester geradezu prädestiniert.

Es war Mittag geworden. Die Ordonnanzen hatten eben die Blechteller, von denen die Herren ihr Essen zu sich genommen hatten, wieder eingesammelt, und allerorts auf dem Hügel stiegen blaue Zigarettenwölkchen in die reglose Luft, da mischte sich in das Lerchengedudel und das monotone Zirpen der Grillen von fern das dumpfe Gleitkettenrasseln und asthmatische Motorgedröhn der sich nähernden Panzerverbände. Zugleich wurden überall im Gelände wandernde Büsche sichtbar, die jedoch ständig wieder mit dem Landschaftsbild verschmolzen. Lediglich die unruhig hier und dort aufsteigenden Goldammerntrupps ließen vermuten, daß die Infanterie dort Stellung bezog.

Es dauerte eine halbe Stunde vielleicht, da brachen, mit den Ferngläsern eben erkennbar, aus den Kusselkiefern die ersten Panzer hervor, dichtauf von kleineren, jedoch ungetarnten Infanterieeinheiten gefolgt; und nicht lange, und man sah auch um das Luch herum sich ein tief gestaffeltes Feld von Panzern heranschieben. Die Luft dröhnte; der Lärm hatte den Lerchengesang ausgelöscht, es blieb jedoch zu vermuten, daß er weiter ertönte, denn die Lerchen hingen noch genauso in der Luft wie zuvor. Die getarnte Infanterie hatte sich inzwischen eingegraben. Auch die in der Nähe der Gehöfte in Stellung gegangenen IG's und PAK's waren ganz unter ihren Tarnnetzen verschwunden.

Jetzt sahen sich allmählich auch jene Offiziere genötigt, ihre Ferngläser vor die Augen zu heben, die bisher etwas gelangweilt abseits gestanden hatten, denn nun eröffneten die Panzer das Feuer. Anfangs streuten sie zwar noch wahllos das Gelände ab, doch als dann auch das sich von Süden her nähernde Feld beidrehte, um sich durch eine weit ausholende Zangenbewegung mit dem nördlichen zu vereinigen, fraßen sich die Einschläge immer mehr auf das eigentliche Übungsgelände zu.

Die eingegrabenen Infanterieverbände ließen sich überrollen. Sie warteten, bis das Gros der Panzer vorbei war; dann erst ging Gruppe um Gruppe, unterstützt von PAK's und IG's, zum Angriff teils auf die begleitende Infanterie, teils, mit allerlei Spezialwaffen, auf die einzelnen Panzer über, die sich nachhaltig, wenn auch etwas schwerfällig, zur Wehr setzten. Nun war die Schlacht in vollem Gang.

Unglücklicherweise war aber ein Wind aufgekommen, der die Staub- und Pulverdampfwolken auf den Hügel der Manöverleitung zutrieb, so daß den Offizieren einige Zeit jede Sicht entzogen war. In die Ginsterbüsche um sie herum waren indes allerlei verängstigte Vögel eingefallen, Stieglitze, Goldammern und einige Raubwürger. Ihre Angst hatte sie zutraulich gemacht, sie schienen die Offiziere ebenfalls für eine Schar durch die Schlacht in Mitleidenschaft gezogener Heidebewohner zu halten.

Der General mußte sich Mühe geben, sich sein Ungehaltensein nicht anmerken zu lassen. Es gelang ihm nur schwer; er ärgerte sich, daß der Wind sich ihm widersetzte. Plötzlich flaute der Gefechtslärm unvermutet ab, und als im selben Augenblick eine Bö den Qualmschleier zerriß, bot sich den Offizieren ein merkwürdiges Bild.

Das gesamte Übungsgelände, durch die Zangenbewegung der Panzer nun etwa auf einen knappen Quadratkilometer zusammengeschrumpft, wimmelte von Schafen, die, von offensichtlicher Todesangst gejagt, in mehreren unglaublich breiten, gegeneinander anprallenden und ineinander verschmelzenden Strömen zwischen den Panzern umherrasten.

Die Panzer hatten gehalten und, um die Tiere nicht noch kopfscheuer zu machen, auch ihre Motoren abgestellt. Die PAK's und IG's schwiegen ebenfalls, und durch die Ferngläser konnte man erkennen, wie hier und dort in den Fenstern der zunächst gelegenen Gehöfte neugierige Soldatengesich-

ter erschienen, die gebannt auf das seltsame Schauspiel herabsahen. Auch die Turmluks der Panzer gingen jetzt auf, immer zwei bis drei ölverschmierten Gesichtern Raum lassend, und plötzlich war die Luft, eben noch bis zum Bersten geschwellt vom Gefechtslärm, mit nichts angefüllt, als dem tausend- und abertausendfachen Getrappel der Schafhufe, einem Geräusch, das sich auf dem ausgedörrten Boden wie ein gewaltiger, drohend aufbrandender Trommelwirbel anhörte, der lediglich hin und wieder mal ein halb ersticktes Blöken freigab.
Der General, fleckig vor Zorn im Gesicht, sah sich nach seinem Ordonnanzoffizier um, der mit der Evakuierung des Geländes beauftragt gewesen war.
Der war blaß geworden. Er stammelte einige unbeholfene Entschuldigungen und vermochte sich nur mühsam soweit zu rechtfertigen, daß er behauptete, die Schafe könnten einzig von außerhalb des Gefechtsgeländes eingebrochen sein.
Mit Rücksicht auf die anwesenden Gäste verbiß sich der General eine Erwiderung und rief den Gefechtsstand an. Die Schafe, befahl er mit bebender Stimme, hätten umgehend zu verschwinden, die verantwortlichen Herren sollten sofort die entsprechenden Befehle erteilen.
Die Offiziere am Gefechtsstand sahen sich an. Auch ihnen war die Peinlichkeit der Situation klar. Doch wie sich gegen diese Flut von Sinnen gekommener Schafherden zur Wehr setzen? Sie fanden, daß der General es sich etwas leicht machte. Immerhin, sie gaben an die nördliche Flanke einen Feuerbefehl und befahlen gleichzeitig den Panzern auf dem südlichen Flügel, den Tieren einen Durchlaß zu öffnen, in der Hoffnung, daß das immer noch wirr durcheinanderwogende Feld so fluchtartig sich ordnen und ausbrechen werde.
Doch die Tiere gehorchten anderen Gesetzen. Als die Schußsalve ertönte, fuhr zwar ein großer Schreck in die einzelnen Herden, aber vor der erhofften Ausbruchstelle stauten sich die Tierströme plötzlich, bäumten sich auf und

fluteten, womöglich noch kopfloser als vorher, wieder in den Kessel zurück, wobei die in ihren Erdlöchern kauernden Infanteristen alle Mühe hatten, sich der über sie wegdonnernden Schafhufe zu erwehren.
Nun konnte der General sein Ungehaltensein nicht länger verbergen. Er rief abermals den Gefechtsstand an und schrie in die Muschel, er werde die verantwortlichen Offiziere nach Beendigung des Manövers zur Rechenschaft ziehen, und sie sollten jetzt gefälligst mal achtgeben, wie man mit so einer Schafherde umspränge, er, der General, würde es ihnen jetzt vorexerzieren. Darauf entschuldigte er sich bei den Delegationen, befahl dem Ordonnanzoffizier, ihn zu vertreten, begab sich den Hang hinunter zu seinem Jeep und ließ sich, so weit es ging, in das Getümmel der Schafleiber hineinfahren.
Es ging aber längst nicht so weit, wie er gedacht hatte; die Tiere scheuten zwar vor den Panzern, doch der Jeep des Generals war ihrer Angst zu unbedeutend, und im Nu war er derart eingekeilt, daß er weder vorwärts konnte noch rückwärts.
Der General hatte eigentlich vorgehabt, ein paar Züge Infanterie zusammenzuraffen und mit ihrer Hilfe die Schafe zu jener Ausbruchstelle zu treiben; jetzt mußte er einsehen, daß das unmöglich war. Aber er sah noch etwas ein; er sah ein, daß er sich lächerlich gemacht hatte. Er spürte im Nacken, daß die Militärattachés auf dem Hügel ihn durch die Ferngläser beobachteten, und in Gedanken hörte er sie lachend allerlei Witzeleien austauschen.
Ein maßloser Zorn stieg plötzlich in ihm auf; ihn, der sich in zwei Weltkriegen und Dutzenden von Schlachten bewährt hatte, ihn sollte dieses Gewimmel dumpfer, nur ihrem Herdeninstinkt gehorchender Tiere der Lächerlichkeit preisgeben?
Er spürte, wie ihm das Blut ins Gehirn stieg, er schrie den Chauffeur an, er solle Gas geben und weiterfahren; der Chauffeur gehorchte auch, aufheulend fraßen die Räder sich in den staubigen Boden; aber der Wagen rührte sich nicht,

der Gegendruck der ihn umwogenden Schafherden war stärker. Da riß der General, verrückt fast vor Zorn, die Pistole aus dem Gurt und schoß, wahllos in die Herden hineinhaltend, sein Magazin leer. Im selben Augenblick wurde der Wagen auf der einen Seite eine Kleinigkeit angehoben, er schwankte, als würde er von windbewegten Wellen getragen, neigte sich etwas, und ehe noch der General und der Chauffeur sich hätten auf die entgegengesetzte Seite werfen können, stürzte er langsam und fast vorsichtig um.
Es dauerte eine Weile, bis der General sich gegen die über ihn hinrasenden Schafhufe nachhaltig genug zur Wehr setzen konnte und die schmerzenden Beine unter der Jeepkante hervorgezogen hatte. Benommen erhob er sich und blickte sich um.
Die Welt schien nur aus Schafen zu bestehen; so weit das Auge reichte, reihte sich Wollrücken an Wollrücken, die Panzer ragten wie zum Untergang bestimmte Stahlinseln aus dieser Tierflut hervor.
Jetzt erst bemerkte der General, daß sich um ihn und den Jeep ein winziger freier Platz gebildet hatte, die Schafe schienen vor irgend etwas zurückgewichen zu sein. Der General wollte sich eben dem Chauffeur zuwenden, der sich den Kopf angeschlagen hatte und ohnmächtig geworden war, da gewahrte er, daß sich noch jemand innerhalb des Bannkreises befand: ein riesiger, schweratmender Widder.
Reglos stand er da, den zottigen Schädel mit dem unförmigen Schneckengehörn abwartend gesenkt; das Weiß seiner Augen spielte ins Rötliche, Brust und Vorderbeine des Tieres zitterten wie von einem im Innern laufenden Motor erschüttert, Hals und Gehörnansatz wiesen mehrere frische Schußwunden auf, aus denen in schmalen Rinnsalen fast tiefschwarzes Blut quoll, das sich langsam im klettenverklebten Brustfell verlief.
Der General wußte sofort: dieses Tier hatte er vorhin verwundet, und diesem Tier würde er sich jetzt stellen müssen. Er tastete nach seiner Pistolentasche, sie war leer. Behutsam,

ohne den Widder dabei aus den Augen zu lassen, machte er einen tastenden Schritt zum Jeep hin, den er gern zwischen sich und den Widder gebracht hätte. Doch kaum sah der sich den Gegner aus seiner Starre lösen, da raste er mit zwei, drei federnden Sätzen heran, der General warf sich zur Seite, und der Kopf des Widders krachte gegen die Karosserie. Er schüttelte sich und starrte einen Augenblick betäubt vor sich nieder.

Dem General schlug das Herz bis in den Hals, er spürte, wie ihm Stirn und Handflächen feucht wurden. Sein Zorn war verflogen. Er dachte auch nicht mehr an die Bemerkungen der Herren auf dem Manöverhügel, er dachte nur: Er darf mich nicht töten, er darf mich nicht töten. Er war jetzt kein General mehr, er war nur noch Angst, nackte, bebende Angst; nichts anderes hatte mehr in ihm Platz, nur diese Angst.

Da warf sich der Widder herum; der General spürte einen wahnsinnigen Schmerz in den Eingeweiden, eine Motorsäge kreischte in seinem Kopf auf, er mußte sich übergeben, er stürzte, und noch während er umsank, stieß ihm der Widder abermals das klobige Schneckengehörn in die Bauchgrube; der General spürte, wie etwas, das ihn an diese Erde gebunden hatte, zerriß, dann ging das Kreischen der Motorsäge in einen unsagbar monotonen Geigenstrich über, und ihm schwanden die Sinne.

Niemand hatte geahnt, daß der General sich in Lebensgefahr befunden hatte. Einige der Panzerbesatzungen und die Offiziere auf dem Manöverhügel hatten zwar, als der Jeep umgekippt und dann plötzlich der Widder auf den General losgegangen war, den Eindruck von etwas Ehrenrührigem und Peinlichem gehabt, aber auf die Idee, der Widder könnte dem General gefährlich werden, war niemand gekommen. Die Offiziere fühlten sich daher, als der General sich nicht wieder erhob, etwas merkwürdig berührt; ein Teil versuchte sich abzulenken; ein Teil überlegte aber auch, wie man durch dieses Meer von Tierleibern hindurch zu ihm hingelangen könnte.

Es waren die Schafe selbst, die die Herren der Peinlichkeit ihres Untätigseinmüssens enthoben. Ganz plötzlich, wie auf einen unhörbaren Befehl hin, entstand nämlich inmitten der immer noch hektisch gegeneinander anbrandenden Herden so etwas wie eine Art ordnender Wirbel, der ständig breitere Tierströme mit einbezog, bis sich auf einmal eine gewaltige Sogwelle von ihm ablöste, die ihn im Nu aufgerollt hatte und, das gesamte Feld hinter sich herreißend, sich ostwärts in die dunstflimmernde Heide ergoß, wo die Tiere, innerhalb kürzester Frist, hinter einer riesigen rötlichen Staubwolke verschwunden waren.

Als der Ordonnanzoffizier, zugleich mit den Offizieren vom Gefechtsstand, bei dem umgestürzten Jeep angelangt war, hatten die Sanitäter, unterstützt von einigen Panzersoldaten, den Leichnam des Generals schon auf eine Leichtmetallbahre gehoben und waren dabei, ihn zum Krankenwagen zu tragen; der Chauffeur des Generals half ihnen dabei.

Eine Wiederaufnahme der Gefechtsübungen erschien nicht ratsam. Da die Panzer sich hierfür wieder auf ihre Ausgangsposition hätten zurückziehen müssen, was gleichbedeutend mit einem gut dreifachen Spritverbrauch gewesen wäre, glaubte der rangälteste Offizier es verantworten zu können, die Übung kurzerhand abzublasen.

Enttäuscht schlenderten die Herren wieder zu ihren Geländewagen, die Fahrer ließen die Motoren an und langsam, vorbei an den schwerfällig wendenden Panzern und den Trupps sich sammelnder Infanterie, setzte die Jeepkette sich in Marsch; den Abschluß bildete der Sanitätswagen.

Es dauerte nicht lange, da zog auch die Infanterie ab; ihr folgten die PAK's und IG's; und zuletzt war nur noch die Feldküche übrig, auf die die Ordonnanzen die Klappstühle verluden, während zwei Nachrichtenleute die Feldkabel abbauten. Bald war auch diese Arbeit getan. Der Fahrer der Feldküche pfiff die Leute zusammen, sie stiegen auf, und einen sorgsam mit Wasser besprengten Aschenhaufen zurücklassend, rollte die Feldküche mit halb angezogenen Bremsen den Abhang hinab.

Nun kehrte den Vogelscharen, die zu Beginn des Gefechts auf den Ginsterhügel eingefallen waren, der Lebensmut wieder. Sie schüttelten sich, sie putzten sich umständlich, und Schwarm nach Schwarm stoben sie ab, hinab in die Ebene, über der immer noch, fast unbeweglich, die Lerchen hingen, deren Gesang nun wieder mit dem monotonen Zirpen der Grillen, dem Summen der Bienen und dem trunkenen Schrei des Bussardpaares verschmolz.

ULRICH BECHER

Die Flieger

Ohne jede Funkverbindung mit Bodenstationen flog das Geschwader seine Mission. Doch der Geschwaderkommandant hatte den Druckfall rechtzeitig registriert. Zeitloser: er hatte rechtzeitig Wind bekommen, jenen Wind, der in den Tagen des Äquinoktiums, der Nachtgleiche, mit schwer berechenbarer Plötzlichkeit zum Sturm ausarten konnte. (In der Gegend wurde solcher *Libeccio* genannt, was den Fliegern piepe war.) Bei seinen Mannschaften berühmt für rasche Entschlossenheit, hatte er nach Südsüdost abgedreht, und die acht Staffeln folgten der seinen in Formationen, die in den Himmel gezeichnet waren wie von ungelenker Kinderhand hingeworfene geometrische Figuren.

Wiewohl der Bauch der Flugmaschinen versilbert war, wiewohl sie unterhalb der Höhengrenze von tausend Metern flogen und keinesfalls mehr als zweihundertfünfzig Stundenkilometer, mutete das Geschwader von der Erde aus sehr unwesentlich an, und das war von Vorteil, denn man überflog Feindesland.

Die acht Staffelführer machten sich Sorgen. Wenn der Kommandant auch rechtzeitig der Sturmbahn ausgewichen war,

es wollte ihnen nicht recht ins Köpfchen, daß er's beim Höhenflug ließ. Nahte ein solches Unwetter, pflegte man sonst im Gleitflug niederzugehen und – wollte man keine Notlandung vornehmen, und vor der Notlandung eines gesamten Geschwaders scheute der Kommandant von jeher zurück – im Tiefflug weiterzuziehn. Von seiten feindlicher Flak drohte selten Gefahr. Als gefährlich hatten sich allein Geschwader-Notlandungen oder das Ansteuern von Flugplätzen erwiesen, die man fälschlicherweise für neutrale nahm, während sie, wie die schlimmen Folgen zeigten, sich in Feindeshand befanden. In einer Feindeshand – und dies das schlimmste –, die *nie* zu *sehen* war.
Aber hier hatte das Gedächtnis der Flieger, das Vermögen, aus Schaden klug zu werden, immer wieder versagt.
Immerhin machten die Staffelführer sich Sorgen; andererseits vertrauten sie blindlings dem Kommandanten. Der galt als unvergleichlich fähiger Langstreckenspezialist, mit allen Lüften gewaschen, und glänzender Ausbildungsoffizier. Er hatte das Geschwader in Wochen währender Unermüdlichkeit gedrillt für diesen Großeinsatz, der viel Disziplin und Ausdauer erforderte. Keine Sondermission, kein einmaliges Unternehmen: viele der Flieger hatten das schon mehrmals mitgemacht. Aber für den jüngsten Jahrgang war's die erste große Prüfung, das erste großräumige Abenteuer – wiewohl auch sie, die Jungen, nicht viel Federlesens damit machten. Auch für sie schon bedeutete der Langstreckenflug über Feindesland nichts andres als eine Funktion, eine Selbstverständlichkeit wie das Atmen.
Zu diesen Neulingen gehörte der zarte junge Halbjährig-Freiwillige Rondine. (Die Charge entsprach etwa der des Einjährig-Freiwilligen Kadettaspiranten der weiland k. u. k. Armee.)
Das Geschwader flog im hier noch tiefblauen Himmel, in raffiniert gehaltener Distanz längs der aus Süd heranbrausenden Sturmbraut dahin. Fürwahr eine Braut, nicht durchaus im Sinn einer Hochzeiterin, dennoch in dem von etwas sehr und gefährlich Körperlichem, Erdrückendem (das mag

auch für gewisse Bräute gelten); in dem von etwas bedrohlich schwül und schwärzlich Gebrautem, das mit einem Arsenal aus schwefelgelben Schleppen daher- und vorüberraste, über die erfahlten Bergkuppen hin in der Art schwereloser, horizontal sich wälzender Lavamassen.

Da spürte, angeweht vom heißen Brodem der Libeccio-Sturmbraut, der Fliegerkadett Rondine, der seine Jagdmaschine als Linksäußerster im Keil der vorletzten Staffel flog, zum erstenmal Furcht in seinem unerfahrenen jungen Herzen, nervös zuckende Furcht, die ein übler Flugbegleiter ist, Furcht, die wie eine Vorahnung war des Defekts, den sein Motor alsbald erleiden sollte . . .

Es waren samt und sonders zierliche Ein-Mann-Maschinen, dunkel-stahlblau glänzend in der Nachmittagssonne, deren südherbstliche Helle hier nicht von der Sturmbraut überrollt ward, die Silberbäuche als Hoheitszeichen, mit sichelförmigen Flügeln und geteiltem Schwanz, nicht ganz unähnlich jener amerikanischen Jagdmaschine Lockheed P 38, die von den U.S.-Kampfpiloten des Zweiten Weltkrieges ›Lightning‹ getauft worden war, von ihren deutschen Widersachern dagegen ›Gabelschwanzteufel‹. In den Konturen nicht ganz unähnlich jener Lockheed, indessen im Maßstab wesentlich, ganz wesentlich verkleinert. Zudem war jeder Flieger mit seiner Maschine ganz anders verwachsen, als je ein amerikanischer oder deutscher Flieger des Zweiten Kriegs es vermocht haben würde. Hiermit vergleichbar gewesen wäre notfalls die japanische ›Jinrai‹, eine Ein-Mann-Maschine en miniature, eine Tonne Hochbrisanz-Explosivstoff in der Nase; ein fliegendes Torpedo, mit dem der Pilot, ein Selbstmordkandidat, sich auf ein Ziel warf. Festgestellt sei, daß die Ein-Mann-Maschinen des Geschwaders sich in diesem Punkt wesentlichst vom japanischen Typ der ›Jinrai‹ unterschieden: sie hatten keine Tonne, kein Gramm Hochbrisanz-Explosivstoff in der Nase. Und ihre Mission bezweckte das strikte Gegenteil von Selbstmord.

Zur Verdeutlichung des Defekts, der Rondines Maschine

plötzlich übermannte, mag eine Schilderung Clostermanns, eines französischen Jagdflieger-Asses jenes Krieges, zitiert sein. Aber des blutjungen Halbjährig-Freiwilligen Schreckgefühl, daß mit dem Versagen der Benzinzufuhr sein Blut in den Adern gerinne, daß mit dem Aussetzen des Motors sein Herz zu schlagen aufhöre, muß hinzu-, anderes wieder weggedacht werden:

Joe Moore hatte urplötzlich Schwierigkeiten mit der Benzinzufuhr. Wie er auf Zusatztank umschaltet, verlieren die Motoren fühlbar an Kraft, und das Warnlämpchen am Benzindruckmesser leuchtet auf: keine Zufuhr! Hastig schaltet er wieder auf Flügeltank zurück und versucht's dann noch einmal mit Abwurftank, ein erhebliches Risiko, das er jedoch auf sich nimmt, um im Einsatz bleiben zu können. Er pumpt wie ein Verrückter, bringt auch wirklich wieder Benzin in die Leitungen, aber dann ...

Rondine wich urplötzlich vom Kurs, den das Geschwader hielt, geriet ins Trudeln, schien absacken zu müssen, fing sich zwar auf, fast lotrecht unterhalb der letzten Staffel, segelte in wackligem Gleitflug zur Erde nieder, zum Feindesboden.

Derlei Pannen waren nichts sehr Ungewöhnliches. Merkwürdig allein mußte das Verhalten des Geschwaderkommandanten berühren, der von dem Unfall unverzüglich Notiz genommen hatte. Er lenkte in eine weite Linkskurve. Die anderen Staffelführer, besorgt, wie sie waren, folgten ihm, ohne pieps zu sagen. Im Gleitflug, ein kurvendes Spiel aus tintigem Stahlblau und Silber, drehte das gesamte Geschwader bei, leicht geschüttelt vom Abwind der Libeccio-Braut, um weitaus manövrierfähiger als Hubschrauber notzulanden auf dem von staubfarbigen Olivenbäumen gesäumten Weideboden, auf dem dem Pechvogel soeben eine ›Bauchlandung‹ geglückt war aus letzter Kraft.

»Was ist los, Rondine?« fragte der Kommandant mit der ihm eigenen Gelassenheit. »Ist deine Maschine krank geworden?« (Die Flieger pflegten einen Maschinendefekt als Erkrankung zu bezeichnen.)

»Krank, Kommandant, leider ganz plötzlich krank«, meldete der Halbjährig-Freiwillige matt. Er hatte sich am Fuß eines Olivenbaums niedergelassen; ein Dutzend seiner Kameraden beguckte sich das Pechvogelwrack von allen Seiten.

»Dann verarzte sie, deine Maschine, Mann. Du weißt, du kannst dir nur selber helfen.«

»Ich weiß«, hauchte Rondine mit erschöpft piepsender Knabenstimme, doch rührte er sich nicht.

»Ein schöner Mist«, schimpfte der Kommandant gelassen.

»Mist, Mist, Mist«, pflichteten die Staffelführer bei.

»Ich werde dir was sagen«, sagte der Kommandant. »Du weißt, daß wir hier nicht lange bleiben können.«

»Ich weiß, ich weiß.«

»Hier beim Feind mit seinen unsichtbaren Räuberkrallen . . .« Die Staffelführer und andere erprobte Flieger drehten rasch die Hälse, blickten starr und etwas dümmlich, weil die ominösen Zwischenfälle des Vorjahrs vergessen waren. Der Halbjährig-Freiwillige verstand schon gar nicht, was der Kommandant gemeint haben konnte. Dennoch wiederholte er piepsig:

»Ich weiß, ich weiß.«

»Ich werde dir noch was sagen, Rondine. Wir kampieren hier, so riskant es ist. E-i-n-e Nacht lang. Bis morgen bleibt das gesamte Geschwader bei dir. Wir alle. Bei dir. Verstanden? Sieh zu, daß bis morgen früh deine Maschine geheilt ist. Sonst hauen wir ohne dich ab.«

»Gut, Kommandant.«

»Gut?«

»Gut.«

»Gut? Einfach ›gut‹? Weißt du, was das heißt? Wenn wir weiterfliegen und dich mutterseelenallein hierlassen? Weißt du's?«

»Ich weiß«, piepste der Befragte mechanisch.

»Es heißt, daß du auf der großen Strecke bleibst! Daß du unterwegs verreckst!« pfiff ihn der Kommandant unvermittelt an.

›Unterwegs‹ war ein Begriff, der dem Jüngling in der Fliegerschule einexerziert worden, ›Verrecken‹ war keiner für ihn. Hunger und seine Stillung, Herumgaukelei, Gefahr, Schreck, Verletztsein-Können, viel weiter reichten seine Erfahrungen nicht.
»Ich melde, daß ich unterwegs verrecken werde«, raspelte der Halbjährig-Freiwillige, worauf der Kommandant sich ohne weiteres abwandte. – Die Notlandung des ganzen Geschwaders, das Verweilen von zweihundertneunundsechzig Einheiten *seinetwegen*, das rührte den havarierten Flieger Rondine äußerst peinlich an, zugleich seltsam beglükkend. Er ermaß nicht, was geschehen würde, würde er ganz allein ausgesetzt sein im Feindesland. Er vermochte nicht, sich sein Ende vorzustellen. (Wer vermag's?)
Der Kommandant sandte einige wenige seiner Leute zu einem Aufklärungsflug aus. Sie kehrten wohlbehalten zurück, landeten dicht neben der mit schiefgewachsenen Olivenbäumen verhangenen Schlucht, die zum Schlupfwinkel erkoren ward, auf kürzeste Distanz, ungleich manövrierfähiger als Helikopter, und meldeten, das zerklüftete Bergland ringsum sei – bis auf ein verhutzeltes Dorf – wild und menschenleer.
Kurz nach Sonnenuntergang, den die Schleppen der Sturmbraut nicht völlig zudeckten, der sich infolgedessen ansah wie ein fern wütender Riesenbrand, verpflegte man sich. Allein Rondine verzichtete auf einen Abendhappen. Das unverdauliche Geknorpel des frugalen Mahls spuckten die Flieger aus wie ausgezutschten Kaugummi. Drauf ging der Kommandant schlafen, und es verstand sich von selbst, daß ihm alle gleichtaten. Der Stab hatte sich in einer flachen Höhle einquartiert. Vor Mitternacht wurde man geweckt wie von verstohlenem Trommelfeuer, das einen Anflug unnatürlicher Hitze entwickelte. Der Stabschef schlüpfte hinaus und stellte fest, daß die Sturmbraut aus den großen tiefsüdlichen Sandwüsten, in denen sie erstanden war – und das Grenzgebiet eben der Wüsten war das Endziel der Fliegermission –, im Schleppensaum heiße Sandkörner mit-

geführt hatte, die nun seitwärts spritzten bis vor die Höhle, darin der Stab übernachtete. Daher das sachte Prasseln, mit dem der Libeccio-Sturm sein Ende fand. Wie oft zur Zeit der Nachtgleiche schlug das Wetter innerhalb einer Stunde um.

Die Gebirgsnacht wurde bitterkalt. Die Flieger froren.

»Siehst du?« tuschelte der Stabschef.

»Siehst du, was?«

»Ich mein' bloß.«

»Meinst du, was?« fragte der Kommandant schlafheiser.

»Hätten wir nicht ein paar Tage früher fliegen sollen?«

Dies würdigte der Kommandant keiner Antwort, rückte, sich zu wärmen, mit dem Stabschef und den Staffelführern zusammen. Schon vor Sonnenaufgang, als die blaue Dämmerung mit den Silberblättern der Olivenbäume zu spielen begann, ließ er diskret – viel leiser als zu Haus – Reveille pfeifen und schickte den Stabschef zum Halbjährig-Freiwilligen.

»Kuriert er seine Maschine?«

»Nein. – Hockt ganz starr in ihr da, – der Grünschnabel. – Wie erfroren.«

Diesmal schimpfte der Kommandant wie ein alter Kolkrabe. Untersetzt-zähes Männchen, das er war, wackelte er sogleich zum Verunfallten hinüber. (Nach Fliegerart war er schlecht zu Fuß.)

»Heda, Rondine, bist du erfroren?«

»Nein, Kommandant.«

»Willst du nicht gefälligst deine Maschine verarzten? Kurze Weile nach Sonnenaufgang starten wir.«

Rondine rührte sich nicht. »Ich melde, ich kann nicht.«

»Du weißt, daß du dein eigner Maschinenarzt bist. Daß dir kein andrer helfen kann?«

»Ich weiß.«

»Was sollen wir bloß mit dir machen, Bursche! Bildest dir doch nicht etwa ein, daß wir dich einer andren Maschine aufladen können, wie?«

»Ich melde, daß ich unterwegs verrek-«

»Schweig; davon verstehst du einen warmen Kuhfladen!« Erinnerungen an den Nordosten, die heimatliche Sommergarnison zuckten im Gescholtenen auf . . .
»In des großen Kuckucks Namen«, sagte der Kommandant, »so warten wir noch einen Tag. Bist du bis morgen früh nicht parat, fliegen wir ohne dich.«
Jetzt rührte sich der apathische Kadett. »Wirklich?« fragte er weniger verzagt. »Ihr wartet? Bis morgen?«
»In Kuckucks Namen! Glaubst du, daß du bis dahin die Panne kuriert haben wirst?«
»Ich melde, ich glaube«, sagte Rondine mit flatterig beteuernder Gebärde.
Sie warteten den ganzen mild durchsonnten Herbsttag. Die Flugmaschinen lagen in der Schlucht in Deckung, eine neben die andre geschachtelt wie in einem Puzzlespiel. Bis auf wenige Erkundungsflüge, von Drei-Mann-Patrouillen ausgeführt, hatte der Kommandant jegliche Flugtätigkeit untersagt. Zu verschiedenen Malen tauchten vereinzelte Feindflieger auf, kreisten hoch im wolkenlosen Azur, doch die so vorzüglich in Deckung gehorteten Staffeln blieben unbemerkt. Die Mittagssonne wärmte erquicklich, allein die Flieger ließen sich davon nicht betören. Zumal den Kommandanten, wenngleich ihm mitgeteilt wurde, Rondine rege sich nun fleißig, zumal den Kommandanten fror's im Herzen.
Er trug die Verantwortung. Das wußte er ganz genau. Er hatte nach dem *Gesetz der Solidarität* entschieden. Gesetz, das ein Atavismus war, seinesgleichen ins Blut gegeben, weshalb sich darüber nicht streiten ließ. ›Einer für alle, alle für einen‹, hier ward er zur Tat – wenn auch nur zu einer passiven des Wartens –, der so oft verkündete, mißbrauchte, verlogene Wahlspruch der lieben Menschenwelt. (Der Kommandant war durchaus kein Menschenfeind. Er gehörte nicht zu den komischen Käuzen, die die Einsamkeit suchten. Er schätzte die Nähe des Menschen, allein sein Prinzip war, ihn sich ein paar Hüpfer vom Leib zu halten.)

»He, Stabschef! Wie ist die Stimmung bei den Mannschaften?«
»Etwas nervös. Wegen der Warterei. Nervös, nervös.«
»Kann ich mir denken.«
»Ü-ü-ü-brigens sind die Frauen ruhiger.« (Wie im sowjetrussischen Fliegerkorps flogen im Geschwader auch weibliche Piloten mit, infolge aller Uniformiertheit auf den ersten Blick von ihren männlichen Kameraden nicht unterscheidbar.)
»Wie gewohnt«, sagte der Kommandant.
»Ein paar lockere Vögel möchten Nachmittagsurlaub für kleine Ausflü-ü-üge.« Der Stabschef schien ein Stotterer und Umstandskommissar zu sein.
»Abgelehnt. Erinnern Sie sich, was letztes Jahr geschah?«
»Letztes Jahr, letztes Jahr?« Der Stabschef schien sich nicht daran zu erinnern. »Was geschah denn da, Kommandant?«
»Was geschah . . .« Etwas beschämend für den Kommandanten: er wußte es selber nicht mehr.
Er tapste zur Höhle, zwitscherte einen, kuschelte sich zu einem Nachmittagsschläfchen. Da träumte ihm, was sein Bewußtsein vergessen hatte, von den Unsichtbaren Räuberkrallen . . . Es war im Westen der langen, langen Halbinsel gewesen. Beim letztjährigen Großeinsatz hatte man die üblichen Zwischenlandungen vorgenommen auf altbekannten Flugplätzen, neutralen, wie man gewähnt, weshalb der Kommandant nicht gezögert hatte, Nachmittagsurlaub zu erteilen. Von dem war ein Drittel der Piloten nicht mehr zur Truppe zurückgekehrt. Weil Desertion für unmöglich galt, hatte kein Zweifel sein können daran, daß die Urlauber von Feinden abgefangen worden waren auf rätselhafte Weise.
»Der Halbjährig Freiwillige bittet um die Erlaubnis, eine Flugübung durchführen zu dü-dü-dü-dü-«
»Frühestens beim Einnachten«, entschied der schnellwache Kommandant.
Heute versank die Sonne nicht als fern wütender Brand hinter den Kuppen des Westgebirgs; der Himmel färbte sich

ins zarte Rosa einer Pelikansschwinge. Die Flieger kauerten im Schluchtenreich und fühlten ein krampfhaftes Unbehagen in all ihrem Zum-Warten-Verurteiltsein, und fühlten in all ihren Fibern die Erinnerung an die Sommergarnison, in der sie bis vor kurzem gestanden und in der um diese Stunde quicken Essenfassens Hochbetrieb gewesen war, ein wirrseliges Schönwetterabend-Tändeln hin und her. – Aber niemand grollte dem, dessentwegen sie warteten.
In der ebenso schönen wie spätseptemberlich kühlen Frühe des nächsten Morgens trieb Manlio, ein vierzehnjähriger Hirtenjunge, seine Schafherde aus dem aus unbehauenen Steinen erbauten Stall eines armen Abruzzendorfs auf die Bergweide. Mit ihm war Trottola, sein gleichaltriger Kumpan und Stubengenosse, der, in einem Tiberdorf Umbriens, zwischen Todi und Perugia zu Hause, seit einigen Monaten im Abruzzennest als Lehrling eines Huf- und Wagenschmieds waltete. Heute, Sonntag, geleitete er seinen Hüterfreund auf die Weide.
Wie gewöhnlich ließ Manlio sich am Rand einer von Olivenbäumen überhangenen Schlucht nieder. Der Kühle des Höhenmorgens gewärtig, hatten die beiden sich alte Rübensäcke über die Schulter geworfen, mit denen sie sich nun zudeckten.
In den steigenden Frühnebeln begann die Schafherde auf der von der Schlucht beschlossenen Weidemulde zu grasen. Der Leitwidder, ein ockerpelziger Prachtkerl mit mächtig geschwungenen Tritonshörnern – das noch stolzere Attribut seiner Männlichkeit pendelte, einem prallen Kuheuter ähnlich, dicht überm Boden –, dem Leitwidder, aus der Wärme des Stalls zum Frühstück geführt, war die Schattenkühle lästig. Mit ein paar eleganten Sprüngen, gefolgt von seiner Lieblingsschäfin, klomm er über Felsen bis steil über den Schluchteingang hin, um die ersten Strahlen der Sonne zu genießen, die aus adriatischen Gefilden in berauschender Gemächlichkeit emporzog. Und als ihn die erste Sonnenwärme labte, stieß er ein Blöken aus, so sieghaft dröhnend wie eine Trompete von Jericho.

Im selben Augenblick stieß aus der Schlucht, in der noch die Frühnebel hockten, ein Schwarm zierlicher Vögel empor, verschwommen im Nebeltuch, das sie noch umfing. Ein zweiter, dritter, vierter, fünfter ...

Manlio, der Schafhirt, war ein etwas schwerfälliger Sohn des kargen Gebirgs, der andre ein quickes Kind der umbrischen Ebene, der in der Dorfschmiede so eifrig hantierte, daß sie ihn Trottola nannten, den Kreisel.

»Guarda, Manlio, guarda quelle rondini!« rief Trottola aufspringend. »Sieh mal, DIE SCHWALBEN! Wie spät die vorbeiziehn in diesem Jahr!«

Manlio hielt nicht der Mühe wert, hinzusehn. »Spatzen oder Dohlen«, grunzte er unterm Sacktuch hervor.

»Keine Spatzen, keine Dohlen!« rief Trottola und drehte sich, den gestaffelten Anflug der Vögel beobachtend, rasch um sich selber in der Art eines Kreisels. »*Rondini!* Schwalben! Hunderte Schwalben!«

»Das kann nicht sein«, sagte Manlio unbewegt, überaus bedächtig. (Nur böse Zungen schalten diese seine Überbedächtigkeit kretinös.) »In unsrem Dorf haben dies Jahr nicht mehr als – hm – zwanzig oder dreißig übersommert. Die haben sich – wo hier oben oft im Oktober schon Schnee fällt – längst verzogen.«

»Bei der heiligen Katharina von Siena, bei den Küssen, die sie den zum Tode Verurteilten gab, bevor sie geköpft wurden, verdammtnocheins, es sind Schwalben«, beharrte Trottola. Als Sohn Umbriens war er, obschon er für Fußball und Flugzeugmodelle schwärmte, in der tausendjährigen Tradition des Fluchens so geschult wie ein Toskaner. »*Te pijasse uno sbocco de sèngue* – einen Blutsturz sollst du kriegen, sieh doch die silbernen Bäuchlein, die blauschwarzen Sichelflügel, die gegabelten Schwänze!«

Manlio richtete sich träg auf, guckte zur Schlucht. »Turmschwalben«, sagte er langsam; »hast recht.«

Die sechste, siebte, achte, neunte Schwalbenstaffel stieß durchs Nebeltuch, das die Schlucht verhing, empor, wie mutwillig dicht vorbei an der rosigen Nase des Widders.

»Das sind über zweihundert Maschinen«, schätzte Trottola.
Manlio überlegte. »Warum sagst du ›Maschinen‹?«
Trottola lachte. »Neben Todi, wo ich zu Hause bin, ist ein amerikanischer Militärflugplatz. Sieh mal, die fliegen in Staffeln – genau wie die Amerikaner bei uns. Weißt du, wie die aufsteigen? Guck mal! Genau wie die Lockheed Starfighters F 104. Als hätten die Schwalben es den Amerikanern abgeguckt. Kennst du die F 104?«
»Nein«, sagte Manlio.
»Überschallschneller Düsenjäger. Eine tolle Kiste.«
»Ich kenne sie nicht.« Manlio überlegte. »Aber vielleicht ist es umgekehrt.«
»Wie?«
»Vielleicht haben eure Amerikaner es den Schwalben abgeguckt.«
Der Schmiedelehrling lachte laut auf. »Manlio, du spinnst ja«, sagte er.
»Und jetzt weiß ich auch«, sagte der Schafhirt unbeirrt.
»Was?«
»Weshalb die Schwalben in der Schlucht übernachtet haben. Sind unterwegs, jaja. Aus dem Norden, nach Afrika. Der Libeccio-Sturm von gestern hat sie abgetrieben. Die Zugvögel meiden sonst die Abruzzen. Zu kalt.«
»So? Unten bei uns machen sie um die Zeit immer Halt.«
»Die amerikanischen Düsenjäger?«
»*Te pijasse un colpo!* Der Schlag soll dich treffen, die mein' ich nicht. Sondern die Schwalben. Unsre Bauern fangen sie in Netzen und drehn ihnen die Hälslein um.«
»Um sie zu fressen?« erkundigte Manlio sich.
»Klar. Oder sie bieten sie im Dutzend auf dem Wochenmarkt von Perugia feil.«
»Ich hab noch nie eine gefressen«, sagte Manlio. »Ein gut gelagertes Schafkäslein ist mir lieber.«
Wieder kreiselte Trottola, den Kopf zurückgebogen. »Sieh mal, in der vorletzten Staffel fliegt einer allein – hinten nach . . .«

Der Hirtenjunge erhob sich, schirmte aufgaffend die Hand gegen die ersten in die Mulde fahrenden Sonnenblitze, die den Widder auf der Felskuppe zu durchschießen schienen, so daß das Tier dastand, lodernd wie in goldenem Feuer.
»Ja, ein Nachzügler ... Scheint mir ein Pechvogel zu sein.«
»Ach was, er wird sich schon einordnen. Siehst du, Manlio? – beim blutigen Schleier der Katharina, da holt er auf! Da haut er ab, als Linksaußenstürmer, wie sich's gehört!« Trottola war Fußballer.
Das Schwalbengeschwader, locker gegliedert in neun Staffeln, stieg erstaunlich schnell höher und höher in die schiefrig gleißende Bläue, bis es sich so unwesentlich ansah wie ein paar geometrische Figuren, auf eine Schiefertafel gezeichnet von ungelenker Kinderhand und dann weggewischt.

SIEGFRIED LENZ

Ein Freund der Regierung

Zu einem Wochenende luden sie Journalisten ein, um ihnen an Ort und Stelle zu zeigen, wie viele Freunde die Regierung hatte. Sie wollten uns beweisen, daß alles, was über das unruhige Gebiet geschrieben wurde, nicht zutraf: die Folterungen nicht, die Armut und vor allem nicht das wütende Verlangen nach Unabhängigkeit. So luden sie uns sehr höflich ein, und ein sehr höflicher, tadellos gekleideter Beamter empfing uns hinter der Oper und führte uns zum Regierungsbus. Es war ein neuer Bus; ein Geruch von Lack und Leder umfing uns, leise Radiomusik, und als der Bus anfuhr, nahm der Beamte ein Mikrofon aus der Halterung, kratzte mit dem Fingernagel über den silbernen Verkleidungsdraht und hieß uns noch einmal mit sanfter Stimme willkommen.

Bescheiden nannte er seinen Namen – »ich heiße Garek«, sagte er –; dann wies er uns auf die Schönheiten der Hauptstadt hin, nannte Namen und Anzahl der Parks, erklärte uns die Bauweise der Mustersiedlung, die auf einem kalkigen Hügel lag, blendend unter dem frühen Licht.

Hinter der Hauptstadt gabelte sich die Straße; wir verloren die Nähe des Meers und fuhren ins Land hinein, vorbei an steinübersäten Feldern, an braunen Hängen; wir fuhren zu einer Schlucht und auf dem Grunde der Schlucht bis zur Brücke, die über ein ausgetrocknetes Flußbett führte. Auf der Brücke stand ein junger Soldat, der mit einer Art lässiger Zärtlichkeit eine handliche Maschinenpistole trug und uns fröhlich zuwinkte, als wir an ihm vorbei über die Brücke fuhren. Auch im ausgetrockneten Flußbett, zwischen den weißgewaschenen Kieseln, standen zwei junge Soldaten, und Garek sagte, daß wir durch ein sehr beliebtes Übungsgebiet führen.

Serpentinen hinauf, über eine heiße Ebene, und durch die geöffneten Seitenfenster drang feiner Kalkstaub ein, brannte in den Augen; Kalkgeschmack lag auf den Lippen. Wir zogen die Jacketts aus. Nur Garek behielt sein Jackett an; er hielt immer noch das Mikrofon in der Hand und erläuterte mit sanfter Stimme die Kultivierungspläne, die sie in der Regierung für dieses tote Land ausgearbeitet hatten. Ich sah, daß mein Nebenmann die Augen geschlossen, den Kopf zurückgelegt hatte; seine Lippen waren trocken und kalkblaß, die Adern der Hände, die auf dem vernickelten Metallgriff lagen, traten bläulich hervor. Ich wollte ihn in die Seite stoßen, denn mitunter traf uns ein Blick aus dem Rückspiegel, Gareks melancholischer Blick, doch während ich es noch überlegte, stand Garek auf, kam lächelnd über den schmalen Gang nach hinten und verteilte Strohhalme und eiskalte Getränke in gewachsten Papptüten.

Gegen Mittag fuhren wir durch ein Dorf; die Fenster waren mit Kistenholz vernagelt, die schäbigen Zäune aus trockenem Astwerk löcherig, vom Wind der Ebene auseinandergedrückt. Auf den flachen Dächern hing keine Wäsche zum Trocknen. Der Brunnen war abgedeckt; kein Hundegebell verfolgte uns, und nirgendwo erschien ein Gesicht. Der Bus fuhr mit unverminderter Geschwindigkeit vorbei, eine graue Fahne von Kalkstaub hinter sich herziehend, grau wie eine Fahne der Resignation.

Wieder kam Garek über den schmalen Gang nach hinten, verteilte Sandwiches, ermunterte uns höflich und versprach, daß es nicht mehr allzu lange dauern würde, bis wir unser Ziel erreicht hätten. Das Land wurde hügelig, rostrot; es war jetzt von großen Steinen bedeckt, zwischen denen kleine farblose Büsche wuchsen. Die Straße senkte sich, wir fuhren durch einen tunnelartigen Einschnitt. Die Halbrundungen der Sprenglöcher warfen schräge Schatten auf die zerrissenen Felswände. Eine harte Glut schlug in das Innere des Busses. Und dann öffnete sich die Straße, und wir sahen das von einem Fluß zerschnittene Tal und das Dorf neben dem Fluß.

Garek gab uns ein Zeichen, Ankündigung und Aufforderung; wir zogen die Jacketts an, und der Bus fuhr langsamer und hielt auf einem lehmig verkrusteten Platz, vor einer sauber gekalkten Hütte. Der Kalk blendete so stark, daß beim Aussteigen die Augen schmerzten. Wir traten in den Schatten des Busses, wir schnippten die Zigaretten fort. Wir blickten aus zusammengekniffenen Augen auf die Hütte und warteten auf Garek, der in ihr verschwunden war.

Es dauerte einige Minuten, bis er zurückkam, aber er kam zurück, und er brachte einen Mann mit, den keiner von uns je zuvor gesehen hatte.

»Das ist Bela Bonzo«, sagte Garek und wies auf den Mann; »Herr Bonzo war gerade bei einer Hausarbeit, doch er ist bereit, Ihnen auf alle Fragen zu antworten.«

Wir blickten freimütig auf Bonzo, der unsere Blicke ertrug, indem er sein Gesicht leicht senkte. Er hatte ein altes Gesicht, staubgrau; scharfe, schwärzliche Falten liefen über seinen Nacken; seine Oberlippe war geschwollen. Bonzo, der gerade bei einer Hausarbeit überrascht worden war, war sauber gekämmt, und die verkrusteten Blutspuren an seinem alten, mageren Hals zeugten von einer heftigen und sorgfältigen Rasur. Er trug ein frisches Baumwollhemd, Baumwollhosen, die zu kurz waren und kaum bis zu den Knöcheln reichten; seine Füße steckten in neuen, gelblichen Rohlederstiefeln, wie Rekruten sie bei der Ausbildung tragen.

Wir begrüßten Bela Bonzo, jeder von uns gab ihm die Hand, dann nickte er und führte uns in sein Haus. Er lud uns ein, voranzugehen, wir traten in eine kühle Diele, in der uns eine alte Frau erwartete; ihr Gesicht war nicht zu erkennen, nur ihr Kopftuch leuchtete in dem dämmrigen Licht. Die Alte bot uns faustgroße, fremde Früchte an, die Früchte hatten ein saftiges Fleisch, das rötlich schimmerte, so daß ich am Anfang das Gefühl hatte, in eine frische Wunde zu beißen.

Wir gingen wieder auf den lehmigen Platz hinaus. Neben dem Bus standen jetzt barfüßige Kinder; sie beobachteten Bonzo mit unerträglicher Aufmerksamkeit, und dabei rührten sie sich nicht und sprachen nicht miteinander. Nie trafen ihre Blicke einen von uns. Bonzo schmunzelte in rätselhafter Zufriedenheit.

»Haben Sie keine Kinder?« fragte Pottgießer.

Es war die erste Frage, und Bonzo sagte schmunzelnd:

»Doch, doch, ich hatte einen Sohn. Wir versuchen gerade, ihn zu vergessen. Er hat sich gegen die Regierung aufgelehnt. Er war faul, hat nie etwas getaugt, und um etwas zu werden, ging er zu den Saboteuren, die überall für Unruhe sorgen. Sie kämpfen gegen die Regierung, weil sie glauben, es besser machen zu können.« Bonzo sagte es entschieden, mit leiser Eindringlichkeit; während er sprach, sah ich, daß ihm die Schneidezähne fehlten.

»Vielleicht würden sie es besser machen«, sagte Pottgießer. Garek lächelte vergnügt, als er diese Frage hörte, und Bonzo sagte:

»Alle Regierungen gleichen sich darin, daß man sie ertragen

muß, die einen leichter, die andern schwerer. Diese Regierung kennen wir, von der anderen kennen wir nur die Versprechungen.«
Die Kinder tauschten einen langen Blick.
»Immerhin ist das größte Versprechen die Unabhängigkeit«, sagte Bleiguth.
»Die Unabhängigkeit kann man nicht essen«, sagte Bonzo schmunzelnd. »Was nützt uns die Unabhängigkeit, wenn das Land verarmt. Diese Regierung aber hat unsern Export gesichert. Sie hat dafür gesorgt, daß Straßen, Krankenhäuser und Schulen gebaut wurden. Sie hat das Land kultiviert und wird es noch mehr kultivieren. Außerdem hat sie uns das Wahlrecht gegeben.«
Eine Bewegung ging durch die Kinder, sie faßten sich bei den Händen und traten unwillkürlich einen Schritt vor. Bonzo senkte das Gesicht, schmunzelte in seiner rätselhaften Zufriedenheit, und als er das Gesicht wieder hob, suchte er mit seinem Blick Garek, der bescheiden hinter uns stand.
»Schließlich«, sagte Bonzo, ohne gefragt worden zu sein, »gehört zur Unabhängigkeit auch eine gewisse Reife. Wahrscheinlich könnten wir gar nichts anfangen mit der Unabhängigkeit. Auch für Völker gibt es ein Alter, in dem sie mündig werden: wir haben dieses Alter noch nicht erreicht. Und ich bin ein Freund dieser Regierung, weil sie uns in unserer Unmündigkeit nicht im Stich läßt. Ich bin ihr dankbar dafür, wenn Sie es genau wissen wollen.«
Garek entfernte sich zum Bus, Bonzo beobachtete ihn aufmerksam, wartete, bis die schwere Bustür zufiel und wir allein dastanden auf dem trockenen, lehmigen Platz. Wir waren unter uns, und Finke vom Rundfunk wandte sich mit einer schnellen Frage an Bonzo: »Wie ist es wirklich? Rasch, wir sind allein.« Bonzo schluckte, sah Finke mit einem Ausdruck von Verwunderung und Befremden an und sagte langsam: »Ich habe Ihre Frage nicht verstanden.«
»Jetzt können wir offen sprechen«, sagte Finke hastig.

»Offen sprechen«, wiederholte Bonzo bedächtig und schmunzelte breit, so daß seine Zahnlücken sichtbar wurden.

»Was ich gesagt habe, ist offen genug: wir sind Freunde dieser Regierung, meine Frau und ich; denn alles, was wir sind und erreicht haben, haben wir mit ihrer Hilfe erreicht. Dafür sind wir ihr dankbar. Sie wissen, wie selten es vorkommt, daß man einer Regierung für irgendwas dankbar sein kann – wir sind dankbar. Und auch mein Nachbar ist dankbar, ebenso wie die Kinder dort und jedes Wesen im Dorf. Klopfen Sie an jede Tür, Sie werden überall erfahren, wie dankbar wir der Regierung sind.«

Plötzlich trat Gum, ein junger, blasser Journalist, auf Bonzo zu und flüsterte: »Ich habe zuverlässige Nachricht, daß Ihr Sohn gefangen und in einem Gefängnis der Hauptstadt gefoltert wurde. Was sagen Sie dazu?«

Bonzo schloß die Augen, Kalkstaub lag auf seinen Lidern; schmunzelnd antwortete er: »Ich habe keinen Sohn, und darum kann er nicht gefoltert worden sein. Wir sind Freunde der Regierung, hören Sie? Ich bin ein Freund der Regierung.«

Er zündete sich eine selbstgedrehte, krumme Zigarette an, inhalierte heftig und sah zur Bustür hinüber, die jetzt geöffnet wurde. Garek kam zurück und erkundigte sich nach dem Stand des Gesprächs. Bonzo wippte, indem er die Füße von den Hacken über die Zehenballen abrollen ließ. Er sah aufrichtig erleichtert aus, als Garek wieder zu uns trat, und er beantwortete unsere weiteren Fragen scherzhaft und ausführlich, wobei er die Luft mitunter zischend durch die vorderen Zahnlücken entweichen ließ.

Als ein Mann mit einer Sense vorüberging, rief Bonzo ihn an; der Mann kam mit schleppendem Schritt heran, nahm die Sense von der Schulter und hörte aus Bonzos Mund die Fragen, die wir zunächst ihm gestellt hatten. Der Mann schüttelte unwillig den Kopf: er war ein leidenschaftlicher Freund der Regierung, und jedes seiner Bekenntnisse quittierte Bonzo mit stillem Triumph. Schließlich reichten sich die Männer in unserer Gegenwart die Hand, wie um ihre gemeinsame Verbundenheit mit der Regierung zu besiegeln.

Auch wir verabschiedeten uns, jeder von uns gab Bonzo die Hand – ich zuletzt; doch als ich seine rauhe, aufgesprungene Hand nahm, spürte ich eine Papierkugel zwischen unseren Handflächen. Ich zog sie langsam, mit gekrümmten Fingern ab, ging zurück und schob die Papierkugel in die Tasche. Bela Bonzo stand da und rauchte in schnellen, kurzen Stößen; er rief seine Frau heraus, und sie, Bonzo und der Mann mit der Sense beobachteten den abfahrenden Bus, während die Kinder einen mit Steinen und jenen farblosen kleinen Büschen bedeckten Hügel hinaufstiegen.

Wir fuhren nicht denselben Weg zurück, sondern überquerten die heiße Ebene, bis wir auf einen Eisenbahndamm stießen, neben dem ein Weg aus Sand und Schotter lief. Während dieser Fahrt hielt ich eine Hand in der Tasche, und in der Hand die kleine Papierkugel, die einen so harten Kern hatte, daß die Fingernägel nicht hineinschneiden konnten, sosehr ich auch drückte. Ich wagte nicht, die Papierkugel herauszunehmen, denn von Zeit zu Zeit erreichte uns Gareks melancholischer Blick aus dem Rückspiegel. Ein schreckhafter Schatten flitzte über uns hinweg und über das tote Land; dann erst hörten wir das Propellergeräusch und sahen das Flugzeug, das niedrig über den Eisenbahndamm flog in Richtung zur Hauptstadt, kehrtmachte am Horizont, wieder über uns hinwegbrauste und uns nicht mehr allein ließ.

Ich dachte an Bela Bonzo, hielt die Papierkugel mit dem harten Kern in der Hand, und ich fühlte, wie die Innenfläche meiner Hand feucht wurde. Ein Gegenstand erschien am Ende des Bahndamms und kam naher, und jetzt erkannten wir, daß es ein Schienenauto war, auf dem junge Soldaten saßen. Sie winkten freundlich mit ihren Maschinenpistolen zu uns herüber. Vorsichtig zog ich die Papierkugel heraus, sah sie jedoch nicht an, sondern schob sie schnell in die kleine Uhrtasche, die einzige Tasche, die ich zuknöpfen

konnte. Und wieder dachte ich an Bela Bonzo, den Freund der Regierung: noch einmal sah ich seine gelblichen Rohlederstiefel, die träumerische Zufriedenheit seines Gesichts und die schwarzen Zahnlücken, wenn er zu sprechen begann. Niemand von uns zweifelte daran, daß wir in ihm einen aufrichtigen Freund der Regierung getroffen hatten.
Am Meer entlang fuhren wir in die Hauptstadt zurück; der Wind brachte das ziehende Kußgeräusch des Wassers herüber, das gegen die unterspülten Felsen schlug. An der Oper stiegen wir aus, höflich verabschiedet von Garek. Allein ging ich ins Hotel zurück, fuhr mit dem Lift in mein Zimmer hinauf, und auf der Toilette öffnete ich die Papierkugel, die der Freund der Regierung mir heimlich anvertraut hatte: sie war unbeschrieben, kein Zeichen, kein Wort, doch eingewickelt lag im Papier ein von bräunlichen Nikotinspuren bezogener Schneidezahn. Es war ein menschlicher, angesplitterter Zahn, und ich wußte, wem er gehört hatte.

ERNST JÜNGER

Die Eberjagd

Die Schützen hatten sich längs der Schneise aufgestellt. Der Fichtenschlag stand hinter ihnen mit schwarzen Zacken; die Zweige berührten noch den Grund. Vergilbtes Waldgras war in sie eingeflochten und hielt sie am Boden fest. Das machte den Eindruck, als ob dunkle Zelte aufgeschlagen wären, Herbergen gegen Sturm und Kälte im tief verschneiten Land. Ein Gürtel von fahlem Schilf verriet den Graben, der unter dem Schnee verborgen war.
Das Waldstück grenzte an das Fürstliche. Es war im Sommer schwül und stickig, und Schwärme von Bremsen zogen die Lichtungen entlang. Im Herbst, wenn die Gespinste

flogen, bedeckten Legionen von Pilzen den moosigen Grund. Die Beeren glänzten wie Korallen auf den Kahlschlägen.

Es hatte eben erst zu schneien aufgehört. Die Luft war köstlich, als ob die Flocken sie gefiltert hätten; sie atmete sich leichter und trug den Ton weithin, so daß man unwillkürlich flüsterte. Die frische Decke schien jede Vorstellung des Weißen zu übertreffen; man ahnte herrliche, doch unberührbare Geheimnisse.

Die besten Plätze waren dort, wo eine Schonung an die Schneise stieß. Kaum ragten die grünen Spitzen aus dem Schnee hervor. Hier war das Schußfeld ideal. Richard stand neben dem Eleven Breyer in einem Querschlag, auf dem sich die Zweige fast berührten, so daß kaum Ausblick war. Es war ein schlechter Platz, ein Stand für Anfänger. Doch war die Erwartung so stark geworden, daß er nicht mehr an Einzelheiten dachte, ja daß sogar sein Kummer sich auflöste. Er hatte bis zuletzt gehofft, daß der Vater ihm eine Büchse geben würde; das war die Erfüllung, auf die sein Dichten und Trachten gerichtet war. Er kannte keinen heißeren, keinen zwingenderen Wunsch. Er träumte von dem blauen Stahl der Waffe, von ihrer Nußbaumschäftung, von den Stecheichenblättern, die in das Metall graviert waren. Wie leicht sie war, wie handlich, und wunderbarer als alle Spielzeuge. Im Dunkel ihres Laufes glänzten die Züge in silberner Spirale auf. Wenn man sie spannte, gab sie ein trockenes Knacken von sich, als ergriffe die Zuverlässigkeit selbst das Wort, um das Herz zu erfreuen. Man konnte den Abzug durch einen Stecher verfeinern – dann war es, als ob ein Gedanke den Schuß entzündete. Daß dieses Kleinod, dieses Wunder, zugleich das Schicksal, den Tod in sich beschloß: das freilich ging über die Phantasie hinaus. Richard fühlte, daß in ihrem Besitze eine Ergänzung für ihn verborgen lag, eine vollkommene Veränderung. Bevor er einschlief, sah er sich zuweilen mit ihr nach Art der Wachträume im Walde – nicht etwa, um zu schießen, nein, nur um wie mit einer Geliebten mit ihr im Grünen sich zu ergehen. Es kam ihm dabei ein Wahrspruch in den Sinn, den er auf einem alten Zechkrug gelesen hatte, aus dem der Vater zuweilen einschenkte:

Ich und du, wir beide
Sind uns genug zur Freude.

Auch wenn ihm die Augen zugefallen waren, spannen sich die Bilder fort. Sie führten manchmal selbst zu Beängstigungen: er hatte die Waffe gespannt und wollte schießen, doch verhinderte ein böser Zauber, daß sie Feuer gab. Sein ganzer Wille heftete sich dann daran, doch seltsam, je mehr, je heftiger er ihn spannte, desto gründlicher verweigerte die Büchse ihm den Dienst. Er wollte schreien, doch die Stimme versagte ihm. Dann fuhr er aus dem Albdruck auf. Wie glücklich war er, wenn er erkannte, daß ihn ein Traum genarrt hatte.

Am sechzehnten Geburtstag sollte ihm das Wunder zufallen. Es wurde ihm nicht leicht, sich zu gedulden, wenn er Jägerburschen oder Eleven wie diesen Breyer sah, der knapp zwei Jahre älter und kaum größer als Richard war. Jetzt aber war es so still und klar im Walde, daß dieses Zehrende und Drängende in ihm erlosch. Die Welt war feierlich verhüllt.

Ein feines Zirpen durchzog das Tannicht und entfernte sich. Das waren die Goldhähnchen, die winzigen Gelbschöpfe; sie fühlten sich in den dunklen Schlägen wohl, in denen sie die Zapfen abkleibten. Dann hallte vom Rand des Forstes ein Hornruf durch die weiße Welt. Das Herz begann zu klopfen; die Jagd ging an.

Von fernher kam Unruhe in den Dickichten auf. Im Maß, in dem sie sich verstärkte, nahm auch der Herzschlag zu. Die Treiber brachen in schweren Lederschürzen durch das Gezweig und klopften mit dem Axtholz an die Stämme; dazwischen hörte man ihre Rufe: »hurr-hurr, hurr-hurr, hurr-hurr«. Zuerst klang dieses Treiben fern und heiter, dann wurden die Stimmen gröber, gefährlicher. Sie klangen nach Pfeifenrauch, nach Obstbrand, nach Wirtshaushändeln und drängten sich in das Geheimnis des Waldes ein.

Jetzt hörte man das Rauschen und Rufen ganz in der Nähe, und dann ein Rascheln, das sich unterschied. Ein Schatten durchfuhr das Röhricht und wechselte in die andere Dekkung, genau zwischen Richard und dem Eleven hindurch. Obwohl er wie ein Traumbild über die Blöße huschte, erfaßte Richard im Fluge die Einzelheiten: die Treiber hatten einen starken Keiler aus dem Lager aufgescheucht. Er sah ihn in einem Sprunge, wie von der Sehne geschossen, über den Weg fliegen. Das Vorderteil mit der mächtigen Brust lief keilförmig nach hinten zu. Die starken Rückenborsten, die der Weidmann Federn nennt, waren zum Kamm gesträubt. Richard hatte den Eindruck, daß ihn die kleinen Augen streiften; vor ihnen leuchteten die starken, gekrümmten Gewehre auf. Auch sah er die gebleckten Haderer, die dem Haupte den Ausdruck wütender Verachtung mitteilten. Das Wesen hatte etwas Wildes und Dunkelstruppiges, aber es war auch Röte, wie vom Feuer, dabei. Der dunkle Rüssel war absonderlich gebogen, ja fast geschraubt; er ließ den Ekel ahnen, mit dem dieser Freiherr die Nähe der menschlichen Verfolger und ihre Witterung empfand. Im Augenblick, in dem er die beiden wahrnahm, ließ er ein Schnarchen hören, doch wich er nicht aus der Bahn.
Im Nu war dieses Bild vorüber, doch prägte es sich mit traumhafter Schärfe ein. Der Eindruck blieb Richard für immer haften: die Witterung von Macht und Schrecken, doch auch von Herrlichkeit. Er fühlte, daß er in den Knien wankte und daß er den Mund geöffnet hatte, doch brachte er keinen Laut hervor.
Genauso schien es den Eleven zu verstören; er war ganz blaß geworden und stierte dem Eber mit aufgesperrten Augen nach. Fast hätte das Untier ihn gestreift. Schon war es wieder im Grün verschwunden, als er die Büchse hochriß und ihm eine Kugel nachwarf, dorthin, wo noch die Zweige zitterten.
Im engen Dickicht dröhnte der Schuß betäubend wie ein Paukenschlag. Die beiden jungen Leute starrten sich wortlos an. Zwischen den Fichten haftete die strenge, rauschige

Witterung des Keilers, sie mischte sich mit dem Geruch des Harzes und dem Pulverdunst, der sich verbreitete. Ein zweiter Hornruf ertönte; er blies das Treiben ab. Man hatte nur diesen einen Schuß gehört.
Dann kam Moosbrugger, der Förster, von der Schneise her gelaufen, dem das Jagdhorn am grünen Bande flatterte. Die Nase glühte ihm wie ein Karfunkel, und er mußte erst Atem schöpfen, ehe er zu fluchen begann. Er prüfte die Fährte und sah zu seinem Ärger, daß die Sau nicht, wie erwartet, über die Schneise flüchtig geworden war, sondern hier am entlegenen Ort. Nun hatten der Graf und seine Gäste das Nachsehen gehabt. Das kränkte Moosbrugger persönlich, und Richard hatte den Eindruck, daß es ihm schwer fiel, den jungen Schützen nicht zu ohrfeigen. Wenn es sich um einen seiner Jägerburschen gehandelt hätte, dann hätte er es wohl getan. So begnügte er sich, die Zähne zu fletschen und den Eleven zu fragen:
»Wissen Sie, was Sie jetzt gemacht haben?«
Und als der Gefragte verlegen die Achseln zuckte:
»Ich will es Ihnen sagen: ein leeres Rohr haben Sie gemacht.«
Dabei stieß er ein teuflisches Lachen aus und wandte sich von neuem der Fährte zu. Richard fühlte sich nun ganz zufrieden mit der Rolle des Zuschauers, die er gespielt hatte. Der unglückliche Eleve hatte einen roten Kopf bekommen; es schien ihm unbehaglich in seiner Haut zu sein. Er murrte vor sich hin.
»Dem hats noch keiner recht gemacht. Wenn ich nicht geschossen hätte, würde er auch geraunzt haben.«
Er war indessen schuldbewußt. Erst hatte er sich durch das Grobschwein erschrecken lassen und dann ein Loch in die Luft gesengt. Mit gleicher Inbrunst, wie er bei sich gehofft hatte, daß die Sau an ihm vorüberwechseln möge, verwünschte er nun, daß sie ihm in die Quere gekommen war. Schon sah er den Waldgrafen und hinter ihm die Jagdgesellschaft von der Schneise her auf sich zuschreiten. Seine Verwirrung war so stark, daß sie sich auf Richard übertrug.

Bei alledem war es noch günstig, daß der fürchterliche Moosbrugger im Gebüsch verschwunden war.
Im Augenblick, in dem der Jagdherr sie erreichte, erscholl die mächtige Stimme des Försters aus dem Dickicht:
»Sau tot! Sau tot!«
Dann blies er die Jagd aus, daß es weithin den Forst durchdrang. Die ganze Gesellschaft mit den Treibern folgte dem Hornruf und trat auf eine Lichtung, die hinter dem Fichtengürtel lag. Dort stand Moosbrugger neben dem Keiler, der im Neuschnee verendet war. Er war jetzt im vollen Triumph darüber, daß die Jagd gut ausgegangen war, und meldete dem Grafen noch einmal, während ein schreckliches Lachen sein Gesicht von einem Ohre bis zum anderen spaltete. Er hatte es natürlich gleich gewußt – nur zwei, drei Schnitthaare und Lungenschweiß – zum Teufel, die jungen Leute hatten bei ihm gelernt.
Alle umstanden nun im Oval die Beute, die Schützen mit umgehängter Büchse, die Treiber mit geschulterter Axt. Der Keiler lag auf dem weißen Bett wie schlafend, die kleinen Augen blickten die Bezwinger halb spöttisch an. Die Männer bewunderten das mächtige Haupt, das wie auf einem Kissen lag. Die scharfen Gewehre schimmerten in grimmiger Krümmung wie altes Elfenbein. Dort, wo der breite Hals ansetzte, starrten die Läufe, die Moosbrugger die Vorderhämmer nannte, steif in die Luft. Das dunkelborstige Vlies war rostig durchschossen, nur über den Rücken zog sich ein reinschwarzes Band. Immer noch breitete sich, an den Rändern verblassend, ein großer Blutfleck aus.
Bei diesem Anblick empfand Richard ein Bangen; fast schien es ihm unziemlich, daß sich hier die Augen an dem Erlegten weideten. Nie hatte ihn eine Hand berührt. Nun, nach dem ersten Staunen, packte man ihn an den Tellern und Läufen und wendete ihn hin und her. Der Knabe suchte sich gegen das Gefühl zu wehren, das in ihm aufstieg: daß ihm in diesem Augenblick der Eber näher, verwandter als seine Hetzer und Jäger war.

Nachdem sie die Beute bewundert und betastet hatten, entsannen sie sich des glücklichen Schützen, der sie gestreckt hatte. Der Graf brach einen Fichtenzweig, den er in den Anschuß tauchte, dann präsentierte er auf dem Kolben des Gewehres den blutbetauten Bruch, während Moosbrugger Halali blies. Der junge Mann stand mit bescheidenem Stolz in ihrer Mitte und heftete das Reis an seinen Hut. Die Augen ruhten mit Wohlwollen auf ihm. Bei Hofe, im Krieg und unter Jägern schätzt man den glücklichen Zufall und rechnet ihn dem Manne zu. Das leitet eine Laufbahn günstig ein.

Sie ließen nun eine runde, mit Obstwasser gefüllte Flasche kreisen, aus welcher der Graf den ersten Schluck nahm und die er dann, nachdem er sich geschüttelt hatte, als Nächstem dem Eleven gab. Sie suchten jetzt alle mit ihm ein Wort zu wechseln, und er durfte nicht müde werden, zu berichten, wie ihm der Keiler begegnet war. Wirklich ein Kernschuß, das mußte der Neid zugeben. Er schilderte, wie er die Sau vernommen hatte und wie sie auf ihn zugesprungen war. Auch wie er nicht voll Blatt getroffen hatte, sondern etwas dahinter, weil sie im spitzen Winkel im Tann verschwunden war. Er hatte sie aber deutlich zeichnen gesehen. Moosbrugger lobte ihn über den grünen Klee.

Nur Richard war befangen, er hielt sich für den einzigen, der dem Vorgang nicht gewachsen war. Er hörte mit Erstaunen, daß Breyer ihn ganz anders wahrgenommen hatte, und mußte es glauben, denn dafür zeugte der Keiler, der vor ihm lag. Er lernte hier zum ersten Male, daß Tatsachen die Umstände verändern, die zu ihnen führten – das rüttelte an seiner idealen Welt. Das grobe Geschrei der Jäger bedrückte ihn. Und wieder schien ihm, daß ihnen der Eber hoch überlegen war.

Moosbrugger zog bedächtig sein Messer aus der Scheide und prüfte die Schärfe, indem er es über den Daumen strich. Man durfte selbst bei strengem Frost den Keiler nicht in der Schwarte lassen, dafür war er zu hitzig im Geblüt. Die Miene des Jägers wurde nun ganz altertümlich, durchleuchtet von einer Art von feierlichem Grinsen, das die tief eingegerbten Falten senkrecht zog. Er kniete sich auf einen Hinterlauf des Keilers und packte mit der Linken den anderen. Dann ritzte er die gespannte Decke mit der Schärfe an und schlitzte sie bis zum Brustbein auf. Zunächst entfernte er zwei Gebilde, die spiegelblauen Gänseeiern glichen, und warf sie, während die Treiber beifällig lachten, hinter sich: »Die holt sich der Fuchs zum Nachtessen.«

Dann fuhr er behutsam einem Strange nach. Der scharfe Dunst, der das Tier umschwelte, wurde nun beizend; die Männer traten fluchend zurück. Moosbrugger wühlte mit beiden Händen in der Bauchhöhle und fuhr in den Brustkorb hinein, zog rotes und blaues Gescheide heraus, die edlen Eingeweide absondernd. Das Herz war vom Geschoß zerrissen; der Eber hatte mit dieser Wunde noch an neunzig Fluchten gemacht. Ein Jägerbursche schnitt den Pansen auf, um ihn im Schnee zu waschen; er war prall mit geschroteten Bucheckern gefüllt. Bald hatte sich der geschändete Leib in eine rote Wanne umgewandelt, aus der noch immer das Blut in die Frostluft emporrauchte.

Moosbrugger umschnürte den Oberkiefer hinter den Hauern mit einer Schlinge; die Treiber spannten sich davor und schleiften den borstigen Rumpf davon. Die Jäger entzündeten die Pfeifen und schlossen sich, behaglich plaudernd, dem Zuge an. Die Jagd war aus.

Das war der erste Abend, an dem Richard einschlief, ohne an das Gewehr gedacht zu haben; dafür trat nun der Eber in seinen Traum.

ARNO SCHMIDT

Ich bin erst Sechzig

Ich ging damals hin, wie ich zu allen Auktionen gehe: nicht um zuzusehen, wie Mutters Wintermantel und Überschuhe versteigert werden (und hinten in der Ecke erkennt man genau das graue schluchzende Gesicht der Tochter – nicht Mörder nur werden nämlich immer wieder an den Tatort gezogen; auch die Armen); dann setzt sich wohl eine dicke Person mit dreidoppeltem Unterkinn in den Korbsessel, und bietet mit, indem sie mit der Regenschirmspitze halb die Luft vor »ihren« Gegenständen anritzt; oder nutzlose alte Möbelchen werden vorher mehrfach laut als »Brennholz« bezeichnet, um den Preis zu drücken – wie gesagt, deswegen nicht. Ich brauche die Reste meiner Phantasie, um damit die wenigen Sachgebiete zu beheizen, die mich vor völliger Erstarrung bewahren: ich gehe hin, wegen der Bücher.

Bücher sind immer meine große Leidenschaft gewesen. Nicht diese neuen, grell eingebundenen; aber wenn ich so ein Bändchen von 1850 anfaßte – leicht wie Federn sind die alten Dinger gegenüber unseren schwerpapierigen rauhen Tafeln – überkam mich stets etwas von dem Geiste des Alten, längst Ausgestorbenen, der sich da monate- und jahrelang um irgend ein (heute absurdes) Problem gemüht hatte. Wie unwillig war ihm der Mund im Gesicht herum geglitten, wenn ihn spät abends die Frau vom Schreibtisch abrief – und er mußte doch nächsten Morgen wieder im strammen Büro sein! Was hatten die alten Männer gearbeitet! (Bald würde auch ich einer sein; triefherzig, mit zähem Ideengewackel, fingerschläuchig, ein weißer Greis, gack, gack)!

Also die Bücher.

Ich war mit meiner Frau hingegangen, und sah bereits von ferne das abgewetzte Regal, und den hageren Alten, der

davor lungerte. Konkurrenz muß man wittern und hassen. Witterte und haßte ich also den kleinen Dürren, und sah ihn von oben an: ich bin zwei Meter groß und kann das sehr. Er erwiderte mit giftigen Blicken von unten den Guerillakrieg; schob sich aber (sein Interesse zu verbergen?) langsam beiseite.
Mist. Ziemlicher Unfug zuerst. Billige Sachen; das heißt solche, um die sich ein Geist, durchs Alter historisch geworden, gar nicht mehr kümmert. Das Leben ist ja so kurz! Selbst wenn Sie ein Bücherfresser sind, und nur fünf Tage brauchen, um ein Buch zweimal zu lesen, schaffen Sie im Jahre nur 70. Und für die fünfundvierzig Jahre, von Fünfzehn bis Sechzig, die man aufnahmefähig ist, ergibt das 3150 Bände: die wollen sorgfältigst ausgewählt sein!
Dann aber erschien eine – verhältnismäßig – rare Sammlung von Werken, das alte Königreich Hannover betreffend. Niedersachsen war stets meine große Liebe gewesen (ich bin Hamburger!); und ich notierte, im Betasten der Bände, die Eifersucht des Rivalen: wie er näherkam, wütend kaute; die Hände in den Hosentaschen sicherstellte; ich konnte ohne Leiter schamlos bis in die obersten Reihen langen. (Und tat es, ihn zu demütigen, mit bordellenen Griffen.)
Meine Frau mußte die kleine Tabelle herausnehmen, auf der ich die Jahrgänge des hannoverschen Staatshandbuches verzeichnet hatte, und wir verglichen laut, unbekümmert, herausfordernd (nachdem ich sie durch ein paar Silben auf den Greis zur Rechten aufmerksam gemacht hatte). (Entweder ein Fanatiker? Oder mit zuviel Syndetikon im Blut.)
Schon schob er sich näher, und bat: »Wollen wir unsere Interessensphären nicht abgrenzen?«. Leider stellte sich heraus, daß wir dieselben hatten. Er zögerte; zitterte; (mochte 70 sein); und bat (schlechte Nerven) schon jetzt um Pardon: es sei die Bibliothek seines Freundes.
Curt Heinrich Conrad Friedrich Jansen hatte zeit seines Lebens sämtliche Bände Staatshandbücher des ausgestorbenen, abgewrackten, Königreiches Hannover gesammelt; und dann eine Kartei begonnen, in der er das gesamte Personal

damaliger Zeit erfassen wollte. (Er versprach mir Proben der Arbeit!) Er sei sein »geistiger Erbe« und *müsse* den Handapparat erwerben. Sonst die Seele keine »Ruhe«. Die Drohung verfing nicht: ich war über zwei Meter groß!
Er unterschrieb einen Vertrag, gemäß welchem, nach seinem Tode, das ganze Material an mich fallen mußte. Er bat und flehte darum.
Die Versteigerung begann. Ein anwesender Antiquar bot hundert Mark für den »ganzen Laden«; wir hundertundfünf; er hundertzwanzig: ich drückte »meinem« Alten weitere Hundert in die Hand; der Buchjobber verstummte unbeteiligt-ungehalten. Für Einhundertvierzig Mark erwarben wir ein Leben. Ich Idiot half meinem Alten noch, die Bände und Karteien auf einem Handwagen heimziehen.
Ich besuche ihn oft, und kontrolliere, ob er die Kartei auch redlich weiterführt. Natürlich kommen wir oft in eine Art Gespräch. Er trinkt gern meinen Nescafé; weiß aber unheimlich viel vom alten Königreich Hannover; eine Skylla in Worcestertunke. Ich auch.
Aber ich kriege ihn: er ist Neunzig; ich bin erst Sechzig.

ILSE AICHINGER

Der Hauslehrer

Vater und Mutter waren gegangen. Der Kleine hing über das Stiegengeländer und schaute ihnen nach. Er sah den hellen Hut seiner Mutter und den dunklen seines Vaters tief unten und noch tiefer – zuletzt sah er nichts mehr. Der Flur war grün wie die See. Man konnte denken, Vater und Mutter wären gesunken. Ihre Ermahnungen waren so eindringlich gewesen, als ließen sie ihn nicht nur für eine Stunde allein. Dem Kleinen schwirrte der Kopf: Die Kette vorlegen und niemandem öffnen, nur wenn der Hauslehrer kam – – – Er war lange krank gewesen, und da er noch schwach war, blieb er zu Hause und erhielt Unterricht. Sein Hauslehrer war ein Student, ein stiller, junger Mann, der ihn für gewöhnlich langweilte.

Der Kleine ging durch die leere Wohnung. Sie war still wie eine Muschel, die man ans Ohr hielt. Er öffnete die Tür zur Vorratskammer. Alle diese gefüllten Körbe und Gläser gehörten jetzt ihm: die Fracht eines fremden Schiffes – die weite Welt. Er nahm einen Apfel aus dem Korb, aber in diesem Augenblick läutete es. Er schlich hinaus. Vor der Tür hielt er den Atem an und zögerte. Dann legte er die Kette vor und öffnete die Tür um einen Spalt. Draußen stand der alte Bettler, den er schon kannte. »Ich habe nichts!« sagte das Kind verlegen und gab ihm den Apfel, den es in der Hand hielt. Der Bettler nahm ihn, ohne zu danken. »Auf Wiedersehen!« sagte der Kleine, aber er erhielt keine Antwort.

Er schloß die Tür und ging auf den Fußspitzen in sein Zimmer. Dort setzte er sich an den Tisch und saß ganz still. Er hatte sich darauf gefreut, allein zu sein, aber jetzt empfand er Furcht. Furcht vor dem Bettler und Furcht vor den leeren Räumen. Es erleichterte ihn, als er den Hauslehrer läuten hörte. Er lief hinaus und öffnete.

»Du solltest durch das Guckloch schauen!« sagte der Hauslehrer.

»Ich erreiche es nicht!« erwiderte das Kind. Es sah an dem jungen Mann hinauf, der sich vor dem Spiegel über das Haar strich und einen Augenblick innehielt, als lauschte er.

Sie rückten den Tisch ans Fenster und begannen zu lesen. »Es – ist – Herbst –«, las der Kleine stockend, »die Vögel fliegen nach dem Süden.« Er hob den Kopf und sah hinaus.

»Wo fliegen sie?« fragte er.

»Lies weiter!« sagte der Hauslehrer ungeduldig. Und dann, als hätte er sich besser besonnen: »Sie sind schon über dem Meer!«

Der Kleine las weiter. Von Blättern, die fielen, und von Früchten, die in großen Gärten geerntet wurden. Von dem bunten Weinlaub und von der Sonne, die früher unterging.
»Wo?« fragte er. »Wo geht sie unter?«
»Drüben!« sagte der Hauslehrer unbestimmt.
Sie lasen jetzt vom Himmel und von den weißen Wolken, die der Wind darübertreibt.
»Wo?« rief der Kleine wieder. Aber er bekam keine Antwort. Er hob den Kopf und sah, daß der Hauslehrer still saß und auf seine Knie schaute. »Wo treibt der Wind die Wolken?« rief er dringender. Der Himmel vor dem offenen Fenster war wolkenlos und fast durchscheinend. Es war kurz vor Einbruch der Dämmerung.
»Hörst du etwas?« fragte der Hauslehrer, ohne den Kopf zu heben.
»Hören?« sagte der Kleine. »Nein, ich höre nichts!«
»Still!« sagte der Hauslehrer. »Wenn du ganz still bist, hörst du sie!«
»Wen?« fragte das Kind.
»Horch!« rief der Hauslehrer.
»Wen soll ich hören?« fragte der Kleine noch einmal.
»Diese Stimme«, sagte der junge Mann, »diese Stimme!«
Der Kleine ließ das Blättern. Er senkte den Kopf und legte die Hände hinter die Ohren, aber er hörte nichts als das leichte Brausen, das von tief unten kam und die ganze Wohnung in eine Muschel verzaubert hatte.
»Rauschen?« sagte das Kind.
»Nein«, antwortete der Hauslehrer. »Schreien!«
Der Kleine begann zu lachen. Er sprang auf und klatschte in die Hände.
»Ist es ein Spiel?« rief er.
»Lies weiter!« sagte der Hauslehrer.
Aber kaum hatten sie von den Nebeln und von den langen Schatten zu lesen begonnen, als er aufsprang und die Tür ins Nebenzimmer aufriß, als wollte er jemanden überraschen.

Er ging von da durch den Salon in das Schlafzimmer der Eltern, durchquerte das Vorzimmer und kam wieder zurück. Der Kleine sah ihm erstaunt entgegen.
»Es ist jemand in der Wohnung!« sagte der Hauslehrer. Er erkundigte sich, ob vor ihm schon jemand hier gewesen sei.
»Ja«, antwortete das Kind, »ein Bettler.«
»Hast du die Kette vorgelegt?«
»Ja!«
Der Hauslehrer fiel in Schweigen.
»Soll ich weiterlesen?«
»Horch!«
»Spielen wir?« lächelte der Kleine unsicher.
Der junge Mann sah ihm nachdenklich ins Gesicht.
»Ja!« sagte er nach einer Weile. »Spielen wir, es wäre jemand in der Wohnung!«
»Und wer?« rief der Kleine freudig.
»Einer«, sagte der Hauslehrer, »den wir fürchten.«
»Der Bettler?«
»Ja, der Bettler! Wir wollen ihn suchen gehen.«
Als der Hauslehrer die Hand in die seine legte, fühlte der Kleine, daß sie kalt und feucht von Schweiß war. Sie gingen auf den Fußspitzen, öffneten leise die Türen und sahen in alle Ecken. Das Licht draußen ließ nach, und in den Zimmern begann es schon zu dunkeln. Nur noch die Rahmen der Bilder glänzten von den Wänden. Im Salon hielt der junge Mann inne, ließ die Hand des Kleinen fallen und legte den Finger an den Mund.
»Wo ist er?« rief der Kleine. Seine Wangen glühten vor Eifer.
»Hörst du ihn nicht?« flüsterte der Hauslehrer.
»Wo?«
»Nebenan!«
»Was sagt er?«
»Er droht!«
Der Kleine stürzte hinaus, riß den Mantel seines Vaters vom Kleiderständer und schrie: »Ich habe ihn, ich habe ihn!«

Dann schlüpfte er in den Mantel und schleifte ihn hinter sich her.
Der Hauslehrer kam aus dem Salon. Er kam ganz langsam mit kleinen furchtsamen Schritten auf den Kleinen zu.
»Wir haben ihn!« rief der noch einmal. »Wir haben ihn!«
»Ach«, sagte der Hauslehrer langsam, »du bist es!«
Sie standen vor dem großen Spiegel, und der Kleine sah, wie das Spiegelbild des anderen die Faust gegen ihn erhob. In dem fallenden Dunkel sah er diese geballte Faust und das blasse verzerrte Gesicht. Er sprang und lachte laut. So lustig war der Hauslehrer noch nie gewesen! In diesem Augenblick hörte er die Schlüssel im Schloß gehen und erkannte die Gesichter seiner Eltern hinter sich. Und er hörte seine Mutter schreien.
Aber noch als der Hauslehrer, von drei Männern gebändigt, erschöpft, mit Schaum vor dem Mund in den Rettungswagen geladen wurde, suchte der Kleine ihnen in die Arme zu fallen.
»Aber wir wollten doch nur spielen!«
Und sooft seine Eltern später sagten: »Wenn wir damals nicht rechtzeitig gekommen wären –«, fiel er ihnen zornig ins Wort: »Wir wollten doch nur spielen!«
Und er mißtraute den Erwachsenen.

WOLFGANG HILDESHEIMER

Eine größere Anschaffung

Eines Abends saß ich im Dorfwirtshaus vor (genauer gesagt, hinter) einem Glas Bier, als ein Mann gewöhnlichen Aussehens sich neben mich setzte und mich mit gedämpft-vertraulicher Stimme fragte, ob ich eine Lokomotive kaufen wollte. Nun ist es zwar ziemlich leicht, mir etwas zu verkaufen, denn ich kann schlecht nein sagen, aber bei einer größeren Anschaffung dieser Art schien mir doch Vorsicht am Platze. Obgleich ich wenig von Lokomotiven verstehe, erkundigte ich mich nach Typ, Baujahr und Kolbenweite, um bei dem Mann den Anschein zu erwecken, als habe er es hier mit einem Experten zu tun, der nicht gewillt sei, die Katze im Sack zu kaufen. Ob ich ihm wirklich diesen Eindruck vermittelte, weiß ich nicht; jedenfalls gab er bereitwillig Auskunft und zeigte mir Ansichten, die das Objekt von vorn, von hinten und von den Seiten darstellten. Sie sah gut aus, diese Lokomotive, und ich bestellte sie, nachdem wir uns vorher über den Preis geeinigt hatten. Denn sie war bereits gebraucht, und obgleich Lokomotiven sich bekanntlich nur sehr langsam abnützen, war ich nicht gewillt, den Katalogpreis zu zahlen.

Schon in derselben Nacht wurde die Lokomotive gebracht. Vielleicht hätte ich dieser allzu kurzfristigen Lieferung entnehmen sollen, daß dem Handel etwas Anrüchiges innewohnte, aber arglos wie ich war, kam ich nicht auf die Idee. Ins Haus konnte ich die Lokomotive nicht nehmen, die Türen gestatteten es nicht, zudem wäre es wahrscheinlich unter der Last zusammengebrochen, und so mußte sie in die Garage gebracht werden, ohnehin der angemessene Platz für Fahrzeuge. Natürlich ging sie der Länge nach nur etwa halb hinein, dafür war die Höhe ausreichend; denn ich hatte in dieser Garage früher einmal meinen Fesselballon untergebracht, aber der war geplatzt.

Bald nach dieser Anschaffung besuchte mich mein Vetter. Er ist ein Mensch, der, jeglicher Spekulation und Gefühlsäußerung abhold, nur die nackten Tatsachen gelten läßt. Nichts erstaunt ihn, er weiß alles, bevor man es ihm erzählt, weiß es besser und kann alles erklären. Kurz, ein unausstehlicher Mensch. Wir begrüßten einander, und um die darauffolgende peinliche Pause zu überbrücken, begann ich: »Diese herrlichen Herbstdüfte . . .« – »Welkendes Kartoffelkraut«, entgegnete er, und an sich hatte er recht. Fürs erste steckte ich es auf und schenkte mir von dem Kognak ein, den er mitgebracht hatte. Er schmeckte nach Seife, und ich gab dieser Empfindung Ausdruck. Er sagte, der Kognak habe, wie ich auf dem Etikett ersehen könne, auf den Weltausstellungen in Lüttich und Barcelona große Preise, in St. Louis gar die goldene Medaille erhalten, sei daher gut. Nachdem wir schweigend mehrere Kognaks getrunken hatten, beschloß er, bei mir zu übernachten, und ging den Wagen einstellen. Einige Minuten darauf kam er zurück und sagte mit leiser, leicht zitternder Stimme, daß in meiner Garage eine große Schnellzuglokomotive stünde. »Ich weiß«, sagte ich ruhig und nippte von meinem Kognak, »ich habe sie mir vor kurzem angeschafft.« Auf seine zaghafte Frage, ob ich öfters damit fahre, sagte ich, nein, nicht oft, nur neulich, nachts, da hätte ich eine benachbarte Bäuerin, die ein freudiges Ereignis erwartete, in die Stadt ins Krankenhaus gefahren. Sie hätte noch in derselben Nacht Zwillingen das Leben geschenkt, aber das habe wohl mit der nächtlichen Lokomotivfahrt nichts zu tun. Übrigens war das alles erlogen, aber bei solchen Gelegenheiten kann ich der Versuchung nicht widerstehen, die Wirklichkeit ein wenig zu schmücken. Ob er es geglaubt hat, weiß ich nicht, er nahm es schweigend zur Kenntnis, und es war offensichtlich, daß er sich bei mir nicht mehr wohl fühlte. Er wurde ganz einsilbig, trank noch ein Glas Kognak und verabschiedete sich. Ich habe ihn nicht mehr gesehen.

Als kurz darauf die Meldung durch die Tageszeitungen ging, daß den französischen Staatsbahnen eine Lokomotive abhanden gekommen sei (sie sei eines Nachts vom Erdboden – genauer gesagt vom Rangierbahnhof – verschwunden), wurde mir natürlich klar, daß ich das Opfer einer unlauteren Transaktion geworden war. Deshalb begegnete ich auch dem Verkäufer, als ich ihn kurz darauf im Dorfgasthaus sah, mit zurückhaltender Kühle. Bei dieser Gelegenheit wollte er mir einen Kran verkaufen, aber ich wollte mich in ein Geschäft mit ihm nicht mehr einlassen, und außerdem, was soll ich mit einem Kran?

MARTIN WALSER

Die Klagen über meine Methoden häufen sich

Der Mut, den man braucht, Sparkassenräuber zu werden, auf blankem Steinboden in die taghelle Schalterhalle einzudringen, dieser Mut fehlte mir, als ich von meinen Erziehern gedrängt wurde, einen Beruf zu wählen. Gerne wäre ich auch Förster geworden; aber selbst für diesen Beruf, so schien es mir, brauchte man den Mut eines Sparkassenräubers. Fast für alle Berufe, wenn man sie näher betrachtet, braucht man diesen Mut eines Mannes, der in die Schalterhalle eindringt, alle mit einer geladenen oder noch öfters mit einer ungeladenen Pistole im Bann hält, bis er hat, was er will, der dann noch lächelt und rückwärts gehend plötzlich verschwindet.

Schließlich entschied ich mich, Pförtner zu werden. Und ich wurde Pförtner in einer Spielzeugfabrik. Ich kann mir vorstellen, daß viele meiner Kollegen durch diesen Beruf hochmütig werden, daß sie auch nach Feierabend noch mit kaltem Gesicht herumlaufen und abweisende Handbewegungen um sich her streuen.

Ich bin nicht so geworden, obwohl ich mich nach Kräften bemühe, meinen Dienst tagsüber gewissermaßen unbarmherzig zu tun. Ich fühlte mich von Anfang an zu Hause in meiner gläsernen Loge. Die Knöpfe, mit denen ich die mir anvertrauten Türen öffnen kann, wurden mir ein einziges Mal zur Handhabung erklärt, und schon hatte ich alles verstanden; das Verzeichnis der Telephonanschlüsse im Haus kannte ich auswendig, kaum daß ich's einmal durchgelesen hatte. Den ersten Besuchern gegenüber war ich – das gebe ich zu – ein bißchen scheu: ich befürchtete Fragen, die ich nicht beantworten konnte, ich war noch nicht sicher, ob mir die Formulierung meiner Auskünfte in jedem Augenblick so gelingen würde, wie es der Besucher erwarten darf. Wie leicht kann doch ein Pförtner scheitern! Da kommen Herren der vornehmsten Art in die Fabrik, und der Pförtner weiß nicht, ob es seinen Vorgesetzten im Haus lieb ist, gerade diesen oder jenen Herrn zu empfangen. Und jeder im Haus glaubt, er sei der Vorgesetzte des Pförtners. Der Pförtner hat keine Kollegen, er hat nur Vorgesetzte. Und er muß es allen recht machen. Nun meint man, der Pförtner müsse ja nur zum Haustelephon greifen, hinaufrufen in die Büros und fragen, ob der Herr Soundso willkommen sei oder nicht. Aber die in den Büros sind so empfindlich, daß sie oft schon durch eine telephonische Anfrage in schreckliche Erregung versetzt werden können; dann schreien sie den Pförtner durchs Telephon nieder, daß der Mühe hat, seine Fassung zu bewahren und nicht in Tränen auszubrechen. Das darf er nicht, weil doch vor ihm, den Kopf dicht an der Scheibe und ganz auf den Pförtner konzentriert, der Besucher steht, dem er gleich Antwort geben muß. Diese Antwort wiederum darf nichts von dem Geschrei verraten, das der feinnervige und hochbezahlte Herr aus dem Büro gerade in die Ohren des Pförtners prasseln ließ, nein, des Pförtners Aufgabe ist es, diesen Wutschrei des gestörten Herrn sofort zu übersetzen in ein bedauerliches Lächeln, in eine höfliche Geste, die den Besucher so sehr tröstet, daß er, wenn er gleich zur Tür hinausgeht, schon vergessen hat, daß er abgewiesen wurde. Solche Dolmetscherarbeit will gelernt sein, das darf man mir glauben. Oft muß ich darüber hinaus noch den Kopf mit dem Hörer weit weit zurückbiegen bis in das dämpfende Futter meines Mantels hinein, der hinter mir hängt, um die gereizte Stimme aus dem Büro vor den Ohren des Besuchers zu verbergen, denn es besteht eine Anordnung von der allerhöchsten Geschäftsleitung, vom Besitzer selbst nämlich, daß kein Besucher, wer es auch immer sei, schroff behandelt werden dürfe. Obwohl diese Anordnung der Direktion für alle gilt, ist es doch der Pförtner, der ihr in der Praxis Geltung zu verschaffen hat. Ich habe dies immer mit Freuden getan, weil ich gerade diese Anordnung mehr billige als irgendein anderes Gesetz des Betriebes.

Deshalb habe ich mir angewöhnt, so selten wie möglich zum Telephon zu greifen. Ich prüfe die Besucher selbst und entscheide, ob sie mit Recht verlangen, mit dem Einkaufschef, mit dem Prokuristen, dem Leiter der Entwurfsabteilung, mit der Kantinenpächterin oder gar mit einem der Direktoren oder dem Personalchef sprechen zu dürfen.

Mag sein, daß ich am Anfang meiner Tätigkeit manchen zu rasch wegschickte. Aber allmählich habe ich mir eine Fähigkeit erworben, jeden so lange zu fragen, unauffällig, gar nicht wie ein Detektiv, oder sonst ein Schnüffler, ganz beiläufig, im Gange einer für beide Teile recht erquicklichen Unterhaltung, aber doch mit aller nützlichen Gründlichkeit, daß ich am Ende dieser Unterhaltung so genau informiert bin über die Wichtigkeit dieses Besuches für unsere Firma, daß ich die Entscheidung darüber, ob ich ihn abzuweisen habe oder nicht, mit einem vollkommen ruhigen Gewissen fällen kann. Wenn ich einen Besucher aber abweise – und die meisten muß ich abweisen –, dann weiß ich ihn während dieser Unterhaltung davon zu überzeugen, daß es für ihn ganz sinnlos wäre, mit dem Herrn unserer Firma, bei dem ich ihn anmelden sollte, zu sprechen. Ich habe mir in allen Fachgebieten, die bei uns vorkommen, so viel Kenntnisse erworben, daß ich einem Vertreter, der wegen Weißblechlieferung mit dem Einkaufsleiter sprechen will, genau Bescheid geben kann, ob seine Angebote Aussicht auf Erfolg haben oder nicht. Ebenso habe ich gelernt, protestierende Einzelhändler, die den Verkaufschef sprechen wollen, zu befriedigen, oder Landleute, die unsere Kantine beliefern wollen, oder bleichsüchtige Erfinder, die in Rudeln zu dreien und vieren den Leiter unserer Entwurfsabteilung überfallen wollen, um ihm ihre unverwertbaren Spielzeugerfindungen aufzuschwatzen, sogar entschlossen blickende Schriftsteller und Maler, die sich an unserem Reklamechef für die vielen Absagebriefe rächen wollen, vermag ich vom Schlimmsten zurückzuhalten, obwohl gerade die Erfinder und die Künstler – das muß ich den Landleuten und Vertretern zu Ehren sagen –

am schwersten durch vernünftiges Reden zu überzeugen sind.
So vertrete ich also – ich kann es nicht anders sagen – alle leitenden Herrn des Hauses an der Pforte, und die immer rascher steigenden Umsätze sind nicht zuletzt dem Umstand zu verdanken, daß ich die leitenden Persönlichkeiten unserer Firma – sie sind ja die verletzlichsten – vor lästigen Besuchern schütze. Leider wird dies von eben diesen Herrn überhaupt nicht bemerkt. Vor allem verstehen diese Persönlichkeiten nicht, daß ich Zeit brauche, um die einzelnen Besucher wirklich und ohne alle Schroffheit von der Nutzlosigkeit ihrer Besuche zu überzeugen. Die langwierigen Unterhaltungen, die ich durch mein Logenfenster mit den hartnäckigen Besuchern führen muß, haben zur Folge, daß schon eine halbe Stunde nach Geschäftsbeginn eine von Minute zu Minute länger werdende Schlange vor meinem Schalter steht. Sei es nun, daß da mal einer ungezogen genug war, die versammelte Menschenmenge als Tarnung zu benutzen, und unangemeldet ins Haus schlüpfte, sei es, daß einmal einer der leitenden Herrn rasch aus dem Haus wollte und durch die Schlange der Wartenden eine Sekunde Zeit verlor, auf jeden Fall häufen sich im Haus die Klagen über meine Methode, Besucher zu behandeln. Ich arbeitete zu langsam, zu schwerfällig, zu wenig sachlich . . . das muß ich hören! So kurzsichtig sind all diese Vorwürfe und Klagen, so wenig Kenntnis meines Berufs beweisen sie, daß ich mich eigentlich gar nicht verteidigen kann. Ich möchte sehen, was geschehen würde, wenn ich die Besucher kurz und barsch abfertigen würde! Dann wäre die Vorhalle zwar immer leer, aber in der Direktion würden die Telephone vor Protestanrufen nicht mehr aufhören zu klingeln, der Ruf der Firma würde leiden, der Umsatz sinken. Die Anordnung der Direktion, keinen Besucher vor den Kopf zu stoßen, ist nicht umsonst erlassen. Ich kann natürlich nicht zum Direktor rennen und ihn bitten, denen, die gegen mich klagen, den Mund zu stopfen. Er würde mir einfach sagen, ich müsse das eine tun, dürfe aber das andere nicht lassen. Wie

aber soll ich die Besucher höflich davon überzeugen, daß die Firma sie nicht empfangen kann, wenn ich sie rasch abfertigen soll? Davon, daß einer das große Los gewonnen hat, kann man ihn mit einem einzigen Satz überzeugen. Einem aber wirklich beizubringen, daß seine Erfindung oder sein Werbetext oder sein Blech oder Gemüse für die Firma nicht in Frage kommen – und ihm das so beizubringen, daß er mit einem Loblied auf die Firma das Haus verläßt –, das soll mir einer meiner Gegner einmal in zwei Minuten vormachen. Aber was soll ich tun?

Die Menschenschlange vor meiner Loge wird täglich länger; weil ich die Gefahr, in die sie mich bringt, jetzt kenne, macht sie mich unruhig, unsicher auch, meine Rede fließt nicht mehr wie ehedem, ich schwitze, stammle, brauche länger als früher, erreiche nie mehr das Maß an Tröstung, das ich sonst in jedem Fall erreicht hatte, schon kommt es vor, daß manche mir einen Fluch zuwerfen, die Türe zuschlagen und wütend hinausstürzen, was soll ich tun? Ich kann nichts mehr ändern. Ich muß es endlich eingestehen, warum ich die Entwicklung, die ich in meinem Beruf genommen habe, so ausführlich aufzeichne: zur Rechtfertigung nämlich, um irgendwo, außerhalb meines Betriebes wenigstens, Verständnis zu erlangen, denn für morgen bin ich zum Personalchef geladen. Erst dachte ich, es handle sich bloß um eine Mahnung, um eine Art Vorwarnung. Das glaube ich nicht mehr. In der Schlange, die gestern vor meinem Schalter stand, war einer, ein grober Mann mit einem lippenlosen Mund, der forderte mich auf, ihn beim Personalchef zu melden, er sei bestellt. Ich fragte, als mein Finger schon über der Wählscheibe schwebte, in welcher Angelegenheit er den Personalchef denn sprechen wolle: er bewerbe sich um die ausgeschriebene Pförtnerstelle, sagte er.

Ich wählte die Nummer der Personalabteilung gleich auf das erste Mal richtig und meldete ihn an, mein Zeigefinger allerdings, mit dem ich die Wählscheibe gedreht hatte, war danach wie erfroren.

Der Mann ging ins Haus, nach einer halben Stunde kehrte er fröhlich zurück. Er pfiff sogar vor sich hin. Ich sah ihm voller Bewunderung nach. Seinen Mut müßte man haben, dachte ich. Oder überhaupt Mut. Da hatte ich mich die ganze Zeit ein bißchen geschämt, weil ich bloß Pförtner geworden war. Jetzt sah ich ein, daß man sogar dazu den Mut eines Sparkassenräubers braucht. Jenen Mut, den ich bei mir immer noch vergeblich suche.

HERBERT EISENREICH

Die Hochzeitsreise

Sie hatten geheiratet ganz in der Art, die in diesen ländlichen Gegenden üblich ist, aber am anderen Morgen, mit benommenen Gliedmaßen noch und mit Schleiern vorm Aug' von der nachtlangen Feier, kletterten sie in sein Auto und rollten, indes die Leute ihrer Familie unschlüssig, steif und in der Herbstluft fröstelnd unter dem Tor des Hofes standen, die holprige, grasnarbige Zufahrt hinunter auf die Straße, welche nicht weit von da in die große asphaltierte Chaussee einmündet: er am Volant, sie neben ihm, er ohne zurückzuschauen, weil er auf seine schmale Fahrbahn zu achten hatte, sie ohne zurückzuschaun, weil sie gewillt war, seinen Blick mit dem ihren zu begleiten, nicht anderswohin zu schauen als er, und das war: immer vor sich hin, auf die Strecke, auf die nächsten zwanzig, achtzig, dreihundert Meter, die in sich bargen all die künftigen hundert und tausend und Millionen Meter, dargeboten in jenen zwanzig, achtzig, dreihundert Metern, die das Auto überholte und doch nie hinter sich bringen, die es schluckte und doch nicht verzehren konnte; und sie, sie sieht vor sich in dem länglichen Viereck der Windschutzscheibe, wie die Gegend sich auftut, das Hügelland sich entfaltet, und inmitten dieser Gegend sieht sie ein anderes längliches Viereck, gleich einer Photographie, die zu Boden gefallen ist und schief auf dem Muster des Teppichs liegt, voll von Bäumen, von dem Grün einer Wiese, und jäh vom Himmel, blaßblauer Himmel eckig inmitten der Gegend, dann die ineinander geschachtelten Häuser des Marktes, kubisch und vielfärbig stumpf, vom Kirchturm überragt, und über dem rosa Blechdach dort die schon schüttere Krone der Linde vorm Wirtshaus, alles ganz klein und unglaubwürdig, ohne Beziehung hineingestellt in die riesige, schier grenzenlose Landschaft vor dem Auto, oder eingelegt in sie, wie feingemasertes Edelholz in eine grobe Tischplatte, jetzt nicht mehr der Ort, sondern der Hof, schräg vor dem sich neigenden Fichtenwäldchen, zitternd, vibrierend, schaukelnd, und plötzlich wie, da blau der Himmel hereinbricht in das Bild, von Wellen überspült, gehoben wieder und endlich verschlungen, ein winziger Ausschnitt, aber voll Puls, voll lebendiger Unrast, welche ihn scharf heraushebt aus der allmählich erstarrenden Landschaft hinter der Windschutzscheibe; während er in dem Rückspiegel, der in der Wagenmitte ober der Windschutzscheibe, in diese hereinhängend, montiert ist, nichts als das Band der Straße sieht, das er abrollt hinter seiner Fahrt, das er abspult wie ein Nachrichtenkabel, das er hinter sich läßt, als wäre es seine persönliche Spur, eingekerbt in die sich bräunenden Wiesen und in die schwarzscholligen Äcker des Landes, grau und braun und gelb und gefleckt, meist mäßig gewunden, manchenorts mit unvermittelten, leicht abgeschrägten Kehren und Bögen, unbelebt außer von rasch verflatternden Staubfähnchen, deren Partikel sich kaum abheben von dem morgenfeuchten Untergrund, dem sie für kurze Weile entrissen worden, und so sieht er die Straße, die hinter ihm ist, gleichsam am Rande seines Vorwärtsschauens mit, und er sieht sie vor sich inmitten der immer neu und endlos sich weitenden Gegend, und zuweilen, bevor es hügelan geht, sogar inmitten der immer neu und endlos sich dehnenden Straße vor sich, inmitten der Gegend, in die hinein er sich windet, über die hinweg er sich windet, die er überwindet ohne Bedacht, ohne besonderen Stolz sogar, er sieht in der Landschaft vor sich nur die hinter sich gebrachte Strecke, seine Spur, seine flüchtige und nichtige Markierung; während sie, reglos hingebannt, nichts andres mehr sieht als, umrahmt von der Gegend vor dem Auto, das kleine Viereck gerüttelten Lands, das vor ihr ist und unabweisbar vor ihr bleibt, auch wenn es nur ein Vorüberhuschen ist, als wische ihr etwas über die Augen, als zucke eine Erinnerung durch die Seele, eine Angst durchs Herz, wie jetzt der Giebel, das braune Dach mit den schwarzgrünen Moospolstern und mit den hellroten Flecken dort, wo neue Ziegel auf die Sparren gelegt worden sind, und jetzt ein Eck der weißgekalkten Hauswand, das Spalierobst daran, dessen Zweige schon über die Fenster wuchern, sie enger rahmend von Jahr zu Jahr, so steht es, verhalten bebend, gleich einer Spieglung im Teiche, still, und fällt so jäh, als wäre ihm der Boden entzogen, hinweg ins Unsichtbare, und nach einer neuen Verschiebung ist es der Hang, hinauf zu der rot und gelben Sandgrube, die Ränder schwarz, eine Eiterwunde, und drüber die beiden Kirschbäume, welche die steinerne Muttergottes zwischen sich, mitsamt dem Himmel dahinter, oval fassen, als wär's ein Medaillon auf blaßblauem Grund, dann aber Wipfel, dicht und eng wie Farn, der Wald des Nachbarn, rasend schnell in die Quere stürzende Baumstämme, gefällt von der Schnelligkeit, und alles bebend, zuckend, hastend, ein endloses Gleiten und Gaukeln zurück zum Elternhaus, wo sich Rauch um den Schornstein wickelt und fetzig auf dem Dache klebt, Rauch von dem Herd, auf dem sie jetzt die Rahmsuppe wärmen, und noch ein paar vorüberfallende Bäume, deren entlaubtes Geäst ein Netz wirft über die Bilder dahinter, über den Zaun, den Brunnen, das Haus, das noch einmal da ist, aber anders gelagert in der Ebene des Blickes, als habe die Perspektive ein Loch, und in diesem Loche tänzelt der Hof, zierlich und schwerelos hochgekantet gleich einem Spielzeugklotz, es hüpft und kippt heraus und ist verloren, verloren in die graue Bläue des

Himmels, der eben ist wie der Boden, verloren in graues Gras und in irgend ein Haus schon, blaß, als quelle Nebel die Hänge herunter und fülle die Mulde, dicker, grauer, regloser Nebel, körperlich doch ungreifbar, darin die dem Auge vertrauten Ansichten ertrinken, langsam wie in einem Sumpf, aber gnädig ihr, deren Augen allmählich sich zu weiten beginnen, über die verlorenen Ränder des kleinen Vierecks hinaus ihr Blickfeld erweitern, bis sie schmerzlos erblinden; aber er, nachdem er mit seiner behandschuhten Rechten mehrmals rasch und ohne hinzublicken über die Windschutzscheibe gestrichen, wischt nun, ehe er die Hand zurückzieht zum Volant, ebenso rasch über das von ihrem Atem beschlagene Glas des Spiegels, um sehen zu können, was er hinter sich hat: so daß sie nun wiederum sieht, was hinter ihr bleibt.

HERBERT ZAND

Ein verschwiegener Mensch

Herr Kormoran galt als ein stiller, bescheidener Mensch, dessen Tun und Lassen niemand auffiel, und er erfreute sich lange Jahre dieser wandhohen Nichtachtung durch seine Mitmenschen in so ungetrübter Weise, daß es ihm gelang, dahinter einen stillen, bescheidenen Betrieb aufzubauen und geräuschlos zu erweitern, ohne daß jemand daran etwas Bemerkenswertes gefunden hätte. Er heiratete eine Frau, die sich sehr einfach trug, aber jedermann gab zu, daß es ein wahrer Segen sein mußte, sie als Gefährtin zu haben. Herr Kormoran war mit vierzig Jahren reich, doch seine Umwelt wußte über seine Vermögensverhältnisse nicht Bescheid und fand an seinem Wohlstand nichts auszusetzen.
Dieser selbe Herr Kormoran pflegte mit dem Wagen in das

Büro und zurück zu fahren. Als dieser Wagen einmal eine Panne hatte, sah er sich genötigt, den abendlichen Rückweg mit der Straßenbahn anzutreten. Er fand einen Platz, setzte sich und blickte sich unauffällig um.
Da sah er, daß ihm gegenüber Herr Roggenheim saß, und das nahm ihn wunder. Zwar trug Herr Roggenheim wie auch sonst immer den dunkelblauen Mantel und die noch etwas dunklere Pullmanmütze, und er schaute so treuherzig drein, wie es nur Buchhalter in stillen, bescheidenen Betrieben tun, die ganz erstaunliche Summen an die Steuer pünktlich abführen, er hielt auch wie in früheren Jahren den »Börsenkurier und Anzeiger« leicht zerdrückt in der Hand, aber Herr Kormoran erinnerte sich sehr genau, daß dieser besagte Roggenheim vor vier Jahren von einem Auto überfahren worden war und seither nicht mehr öffentlich aufzutreten pflegte; er entsann sich, daß er selbst ihn auf der Bahre liegen gesehen und später den Sarg mit den sterblichen Überresten auf den Friedhof begleitet hatte, und so erschien es ihm höchst bedenklich, daß Roggenheim jetzt den Finger an die Mütze legte und grüßend sagte: »Guten Abend, Herr Kormoran!«
»Guten Abend auch!« erwiderte Kormoran, der trotz seiner unauffälligen Lebensweise nicht zu den Angsthasen gehörte und vor Jahren einen polizeibekannten Raufbold blutig geschlagen hatte, als ihn dieser bedrohlich anrempelte, aber er konnte sich dennoch einer gewissen Verblüffung nicht erwehren und setzte sogleich hinzu: »Was führt Sie wieder in unsere Gegend, Teuerster?«
Gerade jetzt hielt die Straßenbahn programmgemäß an der Haltestelle, und der Platz neben Herrn Kormoran wurde frei. Auf eine einladende Handbewegung hin wechselte Roggenheim den Platz, setzte sich an Kormorans Seite und erwiderte auf dessen höfliche Frage, daß er von einer Probe im Stadttheater komme, wo er nun endlich ein Engagement erhalten habe. Dies sei, so fuhr er fort, während Herr Kormoran beim Schaffner seine Karte löste, ein alter Traum von ihm gewesen, dem er im Geheimen seit den jugendlichen

Jahren leicht entzündbarer Begeisterung nachgehangen habe, doch hätten ihn die leidlichen Bedürfnisse dieser unseligen Welt davon abgehalten, den Sprung auf die Bretter ernstlich zu wagen. Indessen suchte er in den Taschen seines Mantels nach der kleinen Münze, die ihm der Schaffner abverlangt hatte, doch blieb alles Wühlen ohne Erfolg, und Kormoran sah sich genötigt, in die Bresche zu springen.

Je länger das Gespräch dauerte, desto kühler fühlte sich Kormoran von dem Vorfall berührt. Er kniff sich in den Arm, um festzustellen, daß er nicht träume, er rekapitulierte auch in Gedanken noch einmal die Panne, die er am Vormittag mit seinem Wagen erlitten, denn manche Mystiker vertreten, wie Kormoran wohl wußte, die These, daß der Mensch einen überraschend erlittenen Tod nicht merke und sich zu seiner größten Beunruhigung plötzlich in einer höchst wunderlichen jenseitigen Welt wiederfände, aber die Panne war wirklich nicht von Bedeutung, und es war schlechterdings unmöglich, daß er dabei gestorben sein sollte. Herrn Roggenheim ebenfalls in den Arm zu kneifen, um sich auch von dessen Körperlichkeit zu überzeugen, unterließ Kormoran jedoch, da er sich über die Konsequenzen einer solchen Handlungsweise nicht klarwerden konnte. Nach Stück und Rolle im Stadttheater befragt, erwiderte Roggenheim nur ausweichend, er spiele wie jeder Schauspieler eine Figur, die er nicht wirklich sei und in die er sich lediglich vorsichtig einzufühlen vermöge. So habe er auch den Namen gewechselt und spiele unter dem falschen Namen einen Glatzkopf; es sei daher nötig gewesen, sich die Haare schneiden zu lassen. Um nicht aufzufallen, trage er gegenwärtig eine Perücke. Roggenheim zupfte an seinen Haaren, um seinem ehemaligen Vorgesetzten zu demonstrieren, daß sie falsch waren, und er scheute sich auch nicht, eine der buschigen Augenbrauen zu lockern: sie waren angeklebt.

Da hielt die Straßenbahn von neuem, und eines der mitfahrenden Kinder brach in einen lauten Jubelruf aus. »Ach, seht doch den schönen Engel!« rief es überschwenglich, und jetzt

sah auch Herr Kormoran, daß auf dem Gehsteig ein Engel in einem schönen, langen, weißen Gewande stand und auf eine durchaus liebliche Art die goldenen Flügel bewegte.
»Oh, das ist der meine«, sagte Herr Roggenheim und verabschiedete sich. »Er holt mich jeden Abend hier ab.« Über sein Gesicht breitete sich lautloses Entzücken.
Herr Kormoran verharrte wie gebannt auf seinem Sitz. Der Engel war so schön, daß er keinen seiner Blicke von ihm wenden konnte. Er war sanftmütig und friedlich, und alle Not und alle irdische Sorge schienen ihm fremd. Sein Gewand war weiß wie frischgefallener Schnee, der in der Sonne glänzt, doch über das kühle Weiß und Gold strahlte die Wärme eines kindlichen, liebenden Blicks. Herr Roggenheim begrüßte ihn, und sie schritten die Straße entlang, bis sie Kormorans Augen entschwanden.
Die Mitfahrenden auf der Straßenbahn und die Fußgänger auf der Straße hatten dem Vorfall wohl einige freundliche Beachtung geschenkt, aber sie machten weiter nicht sehr viel Aufhebens davon, und Herr Kormoran konnte sich des Eindrucks nicht erwehren, daß er einer Halluzination seiner Sinne zum Opfer gefallen war. Konnte schon niemand außer ihm wissen, daß der hier aufgetauchte Roggenheim nicht mehr unter den Lebenden weilte, so hatten sie statt des Engels vielleicht ein hübsches Mädchen gesehen, ja vielleicht war tatsächlich ein junges Mädchen wartend an der Stelle des Engels gestanden, und was das Kind in seiner Unschuld wirklich gesehen hatte, mochte dahingestellt bleiben. Kormoran fühlte sich mit seinem Erlebnis alleingelassen. Es schreckte ihn nicht sonderlich – aber es erheiterte ihn auch nicht geradezu, denn der Konsequenzen, deren es da gab, waren viele, und Kormoran buchte sie nicht auf jener Seite, wo die Annehmlichkeiten seines Lebens verzeichnet waren. So wenig Angst er vor der unergründlichen Geisterwelt und vor den Engeln empfand, so wenig er Raufbolde fürchtete, so groß war doch seine Scheu vor jeder Art von unkontrollierter Publizität. Er stellte sich sein Bild in der Zeitung vor, ahnte die Aufmerksamkeit seiner Freunde, witterte das In-

teresse von Polizei, Behörden und Privatdozenten, erlebte in Schreckensszenen das Wüten von Revisoren in seiner Buchhaltung voraus und ahnte die Katastrophe seines Lebens.
So kam es, daß Herr Kormoran die Straßenbahn zwei Haltestellen vor seiner Wohnung verließ, um durch beherrschtes Ausschreiten seine Nerven zu beruhigen. Die Luft war frisch, in den regennassen Bäumen sangen die Vögel. Er war bereits fest entschlossen, sein Erlebnis niemandem mitzuteilen, auch nicht seiner Frau. Nur so durfte er hoffen, der tödlichen Lächerlichkeit und der durch das Wunder heraufbeschworenen, höchst realen Gefahr zu entgehen.

MARIE LUISE KASCHNITZ

Die Reise nach Jerusalem

Im Mai des vergangenen Jahres breitete sich in unserer Stadt eine geheimnisvolle Krankheit aus, die in den folgenden Monaten den größten Teil der Bevölkerung erfaßte. Die Ärzte wußten über die Ursache und das Wesen dieser Krankheit nichts. Sie behandelten ihre Erscheinungen, den Kräfteverfall und die außerordentliche Unruhe der Patienten, mit den üblichen, stärkenden und dämpfenden Mitteln und warteten, so hieß es, auf den ersten Toten, den sie sezieren wollten, um auf Grund der Ergebnisse ihre Forschungen weiterzutreiben. Inzwischen versuchten sie, selbst schon krank, ihre Patienten zu beruhigen, die ja nicht bettlägerig waren, und von denen die meisten, aus Angst, ein neues Heilmittel oder eine neue Nachricht zu versäumen, nahezu täglich in ihren Sprechzimmern erschienen. Sie versicherten den Kranken, daß trotz ihrer großen Schwäche und ihres nervösen Zitterns ihre Organe gesund seien und daß es keinen Grund zur Beunruhigung gäbe. Solange die Ärzte mit ihnen sprachen, waren alle Kranken davon auch vollkommen überzeugt. Ihre Laune hob sich, und sie waren sogar imstande, Scherze zu machen. Aber diese Heiterkeit hielt nicht an. Sobald sie auf die Straße hinaustraten und dort all die angstvollen, vor Erregung zuckenden Gesichter sahen, verfielen sie wieder in die alte Schwermut und Angst.

Im Spätsommer war die Stimmung in unserer Stadt bereits ausnehmend schlecht. Wegen der immerhin möglichen Ansteckungsgefahr hatte während der Sommermonate niemand die Stadt verlassen dürfen, und diese Maßnahme hatte uns alle in große Niedergeschlagenheit versetzt. Viele von uns bildeten sich ein, sie hätten nur zu verreisen brauchen, um gesund zu werden – wie ja auch ein Schwerkranker sein Bett durchaus verlassen will, weil er glaubt, daß er dort, und nur dort, gemartert wird. Der Todesfall, in dem man allgemein die letzte Rettung sah, war noch immer nicht eingetreten, und wir hatten begonnen, einander zu beobachten und in den Gesichtern unserer liebsten Freunde nach den Schatten des Todes zu spähen.

Die seltsamen Vorfälle, von denen ich erzählen will, ereigneten sich an drei Tagen des Monats Oktober, im Wartezimmer meines Arztes, der wegen seiner großen Geduld von vielen Patienten immer wieder aufgesucht wurde. Am ersten Tage waren um neun Uhr morgens bereits alle Stühle besetzt, und viele Leute standen zwischen den Stühlen. Es war kalt und feucht draußen, in der großen Vorhalle, die als Wartezimmer diente, brannte das Licht, an den Kleiderhaken umarmten sich die Wintermäntel, während ihre Besitzer in verbissenem Schweigen nebeneinander hockten. Plötzlich begann ein Mann, der, seinem Tonfall nach, nicht aus der Stadt stammte, eine Geschichte zu erzählen. Niemand wollte ihm zuhören, schließlich waren wir ja nicht im Orient, und was gingen Menschen in unserer Lage überhaupt noch Geschichten an. Der Mann, der ganz hinten an der Wand lehnte, ließ sich durch unser zorniges Räuspern nicht abhalten, seine Stimme, die am Anfang ebenso matt und erloschen geklungen hatte wie unsere Stimmen, wurde beim Sprechen zunehmend kräftiger, was Erstaunen und Ärger erregte. Ich sah mich nach ihm um, er war bleich wie wir alle, dabei mittelgroß, mittelalt, schäbig angezogen und hatte helle, neugierige Augen wie ein Kind. Was er erzählte, war widerlich, die Geschichte eines Mannes, der im Gefängnis von Ratten aufgefressen wird und dabei allerhand andere, nicht weniger unerfreuliche Erlebnisse bedenkt. Aber der trotzige Mut, mit dem der Erzähler diese Scheußlichkeiten hervorbrachte, bewirkte, daß wir ihm am Ende alle zuhörten, aufmerksam, ja gespannt.

Weil an diesem Tage die Sprechstunde vorzeitig geschlossen wurde, befanden sich am folgenden im Wartezimmer um dieselbe Zeit ungefähr dieselben Leute. Auch der Fremde war wieder da und lehnte an derselben Stelle wie gestern an der getäfelten Wand. Als er Miene machte, wieder etwas zum besten zu geben, hatte er sogleich ein aufmerksames Publikum, das jeden neu Eintretenden ärgerlich zischend, wie im Theater oder im Konzert, empfing. Es erwies sich aber bald, daß der Fremde, sei es aus Schwäche, sei es aus Unlust, diesmal gar nicht daran gedacht hatte, eine Geschichte zu erzählen. Er sagte ein Wort, machte eine lange Pause, sagte wieder ein Wort, machte wieder eine Pause, und so fort. Besonders unterhaltend war das nicht, da diese Worte überhaupt nicht zusammenhingen und auch gar keine besonderen waren, Kraut und Rüben sozusagen, und es ist kaum zu verstehen, warum wir ihm so aufmerksam zuhörten und warum jeder, der zum Arzt hereingerufen wurde, sich nur zögernd, beinahe unwillig erhob. Wahrscheinlich kam es daher, daß jedes einzeln ausgesprochene Wort in uns gewisse Erinnerungen wachruft, oder Hoffnungen, und daß es gewissermaßen im Leeren steht und dabei ganz groß wird oder ganz schwer.

Am nächsten Tag war die Stimmung im Wartezimmer aufgeräumt, ja fast vergnügt. Der Fremde hatte sich ausgedacht, ein Spiel mit uns zu spielen und schon begonnen, seine Anweisungen zu geben. Zu dem Spiel gehörten viele Stühle, die zum Teil aus dem Eßzimmer des Doktors herbeigeschafft werden mußten. Ich erinnerte mich plötzlich, sollte nicht ein Klavier dabei sein, auf dem jemand spielt, ich reise nach Jerusalem, und mit einem Mal abbricht, und nun muß sich jeder einen Platz suchen, aber es ist nicht Platz für alle, es ist ein Stuhl zu wenig da. Verrückt, dachte ich, so etwas in einem Wartezimmer, sind wir denn kleine Kinder? Aber ich sagte nichts. Ich stellte mich auf und begann mit den andern um die Stuhlreihe herumzuziehen, ein Klavier war nicht da. Der Fremde trommelte mit den Fingern auf einem Gong, der wahrscheinlich auch zur Eßzimmereinrichtung des Arztes gehörte, einen berückenden und beängstigenden Rhythmus. Wir bewegten uns vorwärts, kichernd, flüsternd und dann schweigend, schneller, immer schneller, trippelnd, scharrend, immer in der Erwartung, daß das Trommeln ein Ende nähme. Als es dann soweit war, stürzten wir uns auf die Stühle, nun gar nicht mehr lustig, sondern angstvoll und böse, als sei es von höchster, von lebensentscheidender Bedeutung, einen Platz zu bekommen. Und dann saßen plötzlich alle, niemand stand, es war gar kein Stuhl zu wenig – wieso eigentlich nicht? –, weil der Fremde umgefallen war, weil er der Länge lang auf dem Fußboden neben der Tür lag, tot.

Seit dem Tage, an dem wir in dem Wartezimmer des Arztes das kindische Spiel spielten, ist fast ein Jahr vergangen. Die Krankheit ist so gut wie überwunden, selbst die hartnäckigsten Fälle bessern sich. Es ist möglich, aber nicht ganz sicher, daß unsere Stadt ihre Rettung dem ersten Toten, eben jenem Geschichtenerzähler und Wortesager, verdankt. Es kann auch sein, daß gerade zu dieser Zeit ganz woanders, in Amerika oder in Australien, ein Mittel gegen die unheimliche Krankheit gefunden worden ist, lange genug hat man ja danach geforscht. Aber auch, wenn es sich so verhalten sollte, werde ich noch oft an den sonderbaren Fremden denken. Ich werde versuchen, mich an seine unerfreuliche

Geschichte zu erinnern, und mich dabei ertappen, daß ich, mit den Fingern auf den Tisch klopfend, den faszinierenden Rhythmus seines Trommelns wiederhole. Ich werde mich bemühen, die Worte aufzuschreiben, die er, zwischen langen Pausen gesagt hat. Brombeerhecke – Regen – Eisblume – Mitternacht . . . ist es denn möglich, daß es nichts anderes war?

GÜNTER GRASS

Die Linkshänder

Erich beobachtet mich. Auch ich lasse kein Auge von ihm. Beide halten wir Waffen in der Hand, und beschlossen ist, daß wir diese Waffen gebrauchen, einander verletzen werden. Unsere Waffen sind geladen. In langen Übungen erprobte, gleich nach den Übungen sorgfältig gereinigte Pistolen halten wir vor uns, das kühle Metall langsam erwärmend. Auf die Länge nimmt sich solch ein Schießeisen harmlos aus. Kann man nicht einen Füllfederhalter, einen gewichtigen Schlüssel so halten und einer schreckhaften Tante mit dem gespreizten schwarzen Lederhandschuh einen Schrei abkaufen? Nie darf in mir der Gedanke reifen, Erichs Waffe könnte blind, harmlos, ein Spielzeug sein. Auch weiß ich, daß Erich keine Sekunde an der Ernsthaftigkeit meines Werkzeuges zweifelt. Zudem haben wir, etwa vor einer halben Stunde, die Pistolen auseinandergenommen, gereinigt, wieder zusammengesetzt, geladen und entsichert. Wir sind keine Träumer. Zum Ort unserer unvermeidlichen Aktion haben wir Erichs Wochenendhäuschen bestimmt. Da das einstöckige Gebäude mehr als eine Wegstunde von der nächsten Bahnstation, also recht einsam liegt, dürfen wir annehmen, daß jedes unerwünschte Ohr, in des Wortes wahrer Bedeutung, weitab vom Schuß sein wird. Das Wohnzimmer haben wir ausgeräumt und die Bilder, zumeist Jagdszenen und Wildbretstilleben, von den Wänden genommen. Die Schüsse sollen ja nicht den Stühlen, warmglänzenden Kommoden und reichgerahmten Gemälden gelten. Auch wollen wir nicht den Spiegel treffen oder ein Porzellan verletzen. Nur auf uns haben wir es abgesehen.

Wir sind beide Linkshänder. Wir kennen uns vom Verein her. Sie wissen, daß die Linkshänder dieser Stadt, wie alle, die ein verwandtes Gebrechen drückt, einen Verein gegründet haben. Wir treffen uns regelmäßig und versuchen unseren anderen, leider so ungeschickten Griff zu schulen. Eine Zeitlang gab uns ein gutwilliger Rechtshänder Unterricht. Leider kommt er jetzt nicht mehr. Die Herren im Vorstand kritisierten seine Lehrmethode und befanden, die Mitglieder des Vereins sollten aus eigener Kraft umlernen. So verbinden wir nun gemeinsam und zwanglos eigens für uns erfundene Gesellschaftsspiele mit Geschicklichkeitsproben wie: Rechts einfädeln, eingießen, aufmachen und zuknöpfen. In unseren Statuten heißt es: Wir wollen nicht ruhen, bis daß rechts wie links ist.

Wie schön und kraftvoll dieser Satz auch sein mag, ist er doch lautester Unsinn. So werden wir es nie schaffen. Und der extreme Flügel unserer Verbindung verlangt schon lange, daß diese Sentenz gestrichen wird und statt dessen geschrieben steht: Wir wollen auf unsere linke Hand stolz sein und uns nicht unseres angeborenen Griffes schämen.

Auch diese Parole stimmt sicher nicht, und nur ihr Pathos, wie auch eine gewisse Großzügigkeit des Gefühls, ließ uns diese Worte wählen. Erich und ich, die wir beide dem extremen Flügel zugezählt werden, wissen zu gut, wie tief verwurzelt unsere Scham ist. Elternhaus, Schule, später die Zeit beim Militär haben nicht dazu beigetragen, uns eine Haltung zu lehren, die diese geringfügige Absonderlichkeit – geringfügig im Vergleich mit anderen, weitverbreiteten Abnormitäten – mit Anstand ertrüge. Das begann mit dem kindlichen Händchengeben. Diese Tanten, Onkels,

Freundinnen mütterlicherseits, Kollegen väterlicherseits, dieses nicht zu übersehende, den Horizont einer Kindheit verdunkelnde, schreckliche Familienfoto. Und allen mußte die Hand gegeben werden: »Nein, nicht das unartige Händchen, das brave. Wirst du wohl das richtige Händchen geben, das gute Händchen, das kluge, geschickte, das einzig wahre, das rechte Händchen!«

Sechzehn Jahre war ich alt und faßte zum erstenmal ein Mädchen an: »Ach, du bist ja Linkshänder!« sagte sie enttäuscht und zog mir die Hand aus der Bluse. Solche Erinnerungen bleiben, und wenn wir dennoch diesen Spruch – Erich und ich verfaßten ihn – in unser Buch schreiben wollen, so soll damit nur die Benennung eines sicher nie zu erreichenden Ideals versucht werden.

Nun hat Erich die Lippen aufeinandergepreßt und die Augen schmal gemacht. Ich tue das gleiche. Unsere Backenmuskeln spielen, die Stirnhaut spannt sich, schmal werden unsere Nasenrücken. Erich gleicht jetzt einem Filmschauspieler, dessen Züge mir aus vielen abenteuerlichen Szenen vertraut sind. Darf ich annehmen, daß auch mir diese fatale Ähnlichkeit mit einem dieser zweideutigen Leinwandhelden anhaftet? Wir mögen grimmig aussehen, und ich bin froh, daß uns niemand beobachtet. Würde er, der unerwünschte Augenzeuge, nicht annehmen, zwei junge Männer allzu romantischer Natur wollen sich duellieren? Sie haben die gleiche Räuberbraut, oder der eine hat wohl dem anderen Übles nachgesagt. Eine seit Generationen währende Familienfehde, ein Ehrenhandel, ein blutiges Spiel auf Gedeih und Verderb. So blicken sich nur Feinde an. Seht diese schmalen, farblosen Lippen, diese unversöhnlichen Nasenrücken. Wie sie den Haß kauen, diese Todessüchtigen.

Wir sind Freunde. Wenn unsere Berufe auch noch so verschieden sind – Erich ist Abteilungsleiter in einem Warenhaus, ich habe den gutbezahlten Beruf des Feinmechanikers gewählt – können wir doch so viel gemeinsame Interessen aufzählen, als nötig sind, einer Freundschaft Dauer zu verleihen. Erich gehört dem Verein länger an als

ich. Gut erinnere ich mich des Tages, da ich schüchtern und viel zu feierlich gekleidet, im Stammlokal der Einseitigen eintrat, Erich mir entgegenkam, dem Unsicheren die Garderobe wies, mich klug, doch ohne lästige Neugierde betrachtete und dann mit seiner Stimme sagte: »Sie wollen sicher zu uns. Seien Sie ganz ohne Scheu; wir sind hier, um uns zu helfen.«
Ich sagte soeben »die Einseitigen«. So nennen wir uns offiziell. Doch auch diese Namengebung scheint mir, wie ein Großteil der Statuten, mißlungen. Der Name spricht nicht deutlich genug aus, was uns verbinden und eigentlich auch stärken sollte. Gewiß wären wir besser genannt, würden wir kurz, die Linken, oder klangvoller, die linken Brüder heißen. Sie werden erraten, warum wir verzichten mußten, uns unter diesen Titeln eintragen zu lassen. Nichts wäre unzutreffender und dazu beleidigender, als uns mit jenen, sicher bedauernswerten Menschen zu vergleichen, denen die Natur die einzig menschenwürdige Möglichkeit vorenthielt, der Liebe Genüge zu tun. Ganz im Gegenteil sind wir eine buntgewürfelte Gesellschaft, und ich darf sagen, daß unsere Damen es an Schönheit, Charme und gutem Benehmen mit manch einer Rechtshänderin aufnehmen, ja, würde man sorgfältig vergleichen, ergäbe sich ein Sittenbild, das manchen, um das Seelenheil seiner Gemeinde besorgten Pfarrer, von der Kanzel ausrufen ließe: »Ach, wäret ihr doch alle Linkshänder!«
Dieser fatale Vereinsname. Selbst unser erster Vorsitzender, ein etwas zu patriarchalisch denkender und leider auch lenkender höherer Beamter der Stadtverwaltung, Katasteramt, muß dann und wann einräumen, daß wir nicht gutheißen, daß es am Links fehlen würde, daß wir weder die Einseitigen sind, noch einseitig denken, fühlen und handeln.
Gewiß sprachen auch politische Bedenken mit, als wir die besseren Vorschläge verwarfen und uns so nannten, wie wir eigentlich nie hätten heißen dürfen. Nachdem die Mitglieder des Parlamentes von der Mitte aus nach der einen oder

anderen Seite tendieren und die Stühle ihres Hauses so gestellt sind, daß allein schon die Stuhlordnung die politische Situation unseres Vaterlandes verrät, ist es zur Sitte geworden, einem Schreiben, einer Rede, in der das Wörtchen links mehr als einmal vorkommt, eine gefährliche Radikalität anzudichten. Nun, hier mag man ruhig sein. Wenn ein Verein unserer Stadt ohne politische Ambitionen auskommt und nur der gegenseitigen Hilfe, der Geselligkeit lebt, dann ist es der unsrige. Um nun noch jedem Verdacht erotischer Abwegigkeit hier und für alle Zeit die Spitze abzubrechen, sei kurz erwähnt, daß ich unter den Mädchen unserer Jugendgruppe meine Verlobte gefunden habe. Sobald für uns eine Wohnung frei wird, wollen wir heiraten. Wenn eines Tages der Schatten schwinden wird, den jene erste Begegnung mit dem weiblichen Geschlecht auf mein Gemüt warf, werde ich diese Wohltat Monika verdanken können.
Unsere Liebe hat nicht nur mit den allbekannten und in vielen Büchern beschriebenen Problemen fertig werden müssen, auch unser manuelles Leiden mußte verwunden und fast verklärt werden, damit es zu unserem kleinen Glück kommen konnte. Nachdem wir in der ersten, begreiflichen Verwirrung versucht hatten, rechtshändig einander gut zu sein, und bemerken mußten, wie unempfindlich diese unsere taube Seite ist, streicheln wir nur noch geschickt, das heißt, wie uns der Herr geschaffen hat. Ich verrate nicht zuviel und hoffe auch, nicht indiskret zu sein, wenn ich hier andeute, daß es immer wieder Monikas liebe Hand ist, die mir die Kraft gibt, auszuharren und das Versprechen zu halten. Gleich nach dem ersten, gemeinsamen Kinobesuch habe ich ihr versichern müssen, daß ich ihr Mädchentum schonen werde, bis daß wir uns die Ringe – hier leider nachgebend und das Ungeschick einer Veranlagung bekräftigend – an die rechten Ringfinger stecken. Dabei wird in südlichen, katholischen Ländern das goldene Zeichen der Ehe links getragen, wie denn auch wohl in jenen sonnigen Zonen mehr das Herz, als der unerbittliche Verstand regiert.

Vielleicht um hier auf Mädchenart zu revoltieren und zu beweisen, in welch eindeutiger Form die Frauen argumentieren können, wenn ihre Belange gefährdet zu sein scheinen, haben die jüngeren Damen unseres Vereins in emsiger Nachtarbeit unserer grünen Fahne die Inschrift gestickt: Links schlägt das Herz.

Monika und ich haben diesen Augenblick des Ringewechselns nun schon so oft besprochen und sind doch immer wieder zu demselben Ergebnis gekommen: Wir können es uns nicht leisten, vor einer unwissenden, nicht selten böswilligen Welt, als Verlobte zu gelten, wenn wir schon lang ein getrautes Paar sind und alles, das Große und das Kleine, miteinander teilen. Oft weint Monika wegen dieser Ringgeschichte. Wie wir uns auch auf diesen unseren Tag freuen mögen, wird denn wohl doch ein leichter Trauerschimmer auf all den Geschenken, reichgedeckten Tischen und angemessenen Feierlichkeiten liegen.

Nun zeigt Erich wieder sein gutes, normales Gesicht. Auch ich gebe nach, verspüre aber dennoch eine Zeitlang diesen Krampf in der Kiefermuskulatur. Zudem zucken noch immer die Schläfen. Nein, ganz gewiß standen uns diese Grimassen nicht. Unsere Blicke treffen sich ruhiger und deshalb auch mutiger; wir zielen. Jeder meint die gewisse Hand des anderen. Ich bin ganz sicher, daß ich nicht fehlen werde; und auch auf Erich kann ich mich verlassen. Zu lange haben wir geübt, fast jede freie Minute in einer verlassenen Kiesgrube am Stadtrand zugebracht, um heute, da sich so vieles entscheiden soll, nicht zu versagen.

Ihr werdet schreien, das grenzt an Sadismus, nein, das ist Selbstverstümmelung. Glaubt mir, all diese Argumente sind uns bekannt. Nichts, kein Verbrechen haben wir uns nicht vorgeworfen. Wir stehen nicht zum ersten Mal in diesem ausgeräumten Zimmer. Viermal sahen wir uns so bewaffnet, und viermal ließen wir, erschreckt durch unser Vorhaben, die Pistolen sinken. Erst heute haben wir Klarheit. Die letzten Vorkommnisse persönlicher Art und auch im Vereinsleben geben uns recht, wir müssen es tun. Nach langem

Zweifel – wir haben den Verein, das Wollen des extremen Flügels in Frage gestellt – greifen wir nun endgültig zu den Waffen. So bedauerlich es ist, wir können nicht mehr mitmachen. Unser Gewissen verlangt, daß wir uns von den Gepflogenheiten der Vereinskameraden distanzieren. Hat sich doch da ein Sektierertum breitgemacht, und die Reihen der Vernünftigsten sind mit Schwärmern, sogar Fanatikern durchsetzt. Die einen himmeln nach rechts, die anderen schwören auf links. Was ich nie glauben wollte, politische Parolen werden von Tisch zu Tisch geschrien, der widerliche Kult des eidbedeutenden, linkshändigen Nägeleinschlagens wird so gepflegt, daß manche Vorstandssitzung einer Orgie gleicht, in der es gilt, durch heftiges und besessenes Hämmern in Ekstase zu geraten. Wenn es auch niemand laut ausspricht und die offensichtlich dem Laster Verfallenen bislang kurzerhand ausgestoßen wurden, es läßt sich nicht leugnen: jene verfehlte und mir ganz unbegreifliche Liebe zwischen Geschlechtsgleichen hat auch bei uns Anhänger gefunden. Und um das Schlimmste zu sagen: Auch mein Verhältnis zu Monika hat gelitten. Zu oft ist sie mit ihrer Freundin, einem labilen und sprunghaften Geschöpf, zusammen. Zu oft wirft sie mir Nachgiebigkeit und mangelnden Mut in jener Ringgeschichte vor, als daß ich glauben könnte, es sei noch dasselbe Vertrauen zwischen uns, es sei noch dieselbe Monika, die ich, nun immer seltener, im Arm halte.

Erich und ich versuchen jetzt gleichmäßig zu atmen. Je mehr wir auch hierin übereinstimmen, um so sicherer werden wir, daß unser Handeln vom guten Gefühl gelenkt wird. Glaubt nicht, es ist das Bibelwort, welches da rät, das Ärgernis auszureißen. Vielmehr ist es der heiße, immerwährende Wunsch, Klarheit zu bekommen, noch mehr Klarheit, zu wissen, wie steht es um mich, ist dieses Schicksal unabänderlich oder haben wir es in der Hand, einzugreifen und unserem Leben eine normale Richtung zu weisen? Keine läppischen Verbote mehr, Bandagen und ähnliche Tricks. Rechtschaffen wollen wir in freier Wahl und durch nichts

mehr vom Allgemeinen getrennt neu beginnen und eine glückliche Hand haben.
Jetzt stimmt unser Atem überein. Ohne uns ein Zeichen zu geben, haben wir gleichzeitig geschossen. Erich hat getroffen, und auch ich habe ihn nicht enttäuscht. Jeder hat, wie vorgesehen, die wichtige Sehne so unterbrochen, daß die Pistolen, nicht mehr kraftvoll genug gehalten, zu Boden fielen und damit nun jeder weitere Schuß überflüssig ist. Wir lachen und beginnen unser großes Experiment damit, ungeschickt, weil nur auf die rechte Hand angewiesen, die Notverbände anzulegen.

KURT MARTI

Der schrumpfende Raum

Du wirst doch nicht, sagte der Jüngere. O nein, sagte der Ältere. Zwischen ihnen stand eine Karaffe, in der Karaffe Wein. Das Leben ist ein schrumpfender Raum, sagte der Ältere. Es wird immer wieder schön, sagte der Jüngere, oft ist es beschissen, aber es wird immer wieder schön. Es ist ein schrumpfender Raum, beharrte der Ältere, es schrumpft um dich zusammen. Du denkst wohl an Runzeln, sagte der Jüngere. Nein, sagte der Ältere, das ist es nicht, ich denke wirklich an Raum, er schrumpft auch hinter uns. Du nimmst es zu schwer, sagte der Jüngere. Die Vergangenheit überfährt dich von hinten her, sagte der Ältere, wie eine Lokomotive. Du spinnst, sagte der Jüngere. Die Lokomotive überfährt dich, sagte der Ältere, du weißt genau, sie kommt und überfährt dich von hinten. Aber nicht auf der Straße, sagte der Jüngere. Überall, sagte der Ältere, überall wird der Raum kleiner, die Luft zum Atmen geht aus. Niemals, sagte der Jüngere, die Luft geht niemals aus. Ja, sagte der Ältere, du bist noch jünger, du hast noch Raum. Nicht mehr als du, sagte der Jüngere. Du kannst noch weg, ich nicht mehr, sagte der Ältere, ich nicht. Ich will nicht weg, sagte der Jüngere. Aber du könntest, wenn du nur wolltest, sagte der Ältere, ich nicht, auch wenn ich wollte, das ist es ja, wer alt wird, ist zu diesem Kaff verdammt. Du hast dein eigenes Häuschen, sagte der Jüngere, so verdammt ist es nicht. Ja, sagte der Ältere, mein Raum ist auf ein Häuschen zusammengeschrumpft. Du hast einen Garten, sagte der Jüngere, du hast eine Frau. Ja, sagte der Ältere, doch du vergißt, daß es noch tausend Gärten und tausend Frauen gibt. Oho, sagte der Jüngere, das ist mir neu, daß du ein solcher bist! Bin ich nicht, sagte der Ältere, du weißt, daß ich kein solcher bin. Ja, sagte der Jüngere, das ist wahr. Auch wer kein solcher ist, sagte der Ältere, denkt sich, was noch möglich wäre. Ja, sagte der Jüngere, vieles ist möglich. Dann aber schrumpft der Raum zusammen, sagte der Ältere, du merkst auf einmal, daß du nicht mehr denken magst, so wie du jetzt denkst, weil du jünger bist. Ist mir zu kompliziert, sagte der Jüngere. Nein, es ist einfach, sagte der Ältere, der Raum schrumpft ein. Ach Quatsch, sagte der Jüngere. Alles schrumpft langsam zusammen, sagte der Ältere, zuletzt bleibt nur noch ein Punkt. Ach was, sagte der Jüngere, das Leben geht weiter. Der Raum schrumpft zusammen, sagte der Ältere, auch du wirsts noch sehen, er schrumpft, und eines Tages kannst du nicht mehr atmen, weil du allein und ohne Raum bist. Der Jüngere lachte. Die Karaffe zwischen ihnen war leer.

GABRIELE WOHMANN

Grün ist schöner

Ich bin ein grüner Mensch. Grün mit grünblauen Placken. Grüne Haut. Die Lippen von einem so schwärzlichen Grün, daß die Leute sich fürchten. Das wird überhaupt schlimm, wenn ich mal mehr unter Leute komme. In der Schule und dann als Erwachsener. Ich muß soviel wie möglich verdekken. Doktor Stempel hat auch immer Handschuhe an. Er hat Ekzem. Bei mir werden auch alle Leute neugierig darauf sein, was ich unter den Handschuhen habe. Sie werden denken, ich hätte Ekzem. Ich muß auch einen Namen dafür finden.

Das Kind drehte sich vor dem langen Badezimmerspiegel, betrachtete seinen nackten Körper, hob die stengeldünnen Ärmchen – alles grün, unten oben; innen auch? Es trat näher an den Spiegel, streckte die Zunge heraus: finstre bläuliche Grünporen, ein fetter Grünlappen hing über die dunklen Lippen. Also auch innen grün. Es wischte den Tau seines Atems vom Glas, es lächelte sich zu: die blassen Zähne gefielen ihm.

Häßlich bin ich nicht. Nur unheimlich. Grüne Haut ist eigentlich schöner als braune oder rosige.

– Bist du schon im Wasser? rief die Stimme der Mutter die Treppe herauf und durch den Gangschlauch zu ihm ins Badezimmer. Bist du schon ein Frosch im Wasser?

Grüner Frosch im Wasser.

– Ja! schrie es.

Es patschte sich schnell in die knisternden Schaumwolken, glitschte an der Wannenschräge hinunter und schwitzte und schnaubte.

Aber das grüne Gesicht wird jeder sehn. Grün mit grünblauen Sprenkeln und einer fast schwarzen Zunge hinter fast schwarzen Lippen. Ich trag das grüne Haar tief in der Stirn, später krieg ich auch einen Bart, der wird auch grün. Ich habe einen grünen Hals, ich winde immer einen Schal drumherum, der verdeckt auch den Nacken. Die Leute können denken, ich wär bloß im Gesicht grün. Alles andere ist normal. Ich sag: an den Händen hab ich Ekzem, deshalb die Handschuhe. Sonst zeigt man ja nichts. Ich werde immer lange Hosen tragen.

– Ists schön im Wasser, du Frosch? rief die Mutter.

– Ja! schrie es.

Alle werden denken: wie ein Frosch sieht er aus. Aber ich kann natürlich nicht mit Mädchen und so, wie Dicki das macht, Baden gehn. Ich bin ganz zurückhaltend, alle wollen mit mir baden gehn, alle Mädchen, immer werd ich gequält von allen Mädchen, baden zu gehn, aber ich bin ganz vornehm und ganz grün. Ich geh in der heißesten Sonne mit meinem Schal spazieren und mit den Handschuhen.

– Fröschlein, rief die Mutter, gleich komm ich und seh nach, ob du sauber bist.

Das Grüne wird mich natürlich von den andern absondern. Ich werd wie Onkel Walter: ein einsamer alter Mann. Nur schon, bevor ich alt bin.

Von der Badewanne aus konnte es in den Spiegel sehn. Es hob einen Arm aus dem Wasser: Schaumbläschen flüsterten; das nasse Grün glänzte, es sah schärfer und krasser aus als das trockne.

Schade, daß niemand je meine strahlende nasse Grünhaut sehn wird. Ich werde ein einsamer grüner Mann. Wie eine Schlange. Der Schlangenmann.

– Fröschlein, rief die Mutter, gleich hol ich dich raus!

– Ja, rief es.

Jetzt hab ich noch die Mutter, die weiß es. Später weiß es keiner mehr.

Es hörte die flinken Schritte auf der Treppe, im Gang.

Die Tür klaffte; es hielt die Hände vor die Augen, denn dazu hatte es gar keine Lust! Ein Strom frischer Luft zog herein, und die Mutter knipste die Höhensonne aus und schaltete das gelbe weiche Deckenlicht an und sagte:

– So, nun komm, mein blasser sauberer Froschmann.

REINHARD LETTAU

Einladung zu Sommergewittern

Die Witwe Saatmantel, von deren Jugend nur die Legende weiß, lädt alljährlich zu Sommergewittern ein. Wenn vor den dicht verschlossenen Fenstern der Sommer Tag um Tag brütet, ohne daß ein eiliger Guß oder gar ein anhaltender Landregen sich gezeigt hat, darf man stündlich mit einer Einladung rechnen. Boten bringen die kleinen Billetts ins Haus, und keines Dieners Daumen wird sich sträuben, den wohlentworfenen Schriftsatz der Einladungskarten verschwiegen zu überprüfen: sie sind geprägt. Man erfährt, daß, wenn es der Himmel erlaube, man für heute abend zu einem Sommergewitter eingeladen sei, und sogleich rüstet man sich für den Weg.

Immer wieder ist es anregend, zur Anfahrt die kleine Straße über Rastatt zu benutzen. Sei es die Nähe der Berge, sei es die Enge der noch ebenen, vielgewundenen Wegstrecke, jedenfalls verkleinert sich die Landschaft hier zusehends, rechts und links zieht sie sich zu immer schmalerer und überschaubarer Winzigkeit zusammen und entzieht sich fast ganz: Die Welt wird zur Gasse, die durstig und geradenwegs in den Landsitz der Witwe Saatmantel führt.

Die kleine Straße verlassend, durchfährt man ein einzelnes Tor, und, während der Wagen in eine niedere, dunkle Gangart verfällt, hört man den feinen Kies unter den schlurfenden Rädern. Hinter dem Hause findet man die Gefährte der anderen Gäste in der Zufälligkeit ihrer Ankünfte wahllos durcheinander aufgestellt – der Zauder der Platzwahl noch an den schräg verstellten Rädern erkennbar. Die Tafeln sind vor dem Hause errichtet; fast staunt man, sie anläßlich des erwarteten Naturereignisses so überladen zu finden. Die feinen Toiletten der Damen – weite flockige Gewänder, an denen ausgesuchte Corsagen verteilt sind, – die dunkle Kleidung der Männer, in deren Brusttaschen sich weiße

Ziertücher gebläht wie Segel davonzumachen scheinen, die achtlos gehaltenen Gläser und schließlich die unter den Bäumen seltsam entschwindende, verführerische Musik lassen das nahe Gewitter vergessen.
Dennoch bleibt es, wenn einmal die Tafel eröffnet ist, nicht aus, daß in gewissen Tischreden des erwarteten Gewitters gedacht wird. Solange man zurückdenken kann, ist jedesmal dieser Henri Plein, ein höherer Justizbeamter, aufgestanden und hat seiner Hoffnung Ausdruck gegeben, es werde diesmal zu einem französischen Landgewitter kommen. Die nahe Grenze, sagt er, gestatte solche Wunschträume; jeder, dem französische Gewitter unbekannt seien, müsse hier bedauert werden, seien sie doch viel geistreicher als deutsche Gewitter. Solche Reden reizen zwar zum Widerspruch, aber es weiß niemand, warum Frau Blesse, sonst eine kritische Kennerin, immer wieder das Augenmerk der entrüsteten Gäste auf Ganghofer-Gewitter hinlenkt. Welcher Art auch immer die Mutmaßungen über die Beschaffenheit des Gewitters sein mögen, das man erwartet – stets wird man bemerken, daß Frau Saatmantel ihnen nicht wohlgesonnen ist. Vielmehr ist der Sinn der Witwe darauf gerichtet, das Nahen des Gewitters, selbst wenn es sich durch tiefes Grollen und erste, schwere Tropfen bereits ankündigt, vergessen zu machen. Freilich weiß die Witwe, daß es sich nie wieder so unvermittelt einstellen wird wie vor Zeiten, als es anläßlich einer bloß als solchen geplanten Sommergesellschaft eine erregte, hier und dort kreischende Menschenmenge in die schmale Diele des Hauses trieb – einen Herrn Wurf, einen Charmeur von betörendem Äußeren, wegen seiner völlig durchnäßten Kleider zum Bleiben zwingend. Der Gedanke, folgende Sommerparties so zu legen, daß ein Gewitter sie krönen werde, lag auf der Hand – ein kostspieliger Gedanke übrigens, denn stets werden viele Möbel durch die nicht selten heftigen Regenfälle vernichtet, ganz deutlich kann man das von den Fenstern aus beobachten.
In den ersten Jahren war es schwierig, Kapellen für die Gewitterparties zu erstellen, hatte es sich doch in Musiker-

kreisen herumgesprochen, wie beschwerlich und recht eigentlich würdelos diese freilich hochdotierten Engagements seien, indem nämlich die Herren oft im strömenden Regen weiterzuspielen angehalten wurden: zerstörte Instrumente, verquollene Violinen zum Beispiel, waren die Folge. Würdelos war dies nach Meinung der Musiker, weil man von den fest verschlossenen Fenstern des schützenden Hauses her die Musik ohnehin nicht vernehmen konnte. Von dort wurden die musizierenden Herren nur für Bruchteile von Sekunden den erheiterten Gästen im Schein eines Blitzes sichtbar. Bläulich-grün standen sie da, eng aneinandergedrängt, mit großen Augen, die Messingrohre oder Geigenstöcke reglos in den Himmel gehoben, eine Gruppe, einem einzigen Eiszapfen ähnlich oder wie zu einer Momentaufnahme bereitgestellt. Hinter den rinnenden Fenstern erblickten sie die von brüllendem Gelächter wild verzerrten Gesichter der Gäste. Viel Lob erntete die Witwe, deren Sinn für das Dramatische hier sichtbar wurde, für diesen Effekt, dessen man gleichwohl entsagen mußte, als immer wieder Blitze das makellose Metall der Waldhörner schwarz verstümmelten. Heute spielen die Herren, wenn der Regen einsetzt, auf zu diesem Behufe mitgeführten Scheininstrumenten. Sind diese aufgeweicht, so bittet man sie ins Haus, wo sie eine kräftige Fleischbrühe erwartet.

Das Innere des Hauses entbehrt, wenn sich die Gesellschaft glücklich gerettet hat, nicht des Chaotischen. Triefende Kleider werden ausgewrungen, große Wasserlachen bilden sich in den Gesellschaftsräumen des Parterre, und es kann nicht verschwiegen werden, daß es beim Aufzucken eines Blitzes oder wenn ein großer Donner die Fenster klirren läßt, zu vielen schreckhaften Umarmungen kommt. Mancher Diener hat, während es draußen zusehends Nacht wird und ein fahler Widerschein entfernter Blitze die Gesellschaft in Atem hält, die schwere Hand der Witwe auf seinem Arm gespürt, sehr nachdrücklich sogar, und niemand kann sagen, wie viele der Gäste über Nacht zu bleiben gezwungen sind. Da nicht immer trockene Kleider zum Auswechseln in genügender Zahl zur Verfügung stehen, muß zu entlegenen Kostümen gegriffen werden: es kommt zu Maskierungen, einer Art natürlichen Karnevals sozusagen. Hinter hastig erstellten spanischen Wänden vernimmt man oft Gelächter – vom Kamin her wirft ein prasselndes Feuer Schatten über die Räume –, die Gewißheit plötzlicher Isolation von der Außenwelt verbreitet eine eigenartige Stimmung. Der Verdacht läßt sich nicht unterdrücken, daß die Witwe Saatmantel in vorgängiger Kenntnis der Vertrautheiten und Sensationen, zu denen ein Naturereignis immer eine Gruppe von Menschen vereint – daß die Witwe, eine lebenslustige, wenngleich etwas seltsame Dame, gerade in Vorhersicht solcher allgemeinen, versöhnlichen Gestimmtheit zu Sommergewittern einlädt.

Autoren- und Quellenverzeichnis

E = Erstdruck
D = Druckvorlage

ILSE AICHINGER
* 1. 11. 1921 Wien

Autorin von Erzählungen, Hörspielen, Gedichten, Roman. Veröffentlichungen u. a.: Die größere Hoffnung. R. 1948. – Rede unter dem Galgen. Erzn. 1952; Neuausg.: Der Gefesselte. Erzn. 1953. – Zu keiner Stunde. Szenen. 1957. – Knöpfe. Hörsp. 1961. – Eliza Eliza. Erzn. 1965. – Auckland. 4 Hörsp. 1969. – Verschenkter Rat. G. 1978. – Meine Sprache und ich. Erzn. 1979.

Der Hauslehrer 344

E: Rede unter dem Galgen. Erzählungen. Wien: Jungbrunnen, 1952.
D: Der Gefesselte. Erzählungen. Frankfurt a. M.: S. Fischer, 1953. S. 45–49.

ALFRED ANDERSCH
4. 2. 1914 München – 21. 2. 1980 Berzona (Tessin)

Autor von Erzählungen, Romanen, Gedichten, Hörspielen, Essays. Veröffentlichungen u. a.: Die Kirschen der Freiheit. Bericht. 1952. – Sansibar oder der letzte Grund. R. 1957. – Geister und Leute. Erzn. 1958. – Fahrerflucht. Hörsp. 1958. – Die Rote. R. 1960. – Ein Liebhaber des Halbschattens. Erzn. 1963. – Efraim. R. 1967. – Gesammelte Erzählungen. 1971. – Mein Verschwinden in Providence. Erzn. 1971. – Winterspelt. R. 1974.

Blaue Rosen 279

E: Geister und Leute. Zehn Geschichten. Olten/Freiburg: Walter, 1958. S. 97–106.

D: Sämtliche Erzählungen. Zürich: Diogenes Verlag, 1983. S. 58–62. [Text gegenüber E geringfügig verändert.] –

WALTER BAUER

4. 11. 1904 Merseburg (Saale) – 23. 12. 1976 Toronto (Kanada)

Autor von Gedichten, Erzählungen, Hörspielen, Romanen, Essays. Veröffentlichungen u. a.: Stimme aus dem Leunawerk. Verse und Prosa. 1930. – Ein Mann zog in die Stadt. R. 1931. – Dämmerung wird Tag. G. 1947. – Das Lied der Freiheit. Erzn. 1948. – Der Lichtstrahl. R. 1948. – Besser zu zweit als allein. R. 1950. – Mein blaues Oktavheft. G. 1954. – Die langen Reisen. Nansen-Biogr. 1956. – Tränen eines Mannes. Erzn. 1958. – Fremd in Toronto. Erzn. 1963. – Ein Jahr. Tagebuchblätter aus Kanada. 1967. – Lebenslauf. Gedichte 1929–1974. 1975.

E/D: Stimme aus dem Leunawerk. Verse und Prosa. Berlin: Malik Verlag, 1930. S. 96–99. –

ULRICH BECHER

* 2. 10. 1910 Berlin

Autor von Dramen, Gedichten, Erzählungen, Romanen. Veröffentlichungen u. a.: Männer machen Fehler. Erzn. 1931 (erw. Ausg. 1958). – Niemand. Dr. 1934. – Die Eroberer. Erzn. 1936. – Reise zum blauen Tag. Verserz. 1946. – Der Bockerer. Posse mit Peter Preses. 1946. – Die Kleinen und die Großen. Zauberposse. 1955. – Kurz nach vier. R. 1957. – Spiele der Zeit. Drn. 1957, 1968. – Das Herz des Hais. R. 1960. – Ihre Sache, Madame. Erz. 1963. – Murmeljagd. R. 1969. – Das Profil. R. 1973. – Die Ballade von Franz Patenkindt. 1981.

E/D: Männer machen Fehler. Geschichten der Windrose. Hamburg: Rowohlt, 1958. S. 337–347. –

HANS BENDER

* 1. 7. 1919 Mühlhausen (Kraichgau)

Autor von Gedichten, Erzählungen, Romanen, Essays; Herausgeber u. a. von »Akzente«. Veröffentlichungen u. a.: Fremde soll vorüber sein. G. 1951. – Die Hostie. Erzn. 1953. – Eine Sache wie die Liebe. R. 1954. – Wölfe und Tauben. Erzn. 1957. – Wunschkost. R. 1959. – Das wiegende Haus. Erzn. 1961. – Mit dem Postschiff. Erzn. 1962. – Aufzeichnungen einiger Tage. 1971. – Einer von ihnen. Aufzeichnungen. 1979.

Die Hostie 284

E: Die Hostie. Vier Stories. Frankfurt a. M.: Eremiten-Presse, 1953. S. 5–19.
D: Worte, Bilder, Menschen. Geschichten, Roman, Berichte, Aufsätze. München: Hanser, 1969. S. 55–64. – © 1969 Carl Hanser Verlag, München.

HEINRICH BÖLL

21. 12. 1917 Köln – 16. 7. 1985 Langenbroich (Eifel)

Autor von Kurzgeschichten, Hörspielen, Romanen, Essays, Gedichten. Veröffentlichungen u. a.: Der Zug war pünktlich. Erz. 1949. – Wanderer, kommst du nach Spa ... Erzn. 1950. – Und sagte kein einziges Wort. R. 1953. – Haus ohne Hüter. R. 1954. – Das Brot der frühen Jahre. Erz. 1955. – Bilanz. Hörsp. 1957. – Irisches Tagebuch. 1957. – Billard um halbzehn. R. 1959. – Erzählungen, Hörspiele, Aufsätze. Auswahl. 1961. – Ansichten eines Clowns. R. 1963. – Zum Tee bei Dr. Borsig. 8 Hörsp. 1964. – Gruppenbild mit Dame. R. 1971. – Die verlorene Ehre der Katharina Blum. Erz. 1974. – Romane und Erzählungen. 5 Bde. 1977. – Essayistische Schriften und Reden. 3 Bde. 1978. – Hörspiele, Theaterstücke, Drehbücher, Gedichte. 1978. – Fürsorgliche Belagerung. R. 1979. – Vermintes Gelände. Essays 1977–81. 1982.

Die Botschaft 259

E: Karussell 2 (1947) H. 14 S. 43–47.
D: Werke. Romane und Erzählungen I. 1947–51. Hrsg. von Bernd Balzer. Köln: Middelhauve / Kiepenheuer & Witsch, 1977. S. 9–13. [Text gegenüber E geringfügig verändert.] – © 1947 Heinrich Böll und 1984 Lamuv Verlag, Bornheim-Merten.

WOLFGANG BORCHERT

20. 5. 1921 Hamburg – 20. 11. 1947 Basel

Autor von Gedichten, Kurzgeschichten und einem Hörspiel. Veröffentlichungen: Laterne, Nacht und Sterne. G. 1946. – An diesem Dienstag. Erzn. 1947. – Draußen vor der Tür. Hörsp. 1947. – Die Hundeblume. Erzn. 1947. – Das Gesamtwerk. 1949. – Die traurigen Geranien. Erzn. 1962.

Mein bleicher Bruder 255

E: An diesem Dienstag. Neunzehn Geschichten. Hamburg/Stuttgart: Rowohlt, 1947. S. 18–21.
D: Das Gesamtwerk. Hamburg: Rowohlt, 1949. S. 215–218. –

BERTOLT BRECHT

10. 2. 1898 Augsburg – 14. 8. 1956 Berlin

Autor von Dramen, Gedichten, Erzählungen, Romanen, Essays. Veröffentlichungen u. a.: Baal. Stück, 1922. – Trommeln in der Nacht. Dr. 1922. – Im Dickicht der Städte. Dr. 1927. – Die Hauspostille. G. 1927. – Mann ist Mann. Dr. 1927. – Die Dreigroschenoper. 1929. – Aufstieg und Fall der Stadt Mahagonny. Oper. 1929. – Geschichten von Herrn Keuner. 1930. – Die heilige Johanna der Schlachthöfe. Dr. 1932. – Die Gewehre der Frau Carrar. Dr. 1937. – Mutter Courage und ihre Kinder. Dr. 1949. – Der kaukasische Kreidekreis. Stück. 1949. – Kleines Organon für das Theater. 1949. – Die Geschäfte des Herrn Julius Cäsar. R. 1949. – Leben des Galilei. Dr. 1955. – Gesammelte Werke. 8 Bde. 1967.

Vier Männer und ein Pokerspiel 36

E: Simplicissimus 31 (1926) S. 67 und 72. [Unter dem Titel »Vier Männer und ein Pokerspiel oder Zuviel Glück ist kein Glück«.]
D: Gesammelte Werke. Bd. 5: Prosa I. Frankfurt a. M.: Suhrkamp, 1967. S. 175–183. [Text gegenüber E überarbeitet.] –

JOSEPH BREITBACH

20. 9. 1903 Koblenz – 9. 5. 1980 München

Autor von Erzählungen, Romanen, Dramen, Essays. Veröffentlichungen u. a.: Rot gegen Rot. Erzn. 1929. – Mademoiselle Schmidt. Dr. 1929. – Die Wandlung der Susanne Dasseldorf. R. 1932. – Bericht über Bruno. R. 1962. – Clemens. Romanfragment. 1963. – Die Jubilarin. Dr. 1965. – Die Rabenschlacht. Erzn. 1973. – Das blaue Bidet oder das eigentliche Leben. R. 1978.

Education Sentimentale 92

E: 24 neue deutsche Erzähler. Hrsg. von Hermann Kesten. Berlin: Kiepenheuer, 1929. S. 125–135.
D: Die Rabenschlacht und andere Erzählungen. Frankfurt a. M.: S. Fischer, 1973. S. 198–209. [Text gegenüber E geringfügig verändert.]

GEORG BRITTING

17. 2. 1891 Regensburg – 27. 4. 1964 München

Autor von Gedichten, Erzählungen, einem Roman, Dramen. Veröffentlichungen u. a.: Der verlachte Hiob. Erzn. 1921. – Lebenslauf eines dicken Mannes, der Hamlet hieß. R. 1932. – Das treue Eheweib. Erzn. 1933. – Der irdische Tag. G. 1935. – Der bekränzte Weiher. Erzn. 1937. – Das gerettete Bild. Erzn. 1938. – Rabe, Roß und Hahn. G. 1939. – Der Schneckenweg. Erzn. 1941. – Die Begegnung. G. 1947. – Unter hohen Bäumen. G. 1951. – Afrikanische Elegie. Erz. 1953. – Gesamtausgabe. 8 Bde. 1957–1967.

Flandrischer Fasching 131

E: Das treue Eheweib. Erzählungen. München: Albert Langen / Georg Müller, 1933. S. 185–200.
D: Erzählungen 1920–1936. München: Nymphenburger Verlagshandlung, 1958. S. 114–125.

HERMANN BROCH

1. 11. 1886 Wien – 31. 5. 1951 New Haven (USA)

Autor von Romanen, Essays, Gedichten, Dramen. Veröffentlichungen u. a.: Logik einer zerfallenden Welt. Ess. 1930. – Die Schlafwandler. Romantrilogie. 1931/32, 1964 (Pasenow oder Die Romantik 1888. Esch oder Die Anarchie 1903. Huguenau oder Die Sachlichkeit 1918). – Die unbekannte Größe. R. 1933. – Die Entsühnung. Dr. 1933. – Zeit und Zeitgeist. Ess. 1934. – Der Tod des Vergil. R. 1945. – Die Schuldlosen. R. 1950. – Kommentierte Werkausgabe. 15 Bde. 1975–81.

E: Berliner Börsen-Courier. Nr. 363. 2. Beilage. 6. 8. 1933. S. 9–10.
D: Kommentierte Werkausgabe. Hrsg. von Paul Michael Lützeler. Bd. 6: Novellen. Frankfurt a. M.: Suhrkamp, 1980. S. 155–162. –

HEIMITO VON DODERER

5. 9. 1896 Weidlingen bei Wien – 23. 12. 1966 Wien

Autor von Romanen, Erzählungen, Gedichten. Veröffentlichungen u. a.: Gassen und Landschaft. G. 1923. – Ein Mord, den jeder begeht. R. 1938. – Ein Umweg. R. 1940. – Die Strudlhofstiege oder Melzer und die Tiefe der Jahre. R. 1951. – Die Dämonen. R. 1956. – Ein Weg im Dunkeln. G. 1957. – Die Posaunen von Jericho. Erz. 1958. – Die Peinigung der Lederbeutelchen. Erzn. 1959. – Die Merowinger oder Die totale Familie. R. 1962. – Die Wasserfälle von Slunj. R. 1963. – Tangenten. Tagebuch 1940–50. 1964. – Unter schwarzen Sternen. Erzn. 1966.

E: Die Peinigung der Lederbeutelchen. Erzählungen. München: Biederstein, 1959. S. 136–140. [Die Erzählung ist im Inhaltsverzeichnis mit 1930 datiert.]
D: Die Erzählungen. Hrsg. von Wendelin Schmidt-Dengler. 2., durchges. Aufl. München: Biederstein Verlag, 1976. S. 289–291. [Schmidt-Dengler datiert die Erzählung auf 1933.]

ALFRED DÖBLIN

10. 8. 1878 Stettin – 28. 6. 1957 Emmendingen bei Freiburg

Autor von Romanen, Erzählungen, Dramen, Essays. Veröffentlichungen u. a.: Ermordung der Butterblume. Erzn. 1913. – Die drei

Sprünge des Wan-lun. R. 1915. – Wallenstein. R. 1920. – Berge, Meere und Giganten. R. 1924. – Manas. Epos. 1927. – Berlin Alexanderplatz. R. 1929. – Die Ehe. Dr. 1931. – Babylonische Wanderung. R. 1934. – Amazonas-Trilogie. 1937–1948 (Die Fahrt ins Land ohne Tod. Der blaue Tiger. Der neue Urwald). – Schicksalsreise. Autobiogr. 1949. – Hamlet oder Die lange Nacht nimmt ein Ende. R. 1956. – Ausgewählte Werke. 14 Bde. 1960–72.

E: Das Neue Tage-Buch 5 (1937) S. 1078.
D: Erzählungen aus fünf Jahrzehnten. Hrsg. von Edgar Pässler. Olten/Freiburg: Walter, 1979. S. 373–374.

FRIEDRICH DÜRRENMATT

* 5. 1. 1921 Konolfingen (Bern)

Autor von Romanen, Dramen, Erzählungen, Hörspielen, Essays. Veröffentlichungen u. a.: Es steht geschrieben. Dr. 1947. – Pilatus. Erz. 1949. – Die Stadt. Prosa I–IV. 1952. – Der Richter und sein Henker. R. 1952. – Der Verdacht. R. 1953. – Das Unternehmen der Wega. Hörsp. 1955. – Der Besuch der alten Dame. Dr. 1956. – Die Panne. Hörsp. 1956. – Der Doppelgänger. Hörsp. 1960. – Die Physiker. Dr. 1962. – König Johann. Dr. 1968. – Play Strindberg. Totentanz nach August Strindberg. Dr. 1969. – Zusammenhänge. Essay über Israel. 1976. – Stoffe. 1981. – Justiz. R. 1985. Werke. 29 Bde. 1980.

E: Die Stadt. Prosa I–IV. Zürich: Verlag Die Arche, 1952. S. 57–71.
D: Werkausgabe. Bd. 18: Aus den Papieren eines Wärters. Frühe Prosa. Zürich: Verlag Die Arche, 1980. S. 57–69. –

HERBERT EISENREICH

* 7. 2. 1925 Linz (Österreich)

Autor von Romanen, Erzählungen, Hörspielen, Essays, Gedichten. Veröffentlichungen u. a.: Einladung, deutlich zu leben. Erz. 1952. – Auch in ihrer Sünde. R. 1953. – Sebastian oder Die kleine Chance und das große Risiko des Märtyrers. Hörsp. 1953. – Böse schöne

Welt. Erzn. 1954. – Wovon wir leben und woran wir sterben. Hörsp. 1958. – Reaktionen. Essays zur Literatur. 1964. – Die Freunde meiner Frau. Erzn. 1966. – Verlorene Funde. Gedichte 1946–52. 1976. – Die blaue Distel der Romantik. Erzn. 1976. – Das Leben als Freizeit. Essays. 1976.

E: Jahresring 54. Stuttgart: Deutsche Verlags-Anstalt, 1954. S. 181–183.
D: Böse schöne Welt. Erzählungen. Stuttgart: Scherz & Goverts, 1957. S. 106–110. [Text gegenüber E geringfügig verändert.] – Mit Genehmigung der S. Fischer Verlag GmbH, Frankfurt a. M.

LION FEUCHTWANGER

7. 7. 1884 München – 21. 12. 1958 Pacific Palisades (USA)

Autor von Romanen, Dramen, Erzählungen. Veröffentlichungen u. a.: Thomas Wendt. R. 1920. – Der holländische Kaufmann. Dr. 1921. – Die häßliche Herzogin Margarethe Maultasch. R. 1923. – Jud Süß. R. 1925. – Der Wartesaal. Romantrilogie (Erfolg. 1930; Die Geschwister Oppenheim. 1933 – Neuausg.: Die Geschwister Oppermann. 1948; Exil. 1940). – Josephus-Trilogie (Der jüdische Krieg. 1932; Die Söhne. 1935; Der Tag wird kommen. 1945). – Marianne in Indien. Erzn. 1934. – Wahn oder Der Teufel in Boston. Dr. 1948. – Goya oder Der arge Weg der Erkenntnis. R. 1951. – Spanische Ballade. R. 1955. – Gesammelte Werke. 14 Bde. 1959–64.

E: Berliner Tageblatt. 1932.
D: Centum Opuscula. Eine Auswahl. Zsgest. und hrsg. von Wolfgang Berndt. Rudolstadt: Greifenverlag, 1956. S. 584–587. – Mit Genehmigung des Aufbau-Verlages, Berlin und Weimar.

OTTO FLAKE

29. 10. 1880 Metz – 10. 11. 1963 Baden-Baden

Autor von Romanen, Erzählungen, Essays, Dramen. Veröffentlichungen u. a.: Schritt für Schritt. R. 1912. – Ruland-Epos (Das Freitagskind. 1913; Neufassung: Eine Kindheit. 1928; Ruland.

1922; Der gute Weg. 1924; Villa USA. 1926; Freund aller Welt. 1928). – Hortense oder Die Rückkehr nach Baden-Baden. R. 1933. – Badische Chronik. R. 1934/35 (Die junge Monthiver. Anselm und Verena). Neuausg.: Die Monthivermädchen. 1952. – Fortunat. R. 1946–48. – Der Handelsherr. Erz. 1948. – Die Sanduhr. R. 1950. – Die Deutschen. Ess. 1963. – Finnische Nächte. Erzn. 1966. – Werke. 5 Bde. 1973–76.

Sechzig Jahre später 121

E: Karussell 2 (1947) H. 16. S. 38–43.
D: Werke. Bd. 1: Erzählungen. Hrsg. von Rolf Hochhuth und Peter Härtling. Frankfurt a. M.: S. Fischer, 1973. S. 194–200. [Geschrieben wurde die Erzählung 1929.]

MARIELUISE FLEISSER

23. 11. 1901 Ingolstadt – 2. 2. 1974 Ingolstadt

Autorin von Dramen, Erzählungen, einem Roman. Veröffentlichungen u. a.: Fußwaschung. Dr. 1926 (Neuausg. Fegefeuer in Ingolstadt. 1929). – Pioniere von Ingolstadt. Dr. 1929. – Ein Pfund Orangen. Erzn. 1929. – Mehlreisende Frieda Geier. R. 1931. – Andorranische Abenteuer. Erzn. 1932. – Der starke Stamm. Dr. 1945. – Karl Stuart. Dr. 1946. – Avantgarde. Erzn. 1963. – Abenteuer aus dem Englischen Garten. Erzn. 1969. – Gesammelte Werke. 3 Bde. 1972.

Stunde der Magd 101

E: Berliner Börsen-Courier. 1925.
D: Gesammelte Werke. Bd. 3: Gesammelte Erzählungen. Hrsg. von Günther Rühle. Frankfurt a. M.: Suhrkamp, 1972. S. 25–31. –

LEONHARD FRANK

4. 9. 1882 Würzburg – 18. 8. 1961 München

Autor von Erzählungen, Romanen, Dramen. Veröffentlichungen u. a.: Die Räuberbande. R. 1914. – Die Ursache. Erz. 1915. – Der Mensch ist gut. Erzn. 1917. – Der Bürger. R. 1924. – Karl und Anna. Erz. 1926. – Das Ochsenfurter Männerquartett. R. 1927. –

Hufnägel. Dr. 1930. – Von drei Millionen drei. R. 1932. – Traumgefährten. R. 1936. – Die Jünger Jesu. R. 1949. – Links wo das Herz ist. R. 1952. – Deutsche Novelle. 1954. – Gesammelte Werke. 6 Bde. 1957.

New Yorker Liebesgeschichte 235

E: Gesammelte Werke. Bd. 6: Erzählungen. Berlin: Aufbau-Verlag, 1957. S. 483–497.
D: Im letzten Wagen. Erzählungen. Stuttgart: Reclam, 1959 [u. ö.]. S. 51–67. [Text gegenüber E geringfügig verändert. Die Erzählung wurde 1946 in New York geschrieben.] – Mit Genehmigung von Charlott Frank-Heumann, München.

FRANZ FÜHMANN

15. 1. 1922 Rochlitz (Rokytnice, ČSR) – 8. 7. 1984 Berlin

Autor von Gedichten, Erzählungen, Kinderbüchern. Veröffentlichungen u. a.: Die Fahrt nach Stalingrad. G. 1953. – Die Nelke Nikos. G. 1953. – Aber die Schöpfung soll dauern. G. 1957. – Stürzende Schatten. Erzn. 1959. – Das Judenauto. Erzn. 1962. – Die Richtung der Märchen. G. 1962. – König Ödipus. Erzn. 1965. – 22 Tage oder die Hälfte des Lebens. Tagebuch. 1973. – Der Geliebte der Morgenröte. Erzn. 1978. – Der Sturz des Engels. Ess. 1982.

Grenzstation 303

E: Stürzende Schatten. Novellen. Mit Illustrationen von Hans und Lea Grundig. Berlin: Verlag der Nation, 1959.
D: Erzählungen 1955–1975. Rostock: Hinstorff, 1977. S. 113–115.

GÜNTER GRASS

* 16. 10. 1927 Danzig

Autor von Romanen, Erzählungen, Gedichten, Dramen, Essays. Veröffentlichungen u. a.: Die Vorzüge der Windhühner. G. 1956. – Onkel, Onkel. Dr. 1958. – Die Blechtrommel. R. 1959. – Gleisdreieck. G. 1960. – Katz und Maus. Erz. 1961. – Hundejahre. R. 1963. – Die Plebejer proben den Aufstand. Dr. 1966. – örtlich betäubt. R. 1969. – Gesammelte Gedichte. 1971. – Aus dem Tagebuch einer Schnecke. 1972. – Der Butt. R. 1977. – Das Treffen in Telgte. Erz. 1979. – Widerstand lernen. Essays 1980–83. 1984.

Die Linkshänder 367

E/D: Neue Deutsche Hefte 5 (1958/59) S. 38–42. – © Günter Grass, Berlin.

FELIX HARTLAUB

17. 6. 1913 Bremen – April 1945 (vermißt) Berlin

Autor von Erzählungen, Dramen, Essays. Veröffentlichungen: Mahad. 1928. – Parthenope oder Das Abenteuer in Neapel. Erz. 1951. – Von unten gesehen. Ess. 1950. – Das Gesamtwerk. 1955.

[Mond und Pferde] 246

E: Jahresring 54. Stuttgart: Deutsche Verlags-Anstalt, 1954. S. 5–12. D: Das Gesamtwerk. Dichtungen, Tagebücher. Hrsg. von Geno Hartlaub. Frankfurt a. M.: S. Fischer, 1955. S. 353–360. [Das Fragment wurde vermutlich 1944 geschrieben; der Titel stammt von der Herausgeberin.]

HERMANN HESSE

2. 7. 1877 Calw – 9. 8. 1962 Montagnola (Schweiz)

Autor von Erzählungen, Romanen, Gedichten, Essays. Veröffentlichungen u. a.: Eine Stunde hinter Mitternacht. G. 1899. – Gedichte. 1902. – Peter Camenzind. Erz. 1904. – Franz von Assisi. Ess. 1904. – Unterm Rad. Erz. 1906. – Diesseits. Erzn. 1907. – Roßhalde. R. 1914. – Knulp. Erz. 1915. – Klingsors letzter Sommer. Erzn. 1920. – Siddharta. 1922. – Narziß und Goldmund. R. 1930. – Jahreszeiten. G. 1931. – Das Glasperlenspiel. R. 1943. – Gesammelte Werke. 12 Bde. 1970.

Bei den Massageten 70

E: Berliner Tageblatt. Nr. 454. 25. 9. 1927.
D: Die Erzählungen. Zsgest. von Volker Michels. Bd. 2. Frankfurt a. M.: Suhrkamp, 1973. S. 416–420. – © 1973 Suhrkamp Verlag, Frankfurt a. M.

WOLFGANG HILDESHEIMER

* 9. 12. 1916 Hamburg

Autor von Romanen, Erzählungen, Dramen, Hörspielen. Veröffentlichungen u. a.: Lieblose Legenden. Erzn. 1952. – Paradies der falschen Vögel. R. 1953. – Das Opfer Helena. Hörsp. 1955. – Ich heiße Robert Guiscard. Fernsehsp. 1955. – Ich trage eine Eule nach Athen. Erzn. 1956. – Spiele, in denen es dunkel wird. Dr. 1958. – Herrn Walsers Raben. Hörsp. 1960. – Die Verspätung. Dr. 1961. – Tynset. R. 1965. – Mary Stuart. Dr. 1961. – Masante. R. 1973. – Hauskauf. Hörsp. 1974. – Marbot. R. 1981. – Mitteilungen an Max über den Stand der Dinge. 1983.

E: Lieblose Legenden. Mit Zeichnungen von Paul Flora. Stuttgart: Deutsche Verlags-Anstalt, 1952. S. 52–54.
D: Lieblose Legenden. Überarb., um neue Beiträge erw. und einige frühere verminderte Neuausg. Frankfurt a. M.: Suhrkamp, 1962. S. 88–90. –

ÖDÖN VON HORVÁTH

9. 12. 1901 Fiume (Ungarn) – 1. 6. 1938 Paris

Autor von Dramen, Erzählungen, Romanen. Veröffentlichungen u. a.: Die Bergbahn. Dr. 1927. – Sladek oder Die schwarze Armee. Dr. 1929. – Der ewige Spießer. R. 1930. – Geschichten aus dem Wienerwald. Dr. 1931. – Kasimir und Karoline. Dr. 1932. – Glaube, Liebe, Hoffnung. Dr. 1932. – Der Jüngste Tag. Dr. 1937. – Jugend ohne Gott. R. 1938. – Ein Kind unserer Zeit. R. 1938. – Gesammelte Werke. 4 Bde. 1970/71.

E: 24 neue deutsche Erzähler. Hrsg. von Hermann Kesten. Berlin: Kiepenheuer, 1929. S. 396–402.
D: Gesammelte Werke. Hrsg. von Traugott Krischke und Dieter Hildebrandt. Bd. 3: Lyrik, Prosa, Romane. 3. Aufl. Frankfurt a. M.: Suhrkamp, 1978. S. 77–82. [Text gegenüber E verändert.] –

HANS HENNY JAHNN

17. 12. 1894 Hamburg-Stellingen – 29. 11. 1959 Hamburg

Autor von Romanen, Erzählungen, Dramen, Essays. Veröffentlichungen u. a.: Pastor Ephraim Magnus. Dr. 1919. – Perrudja. R. 1929. – Fluß ohne Ufer. R. 1949/50. – Spur des dunklen Engels. Dr. 1952. – Dreizehn nicht geheure Geschichten. 1954. – Thomas Chatterton. Dr. 1955. – Die Nacht aus Blei. R. 1956. – Unser Zirkus. Erz. 1969. – Werke und Tagebücher. 7 Bde. 1974.

E: Unser Zirkus. Karl August Ohrt: Sechs Lithographien. Hamburg: Sirius-Presse Hellmut Saucke, 1969.
D: Werke und Tagebücher. Hrsg. von Thomas Freeman und Thomas Scheuffelen. Bd. 6: Prosa, Dramenfragmente. Hamburg: Hoffmann & Campe, 1974. S. 114–116. [Die Erzählung ist eine Vorform der Zirkus-Episode gegen Ende des Romans »Perrudja«, der 1929 erschien.]

ERNST JÜNGER

* 29. 3. 1895 Heidelberg

Autor von Erzählungen, Romanen, Essays. Veröffentlichungen u. a.: In Stahlgewittern. Kriegstagebuch. 1920. – Das abenteuerliche Herz. Ess. 1929. – Der Arbeiter. Abh. 1932 –. Afrikanische Spiele. Erz. 1936. – Auf den Marmorklippen. R. 1939. – Gärten und Straßen. Tgb. 1942. – Strahlungen. Tgb. 1949. – Besuch auf Godenholm. Erz. 1952. – Gläserne Bienen. R. 1957. – Jahre der Okkupation. Tgb. 1958. – Typus. Name. Gestalt. Ess. 1963. – Die Zwille. R. 1973. – Eumeswil. R. 1977. – Siebzig verweht. Tgb. 1980/81. – Sämtliche Werke. 18 Bde. 1978–83.

E: story 7 (1952) H. 1. S. 12–18.
D: Sämtliche Werke. Bd. 15: Erzählende Schriften. Erzählungen. Stuttgart: Klett-Cotta, 1978. S. 353–362.

FRANZ KAFKA

3. 7. 1883 Prag – 3. 6. 1924 Kierling bei Wien

Autor von Romanen, Erzählungen. Veröffentlichungen u. a.: Der Heizer. Erz. 1913. – Die Verwandlung. Erz. 1916. – Das Urteil. Erz. 1916. – In der Strafkolonie. Erz. 1919. – Ein Landarzt. Erz. 1919.
Aus dem Nachlaß: Der Prozeß. R. 1925. – Das Schloß. R. 1927. – Amerika. R. 1927. – Beim Bau der chinesischen Mauer. Erzn. 1931. – Tagebücher 1910–23. 1951. – Gesammelte Werke. 10 Bde. 1965–69. – Kritische Ausgabe. 1982 ff.

E: Genius 3 (1921) [recte 1922] S. 312–313.
D: Sämtliche Erzählungen. Hrsg. von Paul Raabe. Frankfurt a. M.: Fischer Bücherei, 1970. S. 155–157.

MARIE LUISE KASCHNITZ

13. 1. 1901 Karlsruhe – 10. 10. 1974 Rom

Autorin von Gedichten, Romanen, Erzählungen, Hörspielen, Essays. Veröffentlichungen u. a.: Liebe beginnt. R. 1933. – Elissa. R. 1937. – Griechische Mythen. Ess. 1943. – Menschen und Dinge 1945. Ess. 1946. – Totentanz und Gedichte zur Zeit. 1946. – Zukunftsmusik. G. 1950. – Engelsbrücke. Römische Betrachtungen. 1955. – Das Haus der Kindheit. R. 1956. – Neue Gedichte. 1957. – Lange Schatten. Erzn. 1960. – Hörspiele. 1962. – Dein Schweigen – meine Stimme. Gedichte 1958–61. 1962. – Beschreibung eines Dorfes. 1966. – Ferngespräche. Erzn. 1966. – Tage, Tage, Jahre. Aufzeichnungen. 1968. – Steht noch dahin. Neue Prosa. 1970. – Orte. Aufzeichnungen. 1973. – Gesammelte Werke. 7 Bde. 1981.

E/D: Lange Schatten. Erzählungen. Hamburg: Claassen, 1960. S. 171–175. –

HERMANN KESTEN

* 28. 1. 1900 Nürnberg

Autor von Romanen, Erzählungen, Gedichten, Essays; Herausgeber. Veröffentlichungen u. a.: Josef sucht die Freiheit. R. 1927. – Ein ausschweifender Mensch. R. 1929. – Glückliche Menschen. R. 1931. – Der Scharlatan. R. 1932. – Der Gerechte. R. 1934. – Ferdinand und Isabella. R. 1936. – König Philipp der Zweite. R. 1938. – Die Kinder von Gernika. R. 1939. – Die Liebesehe. Erzn. 1948. – Die fremden Götter. R. 1949. – Meine Freunde, die Poeten. Ess. 1953. – Dichter im Café. Ess. 1959. – Der Geist der Unruhe. Ess. 1959. – Lauter Literaten. Ess. 1963. – Die Zeit der Narren. R. 1966. – Ein Optimist. Ess. 1970. – Ein Mann von sechzig Jahren. R. 1972. – Revolutionäre mit Geduld. Ess. 1973. – Ich bin, der ich bin. G. 1974. – Ausgewählte Werke. 20 Bde. 1981 ff.

Musik 272

E: Die Liebesehe und andere Novellen. Wien: Danubia, [1948]. S. 223–230.

D: Die 30 Erzählungen von Hermann Kesten. München: Kindler, 1962. S. 166–173. [Text gegenüber E überarbeitet.] – Mit Genehmigung der Verlag Ullstein GmbH, Berlin.

WOLFGANG KOEPPEN

* 23. 6. 1906 Greifswald

Autor von Romanen, Erzählungen, Essays, Reisebüchern. Veröffentlichungen u. a.: Eine unglückliche Liebe. R. 1934. – Die Mauer schwankt. R. 1935. – Tauben im Gras. R. 1951. – Das Treibhaus. R. 1953. – Tod in Rom. R. 1954. – Nach Rußland und anderswohin. Reisebuch. 1958. – Amerikafahrt. Reisebuch. 1959. – Romanisches Café. Erzn. 1972. – Jugend. Prosa. 1976. – Die elenden Skribenten. Aufsätze. 1981.

Zum erstenmal in Rotterdam 178

D: Romanisches Café. Erzählende Prosa. Frankfurt a. M.: Suhrkamp, 1972. S. 77–85. [Nach Auskunft des Autors in einem Brief an den Herausgeber vom 13. 11. 1983 ist die Erzählung in einer Zeitung oder Zeitschrift im ersten Jahrzehnt nach dem Krieg erschienen; geschrieben sei sie wahrscheinlich früher.] – © 1972 Suhrkamp Verlag, Frankfurt a. M.

ERNST KREUDER

29. 8. 1903 Zeitz – 24. 12. 1972 Darmstadt

Autor von Erzählungen, Romanen, Gedichten, Essays. Veröffentlichungen u. a.: Die Nacht des Gefangenen. Erzn. 1939. – Die Gesellschaft vom Dachboden. Erz. 1946. – Die Unauffindbaren. R. 1948. – Herein ohne anzuklopfen. R. 1954. – Sommers Einsiedelei. G. 1956. – Agimos oder Die Weltgehilfen. R. 1959. – Zur Umweltsituation des Dichters. Ess. 1961. – Spur unterm Wasser. Erz. 1963. – Hörensagen. R. 1969. – Der Mann im Bahnwärterhaus. R. 1973.

Der Kapitän 195

E: Frankfurter Zeitung. 21. 8. 1933. Morgenblatt. S. 1–2.
D: Die Nacht des Gefangenen. Erzählungen. Darmstadt: Wittich, 1939. S. 67–72. – Mit Genehmigung von Irme Kreuder, Darmstadt.

KURT KUSENBERG

24. 6. 1904 Göteborg (Schweden) – 3. 10. 1983 Hamburg

Autor von Erzählungen, Essays, Hörspielen. Veröffentlichungen u. a.: La Botella. Erzn. 1940. – Der blaue Traum. Erzn. 1942. – Herr Crispin reitet aus. Erzn. 1948. – Gastmahl des Petronius. Hörsp. 1952. – Begegnung im Wald. Hörsp. 1953. – Wein auf Lebenszeit. Erzn. 1955. – Zwischen unten und oben. Ess. 1964. – Gespräche ins Blaue. Hörsp. 1967. – Gesammelte Erzählungen. 1969.

Eine ernste Geschichte 203

E: Die Dame (Berlin) Nr. 22. 1938.
D: Gesammelte Erzählungen. Reinbek bei Hamburg: Rowohlt, 1969. S. 30–32. –

FRIEDO LAMPE

4. 12. 1899 Bremen – 2. 5. 1945 Klein-Machnow bei Berlin

Autor von Romanen, Erzählungen. Veröffentlichungen u. a.: Am Rande der Nacht. R. 1934. – Das dunkle Boot. Ballade. 1936. – Septembergewitter. R. 1937. – Von Tür zu Tür. Erzn. 1945. – Das Gesamtwerk. 1955.

Das dunkle Boot 199

E: Das dunkle Boot. Ballade. Hamburg: Dulk, 1936.
D: Das Gesamtwerk. Hamburg: Rowohlt, 1955. S. 199–202. –

ELISABETH LANGGÄSSER

23. 2. 1899 Alzey – 25. 7. 1950 Rheinzabern

Autorin von Romanen, Erzählungen, Gedichten, Essays, Hörspielen. Veröffentlichungen u. a.: Der Wendekreis des Lamms. G. 1924. – Tryptichon des Teufels. Erz. 1932. – Proserpina. R. 1933. – Die Tierkreisgedichte. 1935. – Der Gang durch das Ried. R. 1936. – Das unauslöschliche Siegel. R. 1946. – Der Laubmann und die Rose. G. 1947. – Der Torso. Erzn. 1947. – Metamorphose. G. 1949. – Das Labyrinth. Erzn. 1949. – Märkische Argonautenfahrt. R. 1950. – Gesammelte Werke. 5 Bde. 1959–64.

Der Torso 268

E/D: Der Torso. Hamburg: Claassen & Goverts, 1947. S. 9–12. –

HERMANN LENZ

* 26. 2. 1913 Stuttgart

Autor von Romanen, Erzählungen, Gedichten. Veröffentlichungen u. a.: Gedichte. 1936. – Das stille Haus. Erz. 1938. – Das doppelte Gesicht. Erzn. 1949. – Der russische Regenbogen. R. 1959. – Nachmittag einer Dame. R. 1961. – Spiegelhütte. R. 1962. – Die Augen eines Dieners. R. 1964. – Verlassene Zimmer. R. 1966. – Andere Tage. R. 1968. – Im inneren Bezirk. R. 1970. – Der Kutscher und der Wappenmaler. R. 1972. – Dame und Scharfrichter. Erz. 1973. – Neue Zeit. R. 1975. – Tagebuch vom Überleben und Leben. R. 1978. – Die Begegnung. R. 1979. – Der innere Bezirk. R. 1980 (Erstes Buch: Nachmittag einer Dame. Zweites Buch: Im inneren Bezirk. Drittes Buch: Constantinsallee). – Zeitlebens. G. 1981. – Ein Fremdling. R. 1983.

Das Oleanderblatt 294

E/D: Akzente 2 (1955) S. 440–447. –

SIEGFRIED LENZ

* 17. 3. 1926 Lyck (Ostpreußen)

Autor von Erzählungen, Romanen, Hörspielen. Veröffentlichungen u. a.: Es waren Habichte in der Luft. R. 1951. – So zärtlich war Suleyken. Erzn. 1955. – Jäger des Spotts. Erzn. 1958. – Brot und Spiele. R. 1959. – Das Feuerschiff. Erzn. 1960. – Zeit der Schuldlosen. Dr. 1961. – Stadtgespräch. R. 1963. – Haussuchung. Hörsp. 1963. – Der Spielverderber. Erzn. 1965. – Deutschstunde. R. 1968. – Gesammelte Erzählungen. 1970. – Das Vorbild. R. 1973. – Der Geist der Mirabelle. Erzn. 1975. – Einstein überquert die Elbe bei Hamburg. Erzn. 1975. – Heimatmuseum. R. 1978. – Der Verlust. R. 1981. – Ein Kriegsende. 1984.

E/D: Das Feuerschiff. Erzählungen. Hamburg: Hoffmann & Campe, 1960. S. 155–163.

REINHARD LETTAU

* 10. 9. 1929 Erfurt

Autor von Erzählungen, Gedichten, Essays, einer Komödie. Veröffentlichungen u. a.: Schwierigkeiten beim Häuserbauen. Erzn. 1962. – Auftritt Manigs. Erzn. 1963. – Gedichte. 1968. – Feinde. Erzn. 1968. – Täglicher Faschismus. Amerikanische Evidenz aus 6 Monaten. 1971. – Immer kürzer werdende Geschichten. 1973. – Frühstücksgespräche in Miami. Kom. 1978. – Zerstreutes Hinausschaun. Ess. 1980.

E: Akzente 7 (1960) S. 436–438.
D: Schwierigkeiten beim Häuserbauen. Auftritt Manigs. München: Hanser, 1979. S. 43–48. –

HEINRICH MANN

27. 3. 1871 Lübeck – 12. 3. 1950 Santa Monica (USA)

Autor von Romanen, Erzählungen, Dramen, Essays. Veröffentlichungen u. a.: In einer Familie. R. 1894. – Im Schlaraffenland. R.

1900. – Die Göttinnen. R. 1903. – Professor Unrat. R. 1905. – Die kleine Stadt. R. 1909. – Große Liebe. Dr. 1912. – Der Untertan. R. 1914. – Macht und Mensch. Ess. 1919. – Die große Sache. R. 1930. – Die Welt der Herzen. Erzn. 1932. – Die Jugend des Königs Henri Quatre. R. 1935. – Die Vollendung des Königs Henri Quatre. R. 1938. – Ein Zeitalter wird besichtigt. Autobiogr. 1945. – Der Atem. R. 1949. – Gesammelte Werke. 24 Bde. 1965 ff.

Sterny 19

E: Berliner Zeitung am Mittag. 1. und 5. 4. 1923. [Unter dem Titel »Menschen und Schicksale der Weltstadt«.]
D: Gesammelte Werke in Einzelausgaben. Bd. 18: Novellen. Bd. 3. Berlin/Weimar: Aufbau-Verlag, 1978. S. 243–250.

KLAUS MANN

18. 11. 1906 München – 21. 5. 1949 Cannes (Frankreich)

Autor von Romanen, Erzählungen, Essays, Dramen. Veröffentlichungen u. a.: Anja und Esther. Dr. 1925. – Revue zu Vieren. Dr. 1926. – Kind dieser Zeit. R. 1932. – Symphonie Pathétique. R 1935. – Mephisto. R. 1936. – Der Vulkan. R. 1939. – Die Heimsuchung des europäischen Geistes. Ess. 1949. – Der Wendepunkt. Autobiogr. 1952. – Werke in Einzelausgaben. 13 Bde. 1963–80.

April, nutzlos vertan 108

E: vermutlich ursprünglich unter dem Titel »Der Liebende«, von der Redaktion geändert, in »Bunte Woche« Nr. 25. Undat., um 1929.
D: Abenteuer des Brautpaars. Die Erzählungen. Hrsg. von Martin Gregor-Dellin. München: Ellermann, 1976. (edition spangenberg.) S. 127–131. –

KURT MARTI

* 31. 1. 1921 Bern

Autor von Gedichten, Erzählungen, Essays, einem Roman. Veröffentlichungen u. a.: boulevard bikini. G. 1958. – republikanische gedichte. 1959. – Dorfgeschichten. 1960. – gedichte am rand. 1963. – rosa loui. G. 1967. – Leichenreden. G. 1969. – Abratzky oder die kleine Brockhütte. Lexikon. 1971. – Paraburi. Sprachtraube. 1972. – Zum Beispiel Bern 1972. Tgb. 1973. – Die Riesin. R. 1975. – Zärtlichkeit und Schmerz. Tgb. 1979. – abendland. G. 1980. – Schon wieder heute. Gedichte 1959–80. 1982.

E: Dorfgeschichten. Gütersloh: Sigbert Mohn, 1960. S. 13–15.
D: Dorfgeschichten. Erzählungen. Darmstadt/Neuwied: Luchterhand, 1983. S. 74–75. [Text gegenüber E überarbeitet.]

ROBERT MUSIL

6. 11. 1880 Klagenfurt – 15. 4. 1942 Genf

Autor von Romanen, Erzählungen, Essays, Dramen, Tagebücher. Veröffentlichungen u. a.: Die Verwirrungen des Zöglings Törleß. R. 1906. – Vereinigungen. Erzn. 1911. – Drei Frauen. Erzn. 1924. – Der Mann ohne Eigenschaften. R. 1930/32, 1943 (Reise an den Rand des Möglichen. Ins Tausendjährige Reich. Fragment aus dem Nachlaß). – Nachlaß zu Lebzeiten. Ess. 1936. – Gesammelte Werke. 2 Bde. 1978.

E: Vossische Zeitung. 10. 7. 1927.
D: Gesammelte Werke. Hrsg. von Adolf Frisé. Bd. 2: Prosa und Stücke. Kleine Prosa, Aphorismen. Autobiographisches. Essays und Reden. Kritik. Reinbek bei Hamburg: Rowohlt, 1978. S. 533–539. – © 1978 Rowohlt Taschenbuch Verlag GmbH, Reinbek bei Hamburg.

HANS ERICH NOSSACK

30. 1. 1901 Hamburg – 2. 11. 1977 Hamburg

Autor von Erzählungen, Romanen, Gedichten, Essays. Veröffentlichungen u. a.: Gedichte. 1948. – Nekyia. Erz. 1947. – Interview mit dem Tode. Erzn. 1948. – Spätestens im November. R. 1955. – Der jüngere Bruder. R. 1958. – Begegnung im Vorraum. Erzn. 1963. – Der Fall d'Arthez. R. 1968. – Bereitschaftsdienst. R. 1973. – Ein glücklicher Mensch. R. 1975. – Dieser Andere. 1976.

E: Wiesbadener Kurier. 23.10.1946. [Unter dem Titel »Bericht eines Marsbewohners über die Menschen«.]
D: Dieser Andere. Ein Lesebuch mit Briefen, Gedichten, Prosa. Hrsg. von Christof Schmid. Frankfurt a.M.: Suhrkamp, 1976. S.163–166. –

LUDWIG RENN

22. 4. 1889 Dresden – 21. 7. 1979 Berlin

Autor von Erzählungen, Romanen, Gedichten, Essays. Veröffentlichungen u.a.: Krieg. R. 1928. – Nachkrieg. R. 1930. – Langemarck. Erzn. 1931. – Adel im Untergang. R. 1944/46. – Zu Fuß zum Orient. Reisebuch. 1966. – Inflation. R. 1963. – Anstöße in meinem Leben. Autobiogr. 1980. – Gesammelte Werke in Einzelausgaben. 10 Bde. 1964–70.

E/D: 24 neue deutsche Erzähler. Hrsg. von Hermann Kesten. Berlin: Kiepenheuer, 1929. S.332–336. – Mit Genehmigung des Aufbau-Verlages, Berlin und Weimar.

JOSEPH ROTH

2. 9. 1894 Schwabendorf (Wolhynien) – 27. 5. 1939 Paris

Autor von Romanen, Erzählungen, Essays. Veröffentlichungen u.a.: Das Spinnennetz. R. 1923. – Hotel Savoy. R. 1924. – Die Rebellion. R. 1924. – Zipper und sein Vater. R. 1928. – Hiob. R. 1930. – Radetzkymarsch. R. 1932. – Die Hundert Tage. R. 1935. – Beichte eines Mörders. R. 1936. – Das falsche Gewicht. R. 1937. – Die Kapuzinergruft. R. 1938. – Die Legende vom heiligen Trinker. 1939. – Der Leviathan. Erz. 1940. – Werke. 4 Bde. 1975/76.

E: Bronsen, David: Joseph Roth. Eine Biographie. Köln: Kiepenheuer & Witsch, 1974. S.16–20.
D: Werke. Hrsg. und eingel. von Hermann Kesten. Bd.3: Erzählungen. Köln: Kiepenheuer & Witsch, 1976. S.219–223. [Der Text ist nach Bronsen zwischen 1935 und 1936 entstanden.] –

ARNO SCHMIDT

18. 1. 1914 Hamburg – 3. 6. 1979 Celle

Autor von Romanen, Erzählungen, Essays. Veröffentlichungen u. a.: Leviathan. Erz. 1949. – Brand's Haide. Erzn. 1951. – Aus dem Leben eines Fauns. Erz. 1953. – Das steinerne Herz. R. 1956. – Die Gelehrtenrepublik. R. 1957. – Fouqué und einige seiner Zeitgenossen. Biogr. Versuch. 1958. – Rosen & Porree. Erzn. und Ess. 1959. – Kaff auch Mare Crisium. R. 1960. – Sitara oder der Weg dorthin. Studie. 1963. – Kühe in Halbtrauer. Erzn. 1964. – Trommler beim Zaren. Erzn. und Ess. 1966. – Zettels Traum. R. 1970. – Die Schule der Atheisten. R. 1972. – Abend mit Goldrand. R. 1975. – Julia oder die Gemälde. R. 1983.

E: Die Andere Zeitung. 26. 1. 1956.
D: Manuskript. – © Arno Schmidt Stiftung, Bargfeld.

ERNST SCHNABEL

* 26. 9. 1913 Zittau

Autor von Romanen, Erzählungen, Hörspielen, Fernsehspielen. Veröffentlichungen u. a.: Die Reise nach Savannah. R. 1939. – Nachtwind. R. 1941. – Der 29. Januar. Hörsp. 1947. – Sie sehen den Marmor nicht. Erzn. 1949. – Die Erde hat viele Namen. Reisebericht. 1955. – Ich und die Könige. R. 1958. – Anne Frank. Spur eines Kindes. 1958. – Fremde ohne Souvenir. Erzn. 1961. – Das schweigende Dorf. Hörsp. 1961. – Auf der Höhe der Messingstadt. Erzn. 1979.

E: Merkur 1 (1947/48) S. 950–952.
D: Sie sehen den Marmor nicht. Erzählungen. Frankfurt a. M.: Fischer Bücherei, 1963. S. 60–63. [Text gegenüber E überarbeitet.]

WOLFDIETRICH SCHNURRE

* 22. 8. 1920 Frankfurt a. M.

Autor von Erzählungen, Romanen, Gedichten, Hörspielen. Veröffentlichungen u. a.: Die Rohrdommel ruft jeden Tag. Erzn. 1950. –

Sternstaub und Sänfte. Aufzeichnungen des Pudels Ali. 1953. – Kassiber. G. 1956. – Eine Rechnung, die nicht aufgeht. Erzn. 1958. – Als Vaters Bart noch rot war. R. 1958. – Man sollte dagegen sein. Erzn. 1960. – Die Gläsernen. Hörsp. 1961. – Ein Fall für Herrn Schmidt. Erzn. 1962. – Funke im Reisig. Erzn. 1963. – Kassiber. Neue Gedichte. 1964. – Ich brauch Dich. Partnergeschichten. 1976. – Erzählungen 1945–1965. 1977. – Der Schattenfotograf. Aufzeichnungen. 1978. – Ein Unglücksfall. R. 1981.

Das Manöver 307

E: Eine Rechnung, die nicht aufgeht. Erzählungen. Olten/Freiburg: Walter, 1958.
D: Erzählungen 1945–1965. München: List, 1977. S. 213–220.

ANNA SEGHERS

19. 11. 1900 Mainz – 1. 6. 1983 Berlin

Autorin von Romanen, Erzählungen, Essays. Veröffentlichungen u. a.: Aufstand der Fischer von St. Barbara. Erz. 1928. – Auf dem Wege zur amerikanischen Botschaft. Erzn. 1930. – Die Gefährten. R. 1932. – Der Kopflohn. R. 1933. – Das siebte Kreuz. R. 1942. – Transit. R. 1948. – Der Ausflug der toten Mädchen. Erz. 1946. – Die Toten bleiben jung. R. 1949. – Der Bienenstock. Erzn. 1953. – Die Entscheidung. R. 1959. – Die Kraft der Schwachen. Erzn. 1965. – Das Vertrauen. R. 1968. – Steinzeit. Wiederbegegnung. Erzn. 1978. – Drei Frauen aus Haiti. Erzn. 1979. – Gesammelte Werke. 14 Bde. 1976–80.

Das Obdach 215

E: Freies Deutschland (Mexiko) 1 (1941/42) H. 1. S. 21–22.
D: Werke in zehn Bänden. Bd. 9: Erzählungen (I). Auswahl 1926–1946. Darmstadt/Neuwied: Luchterhand, 1977. S. 129–133. [Text gegenüber E geringfügig verändert.]

WALTER SERNER

15. 3. 1889 Karlsbad – 1942 (Deportation Theresienstadt)

Autor von Gedichten, Erzählungen, Essays. Veröffentlichungen u. a.: Letzte Lockerung. manifest dada. 1920. – Zum blauen Affen.

Erzn. 1921. – Der elfte Finger. Erzn. 1923. – Der Pfiff um die Ecke. Erzn. 1925. – Die tückische Straße. Erzn. 1926. – Das Gesamte Werk. 8 Bde. 1979 ff.

E: Der elfte Finger. Fünfundzwanzig Kriminalgeschichten. Hannover: Steegemann, 1923. S. 25–33.
D: Das Gesamte Werk. Bd. 4: Der isabelle Hengst. Sämtliche Kriminalgeschichten. Hrsg. von Thomas Milch. Erlangen/München: Renner, 1979. S. 151–155.

MARTIN WALSER
* 24. 3. 1927 Wasserburg (Bodensee)

Autor von Erzählungen, Romanen, Dramen, Hörspielen, Essays. Veröffentlichungen u. a.: Ein Flugzeug über dem Haus. Erzn. 1955. – Ehen in Philippsburg. R. 1957. – Halbzeit. R. 1960. – Eiche und Angora. Dr. 1962. – Überlebensgroß Herr Krott. Dr. 1964. – Erfahrungen und Leseerfahrungen. Ess. 1965. – Das Einhorn. R. 1966. – Die Gallistl'sche Krankheit. R. 1972. – Der Sturz. R. 1973. – Wie und wovon handelt Literatur. Ess. 1973. – Jenseits der Liebe. R. 1976. – Ein fliehendes Pferd. Erz. 1978. – Wer ist ein Schriftsteller. Ess. 1978. – Seelenarbeit. R. 1979. – Das Schwanenhaus. R. 1980. – Brief an Lord Liszt. R. 1982.

E: Süddeutsche Zeitung (München). 18. 9. 1954.
D: Ein Flugzeug über dem Haus und andere Geschichten. Frankfurt a. M.: Suhrkamp, 1955. S. 66–76. –

ROBERT WALSER
15. 4. 1878 Biel (Bern) – 25. 12. 1956 Herisau (Aargau)

Autor von Erzählungen, Romanen, Gedichten, Essays. Veröffentlichungen u. a.: Fritz Kochers Aufsätze. 1904. – Geschwister Tanner. R. 1907. – Der Gehülfe. R. 1908. – Jakob von Gunten. R. 1909. – Gedichte. 1909. – Aufsätze. 1913. – Geschichten. 1914. – Prosastücke. 1917. – Seeland. Erzn. 1919. – Die Rose. Ess. 1925. – Das Gesamtwerk. 12 Bde. 1978.

Herrin und Schoßhündchen 90

E: Berliner Tageblatt. September 1928.
D: Das Gesamtwerk. Hrsg. von Jochen Greven. Bd. 9: Maskerade. Prosa aus der Berner Zeit (II). Genf/Hamburg: Kossodo, 1968. S. 388–391. – © 1978 Suhrkamp Verlag, Zürich / Frankfurt a. M. (Mit Genehmigung der Inhaberin der Rechte der Carl Seelig-Stiftung, Zürich.)

ERNST WEISS

28. 8. 1882 Brünn – 14.(?) 6. 1940 Paris

Autor von Romanen, Erzählungen, Dramen, Gedichten, Essays. Veröffentlichungen u. a.: Die Galeere. R. 1913. – Tiere in Ketten. R. 1918. – Der bunte Dämon. G. 1920. – Nahar. R. 1922. – Hodin. Erz. 1923. – Die Feuerprobe. R. 1923. – Männer in der Nacht. R. 1925. – Boëtius von Orlamünde. R. 1928. – Georg von Letham. Arzt und Mörder. R. 1931. – Der arme Verschwender. R. 1936. – Der Verführer. R. 1938. – Der Augenzeuge. R. 1963. – Gesammelte Werke. 16 Bde. 1982.

Die Herznaht 146

E: Neue deutsche Erzähler. New York: A. Knopf, 1937.
D: Gesammelte Werke. Hrsg. von Peter Engel und Volker Michels. Bd. 15: Die Erzählungen. Frankfurt a. M.: Suhrkamp, 1982. S. 329–340. – © 1982 Suhrkamp Verlag, Frankfurt a. M.

WOLFGANG WEYRAUCH

15. 10. 1907 Königsberg – 7. 11. 1980 Darmstadt

Autor von Erzählungen, Romanen, Gedichten, Hörspielen; Herausgeber. Veröffentlichungen u. a.: Der Main. Legende. 1934. – Strudel und Quell. R. 1938. – Auf der bewegten Erde. Erz. 1946. – Die Liebenden. Erz. 1947. – Lerche und Sperber. G. 1948. – An die Wand geschrieben. G. 1950. – Gesang, um nicht zu sterben. G. 1952. – Mein Schiff, das heißt Taifun. Erzn. 1959. – Dialog mit dem Unsichtbaren. Hörsp. 1962. – Die Spur. G. 1963. – Unterhaltungen von Fußgängern. Erzn. 1966. – Ich bin einer, ich bin keiner. Hörsp. 1967. – Mit dem Kopf durch die Wand. Prosa, Lyrik, Hörsp. 1972. – Beinahe täglich. Prosa. 1975. – Hans Dumm. Erzn. 1978. – Dreimal geköpft. G. 1983. – Proust beginnt zu brennen. Erzn. 1985.

E/D: Ein Band für die Nacht. Leipzig: Payne, 1939. S. 261–269. – Mit Genehmigung von Margot Weyrauch, Darmstadt.

GABRIELE WOHMANN

* 21. 5. 1932 Darmstadt

Autorin von Erzählungen, Romanen, Gedichten, Hörspielen, Fernsehspielen. Veröffentlichungen u. a.: Sieg über die Dämmerung. Erzn. 1960. – Abschied für länger. R. 1965. – Sonntag bei den Kreisands. Erzn. 1970. – Ernste Absicht. R. 1970. – Treibjagd. Erzn. 1970. – Selbstverteidigung. Erzn. 1971. – Die Witwen oder Eine vollkommene Lösung. Fernsehsp. 1972. – Paulinchen war allein zu Haus. R. 1974. – So ist die Lage. G. 1975. – Schönes Gehege. R. 1975. – Ausflug mit der Mutter. R. 1976. – Paarlauf. Erzn. 1979. – Ausgewählte Erzählungen aus zwanzig Jahren. 1979. – Wir sind eine Familie. Erzn. 1980. – Das Glücksspiel. R. 1981. – Jetzt und nie. R. 1982. – Gesammelte Gedichte 1964–82. 1983.

E: Sieg über die Dämmerung. Erzählungen. München: Piper, 1960. S. 147–149.
D: Ausgewählte Erzählungen aus zwanzig Jahren. Hrsg. von Thomas Scheuffelen. Bd. 1: 1956–1963. Darmstadt/Neuwied: Luchterhand, 1979. S. 99–101. – © 1960 R. Piper & Co. Verlag, München.

HERBERT ZAND

14. 11. 1923 Knoppen (Steiermark) – 14. 7. 1970 Wien

Autor von Erzählungen, Romanen, Gedichten. Veröffentlichungen u. a.: Die Sonnenstadt. R. 1947. – Die Glaskugel. G. 1953. – Letzte Ausfahrt. R. 1953. – Der Weg nach Hassi el emel. R. 1956. – Erben des Feuers. R. 1961. – Gesammelte Werke. 6 Bde. 1971–73.

E: Stillere Heimat (Wien). 1955. S. 163–166.

D: Demosthenes spricht gegen die Brandung. Erzählungen. Hrsg. von Wolfgang Kraus. Wien/München/Zürich: Europa Verlag, 1972. S. 107–110. [Text gegenüber E geringfügig verändert.]

ALBIN ZOLLINGER

24. 1. 1895 Zürich – 7. 11. 1941 Zürich

Autor von Erzählungen, Romanen, Gedichten, Essays. Veröffentlichungen u. a.: Der halbe Mensch. R. 1929. – Gedichte. 1933. – Sternfrühe. G. 1936. – Haus des Lebens. G. 1939. – Stille des Herbstes. G. 1939. – Pfannenstiel. R. 1940. – Bohnenblust oder Die Erzieher. R. 1942. – Labyrinth der Vergangenheit. R. 1950. – Gesammelte Werke. 6 Bde. 1981 ff.

E: Neue Zürcher Zeitung. Nr. 1933. 28. 10. 1934.
D: Gesammelte Werke. Bd. 1: Gesammelte Prosa. Zürich: Atlantis Verlag, 1961. S. 204–209. – Mit Genehmigung des Artemis Verlages, Zürich.

CARL ZUCKMAYER

27. 12. 1896 Nackenheim – 18. 1. 1977 Visp (Wallis)

Autor von Dramen, Erzählungen, Gedichten, Essays. Veröffentlichungen u. a.: Der fröhliche Weinberg. Dr. 1925. – Schinderhannes. Dr. 1927. – Ein Bauer aus dem Taunus. Erzn. 1927. – Katharina Knie. Dr. 1929. – Der Hauptmann von Köpenick. Dr. 1930. – Des Teufels General. Dr. 1946. – Der Gesang im Feuerofen. Dr. 1950. – Die Erzählungen. 1952. – Das kalte Licht. Dr. 1955. – Als wär's ein Stück von mir. Autobiogr. 1966. – Werkausgabe. 10 Bde. 1976.

E: Ein Bauer aus dem Taunus und andere Geschichten. Berlin: Propyläen Verlag, 1927. S. 231–240.
D: Gesammelte Werke. Bd. 1: Gedichte, Erzählungen. Frankfurt a. M.: S. Fischer, 1960. S. 231–240.

ARNOLD ZWEIG

10. 11. 1887 Groß-Glogau (Schlesien) – 26. 11. 1968 Berlin

Autor von Romanen, Erzählungen, Essays, Dramen, Gedichten. Veröffentlichungen u. a.: Die Novellen um Claudia. R. 1912. – Gerufene Schatten. Erzn. 1923. – Regenbogen. Erzn. 1925. – Der große Krieg der weißen Männer (Grischa-Zyklus): Die Zeit ist reif. 1957; Junge Frau von 1914. 1931; Erziehung vor Verdun. 1935; Der Streit um den Sergeanten Grischa. 1927. – Spielzeug der Zeit. Erzn. 1933. – Das Beil von Wandsbek. R. 1947. – Allerleirauh. Erzn. 1949. – Essays. 1959. – Novellen 1907–1955. 1961. – Traum ist teuer. R. 1962. – Ausgewählte Werke. 16 Bde. 1957–67.

E: Spielzeug der Zeit. Erzählungen. Amsterdam: Querido Verlag, 1933.
D: Ausgewählte Werke in Einzelausgaben. Bd. 12: Novellen. Bd. 2. Berlin: Aufbau-Verlag, 1961. S. 45–50. [Die Erzählung wurde 1924 geschrieben.]

STEFAN ZWEIG

28. 11. 1881 Wien – 22. 2. 1942 Petropolis bei Rio de Janeiro

Autor von Erzählungen, Romanen, Gedichten, Dramen, Essays. Veröffentlichungen u. a.: Silberne Saiten. G. 1901. – Die frühen Kränze. G. 1906. – Tersites. Dr. 1907. – Erstes Erlebnis. Erzn. 1911. – Das Haus am Meer. Dr. 1912. – Jeremias. Dr. 1917. – Legende eines Lebens. Dr. 1919. – Amok. Erzn. 1922. – Sternstunden der Menschheit. Historische Miniaturen. 1927. – Verwirrung der Gefühle. Erzn. 1927. – Baumeister der Welt. Biogr. 1935. – Ungeduld des Herzens. R. 1939. – Schachnovelle. 1942. – Gesammelte Werke. 20 Bde. 1982/83.

E/D: Insel-Almanach. 1922. S. 170–179. – Mit Genehmigung der S. Fischer Verlag GmbH, Frankfurt a. M.

Deutschsprachige Literatur der Gegenwart

IN RECLAMS UNIVERSAL-BIBLIOTHEK

Eine Auswahl

Aichinger, Ilse: *Dialoge. Erzählungen. Gedichte.* 110 S. UB 7939
Andersch, Alfred: *Fahrerflucht. Ein Liebhaber des Halbschattens.* 95 S. UB 9892
Andres, Stefan: *Die Vermummten.* 135 S. UB 7703
Artmann, H. C.: *»wer dichten kann ist dichtersmann«.* 101 S. UB 8264
Bachmann, Ingeborg: *Undine geht. Das Gebell. Ein Wildermuth.* 76 S. UB 8008
Bender, Hans: *Das wiegende Haus.* 71 S. UB 8494 – *Die Wölfe kommen zurück.* 70 S. UB 9430
Benn, Gottfried: *Gedichte.* 188 S. UB 8480
Berlin! Berlin! Eine Großstadt im Gedicht. 264 S. UB 8400
Bernhard, Thomas: *An der Baumgrenze.* 54 S. UB 8334 - *Der Wetterfleck.* 77 S. UB 9818
Bichsel, Peter: *Stockwerke.* 79 S. UB 9719
Bobrowski, Johannes: *Lipmanns Leib.* 80 S. UB 9447
Böll, Heinrich: *Der Mann mit den Messern.* 79 S. UB 8287
Brandstetter, Alois: *Landessäure.* 93 S. UB 8335
Burger, Hermann: *Der Puck.* 92 S. UB 8580
Canetti, Elias: *Komödie der Eitelkeit.* 139 S. UB 7678
Deutsche Gedichte der sechziger Jahre. 294 S. UB 8211
Deutsche Gedichte 1930-1960. 463 S. UB 7914
Deutsche Literatur. Jahresüberblick. *1981.* 260 S. UB 7760 – *1982.* 272 S. UB 7915 – *1983.* 253 S. UB 8212 – *1984.* 272 S. UB 8045 – *1985.* 320 S. UB 8282 – *1986.* 352 S. UB 8403 – *1987.* 344 S. UB 8404 – *1988.* 284 S. UB 8405 – *1989.* 327 S. UB 8406 – *1990.* 322 S. UB 8407 – *1991.* 309 S. UB 8408 – *1992.* 341 S. UB 8409
Doderer, Heimito v.: *Das letzte Abenteuer.* 107 S. UB 7806
Domin, Hilde: *Abel steh auf.* 96 S. UB 9955
Dorst, Tankred: *Große Schmährede an der Stadtmauer.* 54 S. UB 7672
Eich, Günter: *Fabula rasa.* 64 S. UB 8284 – *Die Mädchen aus Viterbo.* 72 S. UB 8688
Enzensberger, Hans Magnus: *Dreiunddreißig Gedichte.* 75 S. UB 7674

Erzählte Zeit. 50 deutsche Kurzgesch. d. Gegenwart. 517 S. UB 9996
Flake, Otto: *Der Handelsherr.* 151 S. UB 7980
Frisch, Max: *Rip van Winkle.* 62 S. UB 8306
Frischmuth, Barbara: *Unzeit.* 78 S. UB 8295
Gernhardt, Robert: *Reim und Zeit.* 80 S. UB 8652
Goes, Albrecht: *Unruhige Nacht.* 79 S. UB 8458
Gomringer, Eugen: *konstellationen, ideogramme, stundenbuch.* 156 S. UB 9841
Grass, Günter: *Die bösen Köche.* 96 S. UB 9883 – *Gedichte.* 88 S. UB 8060
Grün, Max von der: *Waldläufer und Brückensteher.* 75 S. UB 8426
Härtling, Peter: *Der wiederholte Unfall.* 77 S. UB 9991
Helwig, Werner: *Raubfischer in Hellas.* 192 S. UB 8684 – *Reise ohne Heimkehr.* 375 S. UB 8706 – *Im Dickicht des Pelion.* 237 S. UB 8705
Hildesheimer, Wolfgang: *Begegnung im Balkanexpreß. An den Ufern der Plotinitza.* 71 S. UB 8529 – *Der Ruf in der Wüste.* 75 S. UB 8720
Hochhuth, Rolf: *Die Berliner Antigone.* Erzählungen und Gedichte. 86 S. UB 8346
Hochwälder, Fritz: *Das heilige Experiment.* 79 S. UB 8100 – *Der öffentliche Ankläger.* 88 S. UB 9775
Hoerschelmann, Fred von: *Das Schiff Esperanza.* 70 S. UB 8762 – *Die verschlossene Tür.* 63 S. UB 8367
Jandl, Ernst: *Laut und Luise.* 160 S. UB 9823 – *Sprechblasen.* 96 S. UB 9940
Jünger, Ernst: *Capriccios.* 72 S. UB 7796
Kasack, Hermann: *Der Webstuhl. Das Birkenwäldchen.* 69 S. UB 8052
Kaschnitz, Marie Luise: *Caterina Cornaro. Die Reise des Herrn Admet.* 71 S. UB 8731 – *Der Tulpenmann.* 87 S. UB 9824
Kempowski, Walter: *Fünf Kapitel für sich.* 103 S. UB 7983
Kiwus, Karin: *39 Gedichte.* 71 S. UB 7722
Klose, Werner: *Reifeprüfung.* 60 S. UB 8442
Koeppen, Wolfgang: *New York.* 69 S. UB 8602
Konkrete Poesie. 176 S. UB 9350
Kreuder, Ernst: *Phantom der Angst.* 80 S. UB 8428
Krolow, Karl: *Gedichte und poetologische Texte.* 67 S. UB 8074
Krüger, Michael: *Welt unter Glas.* 80 S. UB 8310
Kunze, Reiner: *Selbstgespräch für andere.* 103 S. UB 8543
Kunert, Günter: *Gedichte.* 79 S. UB 8380 – *Der Hai.* 87 S. UB 9716
Langgässer, Elisabeth: *Saisonbeginn.* 80 S. UB 7723
Lenz, Siegfried: *Das schönste Fest der Welt. Haussuchung.* 86 S. UB 8585 – *Stimmungen der See.* 79 S. UB 8662

Lettau, Reinhard: *Herr Strich schreitet zum Äußersten.* 160 S. UB 7873

Lyrik für Leser. Deutsche Gedichte der siebziger Jahre. 159 S. UB 9976

Marti, Kurt: *Wen meinte der Mann?* 120 S. UB 8636

Mayröcker, Friederike: *Das Anheben der Arme bei Feuersglut.* Gedichte und Prosa. 79 S. UB 8236

Meier, Gerhard: *Signale und Windstöße.* 74 S. UB 8552

Moderne deutsche Naturlyrik. 336 S. 6 Abb. UB 9969

Müller, Heiner: *Revolutionsstücke.* 147 S. UB 8470

Muschg, Adolf: *Besuch in der Schweiz.* 88 S. UB 9876

Nichts ist versprochen. Liebesgedichte der Gegenwart. 254 S. UB 8559

Reportagen. 180 S. UB 9837

Rinser, Luise: *Jan Lobel aus Warschau.* 77 S. UB 8897

Rosei, Peter: *Franz und ich.* 79 S. UB 8099

Rühmkorf, Peter: *Selbstredend und selbstreimend.* 131 S. UB 8390

Schaper, Edzard: *Der große, offenbare Tag.* 59 S. UB 8018

Schmidt, Arno: *Windmühlen.* 78 S. UB 8600

Schnurre, Wolfdietrich: *Ein Fall für Herrn Schmidt.* 78 S. UB 8677

Schutting, J.: *Findhunde.* 85 S. UB 8517

Seghers, Anna: *Fünf Erzählungen.* 159 S. UB 9805

Späth, Gerold: *Commedia.* 79 S. UB 8245

Strauß, Botho: *Trilogie des Wiedersehens.* 135 S. UB 9908 – *Über Liebe.* 151 S. UB 8621

Vesper, Guntram: *Landeinwärts.* 92 S. UB 8037

Vier Kurzhörspiele. 63 S. UB 9834

Walser, Martin: *Versuch, ein Gefühl zu verstehen, und andere Versuche.* 131 S. UB 7824 – *Die Zimmerschlacht.* 68 S. UB 7677

Weyrauch, Wolfgang: *Das grüne Zelt. Die japanischen Fischer.* 69 S. UB 8256

Wickert, Erich: *Der Klassenaufsatz. Alkestis.* 71 S. UB 8443

Wohmann, Gabriele: *Treibjagd.* 88 S. UB 7912

Wolf, Christa: *Neue Lebensansichten eines Katers. Juninachmittag.* 69 S. UB 7686

Zuckmayer, Carl: *Austreibung 1934–1939.* 133 S. UB 7969

Philipp Reclam jun. Stuttgart